漢宣帝厲精為治拜刺史守相輒親見問觀其所由退而考察所行以質其言有名實不相應必知其所以然嘗稱曰庶民所以安其田里而無歎息怨恨之心者政平訟理也與我共此者其惟良二千石乎太守吏民之本數變易則下不安民知其將久不可欺罔乃服從其教化故二千石有治理效輒以璽書勉厲增秩賜金或爵至關內侯

臣陳世倌贊曰

孝宣圖治　敬用明明　時舉傳納　聽斷惟精
王黃韓尹　訟理政平　庶民樂業　怨歎息聲

漢文帝以張釋之為廷尉帝行出中渭橋有一人從橋下
走乘輿馬驚於是使騎捕之屬廷尉釋之奏當此人犯蹕
當罰金上怒曰此人驚吾馬馬賴和柔令他馬固不敗傷
我乎而廷尉乃當之罰金釋之曰法者天下公共也法如
是重之是不信於民也方其時上誅之則已今下廷尉廷
尉天下之平也壹傾天下用法為之輕重民安所措其手
足上良久曰廷尉當是也

臣陳世倌贊曰

太宗寬仁　釋之平恕　義或隨時　法在當擴
輕重有倫　民知所措　奏當罰金　聞言釋怒

淮陰侯

宋諫議錢公見題侯廟云築壇拜日恩雖厚躡足封時慮已深

隆準早知同鳥喙將軍應起五湖心

侯韓氏諱信淮陰人也項梁渡淮嘗杖劍從之居戲下無
所知名項梁敗又属項羽羽以為郎中數以策于羽羽不
用漢王入蜀時遂亡楚歸漢未得知名為連敖坐法當罪
為勝公所釋與語大說之言於王王以為治粟都尉未之
奇也數與蕭何語何奇之至南鄭何聞信亡自追之薦於
王王設壇拜為大將聽其計部署諸將所擊又以為左丞
相下魏破代勝趙定燕再拜為相國平齊立為齊王從漢
王滅楚後徙封楚旋械繫之赦為淮陰侯呂后殺之於長
樂鐘室

襀學鄉

前漢書贊云孔子稱志士
仁人有殺身以成仁無求生
以害仁使於四方不辱君命
蘇武有之矣

公諱武子卿其字也杜陵人官移中厩監武帝使以中郎
將持節與張勝常惠等出使匈奴單于欲降公使衛律召
公受辭公引佩刀自刺律驚自抱持之馳召醫鑿地為坎
置熅火覆公其上蹈其背以出血公氣絕半日復息單于
壯其節遺人候問當公愈復使衛律說公降公不從單于
乃幽置大窖中絕不飲食天雨雪公卧齧雪與旃毛并咽
之又徙公北海上使牧羝羝乳乃得歸廩食不至掘野鼠
去草實而食之杖漢節牧羊卧起操持節旄盡落積五六
年後稍有給賜終復窮厄李陵復說公降公拒之聞武帝
崩南向號哭嘔血旦夕臨數月昭帝即位使人再求公常
惠教言天子射上林中得雁足有係帛書言武等在某澤
中以讓單于單于乃歸公及常惠等公留匈奴凡十八載
始以彊壯出及還鬚髮盡白年八十餘圖形麒麟閣

三分钟趣读中国史

趣读中国史

从战国到西汉

张伟 著

中华书局

图书在版编目(CIP)数据

三分钟趣读中国史:从战国到西汉/张伟著. —北京:中华书局,2025.6.—ISBN 978-7-101-17154-9

Ⅰ.K209

中国国家版本馆 CIP 数据核字第 20257AU853 号

书　　名　三分钟趣读中国史:从战国到西汉
著　　者　张　伟
责任编辑　刘冬雪
文字编辑　徐卫东
装帧设计　清水设计工作室
责任印制　陈丽娜
出版发行　中华书局
　　　　　（北京市丰台区太平桥西里 38 号　100073）
　　　　　http://www.zhbc.com.cn
　　　　　E-mail:zhbc@zhbc.com.cn
印　　刷　北京盛通印刷股份有限公司
版　　次　2025 年 6 月第 1 版
　　　　　2025 年 6 月第 1 次印刷
规　　格　开本/880×1230 毫米　1/32
　　　　　印张 15⅞　插页 2　字数 250 千字
印　　数　1-8000 册
国际书号　ISBN 978-7-101-17154-9
定　　价　65.00 元

自序：历史就是一部超长而有趣的连续剧

"听说那老包（包拯）要出京，忙坏了东宫和西宫。东宫娘娘烙大饼，西宫娘娘剥大葱。"

这段地方戏《下陈州》的唱词，是像我这样的普通人对历史和帝王将相的最初想象。后来，上学了，历史和帝王将相不再那么色香味俱全了，只剩下一个个必须背诵的知识点：三家分晋、商鞅变法、围魏救赵、胡服骑射、焚书坑儒、文景之治、淝水之战、玄武门之变、贞观之治、安史之乱、陈桥兵变、杯酒释兵权、澶渊之盟、王安石变法……

东宫娘娘当然不烙大饼，帝王将相也没有浑身都是知识点。但是，历史确实很有趣，有趣得甚至超出了我的想象——

一代名将吴起被"公主病"打败；

战国大忽悠张仪宁死也要保住自己的舌头；

小公务员田单因为擅长逃跑而成为拯救齐国的带头大哥；

赵政能成为秦始皇，离不开两个争气的爹；

一部刘邦成功史，半部秦汉饭局史；

汉武帝的职场第一课，是好好装孙子；

从深牢大狱长大的孤儿到中兴汉室的明君，汉宣帝竟然是国产爽剧的鼻祖……

在某种视角下，历史似乎就是一部没有大结局的超长而有趣的连续剧。只不过，这些精彩的剧情隐藏在浩如烟海的史籍之中，别说普通人，哪怕是帝王将相、名士大儒，一辈子也很难追完。

幸亏，赵匡胤建立了北宋，北宋出了个司马光。司马光念念不忘的一件事，就是如何让大家轻松方便地了解漫长的中国历史。

一个注重文治、尊重知识和知识分子的王朝，一群以天下为己任的士大夫精英，在两任皇帝史无前例的支持下，被动或主动地远离刀光剑影的朝堂，用了十九年的时间，完成了一部记述从战国到五代共一千三百多年历史的编年体巨著——《资治通鉴》。这种因缘际会，甚至被一位史学家称为上天对中国史学乃至华夏文明的一种成全。

几年前，因为工作的关系，我需要深入了解新媒体。当时最火的是微信公众号，领导要求我写公众号文章练练手。工作内容当然不便拿来练手，我就注册了一个私人账号，把自己业余时间抱着中华书局版《资治通鉴》乱啃的乐趣和收获，不知深浅地发了出来。闲了就写，忙了就停。没想到，竟然断断续续写了五年。更没想到，中华书局的徐卫东老师看到了，竟然约我结集成书——能在书局出书，颇有些追剧追到本尊的惶恐和喜悦。

这本书，可以说是我作为一个历史爱好者的"追剧"心得。每篇文章字数不多，大概数分钟就可以读完。如果这本书，能够让你在"东宫娘娘烙大饼"的想象和历史课的知识点之外，感受到丰富的历史细节和读史的乐趣，那将是我最大的荣幸。

为了方便大家理解，书中对历史人物的身份、职位等，以及行文表述，做了一些比附，因为古今的差别，可能存在不一定恰当的地方。这是需要在此预先申明的。

张伟

目 录

上 编

下　编

上　编

三家分晋：一个划时代的红包

　　周威烈王二十三年（前403），天下共主、东周首脑周威烈王随手发了一个大红包：分封晋国的三大权臣魏斯、赵籍、韩虔为诸侯。这是一个非常不讲原则的红包。

　　这三位爷有个共同点：以下犯上。魏斯、赵籍、韩虔名义上是晋国国君晋烈公的家臣，但实际上是晋国的三个土皇帝。晋国的一切，他们仨说了算。国君不过是个国宝，逢年过节，恨不得亲自登门拜见他们仨，拜个年，述个职，汇报一下思想。现在，这三位爷土皇帝当腻了，越级给周朝中央打报告，申请临时工转正。周朝中央正式发文，同意了。因为这个不讲原则的大红包，中国历史从春秋翻篇到了战国，春秋五霸之一的晋国迅速灭亡，周王朝也在一百多年后破产，被另一诸侯国秦国反向收购。

　　一千四百多年后，聊起这个不讲原则的大红包，《资治通鉴》主编、领导力导师司马光仍然气得发长文怒怼：

　　天子作为王朝第一责任人，最大的责任就是维护礼法制度。周威烈王发红包前，周王朝已经每况愈下：周王退居二线几百年，真正的实力不过"十几个人，七八条枪"，诸侯国各自为政、争斗不已。但是，周王依旧是妥妥的"天下共主"，就算是晋、楚、齐、秦这些列强，也不敢轻易以下犯上。为什么？因为历代周王都知道维护礼法制度，在大是大非面前，决不含糊。

　　当年，晋文公平定王室叛乱，立下大功。他有点飘，就给周襄王打报告，申请死后享受天子级别的"墓道"待遇。周襄王当然不同意，批复道："国家有明确的制度，包括你我在内的全体干部群众都必须遵守。天无二日，民无二主，这个道理我相信您一定懂，否则您死后直接按'墓道'的待遇埋了就得了，还请示个啥！对吧？"这番话冠冕堂皇又夹枪带棒，怼得一代雄主晋文公灰头土脸，后来死得特别安分守己、合规合法。

还有诸侯国的那些权臣，个个凭实力独裁，如果要篡位就跟写申请打报告一样轻松，但他们没篡，不是没能力，更不是讲忠诚，而是害怕成为以下犯上、人人喊打的乱臣贼子。

现在倒好，晋国这三位爷，欺负主子，瓜分主国，您周威烈王没能力罚也就算了，怎么还奖呢？一人发一大红包，封为诸侯。周王室最后那点脸面都不要了？

有人认为，当时的周王室已经被掏空，晋国这三位爷也太彪悍，就算周威烈王不想签字盖章，又有啥办法？大错特错！这三位爷当然彪悍，但他们如果敢公然、主动当乱臣贼子，就不会越级打报告，直接篡就是了。他们不敢！因为全国人民都不答应！所以，这三位爷给组织打报告了，组织慷慨地批准了。没毛病。不是这三位爷无组织无纪律，是周王不讲原则。越是大领导，越不能乱发红包呀。

周威烈王不讲原则发红包这事，史称"三家分晋"。自此，韩、赵、魏三大诸侯国合法成立，曾经强大的晋国很快就灭亡了；跟着一起灭亡的，还有"尊王攘夷"的春秋大义。中国正式进入战国时代，周王室再无翻身之日，一百多年后，被秦国所灭。

智襄子：继承人，不怕蠢，就怕作

　　三家分晋前的几十年，晋国由四大家族掌管。带头大哥姓智，韩、赵、魏只是小弟。不过，和香港黑帮片的套路一样，智老大最后死得很惨，被三个小弟给做了。据《资治通鉴》主编、领导力导师司马光分析，智老大的悲剧，完全是因为接班人选错了。

　　当年，智家家主智宣子（本名智申，谥号宣，史称"智宣子"；下文各种"××子"类似）想让儿子智瑶接班，族人智果坚决反对。智果说："智瑶的人设简直完美：帅哥（美鬓长大）＋学霸（伎艺毕给）＋功夫明星（射御足力）＋辩论赛冠军（巧文辩惠）＋霸道总裁（强毅果敢）。但他有个致命伤：不仁义。有才无德，早晚祸国、殃民、败家。如果让智瑶接班，智家就完了。"智宣子假装手机信号不好，没听见。

　　几乎同时，赵家也在选接班人，家主赵简子不知道选谁好。他把自己的重要讲话精神写在竹简上，送给两个重点培养的儿子，让他们好好学习领会。三年后的一天，赵简子突击检查两人的学习情况。长子赵伯鲁连"初心是什么"都没记住，竹简也不知道丢哪儿了。小儿子赵无恤则倒背如流，而且还把竹简随身携带，时不时地掏出来对照检查。傻子才选大儿子当接班人。

　　周元王元年（前476），赵简子去世，赵无恤接班，史称"赵襄子"。次年，智宣子去世，智瑶接班，成为晋国新一任的带头大哥，史称"智襄子"。

　　周定王十二年（前457）的一天，智襄子与韩家家主韩康子、魏家家主魏桓子一起喝酒。智襄子喝嗨了，当众戏弄韩康子，还羞辱了韩康子的谋臣段规。

智襄子的下属提醒他："小心惹麻烦。"智襄子说："从来只有我给人找麻烦，谁敢惹我？"下属说："您喝顿酒就把韩家的家主和谋臣都得罪了，还不知道防备，这很不妥。兔子急了都咬人，何况韩家这群狼？"智襄子学他爹，假装手机信号不好，没听见。

过了一段时间，智襄子又以中兴晋国为借口，要求韩康子上交一块人口规模达一万户的封地。韩康子当然不想给。段规说："智襄子又贪又霸道，不给，他肯定会干我们；不如给他，他得逞后会更狂妄，一定会向赵家、魏家要地。赵、魏如果不给，他一定会干他们。这样咱们不仅没事，或许还能渔翁得利。"韩康子点赞，交地。

智襄子又向魏桓子要地。魏桓子和韩康子想法一样，交地。智襄子又向赵襄子要地。赵襄子拒绝了。智襄子大怒，带着韩、魏两家，要灭了不听话的赵家。

赵襄子寡不敌众，退守晋阳（今山西太原晋源区）。晋阳是上代家主赵简子为赵家留的后路。当年，赵简子派家臣尹铎去治理晋阳。尹铎问："您是想把晋阳当作赵家搜刮盘剥的占领区，还是基业长青的根据地？"赵简子说："当然是根据地。"尹铎到晋阳后，便减税降费、收买人心。赵简子对儿子说："将来如果有难，晋阳就是咱家的根据地，千万别嫌它老少边穷。"

现在，是晋阳人民回报赵家的时候了。智、韩、魏联军包围晋阳，打了三个月，也没攻破这座军民一心的城池。后来，智襄子引水灌城。晋阳被大水泡了两年多，城墙只剩六尺还露在水面上，城内的房屋、锅灶都被泡塌了，满城都是青蛙在叫唤。但是，老百姓没有一句怨言。

在智襄子看来，晋阳城破，只是时间问题。有一天，智襄子亲自视察前线，还让魏桓子给他当司机，韩康子给他当保镖，一派唯我独尊、舍我其谁的霸气。看着泡在水里摇摇欲坠的晋阳城和弹尽粮绝的赵家军民，智襄子开始嘚瑟："水能载舟，也能灭国呀。"魏司机和韩保镖深深地对视了一眼，因为他俩的老窝也都有一条大河波浪宽。

智襄子回到办公室，谋士缔疵（chī cī）说："主公要小心，韩、魏两家肯定会背叛您。"智襄子问："你咋看出来的？"缔疵说："傻子都能看出来，赵家灭了，咱下一步肯定是收拾他们两家。何况，三家约定灭赵后一起分享胜利果实，现在赵家眼瞅着要完了，这二位却没有一丁点胜利的喜悦，反而忧心忡忡的——这不是要造反，难道是要抑郁吗？"

没想到，自我膨胀到极点的智襄子，转身就把这番话当八卦说给了魏司机和韩保镖。二人吓得赶紧表白："这绝对是水军故意黑我俩，让我俩背锅，目的是给赵家减压。我俩又不是缺心眼，干嘛放着大股东套现不要，反而要借钱创业？"

智襄子信了，魏司机、韩保镖赶紧告退，两人出门时，刚好碰见"水军大都督"缔疵。缔疵很不爽，进屋后问智襄子："您怎么把我的话都告诉他俩了？"智襄子问："你咋看出来的？"缔疵说："傻子都能看出来。如果目光能杀人，我刚才已经被他俩切成片了。"智襄子说："你想多了。"缔疵说："好吧，我申请马上去齐国出差。"

几乎同一时间，赵襄子的密使张孟谈也出差了。缔疵出差是为了逃离绝地，张孟谈出差是为了绝地反击。张孟谈在晋阳城外密会魏司机和韩保镖，就问了一个问题："你们知道唇亡齿寒的故事吗？"魏司机和韩保镖同时抢答："我还学过唇齿相依的故事呢。"

双方一拍即合，商定了联合灭智的计划。

在一个月黑风高的夜晚，赵襄子突然率军杀出晋阳城，干掉守河堤的智家亲兵，放水反灌智家大营，智家军大乱；然后，赵、韩、魏联军尽出，大败智家军，斩杀智襄子；然后，加班加点，斩草除根，将智家灭族。

智氏，春秋时代最强大的权臣家族。一百多年间，智氏七代家主先后在晋国担任军政要职，其中，三代家主（智武子、智文子、智襄子）任晋国正卿（类似于首相）。有历史学家甚至表示：如果晋阳之战智家胜，则不会有三家分晋，而是智家代晋；这个超级强国的继续存在，会导致它西边的邻居秦国无法统一天下。

智家虽然灭族了，但智氏未绝。还记得当年反对智襄子接班的智果吗？因为坚信智襄子是个超级败家子，所以智果在反对无效后，就去晋国负责户籍工作的太史那里申请了单独立户，并改姓辅。智氏被灭族，辅果一家幸存。秦灭六国后，辅果后裔才恢复智姓。

《资治通鉴》主编、领导力导师司马光说："智襄子的灭亡，关键在于有才无德。才和德是两回事，不能混为一谈。德是核心，才是周边。德才兼备是圣人，无德无才是愚人，德高才低是君子，才高德低是小人。选接班人或干部时，如果没有圣人或君子，宁可用愚人，也不要用小人。为啥？因为君子会用才来做善事，则善莫大焉；小人会用才来作恶，则无恶不作。而愚人呢，哪怕他想作恶，因为才不够，分分钟都会被扼杀在摇篮里。古往今来，品德高尚的人让人尊敬，但容易有距离感；有才能的人让人喜爱，且容易有亲近感；所以，选接班人或干部时，大家很容易被'才'吸引，而疏忽了'德'。像智襄子这样，因为'才有余、德不足'而败家亡国的，多了去了。切记，德能勤绩廉，德永远是第一位。"

豫让：领导原来是老戏骨

在水里泡了两年多、绝地求生的赵襄子，对智襄子当然恨之入骨。他不仅杀了智襄子、灭了智家满门，还把智襄子的头骨涂上漆，当酒杯玩。结果，玩大了，招来了一个金句不断、名垂青史的刺客。

他叫豫让，是智襄子的家臣。智家败亡后，豫让本来已逃离"北上广"，回老家"三十亩地一头牛，老婆孩子热炕头"了。没想到，赵襄子竟然这么过分！智襄子虽然自取灭亡，但你也不能天天拿他的头玩"脑子进水"呀！豫让怒了，第一个金句诞生了："士为知己者死，女为悦己者容。"然后，化装，下山，进城，刺杀。

进了城，摆在豫让面前的第一个问题就是：如何接近赵襄子。毕竟，赵襄子不是流量明星，又不玩接机、被偷拍、粉丝见面会什么的。按照当时的律法，赵襄子这种土皇帝级别的领导，家里的保洁服务都是由囚犯负责的。于是，豫让伪装成劳改犯，揣着匕首，混进赵家，当起了保洁。结果，玩大了，招来了一个德艺双馨、名垂青史的老戏骨。

本来，春秋战国时期，这种刺客题材的"功夫片"就是个类型片（详见《史记·刺客列传》）。要么刺杀成功，虽死犹荣（比如专诸、聂政）；要么刺杀失败，虽死犹荣（比如荆轲）。不管剧情怎么演，刺客豫让都应该是闪闪发光的唯一大男主。赵襄子这种角色呢，不仅戏份少，人物也不讨喜。要么是个被刺杀的倒霉蛋（比如吴王僚、韩相侠累），要么是个被诅咒的暴君。（比如秦王赵政。解释一下：上古男称氏，女称姓。秦王先祖为嬴姓，后封赵城，以赵为氏，故秦王政当称"赵政"。一说秦王政以秦为氏，称"秦政"。）但是，老戏骨就是老戏骨，赵襄子直接让豫让主演的这部"功夫片"，变成了双男主的主旋律大片。

有一天，大领导赵襄子亲自上厕所，上着上着，他突然有些心慌，便让亲兵卫队四处搜索，结果，当场抓获怀揣凶器的保洁一名。

按照以前"功夫片"的老套路，咔嚓一刀人头落地，上背景音乐、出字幕，就该大结局了。果然，赵襄子的亲兵卫队当场就要剁了豫让。但是，赵襄子摆了摆手，说："小同志，不要冲动。智襄子都被我灭族了，但这位刺客同志宁可当保洁也要为他报仇，真是一位让人尊敬的义士呀。放了他吧，大不了我以后小心点，躲开他就好了。"这胸怀，这境界，这对白，这戏加得，绝对影帝级水平。

豫让的保洁工作丢了，被赶出了赵府。但是，豫让初心不改。他再次伪装：以漆毁身、吞炭变哑，在街上乞讨，连他老婆都认不出他了。可是被朋友路人甲认出来了。

路人甲流着泪说："以你的才干，如果投靠赵襄子，一定会成为他的亲信，那时候你再杀他，岂不易如反掌？何苦这样？你自残到如此地步，都快要死了，人家还活蹦乱跳的。"

豫让直接上价值观教育："我要是投靠赵襄子，做了他的臣子，然后再去刺杀他，就是不忠。我现在这样做，虽然是不可能完成的任务，但我的目的，就是让全世界现在、将来做下属却怀有二心的人感到羞愧！"

这一大段荡气回肠的对白讲完，朋友路人甲羞愧离去，豫让继续乞讨。

一天，赵襄子坐马车外出。豫让提前打听到他的出行路线，埋伏在沿途的一座桥下。赵襄子的车队到了桥前，突然，拉车的马惊了。赵襄子让亲兵卫队四处搜索，当场抓获怀揣凶器的前保洁、现乞丐豫让一名。

赵襄子惊讶地问：怎么又是你？豫让的第二个金句诞生了："智襄子以国士待我，因此我以国士报之。"赵襄子听了，感动得流下了两行热泪。没用眼药水。

豫让说："我今天肯定会死，但希望您能把外套借我，让我象征性地扎几下，也算给老领导报了仇，我死也就瞑目了。"赵襄子眼含热泪，说："真是个忠臣义士呀，我满足你。"

豫让拿着匕首在赵襄子的衣服上扎了三下，然后，自杀。从此，贤明主君赵襄子、忠义刺客豫让一起名垂青史。

全剧终。

整部戏，豫让可能是本色出演，而赵襄子怎么看怎么像投资方＋导演＋编剧＋领衔主演。只不过，再伟大的导演、再老的戏骨也干不过审片。大约一千五百年后，《资治通鉴》主编司马光审片时，直接把豫让的两大金句和相关的剧情全删了（未删减版见《史记·刺客列传》）。为啥？大概是因为价值观不同。

"士为知己者死""智襄子以国士待我，因此我以国士报之"，这两句话里的"忠"，是有条件的，条件就是知遇之恩、国士待遇。而从司马光编《资治通鉴》为帝王提供治国经验与教训的立场来看，身为臣子、下属，领导对你好不好，你都得好好干。你怎么能和领导谈待遇，敢和组织讲条件呢？

翟璜：和领导讲道理，姿势最重要

千百年来，总有英雄好汉喜欢和领导摆事实、讲道理，但如果姿势不对，后果会很严重。在古代，给领导讲道理的，常见的有两种人：作死的、作而没死的。

作死界的领军人物是吴起。吴起是战国时期的超级大牛。有多牛？吴起≈孙子＋管仲＋商鞅。所以，他很喜欢给领导讲道理。虽然他讲得很有道理，但他讲道理的姿势那是相当地作死。

有一天，魏武侯乘船视察黄河领域。看着一条大河波浪宽、巍巍青山两岸立，魏武侯豪情万丈地开始发表重要讲话："啊，真是山河壮美、江山永固啊。"

还没"啊"完呢，就被陪同视察的吴起给打断了："要想江山永固，你得勤政爱民，这山呀河的有个屁用？商朝的地理条件不比魏国强百倍，商纣王不照样被周武王给咔嚓了？还有那谁、那谁谁、那谁谁谁，地盘都比你大，不照样也被咔嚓了？再强调一遍：这山呀河的有个屁用？你要是不勤政爱民，别说敌对势力了，就咱船上这些人，都有可能把你咔嚓了。你信吗？"

魏武侯咬着后槽牙说："信。"

敢当面怼领导，吴起再超级大牛，也会死得很惨（以后专门讲），更何况那些普通人。比如魏国大臣任座，堪称作死界的一朵奇葩。

当年，魏文侯（魏武侯他爹）灭了劲敌中山国（今河北定州一带），把这地封给了太子魏击（即魏武侯）。开了疆、拓了土，魏文侯很欢乐，第一时间和大臣们分享自己的喜悦。魏文侯说道："咱们随便聊聊，不要有任何顾虑。在你们看来，我是个什么样的君主呀？"大臣们纷纷回复：

> 您是位仁德圣明的君主！
> 您是位仁德圣明的君主！＋1
> 您是位仁德圣明的君主！＋2
> 您是位仁德圣明的君主！＋3
> ……

突然，楼歪了。作死界的奇葩任座有不同意见："主公您得了中山国，不封给最得力的帮手——您的弟弟，却封给了太子。将来整个魏国都是太子的，您给他个中山算怎么回事？因为这么点利益而起了私心，您算什么仁德圣明的君主？"

魏文侯勃然大怒，直接就要收拾任座。任座吓得起来就跑！就这胆量，还敢和领导唱反调？

按照一般规律，任座死定了，但他幸运地成了第二种人：作而没死的。原因有二：一，魏文侯还真是个仁德圣明的君主，否则，任座跑得再快，能有魏文侯的刀快？二，任座有个不怕死的队友，而且还是超级牛的那种。

虽然没有当场收拾任座，但魏文侯毕竟被怼得很酸爽，所以，把气出在了另一个大臣翟璜身上——任座变着花样怼我，还敢逃跑，我看你们还有谁敢逗能？！魏文侯直接问翟璜："你说，我是个什么样的君主？"

这当口，怎么回答都不合适。说魏文侯仁德圣明吧，任座刚指出了魏文侯的错误。翟璜敢这么回答就是简单粗暴地跪舔，不仅别人会鄙视他，魏文侯也不会答应，"你敢敷衍寡人？！"说魏文侯不仁德圣明吧，谁敢保证被二次伤害的魏文侯不会杀人？

　　牛人就是牛人。翟璜平静而诚恳地回答："您是位仁德圣明的君主。"魏文侯冷冷地问："为什么？"翟璜平静而诚恳地回答："我听说国君如果仁德圣明，臣子就敢直言不讳。刚才任座那么直言不讳，所以我知道您是仁德圣明的君主。"魏文侯笑了，说："这都被你看出来了。去，把那个上洗手间半天回不来的耿直 boy 给我叫回来，我要跟他再喝两杯。"

　　翟璜凭着机智、冷静化解了一场风波。他这套"君仁则臣直"的见解或话术，千百年来也成为仁君自诩、直臣自勉的金句。翟璜代表着和领导讲道理的第三种人：不作、不怕死、会讲道理。

　　当然，这种人少之又少，因为门槛太高。他们的领军人物是《资治通鉴》主编、领导力导师司马光。《资治通鉴》就是司马光给大宋皇帝讲道理用的。司马光给领导讲道理的姿势很高级：讲别人的故事。因为，听别人的故事，一般来说，领导只有两种反应：这人做得对，像我一样英明神武；这人做得不对，不像我这么英明神武。

翟璜与吴起：领导为啥不提拔我

总有些不怕死的喜欢和领导讲道理，但可能更多的人最想和领导理论的是：你为什么不提拔我？但这个问题吧，就算你好意思问，估计领导也不爱回答。《资治通鉴》主编、领导力导师司马光，倒是讲了两个"领导为啥不提拔我"的故事，很值得玩味。

魏文侯要在魏成和翟璜之间选一个人做宰相，选来选去，得了选择恐惧症。刚好，中山相（中山特区行政长官）李克进京述职。魏文侯就想听听李克的意见。

李克，又名李悝（kuī），著名的政治家、学者型官员，魏文侯的高级智囊（不过，据一些学者考证，李克与李悝本为两人）。这时魏文侯满含期待地看着李克，说："您曾经讲过：'家贫思良妻，国乱思良相。'您觉得，魏成和翟璜，谁合适做宰相？"

李克一听，头都大了，想了想，说："我觉得吧，下级不能掺和上级的大事，外人不能掺和别人的家事，我一基层干部，哪敢掺和中央的事！"魏文侯很严肃地说："李克同志，遇事要勇于担当，不能推诿扯皮！"

李克没办法，说："好吧，那我向您简单汇报一下我不成熟的看法。我认为，选人用人要'五看'：一看他平时跟什么人亲近往来；二看他有钱了跟什么人称兄道弟；三看他当官了跟什么人拉帮结派；四看他不得志时不干什么；五看他不富裕时不要什么。"

魏文侯很高兴："您这么一说，我心里就有数了。"李克连声说："一点不成熟的看法，一点不成熟的看法。"说完，赶紧开溜。刚出魏文侯办公室，没走多远，迎面就碰见了翟璜。其实，这二位关系挺好，李克出任中山相，就是翟璜推荐的。

翟璜笑眯眯地问李克："听说领导今天专门召见你商量宰相的人选，定了吗？"李克说："定了，魏成。"翟璜脸都绿了，直接往功劳簿上一躺，开始吐槽："你说说，我为这个国家做过多少贡献？把秦国打得哭爹喊娘的吴起，是我推荐的；光荣入选小学语文课本的西门豹，是我推荐的；开疆拓土、灭掉中山国的乐羊，是我推荐的；给领导家孩子天天补课的屈侯鲋（fù），是我推荐的；就连你当中山相，也是我推荐的。我哪点比不上魏成？你们凭啥让魏成坐那个位置？我不服！我想不通！我不接受！"

等翟璜发泄完了，李克说："老翟呀，当初你把我推荐给组织，难道就是为了搞团团伙伙、谋求个人利益的吗？国君问我宰相的人选问题，我只是针对选人用人的原则性问题，随便谈了几句自己不成熟的看法，并没有直接投魏成的支持票。我之所以推断魏成会当宰相，是因为魏成不仅廉洁奉公，还公而忘私，能真正做到为国为民。举个例子，你推荐了我们五个，都成了国君的得力干将；魏成推荐了三个人，都成了国君的老师——国君的臣子跟国君的老师，能一样吗？魏成荐人，这眼光，这格局，你是不是得看到点差距？"

翟璜听了，想了想，向李克俯首行礼，说："翟某一时情急，失礼了。您永远是我的老师。"

在个人得失面前，哪怕是翟璜这位向来机智冷静的大牛，也有点凌乱。更别说一言不合就当面怼领导的吴起了。

有一次，还是魏国换宰相。吴起当然觉得自己最适合了。没想到，一公布，新宰相是老干部田文（和齐国孟尝君同名）。

吴起很不高兴，继续发扬自己的"优良作风"，找到田文，当面开怼:"你个糟老头子,凭什么当宰相?咱俩比比谁的功劳大吧?"大人物急了,跟我们普通人一样一样的,智商、情商瞬间归零。

田文这个老狐狸一点不急,说:"可以。"吴起开始嘚瑟:"统帅三军,让士卒视死如归,可以打得敌人落花流水,让敌国不敢动坏心思,你能比得过我吗?"田文说:"比不过。"

吴起继续说:"带领干部群众一起脱贫致富,你能比得过我吗?"田文说:"比不过。"吴起继续说:"把秦国打残,把韩国、赵国打怂,让这两国归顺,你能比得过我吗?"田文说:"比不过。"

吴起指着田文的鼻子:"你样样不如我,凭什么当宰相,骑在我头上?"田文笑了笑,说:"是这么个情况。现在咱们国君(魏武侯)年纪尚小,朝局动荡,干部心不齐,群众不服气,在这个节骨眼上,把国家交给你合适,还是交给我这个糟老头子合适?"

吴起沉默了半天,说:"好吧!算你合适。"

人哪,认清自己,很难。

吴起：天才渣男跳槽记

吴起，战国时代的超级大牛和著名渣男，一个为了成功不择手段的天才。

一

吴起是卫国人，"富二代"出身。但那个年代，商人地位不高，"富二代"和"穷二代"区别不大。为了向上流动，年轻的吴起四处托关系、找门路，想当公务员。结果，把家产都折腾光了，连个临时工也没当上。街坊邻居嘲笑他是个败家子，"寒门还想出贵子"？

面对鄙视，吴起的解决办法是：杀。杀了三十多个嘲笑他的人，然后跑路。和母亲告别时，吴起以咬胳膊自残的方式发誓："妈，这辈子如果我当不上正国级领导，绝不回国。"

吴起逃到了鲁国，拜在大儒曾申（曾参之子）门下学习。没多久，母亲去世了，吴起不回家奔丧，因为自己还没当上正国级领导。把信奉"有教无类"的曾申老师气个半死。吴起被逐出师门。此处不留爷，自有留爷处。吴起转投兵家门下，继续上大学。

毕业后，吴起在鲁国如愿以偿地考上了公务员，还娶了个齐国姑娘，开始了自己超牛、极端的一生。

二

是金子总会发光的，何况吴起这么一大块不顾一切要发光的金子。

周威烈王十四年（前412），吴起二十九岁，齐国发兵攻打鲁国。鲁国本想任命吴起为大将，抗击齐军，但是，吴起的老婆是齐国人，组织上有些不放心："万一吴起是个老婆狗，对鲁国忠诚度不高，战场上放水、甚至反水怎么办？""请组织放心！"吴起直接把老婆杀了，顺利通过考核，出任大将，率兵大破齐军。这就是历史上著名的吴起杀妻求将的故事。

命运给吴起关上了一扇又一扇的门，吴起决不屈服，选择破门而入。

人红是非多，何况吴起一身污点。有人在鲁国国君面前打小报告，把吴起杀人狂魔、寒门逆子的黑历史全部抖了出来，再加上杀妻求将的新瓜，来证明吴起是个残忍、缺德的渣男。"最可怕的是这个渣男还很能打，让咱们小小的鲁国战胜了强大的齐国。这会让其他诸侯国觉得有威胁，都想把咱们灭了。小公司有个霸道总裁，董事长您 hold 得住吗？"

国君还没想清楚呢，吴起直接跳槽了。杀妻求将，重点在求将，而不是忠诚。

三

三十岁的吴起，需要一个更大的平台，他选择了三家分晋后新成立的独角兽公司：魏国。收到吴起的求职简历，魏文侯照例征求智囊李克的意见。李克很客观："吴起是个渣男，贪婪且好色，但确实很能打。"胸怀大志、求贤若渴的魏文侯说："OK！"

吴起入职魏国，成为大将，与魏国一起快速成长。十多年间，吴起不仅把秦国从一个中西部大国虐成了西部小国，还把新抢占的西河特区（晋陕间黄河西岸地区）治理得繁荣富强。魏国成为战国时期第一个称霸中原的强国，吴起功不可没。

但是，吴起这样为求成功不择手段的大牛，平台越大，成绩越大，树敌越多。魏文侯死后，魏武侯接班。吴起根本看不上魏武侯。"没有我哪有你的今天？"所以，他才敢像训孙子一样教育魏武侯"在德不在险"。

本就喜欢任人唯亲的魏武侯，怎么可能喜欢吴起？魏武侯先是任命田文为宰相，田文去世后，又任命驸马爷公叔痤（cuó）为宰相。吴起？老老实实搞你的西河大开发吧。气得吴起四处约架、到处怼人。

吴起看别人不爽，别人看吴起更不爽。比如驸马爷、新宰相公叔痤："有吴起在，我这位置坐不舒服，也坐不稳呀。"公叔痤的手下说："吴起这个人既霸道又自恋，干掉他，分分钟的事儿。"然后，给公叔痤献了一计。公叔痤大喜，依计而行。

有一天，公叔痤忧心忡忡地对魏武侯说："吴起这么牛，但咱魏国只是个刚起步的创业公司，我担心他会跳槽。您应该测试一下他的忠诚度，就说要把一位公主嫁给他。如果吴起想跳槽，他一定会拒绝这门亲事。"魏武侯说："好，我也觉得他看不上我……们。"然后，公叔痤找了个机会，当着吴起的面儿，让自己的公主老婆故意狠狠地羞辱了一下自己。吴起一看，啊，公主病这么可怕！果断拒绝了魏武侯的提议。

魏武侯一看，啊，你果然想跳槽，看我怎么给你穿小鞋。吴起一看，嘀，你真以为魏国这平台很了不起呀。老子不伺候了，再见。

其实，吴起在魏国不仅和领导、同事搞不好关系，在士兵家属中口碑似乎也很差。《资治通鉴》主编、领导力导师司马光专门引述了一个小故事：有士兵得了毒疮，吴起竟然亲口帮士兵把毒液吸出来。士兵的母亲知道后，嚎啕大哭，说："当年吴大将军给我丈夫吸过毒疮，我丈夫打仗就奋不顾身，死了；现在吴大将军又给我儿子吸毒疮，我儿子还能活命吗？我还怎么活？"

对吴起来说，成功是唯一目标，其他都是手段。

四

吴起再次跳槽，去了一家正在走下坡路的大公司：楚国。对于吴起这个打工皇帝、超级战神，楚悼王是久仰久仰欢迎欢迎。吴起入职楚国没多久，就被晋升为宰相，放手干吧。吴起终于实现了当年离家逃亡时的誓言：当正国级领导。

还是那句话，对吴起来说，平台越大，成绩越大，树敌越多。吴起在楚国搞起了变法：打破铁饭碗和世袭制，精简机构、下岗分流，奖励军功。吴起变法的效果非常明显，彻底激活了楚国（南平百越，北却三晋，西伐秦，诸侯皆患楚之强），也彻底得罪了楚国的贵族、大臣。

不幸的是，没多久，楚悼王死了，吴起的靠山倒了。就在楚悼王的追悼会上，楚国贵族和大臣突然发难，射杀吴起。吴起真是个天才，临死前还放了个大招：他逃到楚悼王的遗体旁，然后趴在上面，被活活射死。

楚国的贵族和大臣终于报了仇，但也掉进吴起挖的大坑：很多箭射中了楚悼王的遗体。新王登基后，射中楚悼王遗体的，全部被灭族，有七十多家。当然，吴起的下场也很惨，尸体被车裂，变法失败。这里要解释一下"车裂"的真相。车裂之刑，常被讹传为用车分裂人体，或五牛分尸，或五马分尸。其实，据学界研究，"车裂"是指用刀斧来肢解敌人和罪犯的尸体，都是死后执行。

千百年来，吴起的差评不少。司马迁觉得吴起有点虚伪，批评魏武侯时说什么"在德不在险"，自己在楚国做事却缺德带冒烟儿。曹丕认为吴起智商太低、图谋太大，两者严重不匹配，最后落得伏尸身死的下场。

其实，吴起的一生，完美地诠释了一句话：小孩子才分对错，成年人只看利弊。他为了成功不择手段，看似战无不胜，却一次次被自己人打败，最终也死于自己人的不择手段。

卫国：这个国家，只许对，不许怼

其实，吴起的祖国——卫国，可以说是个宝藏男孩。

卫国是周王朝的诸侯国，但它存在的时间（八百三十多年）比周王朝（七百九十一年）还长。甚至秦始皇统一中国后，它老人家依然健在。要不是秦二世元年（前209）二世皇帝突然想起来，顺手把它灭了，或许它还能活到汉朝——三年后（前206），秦朝就被刘邦灭了。

尽管这么长寿，但卫国的存在感极低，在春秋战国五百多年的历史上，卫国连个热搜都没上过。卫国最有名的，就是两个美女和两个昏君。

两个美女：一个是"《诗经》第一美女"——卫国第一夫人庄姜。"手如柔荑，肤如凝脂。巧笑倩兮，美目盼兮"，说的就是她。另一个更牛，是"春秋第一美女"——卫国第一夫人南子。天天一起玩的，不是国君，就是外国太子，竟然还强撩过孔子闹绯闻，逼得孔老夫子对天发誓：我要是和南子有什么，老天都不会饶了我！

两个昏君：一个是强娶自己儿媳妇（宣姜）的卫宣公。一个是爱鹤如命、封上百只鹤为官，还给鹤配备官邸、随从、公务用车、薪资待遇的卫懿公。

除此之外，卫国最大的特点是：超级人才流失强国。它为其他国家的繁荣富强，为自己的弱小衰亡，做出了巨大贡献。除了吴起，卫国还输出过两个超级大牛：商鞅和吕不韦。荆轲也是卫人，但已经不重要了。

吴起、商鞅、吕不韦，为什么都加入外国国籍，为外国的繁荣富强奋斗不息？原因当然很复杂，但卫国自身绝对有问题。吴起当年可是败光了家产，也没在祖国求职成功。

孔子的孙子、著名思想家孔伋（字子思），四十多岁时在卫国生活过一段时间。卫国国君卫慎公很尊重他。子思发现，卫国人才挺多，但被重用的很少，比如苟变。于是，就向卫慎公推荐了苟变，说这可是个大将之才。

卫慎公很认真谈了自己的想法："我知道苟变是个将才，但他德行很差，以前在税务局上班，有一次下乡征税，竟然吃了老乡两个鸡蛋没给钱。这样的人，我怎么能用？"

子思差点被那两颗鸡蛋给噎死，说："领导，咱们这儿是战国，不是联合国，您需要的是能保家卫国的虎狼将士，而不是华而不实的道德精英。还有，您因为两个鸡蛋而舍弃一员大将的事，可千万别让其他国家知道。"卫国国君有点害羞："我倒是发微博和微信朋友圈了，号小，没什么人关注。"子思说："那还好，那还好。"

子思在卫国待久了，发现卫国上下原来是个官办"夸夸群"：国君负责建群，大臣负责夸夸。哪怕国君说得不对，大臣们也是对对对、夸夸夸。子思实在忍不住，对卫国国君说："卫国这是要完了呀。"旁边的公丘懿子问："怎么会这样呢？"卫国国君却说："先生真爱开玩笑。"卫国的大臣们异口同声说："对对对。"

子思说："对什么对！国君自以为是，觉得自己永远正确，大臣们就不敢指出他的错误。即便国君把事情办对了，也是一言堂的胜利；更何况国君天天这么对对对，上行下效，各级领导干部也会变得永远正确，下级则永远不敢有不同意见，也不能矫正错误，因为歌颂有功，批评有罪。长此以往，君不君、臣不臣、国不国，老百姓会答应吗？"

卫国国君想了想，说："先生说的也有几分道理。"卫国的大臣们异口同声说："对对对。"

这样的国家，哪有吴起、商鞅和吕不韦的用武之地？难怪吴起在卫国找不到工作，不是钱的问题，也不是才的问题，是对对对的原则性问题。难怪吴起一辈子怼人不倦，原来他是在"对对对"中"茁壮成长"的。

当然，卫国没有很快灭亡，甚至还很长寿，是因为：第一，卫国越活越小，对周边国家实在没什么威胁。第二，卫国在强国面前，也很擅长对对对，您让干啥、咱就干啥，强国永远对对对。第三，卫国国君还有独家求生秘笈：自降级别。为了生存，卫国从根正苗红的公国（第一代国君是周文王第九子康叔封，卫国早期等级较复杂，中期卫武公因"佐周平戎"有功而被升为公爵），自降为侯国（诸侯国分为公、侯、伯、子、男五级）；战国后期，卫国已经弱小到只剩一座城池（濮阳）了，卫国国君一咬牙，自动降级为"君"。

这份无下限的"霸气"，一般人确实做不来。因为"君"这个级别，不属于诸侯序列，而是诸侯的臣子序列，比如商鞅，本名公孙鞅，因为被秦国封为商君，史书才称其为商鞅。卫国国君为了生存，也是拼了："只要能活着，什么级别、尊严的，都是浮云。"卫国的大臣们异口同声说："对对对。"

最后，还有一种说法：因为商鞅、吕不韦都是卫国人，所以，秦始皇给他俩面子，不灭卫国，反正是个名存实亡的货。

不管怎么说，卫国确实是春秋战国时期一个奇葩级的存在。因为对对对，吴起、商鞅、吕不韦这样的超级人才纷纷流失；也因为对对对，它成为最长寿的诸侯国。上哪儿说理去？

魏惠王：我是"败二代"

　　周烈王五年（前371），魏武侯去世。这个任人唯亲的败家一代，虽然四面树敌、到处给自己挖坑，但因为父亲魏文侯留下的家底太厚，所以，他在位二十多年，魏国继续称霸中原。

　　魏武侯生前未立太子，他一死，两个儿子魏䓨（yīng）、魏缓争位，国内大乱。最后，哥哥魏䓨干掉了弟弟魏缓，自己继位，即魏惠王。注意，他叫魏惠王，不是魏惠侯。他不仅将爸比的败家基因发扬光大，让魏国彻底丧失霸主地位，还是中原诸侯第一个称王的。冲喜就是他发明的吧？富不过三代，在魏国前三任国君身上表现得淋漓尽致。再厚的家底，也架不住子孙两代前仆后继地败呀。

　　魏文侯雄才大略，在他的领导下，魏国人才济济、繁荣富强，成为战国时期第一个中原霸主。先看看魏文侯的人才清单：吴起、李悝、乐羊、西门豹、子夏（孔子的得意弟子）、田子方、段干木、翟璜、魏成……再看看魏文侯的成绩单：重用李悝变法，国力强盛；向西，把秦国打回陕西境内；向东，把齐国打回山东境内；向北，灭掉中山国，在河北搞了块特区；向南，把楚国差点打出河南……

　　到了"败一代"魏武侯，昏招不断，剧情开始反转：一、强拆魏韩赵同盟，少了两个好基友，多了一个强敌（赵国）。二、中山复国，魏国不仅失去一块战略要地，还失去了一位未来的战国名将乐毅。魏国大臣乐羊灭掉中山国后，被分封在当地，乐家从此成为中山人。乐毅是乐羊的后代。三、逼走吴起，给死敌楚国发了个超级人才大礼包。四、放走流亡魏国二十多年的秦国公子连。公子连回国继位，即秦献公，将魏国的先进经验活学活用，奋发图强。更要命的是，秦献公有个儿子秦孝公，重用商鞅变法，秦国从此走向强大，魏国因此走向弱小。五、帮助田氏代齐（齐国权臣田家取代姜子牙后代成为齐国国君），亲手培养了一个死敌……魏武侯时期的魏国看似风光，其实不过是魏文侯的余热在挥发。

"败二代"魏惠王"再接再厉"，魏国彻底衰落，惨不忍睹。他最著名的败家行径就是放走商鞅，给自己挖了个超级大坑。

商鞅是卫国人，但他参加工作是在魏国，在宰相公叔痤手下做事。公叔痤虽然排挤走了吴起，但那是政治斗争，他的眼光和忠诚还是有的。他很赏识商鞅，但还没来得及向组织正式推荐，就得了重病。

魏惠王来看望公叔痤，搞临终关怀："您万一有个三长两短，国家可怎么办呀？"公叔痤很认真地说："我的秘书商鞅虽然年轻，但超级有才华，希望您能把国家交给他治理。"魏惠王根本不接他的话茬。公叔痤一看，知道领导不以为然，就说："如果您不用他，就杀了他，免得被敌对势力挖走。"魏惠王说："好。你好好养病。拜拜。"

魏惠王前脚刚走，公叔痤就把商鞅叫了进来，说："小商呀，我对不住你。刚才，是这样这样这样。我必须把忠于主公、忠于魏国放在第一位。所以，我才建议主公杀了你。你赶紧跑吧。"商鞅笑了笑，说："没事，国君不会杀我的。既然他不听您的建议重用我，又怎么会听您的建议杀我呢？不急，好工作得慢慢找。"

魏惠王果然没杀商鞅。离开公叔府后，他和随行人员感慨了半天："人啊，健康永远是第一位的。你瞧公叔痤，多优秀一人，自从得了病，脑子都糊涂了，一会儿让我重用他秘书，一会儿又让我杀了他秘书，简直是个老年痴呆。"

商鞅呢，继续在魏国当公务员，直到秦国在全华夏范围内公开高薪招聘超级人才，他才慢慢悠悠、顺顺利利地去了秦国。

在促使超级人才流失方面，魏惠王确实是把好手。张仪、公孙衍这些国产高端职业政客流失，也就算了，不全是他的错；但他放走了商鞅，成全了秦国的二次强盛；放走了孙膑，成全了齐国的强势崛起（回头细说）。

更让人无语的是，魏惠王后来还接受了商鞅（已经是秦国官员）的建议，在中原诸侯国中第一个擅自称王，成功地吸引了齐楚两个大国的火力，让秦国在隔壁慢慢喘息、好好强大。

五年后，商鞅率秦军大败魏军，俘虏魏惠王的弟弟魏卬（áng），吓得魏惠王献出河西地区求和，并迁都大梁（开封第一次喜提首都），战略重心东移，以避秦国锋芒。他爷爷魏文侯和吴起辛辛苦苦打下的大好江山，被他几乎败光。

这时候，他老人家才回过味儿来："唉！当年就应该听公叔痤的，宰了商鞅这个小秘书。"

作为战国第一个称霸的强国，魏国确实很强。不过魏惠王也确实"争气"，不仅败家，而且长寿，活了八十二岁，在位五十一年，孜孜不倦地把魏国折腾成了二流国家。

齐威王：看我怎样动真格的

魏惠王一生有两大敌人：一个是小秘书商鞅，一是小兄弟齐威王。魏惠王这一辈子主要的工作，就是被他俩玩。

商鞅有多牛，大家都知道。齐威王呢，他有一句很出名、很准确的自我评价："不鸣则已，一鸣惊人。"

齐威王二十二岁继位，刚当国君那几年，像个刚考上大学的高中生，苦尽甘来，彻底放飞自我，夜以继日地吃喝玩乐。据说就这么嗨了九年，齐国都快被他玩废了，谁也不敢劝。除了淳于髡（kūn）。

淳于髡是齐国官办高校稷下学宫（也许是世界上第一所官办高校，还是战国时期百家争鸣的主要舞台，更是齐国招揽天下才俊的重要渠道）的著名教授、博导，也是政府参事。淳于髡天天百家争鸣、百花齐放的，讲寓言故事属于基本技能。而齐威王恰好也有个爱好：喜欢讲寓言故事。

有一天，淳于髡找了个机会问齐威王："大王，您院子里有一只大鸟，很多年了，不飞，也不叫唤，您知道是因为啥吗？"齐威王一愣，放下酒杯和美女，想了想，对淳于髡说："这大鸟不飞则已，一飞冲天；不鸣则已，一鸣惊人。"从此，齐威王奋发图强，白天认真工作，晚上认真玩耍。

齐威王先让全国七十二个县的一把手都回京述职，他亲自挨个考核。

他召见即墨（今山东青岛即墨区）大夫，说："自从组织派你到即墨主持工作，每天都能收到关于你的举报信。组织派人去即墨调查，却发现即墨农业强、农村美、农民富，政府简政放权，社会和谐稳定。所以，我知道你从来不和我的'身边人'拉拉扯扯，投机钻营。你放心，组织决不会让老实人吃亏，现在就给你涨工资、提待遇。"

他又召见阿城（今山东阳谷阿城镇）大夫，说："自从组织派你到阿城主持工作，每天都能收到关于你的表扬信。组织派人去阿城调查，却发现阿城农业不强、农村不美、农民不富；敌国攻打阿城附近的鄄（juàn）城、薛陵，你不闻不问、见死不救。所以，我知道你只会和我的'身边人'拉拉扯扯、投机钻营。你放心，组织决不容忍搞团团伙伙、攀附逢迎，拉出去，煮了吧。"

还有这种操作？齐国的领导干部都快吓死了，从此再不敢弄虚作假，一个个真抓实干，齐国变得繁荣富强。

跟一鸣惊人的齐威王比，魏惠王有点一鸣丢人。有一次，齐威王和魏惠王搞猎场会晤。老大哥魏惠王主动"秀肌肉"，故意问道："小田（齐威王本名：田因齐），齐国有什么宝贝吗？"小田憋着坏，说："木有。"

魏惠王立马来劲儿了："是吗？魏国虽然不大，但十颗八颗能照亮黑夜的大珍珠，还是有的。齐国号称东方大国，连个宝贝都没有？"

小田笑着回复："呵呵，对于宝贝的定义，咱俩不一样。我有位大臣檀子，派他镇守南境，楚国乖得像只猫；我还有位大臣盼子，派他镇守西北，赵国乖得像只猫；我还有位大臣黔夫，派他镇守徐州，燕、赵百姓哭着喊着要移民到齐国来；我还有位大臣种首，派他管治安，老百姓夜不闭户……"魏惠王听得脸都红了，赶紧打断他，说：“突然想起来，老婆今天在家生孩子，我先撤了啊。”

想跑？可惜，小田不答应，小孙也不答应。

魏惠王和齐威王，庞涓和孙膑，这两对相爱相杀的好基友，注定要来一场友谊第二、搞死第一的中原争霸赛。

孙膑："庞氏骗局"的终结者

　　那一年，齐国小伙儿、军校高材生孙某，带着铺盖卷、简历、理想和一身本领，坐上了开往魏国首都安邑（今山西夏县）的绿皮车。

　　魏国，中原霸主；安邑，战国北上广。俗话说，宁要安邑一张床，不要老家一套房。和千千万万的年轻人一样，孙某也想在安邑找份工作，出人头地。但是，这个百家争鸣、百花齐放的时代，最不缺的就是人才，尤其是安邑这种一线城市。没人在意他的名字，只记得他姓孙，是魏国大将军庞涓的同学。

　　孙某这次来安邑，就是庞大将军写信邀他来魏国发展。虽然安邑房价高、竞争强、节奏快、压力大，但毕竟平台大、机会多，再加上自己水平高、关系硬，孙某相信，自己一定能混出个名堂。

　　成功好像在向他招手。

"庞氏骗局"

　　庞大将军果然是个好同学，好吃好喝好招待。两人喝着小酒，回忆青春、展望未来，畅谈国际争霸格局。孙某越喝越热血，拎着酒壶对庞大将军说："从今往后，魏国就是咱哥儿俩的了，咱们一起率领千军万马，扫平六国、一统天下！说不定，我将来比你混得好，还成了你领导呢。哈哈哈哈哈哈。"庞大将军捏着酒杯，笑着说："你小子，牛啊。"

孙某在将军府住了下来。庞大将军说："等时机成熟，我就向大王推荐你。"孙某很感动，暗下决心："一定要在安邑干出一番事业来，决不辜负庞同学的帮助，让魏国、让历史都记住我的名字。我叫'孙×'，不叫'庞大将军的同学'。"可惜，他学的是兵法，不知道这世上有一种罪恶叫"庞氏骗局"。

没多久，孙某被钓鱼执法，惹上了官司，被判处膑刑（断足）、黥（qíng）刑（脸上刺字）。他终于有了一个被别人记住的名字：孙膑。

孙膑，一个只剩半条命的废物，被丢弃在阴暗里。庞大将军就此消失。后来，孙膑才得知，这一切的幕后黑手竟然是好同学庞大将军。因为妒忌孙膑的才能，担心影响自己的仕途，庞大将军玩了招阴的，把孙膑骗到安邑，然后废了他。

"呵呵，孙膑。"念叨着自己的新名字，孙膑陷入了沉默。他只能等，等一个绝处逢生的机会。军校毕业后，他学会的第一个道理就是：职场如战场。

第一战，庞涓胜。

废物回国

不知道过了多少年，机会终于来了。

孙膑的祖国——魏国的死敌——齐国派使者来安邑公干。孙膑和齐国使者偷偷见面，并成功说服使者带自己回国。具体细节没人知道，因为，没有人会关注一个废物。就连庞大将军估计也早忘了他。被藏在马车里离开安邑时，孙膑咬着牙，轻声说了句："好同学，等着我。"

回到齐国后，孙膑托关系找门路，有了第一份工作：给齐国大将军田忌当门客。上班后，孙膑发现，田大将军府最不缺的就是军校毕业生。他默默地把自己熬夜掉头发做的 PPT "齐国超级军队：五年灭掉魏国的系统计划"，丢垃圾箱了。

经过仔细调研，军校高材生孙膑果断转型：做马术教练。因为领导田忌喜欢赛马，而且，赛马的对象是领导的领导：齐威王和王子们。孙膑发现了一条通往成功的金光大道。最终，他凭借帮田忌赛马（下马对上马，上马对中马，中马对下马）、赢得齐王千金赌注一举成名，不仅赢得了田忌的赏识，还成功地进入齐威王的视线。在田忌的正式推荐下，齐威王召见他，探讨了一下军事，被他的才能折服，奉他为师。

从废物到国师，孙膑凭借自己敏锐的眼光、务实的精神和过人的才华，成功逆袭。

第二战，孙膑胜。

辅助型英雄

周显王十五年（前354），魏惠王派庞涓率大军攻打赵国，一路势如破竹，直接干到了赵国首都邯郸（今河北邯郸）。赵国向齐国求救。齐威王准备雄赳赳气昂昂跨过大黄河，抗魏援赵，并任命孙膑为大将军。

孙膑拒绝了。开玩笑，敢和自己的老领导、齐威王的老朋友、齐军的老首长田忌抢位置？估计还没碰见敌军，就光荣牺牲了。所以，孙膑诚恳地对齐威王说："我是个残疾人，在王者荣耀的伟大征途中，我的人设是辅助型英雄，最擅长的是帮助队友有更好的发挥。"

齐威王和田大将军不约而同地点了点头：懂事。齐威王任命田忌为大将、孙膑为军师，让他坐在马车里，负责团控和放大输出。孙膑望着安邑，轻声说："好同学，我来了。"

冲啊！田忌领着大军就要杀向邯郸。孙膑赶紧踩刹车："别急。哪有劝架的上去打架的道理，咱们只能因势利导，让他们自己停手。现在魏赵两国打得热火朝天，魏军精锐肯定是倾巢出动，国内全是老弱病残；咱们应该率军急袭安邑，魏军肯定回撤来救，这样咱们就一举两得，既能给赵国解围，还能把魏国打残。"

这就是著名的"围魏救赵"的故事。田忌依计行事，魏军果然回师救援，在桂陵（今河南长垣西北。今址有争议，此处依谭其骧《中国历史地图集》。）与齐军激战，魏军大败，史称桂陵之战。

这一次，孙膑的表现着实可圈可点：对内经受住了组织的考验，对外经受住了战争的考验，双线作战均取得胜利。庞涓同学，则遭遇工作以来的第一次事业危机。

第三战，孙膑胜。

战国007

此后十多年，身为大公司魏国作战部门的高管，庞涓在工作上变得更拼命，工作强度非常大：一会儿和赵国干仗，一会儿和韩国干仗，一会儿和秦国干仗，长年007，随时有猝死的风险。

身为二次创业公司齐国作战部门的高管，孙膑只围观吃瓜，也长期处于焦虑状态："好同学，你可千万别累死，等着我。"齐威王比孙膑还焦虑，天天问他："啥时候能干掉魏国？这几年咱们作战部门的KPI可有点难看呀。再这么下去，齐国随时有可能被竞争对手吃掉。"孙膑的发量日渐稀少。

这一阶段，庞涓把996、007当福报，玩命工作；孙膑则因为自身健康和齐国健康发展问题，态度保守、工作被动。

第四战，两败俱伤。

弱给你看

终于，在孙膑的发际线消失之前，机会来了。

桂陵同学聚会十三年后，周显王二十八年（前341），魏国大将军庞涓率军攻打韩国。韩国派人向齐国求救。齐威王召集高管们头脑风暴："早救好，还是晚救好？"宰相邹忌——对，就是那个爱照镜子的美男子（我孰与城北徐公美）——建议："不救为好。"大将军田忌不同意："不救，韩国就会灭亡，被魏国吞并。早点出兵吧。"

发际线不断升高的孙膑反而不着急了："韩魏之战的上半场才刚刚开始，双方体力都很好，咱们现在上场，就等于替韩国当肉盾，会被魏国各种虐，最后还要反过来看韩国的脸色。既然这次魏国铁了心要灭掉韩国，那么韩国一定会被魏国打残，一定会再来求咱们。那时候出兵，既可以让韩国感恩戴德，又可以轻松搞定只剩半条命的魏军，名利双收，多好。"

齐威王说："你真阴险，不过，寡人喜欢。"齐威王对韩国特使说："没问题，你赶紧回去复命吧，我们随后就到。"

有了齐国的"随后就到"，韩军士气大振，奋勇抵抗，与魏军展开五次大规模战役，可惜屡战屡败，到了崩溃的边缘。

孙膑捋了捋在风中凌乱的发际线说："该出发了。老办法，先去安邑转一圈。"庞涓在韩国打得正起劲呢，收到情报，气得破口大骂："孙子，你还会干点别的吗？"然后，撒开脚丫子往回跑。魏惠王也很生气："每次都抄我后路，有种咱们当面刚！"魏国集中起全部兵力，任命太子魏申为大将军，庞涓为副手，发誓要把齐军团灭。

孙膑捋了捋在风中凌乱的发际线，对田忌说："魏军向来彪悍，看不起齐军；当然，咱齐国的兵确实也有点弱。这次，咱们就好好弱给他们看。"

齐军最高指挥部下令：部队进入魏国后，第一天做饭，建造供十万人吃饭的灶台；第二天减为供五万人吃饭的灶台；第三天减为供两万人吃饭的灶台。

庞涓率军狂追了三天，发现齐军的灶台数量急剧减少，哈哈大笑："我早就知道齐兵都是胆小鬼，你看看，你看看，才三天，竟然逃走了百分之八十。"便甩开大部队，率轻锐日夜兼程追击。

这一日，齐军来到马陵（今河南范县西南；今址有争议，尚有其他说法）。这里地势险要、道路狭窄，是个打伏击的好地方。孙膑估计，魏军傍晚时分会赶到马陵，便派人将路旁一棵大树刮去树皮，亲手在白树干上写了六个大字："庞涓死此树下。"又挑选了一万名精锐弩兵埋伏两侧，约定：天黑后看见火光，就万弩齐发。

安排好了一切，孙膑在大树下静静坐了半日：好同学，我等你。

日暮时分，庞涓果然率轻装劲卒赶至马陵。看见路旁的白树干上隐约有字，就命人点起火把，想看个清楚。结果，峡谷之上万弩俱发。魏军大乱，伤亡惨重。庞涓知道，这次自己是彻底输了，再无翻身之日，于是拔剑自刎。临死前长叹一声："让孙膑这小子成名了！"

齐军乘胜追击，大破魏军，还俘虏了魏国太子，史称"马陵之战"。从此，中原霸主魏国元气大伤，直接从一线明星沦为过气网红。

第五战，孙膑胜，庞涓死。

马陵道上，看着庞涓的尸体，孙膑沉默良久，捋了捋在风中凌乱的发际线，轻声说道："好同学，我不怪你，你也别怪我。要怪，就怪这个你死我活的时代吧，996、007 都成了福报。"

商鞅：没有底线的成功，就是失败

周显王三十一年（前 338），秦孝公去世，秦惠文王继位，商鞅被车裂。

商鞅死亡的直接原因是靠山倒了——支持变法的秦孝公去世。同样的剧情，四十三年前在楚国上演过：支持变法的楚悼王去世，吴起被射杀。两位大咖都死于变法太成功，尤其是商鞅，自己挖的坑，含着泪也要跳。

焦虑的职场人士

三十多岁的商鞅，是一个焦虑的职场人士。一个卫国人，在魏国做公务员。人近中年，一事无成。工作忙，级别低，收入少。更变态的是，领导临死前和领导的领导说："要么重用他，要么杀了他。"更更变态的是，领导的领导说："呵呵。"

商鞅很气愤："我一个兢兢业业的业务骨干，存在感就这么低吗？"他想跳槽，但江湖已是年轻人的天下，他们的期望薪酬更低，干活更拼，负担更小。一个快到中年的大叔，怎么和人家竞争？

恰好，西边的秦国也很焦虑，就像个中年大叔，年轻过、热血过、风光过，现在只剩下窝囊。

当时的秦国，处于战国鄙视链的最底端。且不说魏、楚这样的强国，就连那些不知名的小国，也敢鄙视它。搞个国际峰会、领导人会晤什么的，都不带秦国玩。新任国君、二十出头的秦孝公非常不爽，面向全世界发布招聘信息：不论户籍、国籍，只要能让秦国强大的，给你高官、封地。

条件很诱人。因为那个时代，可以高官厚禄的，大多都是世袭的贵族。人近中年的商鞅怦然心动了，毅然做出人生最重大的选择：跳槽！从魏国辞职的商鞅直奔秦国，托关系找门路，得到了秦孝公亲自面试的机会，两个人一拍即合：成功，不择手段地快速成功！

在秦孝公的全力支持下，商鞅开始在秦国实施变法。业务骨干认真起来很可怕。商鞅在秦国的变法取得了极大的成功（详情参见历史课本）。简单说，秦国用了十多年的时间，从一个边陲弱国脱胎换骨，跃升为周天子认可的第一强国。周显王二十六年（前343），周显王奖称秦国国君为诸侯之长，各国都发来贺电。两年后，商鞅也迎来了自己的高光时刻：秦孝公将商地（今陕西丹凤一带；《史记·商君列传》中"封之於商"之"於"，当为介词"于"，类似用法亦见于《吴太伯世家》[封之于舒]、《陈杞世家》[封之于陈]）的十五个邑封赏给他，号称"商君"。所以，后世称"公孙鞅"为"商鞅"。

人近中年的商鞅的二次创业非常成功，但也非常易碎。

没有朋友，只有敌人

秦孝公去世后，商鞅立刻被人举报：意图谋反。举报人是秦国大臣公子虔的手下。公子虔是谁？新君秦惠文王的老师。说白了，是秦惠文王要搞死商鞅。为啥？因为商鞅变法时得罪过还是太子的秦惠文王。

商鞅刚开始变法时，阻力很大，秦国上上下下都反对他。恰巧这时候，太子违反了新法。秦国上下瞬间变吃瓜群众："看你商鞅怎么办？"商鞅说："办。"

当然不能直接办太子。商鞅很机智：办太子的老师。子不教、父之过，教不严、师之惰嘛。太子的两个老师，公孙贾和公子虔，成了背锅侠，都被处刑。新法得以顺利施行。公子虔尤其是个倒霉蛋，后来又违反了新法，被处以劓刑（割去鼻子）。为人师表的公子虔又羞又怒，八年不出门，宅着。

太子当然很愤怒。

你是不是很佩服商鞅？为了事业，把秦国的领导群、包括未来的最高领导都得罪了。你太小看商鞅了，因为他得罪的是全国人民，除了秦孝公。

新法施行十年后，秦国繁荣富强，妥妥一个举国体制的战争机器。秦国上下，人人都是这台机器上的螺丝钉。螺丝钉也是人，也要求进步。好多秦国百姓主动向官府表忠心，说"变法好，商鞅伟大，我们强烈拥护新法"。没想到，马屁拍到了马蹄子上。商鞅很生气："当初就是你们说新法不好，现在又见风使舵来表忠心，一帮违法乱纪的刁民，全部给我发配到边疆去！"

你是不是很佩服商鞅？为了事业，把秦国的干部群众全得罪了。你太小看商鞅了。因为他得罪的是整个国际社会。

没有底线，只要成功

周显王二十九年（前340），马陵之战的第二年，魏国刚刚被齐国虐得元气大伤。商鞅及时向秦孝公建议："趁他病、要他命，现在是收拾魏国这个心腹大患的最好时机。"秦孝公批准了，商鞅率大军杀向魏国。魏惠王派弟弟魏卬领军应战。战争一触即发。

商鞅写了封信，派人送给魏卬："当年我在魏国工作时，咱俩私交就很好。现在，咱俩各为其主，为了国家的命运而领军上阵，但我实在不忍心和好朋友刀兵相见，不如见个面，一起喝喝酒、聊聊天、谈谈条件，签个备忘录，各自收兵回国，两国百姓也可以免遭战火荼毒。怎么样？"魏卬一看，好呀，欣然赴约。

两人喝酒、聊天、签备忘录。然后，魏卬当场被商鞅拿下。魏军群龙无首，被秦军杀得落花流水。

受到二次伤害的魏国彻底被打怂，向秦国献出河西之地求和，并将首都东迁至大梁。魏惠王咬着牙齿说："秦国，惹不起我还躲不起吗？商鞅，当年真该听公叔痤的，宰了你这个小秘书！"

秦国大胜，商鞅却彻底输了。这种没有底线思维、肆意践踏国际游戏规则的行为，把所有国家都得罪了。谁还敢跟你玩？现在，报应终于来了。

末路狂奔

商鞅被举报后，秦惠文王看了看没鼻子的老师公子虔，直接下令："马上逮捕商鞅！"商鞅赶紧逃了。这也是战国时期人才流动的一种常态：七大强国、几十个小国，得罪了一个国家，还有其他许多国家可以选择。此地不留爷，自有留爷处。

但是，秦国的地理位置比较特殊，它在最西边。往哪里跑？只能往东跑。因为南边是楚国，千山万水又没高铁，跑不快。东边，路况好，距离短，很快就能逃出秦国。不过，东边是魏国，那个恨不得发明时空穿梭机回到过去宰了商鞅的魏国。

商鞅一路狂奔，顺利到达魏国边境，请求政治避难。魏国人很客气，没有落井下石，只是盖上了井盖："请原路返回。"由于担心商鞅乱跑，魏国还专门派人把商鞅押送回了秦国。这可要了亲命了。商鞅来不及骂娘，一路狂奔回自己的老窝（封地商邑），做最后的挣扎：领着亲信和门客攻打郑县（原因不详，史书有争议）。

这要是放在商鞅变法前，或许就成功了。可惜，商鞅变法太成功了，现在的秦国人个个打仗不要命、杀伤力极高。为啥？因为商鞅变法规定：奖励军功，按敌人的首级数量考核。郑县的士兵一看，天上掉馅饼啦，这么多颗人头竟然主动找上门来！开始疯狂抢人头。五十多岁的商鞅和他的团队直接被灭。随后，商鞅的尸体被秦惠文王车裂，其家被灭族。

商鞅极致追求成功，毫不顾忌底线。他成功了，然而他也失败了。没有底线的成功，叫找死。

苏秦：舌尖上的战国

职场精英人士商鞅死了，商鞅之死的后遗症很严重。

秦惠文王杀掉商鞅没几天，一个洛阳人千里迢迢跑来秦国求职，一见面，就满脸诚恳、浑身是戏地说："大王，我可以帮您扫平六国、统一天下。"秦惠文王说："滚！"洛阳人尴尬又不失风度地 say goodbye。

秦惠文王心想："刚宰了商鞅，又来一个打嘴炮的。还帮我扫平六国？真能吹。"转身对秘书说："以后东边来的这种大忽悠，一律不见。"

秦惠文王只说对了一半。这人确实是个大忽悠，但还真是个能扫平六国的大忽悠。

他叫苏秦，一个靠嘴吃饭的王者。

洛阳著名癞蛤蟆

跟前辈吴起、商鞅、孙膑相比，苏秦的出身更差。吴起，成功企业家的儿子（有钱）；商鞅，卫国国君小老婆的儿子（有爹）；孙膑，著名军事家孙武的后代（有基因）。而苏秦，洛阳流动摊贩的儿子，除了有理想，要啥没啥。

苏秦学的专业，看着也不靠谱。你要么像吴起、孙膑一样，学会打仗，做个军事家；要么像商鞅一样，学会法律，做个改革家；

要么像魏惠王一样，学会投胎，做个祖传败家子。可苏秦学的是：纵横之术（政治游说）。他跟着著名的鬼谷子老师学了好些年，想当个靠嘴吃饭的政治家。结果，毕业就失业，在外面混了好几年，实在混不下去了，灰溜溜地回了洛阳。

迎接他的，是全家人的吐槽："咱祖祖辈辈辛辛苦苦做点小生意，也能吃个饱饭。你倒好，不踏踏实实学做生意，竟然想靠忽悠人发家致富，活该你穷困潦倒。"

苏秦抑郁了，把自己关在屋里，不出门不见人。教材教辅、毕业证、学位证、从业资格证都拿出来，看了又看，越看越抑郁："辛辛苦苦读了这么多年的书，上了这么多年的学，有屁用？"他愤而去机场买了一本成功学＋厚黑学＋营销学的书（《太公阴符》），废寝忘食地钻研。困了，就拿锥子扎自己的大腿。这就是著名的"锥刺股"的故事。

苏秦在洛阳更红了。大家都知道苏家有个癞蛤蟆，想成功都想疯了，天天在家玩自残。就这么扎了一年，苏秦终于把自己扎通透了，大吼一声："中！这回能搞定各国元首了。"

失败，接着失败

出了门，苏秦直接奔周王宫去了。毕竟，洛阳是周天子的大本营，学有所成的苏秦，首先想到的是回报家乡。可家乡没福气，周显王的大臣们向来知道苏秦是个说大话的主儿，连门都不让他进。

苏秦毫不气馁，往西蹦跶，去了秦国。就像前文讲的，秦惠文王认为他是个山寨版商鞅，直接给拒了。苏秦毫不气馁，又往东蹦跶，去了赵国。赵国宰相赵成也把他拒了。苏秦毫不气馁，又往东北蹦跶，去了燕国，做北漂。他在燕国都城蓟（今北京）漂了一年多，住地下室、挤地铁、找门路、投简历，终于有了一个拜见燕文公的机会。从这一刻开始，苏秦和战国历史都翻开了崭新的一页。这一页只写着一个大字：嘴。

苏秦满脸诚恳、浑身是戏地对燕文公说："大王，您知道燕国为啥日子过得这么欢乐祥和吗？"燕文公说："因为我的英明领导。"苏秦说："那是必须的。但燕国如果想长期这么欢乐祥和下去，还得和赵国搞好关系啊。赵国是燕国天然的屏障，就算秦国再强大，再想干掉燕国，也得先过赵国这一关。所以，您只要和赵国搞好关系，就可以天天欢乐祥和了。"燕文公说："好，帮我搞定赵国，需要什么尽管开口。"

超级大忽悠（上）

苏秦这条咸鱼，终于翻身了。燕国给他配了辆豪车、派了个司机，一路畅通地来到赵国，轻轻松松见到赵肃侯。

苏秦满脸诚恳、浑身是戏地说："大王，您知道秦国为什么不敢攻打赵国吗？"赵肃侯说："因为我很强。"苏秦说："那是必须的。但您如果想让秦国彻底变怂，还需要几个帮手。联合韩、魏、齐、楚、燕，搞六国联盟。秦国胆敢欺负任何一国，大家就一起揍它；哪个国家敢不遵守盟约，大家就一起揍它。六国一家亲，秦国只能装孙子。"赵肃侯非常高兴："好，一起揍秦国。"

六国联盟项目正式启动！苏秦离开赵国时，随行的已经是个超豪华车队了——豪车一百辆、白璧一百对、绸缎一千匹、黄金二万两、随从若干名，都是赵国赞助的，浩浩荡荡，继续游说其他诸侯。

刚离开邯郸上了高速，就传来一个坏消息：秦国大将军公孙衍率军攻打魏国，歼灭魏军四万，活捉魏国大将龙贾，攻占魏国重镇雕阴，还准备继续东进。苏秦一看，好家伙，我这儿刚点菜，就有人来掀桌了！幸亏老子早有安排。苏秦一招手，另一位战国超级大牛登场了。

有颗棋子叫张仪

张仪，苏秦的好同学。当年两人都跟着鬼谷子老师学习，苏秦觉得张仪比自己优秀。

当然，毕业后的张仪混得比苏秦还惨，在楚国当暂住人口，没工作，还经常被揍。六国联盟项目正式启动后，苏秦最担心的就是秦国搞破坏。所以找人忽悠张仪来赵国投靠自己，张仪屁颠屁颠就来了。见了面，苏秦故意对张仪各种羞辱，气得张仪粉转黑，直接奔秦国去了。因为那个时期，只有秦国能和赵国掰手腕。

张仪前脚走，苏秦的人后脚就跟上了，带着金银珠宝啥的，找机会接近张仪，"偶遇"他、"赏识"他、"资助"他，一路同行，顺顺利利来到秦国，还花钱帮他疏通关系，让他轻轻松松见到秦惠文王，面试成功，当了秦国高官。

这时候，苏秦的人才挑明了一切。张仪长叹一声："唉，我跟苏总没得比呀，都成他的棋子了，还傻乎乎地自我感觉良好呢。回去代我谢谢苏总，告诉他：以后他要秦国往东，我绝不会让秦国往西。"张仪当然很牛，他的故事回头细讲。在张仪的帮助下，苏秦的忽悠团得以按计划顺利前行。

超级大忽悠（下）

苏秦对韩宣惠王说："韩国这么强，但我都替您害羞！只知道讨好秦国。老话儿说得好：宁为鸡头，不为凤尾。您这么英明神武，韩国这么兵强马壮，天天当凤尾，脸呢？"韩宣惠王说："脸在呢，脸在呢。"

苏秦对魏襄王说："魏国是响当当的中原霸主，人杰地灵、英雄辈出，现在却虎落平阳被犬欺！别说您了，赵国都看不下去啦，所以派我来和您签订盟约，一起干掉秦国鬼子！请大王批准。"魏襄王挺胸抬头："准！"

苏秦对齐宣王说："韩国、魏国就是个命苦的矮矬穷，跟秦国门对门做邻居，只能跪舔它。齐国不一样，霸道总裁高富帅，还离秦国十万八千里的，怕它个啥。强国就该有强国的样子！六国虐秦俱乐部了解一下？"齐王说："给我办个白金卡。"

苏秦对楚威王说："战国带头大哥的位置只有一个，不是楚国就是秦国。要么六国联盟，您做大哥；要么讨好秦国，您当小弟。两条路，大王选哪条？"楚威王说："我要当大哥。"

佩六国相印

一嘴定江山。苏秦成了主持六国联盟的纵约长兼六国宰相。他北上回赵国复命时，忽悠团的规格和规模，已经是大国元首的待遇了。

途经老家洛阳时，周显王吓得各种讨好：清扫道路、张灯结彩，派大臣和儿童堆着笑脸、捧着鲜花、挥着彩旗，到郊外迎接、慰劳。苏秦的兄弟、嫂子、妻子作为家属代表，趴在地上伺候他用餐，都不敢抬头，只敢偶尔偷瞟两眼。当年那只癞蛤蟆，俨然变成天鹅了，很大一只。

志得意满的苏秦亲切地和嫂子拉起了家常："你以前那么泼妇，现在转性了？这么淑女。"嫂子是个实在人，赶紧低头、匍匐着来到苏秦面前，脸贴着地面请罪："因为小叔您现在当大官、赚大钱了呀。"

苏秦站起身来，看着乡亲们和同志们，感慨地说："苏秦还是那个苏秦。富贵了，家人就敬我怕我；贫贱时就鄙视我伤害我。非亲非故的，就更别提了！如果当年我在二环外有套房，现在怎么可能佩戴六国相印？"说完，把乡亲们召集到一起，每人发了个一万元的大红包："大秦子提前给你们拜年了！"

回到赵国，赵肃侯封他为武安君。武安，通过卓越军事成就为国家长治久安做出巨大贡献的意思。战国时期获此封号的，都是战神，比如白起、李牧。苏秦告诉全世界："我这张嘴，可抵百万雄兵。"

在享受鲜花、荣誉的同时，苏秦把六国盟约给秦国快递了一份；秦国签收后，很长时间不敢出函谷关一步。

临死放大招

当然，秦国这头猛虎也不是动物园长大的。周显王三十七年（前332），秦国出兵，逼迫齐国、魏国一起攻打赵国，想破坏六国联盟。

赵肃侯急了，对苏秦提出了严厉的批评："玩我呢？"苏秦害怕了，说："大王别急，我现在就去燕国出趟差，跟他们商量一下，必须狠狠收拾一下齐国这个白眼狼。"赵肃侯说："快去快回。"

回，回见吧，您呐。苏秦一去不复返。赵国无奈之下挖开黄河大堤，水淹齐魏联军。六国联盟就此土崩瓦解。

苏秦跑到燕国，照样混得风生水起。有人看不惯，给燕王打小报告，说苏秦是个反复无常、卖主求荣的小人。苏秦是谁，还怕打嘴炮？他凭着三寸不烂之舌说服燕王：忠诚无用，自己所谓的"不忠诚"才是最好的品德，才是燕国最大的福气（详见《史记·苏秦列传》）。他此前就凭着三寸不烂之舌，把齐国侵占燕国的十座城池要了回来；还凭着三寸不烂之舌，把燕国太后给推倒了……燕王发现后也没说啥，但苏秦害怕，又凭着三寸不烂之舌成功逃到齐国，继续高官厚禄。齐宣王还很激动，觉得自己捡到宝。齐宣王死后，潽王继位，继续信任苏秦。最后，齐国大臣受不了了，派人将苏秦刺杀。

一代嘴王，终于闭嘴。临死前，苏秦还放了个大招：要齐王车裂自己的尸体，公告全国"苏秦是燕国的间谍"。刺客果然主动站出来邀功，被齐王诛杀。

天下从此清净了吗？还记得那颗叫张仪的棋子吗？六国联盟土崩瓦解那天，张仪就张开了嘴。刚被苏秦忽悠了一遍的战国列强，又要被他的好同学张仪再挨个忽悠一遍。放心，绝不重样。

张仪：乱世成功学大师

也许每个人都有自己最在乎的身体某个部位。比如，冰冰的脸、志玲的嗓子、卡戴珊的臀、川普的发型。张仪最在乎的，是自己的舌头。

舌在人在

张仪和苏秦是同班同学，学的都是纵横之术。大学毕业后，张仪也是满世界找工作，没人搭理。

有一次，楚国宰相开 party，张仪去蹭吃蹭喝蹭机会。没想到，现场有人把宰相家的一块玉璧给顺走了。谁干的？大家异口同声："张仪！这孙子又穷又渣，肯定是他。"张仪惨了，被当场搜身，没有；被严刑拷打，没招；最后，像死狗一样被扔到了街上。

张仪被救醒后，老婆哭着说："你说你上个破学、读个破专业，有个屁用？老老实实在家种地，能被欺负成这样吗？"张仪忍着疼、咧着嘴，说："哭个屁，先看看我的舌头，没事吧？"老婆破涕为笑："没事。"张仪说："足矣！"

仗势欺人的张大宰相

上回说过，苏秦为了实施六国联盟，将张仪作为棋子安排在秦国做官。张仪虽然不爽，但也服气，承诺好好配合苏秦。后来，在秦国的威逼下，六国联盟土崩瓦解；苏秦逃离赵国，沦为过气网红。张仪的机会来了。

张仪当然不是个诚实守信的道德模范，关键是苏秦的六国联盟不破，张仪在秦国也折腾不出花儿来。当时秦国的第一目标，是搞定堵在家门口的魏国。门儿都出不去，怎么统一天下？六国联盟散伙后，秦国连续发动对魏国的战争，攻城略地，把魏国一点一点往东赶。

周显王四十一年（前328），张仪等率军攻打魏国，夺取蒲阳（今山西隰县；隰 xí）。秦军嗷嗷叫，正准备打到大梁过圣诞，张仪摁了暂停键，向秦王申请："把蒲阳还给魏国，把公子繇送到魏国当人质。"秦王瞪着眼睛问张仪："你有病吧？"张仪笑着说："我身心都很健康，就是想送您一份大礼。"秦王说："礼物不满意，我会杀人的。"张仪笑着说："包您满意。"

张仪去拜见魏王，笑着说："大王，秦王可真是个厚道人呀，打了胜仗，不仅不骄傲，反而把蒲阳还给您，还把公子繇送来当人质，这是多大的诚意呀。这份人情，魏国不会没一点表示吧？"魏王笑着问："你觉得我怎么表示合适？"张仪笑着说："把上郡（今陕北地区）十五个县当回礼就挺合适。"魏王笑着说："好。"

投进去一座城、一个人，赚回来十五座城。这收益率，比抢劫还高。魏王傻吗？当然不傻。找帮手需要时间，如果不能及时遏制住秦军的攻势，损失会更大。张仪这是仗势欺人、拉高出货。魏王则是拿空间换时间，割肉止损。

张仪满意地回秦国了。秦王更满意，直接晋升张仪为宰相。张大宰相正式就职后，马上签发一份公函给楚国宰相：当年老子陪你喝酒，被你诬赖偷你玉璧，还挨了一顿胖揍。现在，老子正式通知你：好好看着楚国，这次老子不偷玉璧，要偷城池！

宰相也玩潜伏

魏国割肉稳住秦国后，开始拉帮结派对付秦国。玩的还是苏秦那一套"合纵"。招儿不怕老，管用就好。今天三国联盟，明天五国联盟，后天七国联盟（六强国＋某小国），也够秦国喝一壶了。

魏国这边玩嗨了，秦国受不住了。张仪作为宰相，压力山大，天天出差，各种搞破坏，没用。秦王气得想杀人。张仪急了，放了个大招。周显王四十七年（前322），秦国宰相张仪被免职，然后，出任魏国宰相。这种选人用人的神操作，也就战国这种乱世才会有吧？就像苏秦说的：忠诚不值钱，有用才是最大的美德。

据史书记载，张仪这是玩潜伏，到敌人的心脏去，准备亲自策反魏国，跟秦国交好，给其他国家起个模范带头作用。秦国给了张仪最大的支持，活动经费管够，军事上密切配合。魏国听话就给糖，不听话就给大棒。但是，魏国就是不听话。结果，被秦国和张仪整惨了。

周慎靓王三年（前318），魏、楚、赵、韩、燕五国联军攻打秦国，失败。次年，秦军在修鱼（今河南原阳境内）大败韩军，斩首八万，俘虏韩国大将两名。

秦国这么猛？！各国有点怕怕。在魏国辛辛苦苦做宰相、潜伏了五年的张仪趁机开始公关。

当时的魏王，已经不是祖传败家的魏惠王了，而是完美继承败家绝学的魏襄王。孟子对魏襄王有句评价："望之不似人君。"翻译成白话文就是：穿上龙袍，像个在景点拍照留念的游客。张仪吓唬魏襄王："亲兄弟为了争家产也会互相残杀，您竟然和其他诸侯称兄道弟，一起对抗秦国？太天真了。您如果继续瞎搞，魏国就完蛋了。赶紧批准我辞职，以中立第三方的身份，去秦国给您好好补救一下。"魏襄王说："快去，麻烦您了。"

魏国被张仪成功策反。回到秦国后，张仪再度出任宰相。战国就是这么奇妙。

玩死你不偿命（上）

周赧（nǎn）王二年（前313），秦王想攻打齐国，但害怕齐国的好基友楚国插上一腿，便派张仪去游说楚国。中国历史上著名的无节操"外交事件"发生了。

当时的楚王是楚怀王熊槐，一个唐玄宗式的国家元首。早年励精图治，中晚年声色犬马，国家被他搞得精疲力尽。当然，他比唐玄宗的下场还苦逼（以后细说）。

张仪对楚王说："如果您和齐国分手，秦国会给您一大笔分手费——秦国最珍惜的六百里商於之地（今河南西峡、淅川一带）、秦国最漂亮的婆姨，还有秦国最真挚的友情。"楚王一听，乐得都合不上嘴了："太客气啦，下不为例啊。"

楚国的大臣们纷纷热烈鼓掌，只有陈轸投反对票："你们脑子都进水了！"楚王很生气："老子这叫躺赢，有啥问题？"陈轸说："张仪是个大骗子，他就想拆散您和齐国。没了齐国，楚国也就不值钱了，秦国凭啥跟咱好？"楚王说："闭嘴！感情的事，你不懂。"当即单方面宣布和齐国断交，重赏张仪，还任命他为楚国宰相。然后派特使和张仪一起去秦国，接收土地、婆姨和友谊。

张仪回国后，立刻假装出了车祸，连休三个月病假，不上班不见客。楚王听了使者的汇报，觉得有猫腻，认真一思考："嗯，肯定是张仪觉得我拿出的诚意还不够。"立马派人去齐国，当面问候了齐王的祖宗十八代。

渣男！齐王暴怒，冷静下来后，立刻和秦国各种勾搭。齐国和秦国反而好上了！这时候，张仪的病也好了，开始上班了。

楚国特使吃了三个月的羊肉泡馍，看见张仪，就像看见热干面，恨不得一口吃了他。张仪装着大吃一惊："你怎么还在咸阳溜达呢，赶紧去收地呀，方圆六里那么大！不过，美女还得等等，还没长大；友谊也得等等，还在酝酿。"楚国特使直接问候了张仪全家，然后回国复命。

楚王听了汇报，问候了张仪全家六百遍，然后宣布开战。陈轸又投了反对票。楚王说："你有病吧？当初不让我和秦国好，现在又不让我和秦国打！"陈轸说："我没病，我只是个耿直 boy。我给您分析一下：之前您已经得罪了齐国，现在您又要得罪秦国，这不是逼他俩合起伙来搞咱吗？"楚王说："别他娘的跟我比耿直！老子耿直起来，连秦始皇都不怕！干他！"

秦、楚在丹阳（今河南淅川丹阳镇）开战。结果，楚国大败，八万将士被杀，七十多名高级军官被俘，汉中地区被占领。再战蓝田（今陕西蓝田），又大败。韩国、魏国一看，也过来占便宜。楚国只好割让两座城池，向秦国求和。

大家纷纷称赞张仪："不怕流氓，就怕流氓有文化，还很会说话。"张仪谦虚地表示："哪里哪里，这次没发挥好。"他说的是真的。

玩死你不偿命（下）

周赧王四年（前311），秦王派使者拜见楚王，想用武关（今陕西丹凤境内）之外的土地换楚国的黔中地（今湘西地区）。楚王说："我不要地，只要人。想要黔中地，拿张仪那孙子来换！"国土面积大，就是任性。

张仪对秦王说："跟他换。"秦王说："开什么玩笑，你去就是个死。"张仪说："秦国在您的英明领导下繁荣富强、蒸蒸日上，有您和秦国做后盾，楚国不敢把我怎么样。而且，我和楚王的宠臣靳尚是好基友，靳尚又和楚王的宠妃郑袖是好闺蜜。有这关系，我安全得很。"秦王说："好吧，祖国永远是你最强大的后盾。"

张仪一到楚国，就被关在天牢里。楚王准备找个黄道吉日宰了他。靳尚偷偷找郑袖公关："你是不是傻？还不赶紧去替张仪求情！秦王听说你老公要杀张仪，准备大出血：用上庸（今湖北竹山）等六个县和一群狐狸精来换张仪的命。你老公又怂又色，秦国的狐狸精要是来了，你就等着发霉吧。"

郑袖一听就急了，跟楚王一哭二闹三上吊，说："这日子没法过了，你把我和孩子送回江南自生自灭吧，省得被人欺负。"楚王头都大了："谁敢欺负你呀？"郑说："秦国呀。当年张仪忽悠你，只不过各为其主，都是为了工作嘛。你倒好，公报私仇，非要宰了他。到时候，秦王一生气，指挥千军万马杀过来，俺娘俩还有好日子过吗？"

楚王真是个好老公，立马把张仪放了，还赔礼道歉，给张仪塞了一后备箱的土特产。临别时，张仪说："大王，我也是个耿直boy，有话喜欢直说，您别见怪。您天天和魏、齐那些小屁孩一起玩抗秦，有啥前途？真把秦国惹急了，分分钟灭了您。到时候谁来救您？那几个小屁孩吗？您要信得过我，回头咱们就发表联合声明，共同打造战略合作亲兄弟关系。"楚王说："好！"

张仪用了十七年的时间，终于把苏秦同学一手创建的合纵体系捅了个大窟窿。这一年，是苏秦死后第六年。

强拆合纵

搞定魏、楚两个大国后，张仪一鼓作气，开始强拆合纵体系。

张仪对韩王说："韩国弱小得像个鸡蛋，秦国强大得像块巨石，我没见过像您这样爱玩以卵击石的。鸡蛋应该有鸡蛋的活法儿，和秦国搞好关系，安心孵化韩国吧。"

韩王说："没问题思密达。"

张仪回国交差，秦王大喜，封给他六座城池，封号：武信君。张仪这个封号，比苏秦的武安君还妙。苏秦的武安君是告诉天下："我这张嘴，可抵百万雄兵。"张仪的武信君是告诉天下："我这张嘴，不仅可抵百万雄兵，而且非常讲诚信。"秦国这是以国家的名义为张仪的大忽悠洗白、背书啊。张仪感动得更拼了。

张仪对齐王说："大王，您别以为秦国远在天边，拿您没办法。我给您透点内幕：魏、楚、韩、赵全都是我们的小兄弟啦。灭齐国，根本不用我们出马，招招手，这帮小兄弟就能把您群殴致死。您心真大！"齐王说："啥都别说了。秦国永远是我大哥。"

张仪对赵王说："您当了这么多年的大哥，领着一帮小兄弟跟秦国对着干，感觉很爽吧。可惜，您那帮兄弟现在都跟我们混了。您一光杆司令，除了被我们瓜分，还有第二条路吗？跟着秦国，一切政治待遇不变。咋样？"赵王说："我还要漂亮婆姨。"

张仪对燕王说："赵国都跟着秦国混了，你还愣着干嘛，等死吗？"燕王说："我现在就想给秦王汇报思想。"（张仪说服六国的华丽篇章，详见《史记·张仪列传》。）

大功告成，张仪威风八面地返回秦国，派头一点不比苏秦当年小。

张仪的余热

还没到咸阳呢，坏消息传来：秦惠文王去世了。而且，坏消息一个接一个：继位的秦武王不喜欢张仪这个大忽悠；许多大臣开始举报张仪这个大骗子；各国听说秦武王不喜欢张仪，纷纷毁约；各国再次联合起来反对秦国霸权。

身体是革命的本钱，领导的身体是革命的全部。张仪想死的心都有了。幸亏他是个大忽悠。

回到咸阳，他对秦武王说："我还有一计，能帮您成就霸业。"秦武王说："忽悠，接着忽悠。你的连横，也就是个五毛钱特效，都持续不到你从北京坐高铁回咸阳！"张仪说："条约就是用来撕毁的，这很正常。但是，只要我亲自做诱饵，六国绝对犯病。"秦武王说："忽悠，接着忽悠。"张仪说："六国乱，秦国兴。六国怎么才能乱？我！六国都恨不得我去死，只因为我是咱大秦的高级干部，他们只好忍着。如果我裸辞，然后按杰出人才移民到别的国家，那么谁收留我，谁就犯众怒。我愿做一根搅屎棍，为您发挥余热。所以，请大王批准我去魏国，听说齐王最恨我，那么，齐、魏必有一战。齐、魏一乱，中原就乱了。大王可以乘机先灭掉韩国，挟天子以令诸侯（周天子所在的洛阳，属于韩国的势力范围）。"

这就是张仪，上到天下大势、下到自我评价，永远那么到位。这一番忠肝义胆、慷慨激昂的发言，简直完美，就差一句："苟利国家生死以，岂因祸福避趋之。"秦武王感动地说："我代表秦国谢谢你。"然后，亲自安排了三十辆战车，护送张仪荣归故里。对了，张仪是魏国人，还是魏国贵族后裔。

不愧是张仪，逃跑都逃得那么帅。张仪回到魏国，被任命为宰相。没办法，就是这么招人稀罕。齐国果然出兵攻打魏国，魏王有点怕。张仪说："我来搞定。"

张仪买通了楚国使者。楚国使者对齐王说："大王对张仪照顾得真周到。"齐王说："扯淡，老子恨不得撕了他。"楚国使者说："不对呀。张仪离开秦国，本就是和秦王商量好的，想挑起齐魏战争，浑水摸鱼。现在，您和魏国开战，张仪又为秦国立新功了。"齐王一听："俺马上收兵。"

张仪在魏国当了一年的宰相，无疾而终。和遇刺身亡的苏秦比，他更幸运。

苏秦张仪后遗症

有的人死了，他还活着。比如苏秦、张仪。

这二位闭嘴走了，却留下了庞大的粉丝团，以他俩为偶像，以靠嘴吃饭为奋斗目标，苦练口活儿，各种忽悠诸侯。比较出名的有公孙衍、苏秦的两个弟弟（苏代、苏厉）、鲁仲连、周最、楼缓等。他们这一派，被称为纵横家。当然，这种没有节操的纯技术流派（个别人除外），在当时就引发了很大的争议。

苏秦、张仪最著名的黑粉是孟子。有人和孟子说："苏秦、张仪真不愧是大丈夫！他们一生气，诸侯当场吓晕；他们一高兴，天下欢乐祥和。"孟子说："他俩不配！君子做事堂堂正正，得志就带领群众奔小康，不得志就洁身自好过日子。富贵不能淫，贫贱不能移，威武不能屈，这才是大丈夫！"西汉的扬雄更是直接把苏秦、张仪称作"大骗子"。

其实，评价苏秦、张仪，在某种程度上就是在评价那个朝秦暮楚的时代。还记得因为私德被人鄙视的吴起吗？还记得因为践踏国际规则被魏国封杀的商鞅吗？时代变了，节操碎了，苏秦张仪红了。

战国经过活泼的青春期，正遭遇你死我活的中年危机，生存是第一位的。为了生存，贵为一国之君的楚王，不敢杀掉送上门来的张仪；为了生存，魏国用十五座城池换回被秦国抢走的一座城池，还得强颜欢笑，给秦国送一面"拾金不昧"的锦旗。谁的拳头大，谁的道理真。这个基本生存规则，连苏秦的嫂子这个洛阳城里最普通的家庭主妇都知道。各国诸侯更不是傻子。

所以，苏秦、张仪的成功，离不开这个时代的"培育"。战国怎么样，他们便怎么样。如果要感谢，就感谢那个不讲对错、只讲利益的时代吧；如果要批评，就批评那个不讲对错、只讲利益的时代吧。

郭隗：和领导提升职加薪，他是教科书

战国时代没有劳动合同法，员工的薪资待遇啥的，主要看领导心情。在这件事上，领导的心情一般是："我可以（主动）给，但你不能（主动）要。"通常是，领导主动给的，少；所以，员工主动要的，多。比如韩昭侯身边的一位工作人员。

韩昭侯有条裤子破了，让工作人员收起来。工作人员觉得自己天天伺候领导，也算领导的身边人，就不讲组织原则、没大没小地和韩昭侯说："大王，您也太节俭了，一条破裤子，赏给我就行了，没必要收起来。"

韩昭侯穿着新裤子，一脸严肃地说："小同志，我作为一国之君，一举一动都要慎重。我皱下眉头、给个笑脸，都关系重大，何况一条裤子！它再破，也是我的裤子，只有对国家做出贡献的人，才有资格得到它。"

工作人员吓得直接尿裤子："领导，我错了。我再也不敢了。"

慷慨大方的领导当然有，比如孟尝君。中国历史上有个著名的劳资谈判事件，孟尝君就是当事人之一。

孟尝君门下食客三千。有一个叫冯谖（xuān）的，天天不干活，就知道追求物质享受。今天嫌伙食不好（食无鱼），明天嫌待遇太低（出无车）。冯谖当然很牛，后来帮孟尝君搞薛国市义、狡兔三窟，贡献很大。但当时，他才刚入职，啥活儿都没干呢，就要吃要喝要待遇。孟尝君却答应了，上鱼、派车。

这样体恤下属、尊重人才的好领导，为啥我们遇不到？《资治通鉴》主编、领导力导师司马光说："别做梦了。孟尝君之所以这么大方，因为他是个奸雄，拿着国家的钱，沽名钓誉、结党营私，上欺君主、下祸百姓。"奸雄，五十年一遇。大方的奸雄，百年一遇。所以，孟尝君这种领导，碰上了是运气，碰不上也别生气。

当然，也有和正常属性的领导提升职加薪成功的，而且是教科书级别的，他就是郭隗（wěi）。郭隗是燕国大臣。燕昭王登基后不久，就郑重其事地请教郭隗：我想招揽好多好多的人才，应该怎么办？

燕昭王为啥想招揽好多好多的人才？因为他和《天龙八部》里的慕容复情况一样：一心想兴复大燕，报仇雪恨。燕昭王登基之前，燕国已经快 game over 了。长话短说：他爹傻，把王位禅让给大臣（子之），燕国大乱；他哥（太子）二，勾结齐国想夺权，攻打子之不成反被杀，燕国更乱；齐国狂，杀了他爹和伪燕王，想吞了燕国，其他国家急了；他在国外当人质，在其他国家帮助下，干退齐军，当了燕王。国破山河在，仇深人才稀。所以，燕昭王很着急。

郭隗说：我给您讲个故事吧——很久很久以前，有个国王想要千里马，就拿出一千两黄金让下属去买。千里马又不是大白菜，下属找了很久，终于找到一匹，死的。花了五百金，下属拎着马头回来交差。国王一看就怒了："你有病吧？"下属说："五百金买条热搜，很便宜啦。现在，全世界都知道您想买千里马啦！而且，死的都要，何况活的！您就在家等着收快递吧，保证全是千里马。"果然，不到一年，这位国王就买了三匹千里马。

燕昭王听了，陷入沉思：谁适合当燕国英才计划的那颗马头呢？郭隗说："臣经过慎重思考，觉得自己非常合适。臣水平有限，但愿意挑更重的担子。事不宜迟，大王应该尽快给我升职加薪、分大房子、配豪车、发女秘书，让天下人都知道您求才若渴、饥不择食。这样，优秀的人才就会源源不断地到燕国来。"

燕昭王说："准了。"当场下旨，给郭隗升职加薪、分大房子、配豪车、发女秘书。据说，还修了一座高台（最早史料中所言是"筑宫"，后世传为"筑台"），堆满黄金，作为招揽人才的红包池，史称"黄金台"。多说一句，北京有条金台路，但与黄金台无关；所谓金台，是指朝阳门外原苗家地教场的高台。真正的黄金台故址，目前有数说，其一是河北省定兴县金台陈村。

不服不行。郭隗这招为国升官，翻遍史书和传说，也许只有约两千年后电影里韦小宝的"奉旨泡妞"故事，能和他有得一拼。关键是，它确实利国利民。郭隗升职加薪后，各国人才一看，燕王的诚意这么大呀，于是纷纷前来。名单如下：一代战神乐毅、一代儒将剧辛、阴阳五行家邹衍、名士屈庸……人才济济的燕国，用了二十多年就完成了复兴。然后，在乐毅的带领下，把齐国虐个半死，齐王被杀，齐国王子田法章吓得隐姓埋名做钟点工。

《资治通鉴》主编、领导力导师司马光通过郭隗的故事讲了一个非常深刻的道理：领导，给有头脑的人涨工资，绝对不吃亏。

甘茂：领导挖的坑，带着降落伞也要跳

工作中不可能没有坑，但最头疼的是领导亲自挖的坑：跳，有风险；不跳，有危险。

有一次，齐国的孟尝君出访五国，第一站是楚国。楚王对孟尝君那是相当地久仰久仰、欢迎欢迎。为表达心意，楚王送了孟尝君一张象牙床，并派登徒直负责运送到齐国去。

接到任务，登徒直想死的心都有了。因为这礼物真的很贵重，又贵又重。那个年代，又没高铁又没顺丰的，把一张象牙床完好无损地从湖北运到山东，难度不亚于修段长城。万一磕着碰着，登徒直一个靠工资吃饭的公务员，就算卖了老婆孩子也赔不起呀。

这个大坑，不能跳；这口大锅，不能背。登徒直去找孟尝君的秘书公孙戌："您要是能让我躲过这差事，我把祖传的大宝剑送您。""大宝剑！？"公孙戌心中一荡，说："我试试。"

公孙戌找了个机会，对孟尝君说："领导，这象牙床咱不能收啊。"孟尝君说："动物保护组织又抗议了？"公孙戌说："那倒没有。不过，很多国家都想聘您做宰相，就是因为您德能勤绩廉门门优秀。现在，您出访五国，刚到第一站楚国，就收了这么贵重的象牙床，后面那些国家该怎样接待您呢？"孟尝君点点头，说："你考虑得很周到。马上去告诉楚王，心意我领了，象牙床就不要了。"

公孙戌高兴地说："我马上去办。"然后，一溜儿小跑，去找登徒直要大宝剑。还没出院门呢，被孟尝君给叫了回去。孟尝君问：

"你是吃了神仙屁吗？跑得那么轻薄、嘚瑟！到底咋回事？"公孙戌吓坏了，只好老老实实交待了登徒直和大宝剑的事。孟尝君听了，让人立刻全平台公开发声明：只要对工作有利、对事业有利，有意见尽管提，哪怕你别有用心、收受贿赂，没关系的。

大家都称赞孟尝君虚怀若谷，自觉接受监督、不搞一言堂。孟尝君的美誉度再次直线蹿升。登徒直和公孙戌就惨了，一个阳奉阴违搞两面派，一个以权谋私搞利益输送，落马是迟早的事。

能给你当领导的，可以说是百分百都比你优秀。要么能力比你优秀，要么基因比你优秀。孟尝君属于能力、基因都优秀的，你的小算盘，瞒不过他。所以，领导挖的坑，你必须跳。当然，你可以申请带个降落伞。

秦武王即位后，秦国继续积极东扩。秦武王对左丞相（秦国此时设有左右二丞相）甘茂说："我这辈子要是能坐着车视察视察洛阳（周王朝的都城），死也甘心（这句话，后来完全应验了）。"甘茂还能怎么办？只能赶紧办。洛阳是韩国的势力范围。甘茂申请出使魏国，争取和魏国一起攻打韩国，至少，别帮韩国。秦武王很高兴，准了。

甘茂到魏国没多久，就给秦王发信息："魏国同意攻韩，但我建议别打了。我现在就回国复命。"秦武王很纳闷："友邦都同意了，为啥咱自己撂挑子？"他在咸阳坐不住了，亲自去迎甘茂。两人在息壤（秦国地名，在咸阳东）碰了面。

秦武王问："你为啥建议不打韩国？"甘茂说："要去洛阳，首先要攻克韩国的军事重镇宜阳（今河南宜阳）。宜阳关隘险阻，易守难攻。没有您的绝对信任，我不敢打。当年，鲁国有个和大儒曾参同名的杀了人。有人跑去告诉大儒曾参的妈妈'你儿子杀人啦'，曾妈妈不信，若无其事地织布。第二个人来说，曾妈妈继续织布。第三个人来说，曾妈妈吓得扔下手中的活计，翻墙逃跑了。谣言说三遍，就成真的了。我没有曾参那么伟大，您又不是我妈，而且黑我的人绝对比三个多。我只是个在秦国工作的老外（甘茂是楚人）。右丞相樗（chū）里疾那些本土官员，将来肯定拿攻韩说事儿，各种黑我，您肯定会听他们的。到时候，宜阳攻不下来，魏王也觉得被咱玩了，向来亲秦的韩国宰相也被咱得罪了。吃不到羊肉惹一身骚，何苦呢？"

甘茂知道这是个大坑，他跳，但先要找领导申请带个降落伞。果然，秦武王说："你放心，我绝对不会听他们的，我可以发誓。"接下来，二人在息壤山盟海誓。然后，甘茂率军攻打宜阳。

秦韩两军在宜阳激战五个多月，难分胜负。樗里疾等人果然开始打甘茂的小报告，各种造谣诽谤。秦武王信了，要求甘茂罢兵回国。甘茂含着泪，问："大王，您还记得息壤的海誓山盟吗？"秦武王恍然大悟，说："记得，寡人永远记得。"接着，秦国不仅没撤兵，反而还派出全部精锐支援甘茂。秦军大胜，攻占宜阳，杀敌六万。秦武王挖的大坑，甘茂凭着过人的胆识和谋略安全跨过。没想到，秦武王自己跳进去了。

秦军占领宜阳后，秦武王意气风发地去视察洛阳。考察周王朝的太庙时，秦武王提出，要将象征王权的九鼎之一的雍州鼎（又称"龙文赤鼎"）带回咸阳收藏、把玩。看守太庙的官员婉拒，说："鼎很重，没人能举得起、搬得动。"

这可惹恼了天生神力，喜欢掰手腕、摔跤的秦武王，当场就要举鼎；结果，被鼎砸断腿，很快就死了，享年二十三岁。

燕王哙：被马屁拍死的大王

　　一般人拍马屁是为了利益，有些人拍马屁是为了篡位。先说个被马屁拍废的大王：齐宣王。

　　齐宣王在位十九年。我们熟悉的成语中，有两个与他有关。一个是"滥竽充数"。齐宣王喜欢大场面（使人吹竽，必三百人），被无才无德的南郭先生钻了空子，混吃混喝。一个是"顾左右而言他"。齐宣王被孟子公开问责，尴尬地岔开话题，扯淡玩儿。关于他的最著名的评价是"四好"国君：好马、好狗、好吃、好色，唯独不好士。

　　齐宣王在位时，田婴做宰相十一年。田婴是谁？齐国宗室大臣、孟尝君的爸爸，父子两代把持齐国朝政几十年。

　　齐宣王虽然天天吃喝玩乐，但也想称霸中原。田婴趁机忽悠齐宣王："如果您想称霸中原，应该勤政爱民。爱民，您已经做得很好了，广大女同胞深有体会。现在唯一需要改善的是勤政。"齐宣王很开心："你说得非常对，勤政、爱民，两手都要抓，两手都要硬。我应该怎么抓，怎么硬？"田婴说："您应该每天亲自听省部级官员汇报工作，并认真批示。"齐宣王说："好。"

　　过了五天，齐宣王召见田婴，说："长时间工作不利于身心健康，以后还是你来处理吧。"田婴说："好。看着您天天996，臣也心疼。"从此，齐国上下左右，田婴一个人说了算。

　　不过，齐宣王虽然天天吃喝玩乐，但齐国照样快速发展。原因有二：一是拼爹，他爹齐威王留下的家底厚。尤其是他爹创办的稷下学宫，在他统治期间繁荣发展，齐国人才济济。二是命好，邻居燕国出了个自毁长城的猪队友，让齐国捡了个大便宜。

这个猪队友就是燕王哙。之前讲过，他把王位禅让给宰相子之，导致燕国大乱，差点亡国，自己被杀。而这一切，离不开宰相子之导演的一系列拍马屁事件。被马屁拍死的君王，燕王哙也算一枝独秀了。

燕王哙一辈子崇拜尧舜，想当一个打破世袭制、君位任贤的国家元首。这可乐坏了宰相子之。他先派亲家苏代（苏秦的弟弟，在燕国为官）去忽悠燕王哙。

有一次，苏代从齐国出差回来，向燕王哙汇报工作。燕王哙问他："你看齐王能成就霸业吗？"苏代说："不能。"燕王哙问："为什么？"苏代说："齐王不信任大臣。"燕王哙自豪地说："我能。"从此，他对子之言听计从。

子之再派鹿毛寿忽悠燕王哙说："大家都称赞尧舜是贤明的君主，为啥？因为尧舜禅让天下。您如果把王位禅让给子之，您就是尧舜再世呀。"燕王哙自豪地说："给他。"

子之派人继续忽悠燕王哙："尧舜禹，为啥禹排第三？因为禹虽然把王位禅让给益，但官员都是禹的儿子启的人。所以，禹死后，启立马夺了王位。大家都说禹是个伪君子。现在，您名义上把王位禅让给了子之，但大小官员都是太子的人。难道您也想落个伪君子的恶名吗？"燕王哙说："不想。"便把三百石俸禄以上（参考秦汉官制，约是县处级以上）官员的任命权交给了子之。

从此，子之成为真正的燕王，燕王哙反而成了臣子。燕国太子、贵族和许多官员当然不满，燕国就此大乱。后来，燕国太子在齐国的支持下，意图夺权，一场混战，新燕王子之和老燕王哙都被杀了，太子也身亡。

　　燕国马屁事件，直接导致两任国君和一个太子被杀、军民死伤数万、燕国差点被灭，还间接导致东方强国齐国的衰亡（回头细讲）。马屁有风险，被拍需谨慎。

战国：职业流氓淘汰赛

战国中后期就是一场没底线、无节操的职业流氓淘汰赛。亚军楚怀王用自己的死亡告诉大家：做流氓也讲究天赋，没底线也需要实力。

楚国自诩"世界第一大国"：疆域最大、人口最多、军队最强。楚怀王则是中原诸侯的带头大哥，曾打败魏国，还带着齐、魏等小兄弟跟野心勃勃的秦国打了一架。楚怀王很伟大，楚国形势一片大好，直到遇见张仪那个大忽悠，大哥活成了大笑话。

之前讲过，周赧王二年（前313），秦国宰相张仪以秦国的土地、美女和友谊为饵，忽悠楚怀王与好基友齐国断交。为了土地和女人，楚怀王不仅干脆利落地与齐国翻脸，还派专人当面辱骂齐王。吃相很难看。没想到，秦国更没底线，不仅没给他土地和女人，还趁机和齐国交好，气得楚怀王直接和秦国开战。战争持续了一年多，最终楚国惨败，割地求和、元气大伤。

吃了大亏的楚怀王转身又去勾搭齐、魏、韩三国，一起搞秦国，"假纵胁秦"，即试图通过结好他国迫使秦国归还楚国失地，而一旦得地，则会保持中立，甚至背叛合纵。过了几年，秦国以上庸为诱饵，向楚国求复合。楚怀王立马吃了秦国这棵回头草。齐、韩、魏怒了：你也太渣了吧！气得要和楚国拼命。楚怀王吓坏了，赶忙把太子熊横作抵押（质子），向秦国求救。秦国出兵支援，齐、魏、韩退兵。

没想到，熊横是个熊孩子，在咸阳和秦国一名官员闹纠纷，竟然杀了对方，然后拍屁股走人，逃回了楚国。楚怀王没当回事，觉得孩子还小，跑回来就跑回来吧，慢慢教育呗。

秦国怒了："每个熊孩子背后，都有一个超级不懂事的家长！"直接出兵，狠狠地给楚怀王上了一课：歼灭楚军数万，斩杀楚国大将两名，占领楚国的重丘（今河南泌阳境内）和襄城（今河南襄城）。楚怀王又吓坏了，把熊孩子熊横又拎到齐国作抵押，寻求齐国的帮助。

秦国更怒了："死不认错，还在背后搞小动作！"又攻占了楚国八座城池。然后，秦王给楚怀王写了封信："咱俩本来是一对好基友。娃犯了错，家长赔个不是就好了。你倒好，死不认错，还去讨好齐国，你确定要和我撕破脸吗？我在武关等你，咱哥俩敞开心扉好好聊聊，以后还是好基友。来吧。"

楚怀王有点发懵："去吧，万一是个坑呢？不去吧，秦国就彻底得罪了。"大臣们也争论不休，谁也说不服谁。最后，楚怀王决定："去！"有历史学者称他："天真。"

楚怀王一到武关，就被秦军扣押，然后被劫持到咸阳，各种羞辱，逼他割地。楚怀王怒了："你们全家都是大骗子，老子死也不割！"秦王说："那你就等死吧。"其他国家都惊了："还可以这样操作？"

可以。楚怀王的祖先就干过。三百多年前（春秋时期），楚成王在一次领导人峰会上，就把宋襄公劫持到楚国关了几个月，后来在国际社会的干预下，才放了人。

楚国都傻了，紧急召开高层会议，商量对策：怀王被囚在秦国，太子被抵押在齐国，如果齐国和秦国一起上，楚国就完了。最后商定，派使者去齐国，谎称楚怀王去世，迎太子回国继位。

齐国一听，天上掉馅饼了，紧急召开高层会议，商量如何占便宜。有人建议：让楚国用淮河以北的土地来换太子；如果楚国拒绝、另立新君，也可以谈，少给点地，我们就把太子宰了，否则我们就支持太子回国夺位。小算盘打得啪啪响。最终，齐王决定送楚国太子回国继位。不是因为齐王不爱占便宜，而是想和楚国搞好关系，一起占更大的便宜：搞死秦国。

熊孩子熊横回国继位，是为楚顷襄王。他立马给秦国发了份公函：上天保佑、祖宗显灵，楚国又有国王啦。秦王恼羞成怒："你小子还敢嘚瑟！"派兵攻打楚国，歼灭楚军五万，夺取城池十六座。然后，就没有然后了。

此后的两三年，只剩下一个没有任何利用价值的糟老头子楚怀王，在咸阳尝试各种越狱。

周赧王十八年（前297），楚怀王终于越狱成功，逃往楚国。秦国发现后，立即封锁通往楚国的大小道路。楚怀王被迫抄小路逃往赵国，但赵国不敢让他入境。楚怀王被迫折向魏国，半路被秦兵追上，抓了回去。第二年，楚怀王在咸阳因病去世，享年五十一岁。

秦国把他的遗体送回楚国。楚国上下悲痛万分。各国诸侯也在背后骂秦国："不要脸，没底线。"秦国仰着头，满脸无所谓："一帮 loser，要脸能当饭吃吗？"

能。楚怀王之死，成为楚人一个永久性的心灵创伤。秦楚两国就此决裂，楚国虽然已不再强大，但楚人发誓：楚虽三户，亡秦必楚。八十多年后（秦朝末年），楚国贵族项梁领着侄子项羽造反。拉起队伍后做的一件大事，就是找到楚怀王的孙子、牧羊人熊心，并拥立他为"楚怀王"。目的就是打感情牌、扩大号召力……

推翻秦王朝统治的主角，还真都是楚人：陈胜、吴广（张楚），楚人；项羽（西楚），楚人；刘邦（汉），楚人。

没底线，终究是要还的。

赵武灵王：英雄难过退休关

周赧王十六年（前299）五月，赵武灵王在邯郸举办了盛大的退休仪式。全世界都震惊了。

第一，他正值壮年（四十出头）。马云退休，也要五十五岁。

第二，他是一代雄主。十五岁继位以来，英明神武，把赵国建设成唯一能和秦国抗衡的超级强国。梁启超甚至称他为：黄帝以后的第一伟人。

第三，他退休的原因，很不英明神武。他很宠爱二儿子他妈，很喜欢二儿子，便废掉年轻有为的太子（大儿子，不是一个妈生的），立二儿子为太子。后来，二儿子他妈去世了，他很难过，就想在有生之年看着二儿子接班。于是，退休，让二儿子当国君（赵惠文王）。

第四，他退休后的安排，很不英明神武：退而不休。原因很简单：二儿子太年轻，大概只有十一岁；自己英明神武又年富力强。所以，他给自己发明了个新职务：主父。

主父，一国之主的父亲，也就是后来的太上皇。赵武灵王是中国历史上第一个"太上皇"。他还明确了自己和二儿子的分工，套用一句李云龙的话就是：你管生活，我管军事（主父欲使子治国，身胡服，将士大夫西北略胡地）。

在领导人退休这个世界性难题上，赵武灵王自以为安排得挺好，其实给自己和赵国挖了好大一个坑，而且一坑接一坑，一坑比一坑大。

退而不休的赵武灵王继续英明神武着，而且一年比一年英明神武。先是微服私访秦国，亲自侦查秦国的地形地貌、了解秦王的星座血型，为将来灭秦做准备。他安全撤离后，秦王才收到消息，大惊失色。全世界都给赵武灵王点赞：帅！——要知道，就在这一年，楚怀王被秦王骗入秦国，然后被终身囚禁。全世界都针对秦国发出了最高级别的旅游安全预警。——然后，领着韩、魏等小兄弟，把秦国虐得割地求和。然后，视察新征服的领土，接见北方游牧民族最高领导，收编人家的骑兵部队。然后，领着齐、燕灭了心腹大患中山国。然后，论功行赏，大赦天下，全国放五天假喝酒狂欢。

这岂止是退而不休，这简直是再创辉煌。您让刚参加工作的赵惠文王同志，小脸往哪儿搁？更过分的是，赵武灵王"好爸爸"的老毛病又犯了。

还记得当年被废掉的太子吗？赵武灵王因为宠爱老二他妈，所以喜欢老二，所以废掉老大。现在，老二他妈都死了几年了。人走茶凉，妈走娃凉。赵武灵王看着老二也没那么招人疼了，反而看老大越来越顺眼。"爸比对不住你呀。"赵武灵王父爱上身，把自己新打下的代郡（今山西、河北、内蒙古交界地区），分封给老大，老大号称"安阳君"。手心手背都是肉，赵武灵王想贴补一下老大，和谐一下家庭。

可惜娃都大了，没人陪他过家家，玩父慈子孝。老二虽然才十多岁，但完美继承了他的优良基因，是年轻有为的赵惠文王。更要命的是，老大同样优秀，而且恨死了老二，要不是打不过他，早就翻脸了；现在好了，位子、票子、枪杆子，老大都有了。

赵国瞬间变"战国"。这哥俩整天琢磨同一件事：干死对方。"好爸爸"赵武灵王还嫌家里不够乱，又扔了颗原子弹。

周赧王二十年（前295），赵国部级以上地方官进京述职，当然也包括老大（安阳君赵章）。赵惠文王会见述职官员时，赵武灵王出席。看着缺少父爱的老大，唯唯诺诺、俯首称臣，认真聆听毛都没长齐的老二发表重要讲话，赵武灵王的心都碎了。赵武灵王决定：把赵国一分为二，让老大在代郡也称王。父爱如山呀。可惜，这哥俩谁都不领情，因为他们只想当赵国唯一的王。

赵惠文王说："难得大哥也在，咱们全家去郊区的沙丘（今河北广宗境内）旅旅游、叙叙旧吧。"赵武灵王很激动、很欣慰："好啊，好啊，一家人最要紧的是整整齐齐。你们兄弟俩也趁机认真考虑一下爸爸的建议，我这都是为你们好呀。"

到了沙丘，赵武灵王和赵惠文王分别住在各自的行宫。行宫毕竟不是王宫，安保措施相对较弱。老大当然不会放过这个机会，率先动手，带着亲兵卫队去行刺赵惠文王。赵惠文王当然有准备，直接上正规军，将老大一伙儿几乎团灭。

老大落荒而逃，躲进了赵武灵王的行宫。赵武灵王当然护着他，"都是自家人，啥事不能好好商量？"这事就不能商量。赵惠文王派得力干将（曾经也是赵武灵王的得力干将）率军，将赵武灵王的行宫重重包围，冲进去杀了老大，下令："无关人员立即撤离，否则格杀勿论！"赵武灵王的行宫瞬间变得空空荡荡。

伤心欲绝的赵武灵王也走了出来，要去找老二，骂死这个不珍惜亲情的逆子。负责警戒的士兵说："您不能撤。"而且还不给他饭吃。

一代雄主赵武灵王，孤零零一人，被困在沙丘行宫长达三个多月，为了填饱肚子，甚至还爬树掏鸟窝吃幼鸟；后来，能吃的、不能吃的都吃光了，活活饿死，享年四十六岁。

这休退的，真要命。

有意思的是，八十多年后，另一位雄主秦始皇也在沙丘驾崩。沙丘也因此被人戏称为"困龙之地"。

宋康王、齐湣王：论作秀的尺度

作秀失败，要死人的。

战国晚期，作秀界的最佳代言人是宋康王。宋国是个小国，但宋康王是个大牛，把宋国治理得小而强。有一天，宋国突然天降异象：首都的城墙上，一只小鸟生了个巨婴。有人说是苍鹰，有人说是鹞子。有关部门算了一卦，向宋康王报喜："首长，大吉呀！小鸟生大鸟，说明咱们宋国要大国雄起呀！"本来就觉得自己还有很大进步空间的宋康王狂喜，当场批示："干！"

宋国发兵，开始了一系列神操作：灭了滕国；攻占薛城（孟尝君的封地，今山东省枣庄市薛城区）；击败魏国；攻打齐国，占领五座城池；攻打楚国，占地三百里。

宋康王确实是个人才。但关键是，齐、楚、魏这些大国从来也没把宋国当盘菜。就像世界杯决赛上，突然有个球迷下场裸奔，还连续过人，起脚射门，球进了。列强们都蒙了：这孙子有病吧？

宋康王才不管，自嗨得很，更加相信宋国注定乌鸡变凤凰，自己将君临天下。要快！赶齐超秦不是梦！在他的"英明领导"下，宋国策划了一系列打鸡血事件：用弓箭射天，用鞭子抽地，告诉世界：天地算个屁；把祭祀社稷的牌位都拆了，烧掉，告诉世界：鬼神算个屁；让宋国上下高呼"万岁"，老子天下第一，告诉世界：列强算个屁。

列强们不得不暂时搁置争议、停止互撕，坐下来开会："谁负责灭了这孙子？谁负责起草瓜分方案？"峰会还没结束呢，宋国最彪悍的邻居——齐国就出手了。周赧王二十九年（前286），齐国出兵，宋国灭，宋康王死。齐国为啥不认真开会，擅自行动？因为齐国领导人齐湣王才是作秀界的带头大哥。

齐湣王和宋康王的一生，都可以用四个字来形容：作秀失败。

作为一个大国领导，齐湣王最喜欢干的，就是露脸、出风头的事儿。你们开你们的会，老子玩老子的，要的就是这份维护世界正义的大哥范儿。如果说，秦国天天琢磨的是打谁才能统一中国，那么，齐湣王领导下的齐国，天天琢磨的是打谁才能显得我牛。比如，他带领韩、魏等国攻打秦国，把秦国吓得赔了两块地给韩国、魏国；比如，他帮着赵国、燕国灭了中山国，结果，赵国吃肉、燕国喝汤，他埋单。这不是乐于助人，这叫瞎显摆、吃大亏。比如用人，他的宰相是战国第一网红、国际级流量明星：孟尝君田文。哪怕孟尝君喜欢沽名钓誉、结党营私，哪怕齐国成了著名的 PPT 公司，但这种豪华配置，是不是亮瞎了你们的狗眼？

所以，灭掉战国公敌宋康王后，齐湣王自我感觉更加良好。更好玩的是，宋康王玩的那一套，他重新来了一遍：忽悠秦国；侵略楚国；攻打赵、魏、韩三国；还想吞并苟延残喘的周王室，自立为"天子"。谁有不同意见，就杀谁。

这可乐坏了他最大的仇人：燕国。燕昭王和大神乐毅立刻启动复仇计划。结果，一呼百应，燕、秦、赵、魏、韩五国联军攻打齐国。齐国惨败。各国分享完胜利果实后，就撤军了。只剩下燕国继续加班，想灭了齐国。燕国有大臣质疑说："燕小齐大，一口吃不成胖子，咱们继续打下去，会不会被噎死？"乐毅说："齐湣王长年作秀，把齐国搞得一团糟，现在灭它最方便。不能耽搁，万一齐湣王回过味儿来，不作了，那才麻烦大了。"燕军长驱直入，果然所向披靡，半年之内，攻下齐国七十多座城池，连齐国首都临淄（今山东淄博临淄区）都被占领并被洗劫一空。

齐国这个庞然大物轰然倒塌，只剩下莒（jǔ，今山东省莒县）和即墨两座城池，齐湣王吓得逃往国外。但是，江山易改，作秀难移。齐湣王逃到卫国，卫国国君以下属自居，让出自己的宫殿给他住，还保障他的大国元首待遇不变。齐湣王拍着卫国国君的肩膀说："小同志表现很不错，来我身边工作吧，进步会更快。"卫国人上去就是一顿胖揍。齐湣王落荒而逃，又去了邹国、鲁国，还是那么牛哄哄。邹国和鲁国一看，直接拉黑，恕不接待。

齐湣王只好逃回祖国，就近去了莒城。这时，楚国派大将淖（zhuō）齿领兵前来救援。楚国救齐国，只是不想燕国变强大。据说，有了楚国的支持，齐湣王立马满血复活、继续作秀。淖齿也不是善类，想和燕国瓜分齐国，自己当土皇帝，就直接把齐湣王给宰了。

齐湣王被杀后，莒城人民很愤怒，直接把淖齿杀了，然后满世界寻找齐湣王的儿子田法章来接班。现在？当齐王！田法章打死都不干。他爹的死告诉他一个道理：政治人物作秀失败，可没有好下场。贵为齐国接班人的田法章王子，宁愿隐姓埋名在莒城当佣人，也不当国君。

国王被杀、接班人失踪，只剩下两座孤城和城外漫山遍野的敌军，领头的还是战国超级大牛乐毅。怎么看，齐国灭亡也就是分分钟的事了。但是，齐国没有灭亡，因为另一位超级大牛的出现。他叫田单，原本是临淄市工商局一名普普通通的公务员。

他一个人救了一个国家。

田单：不混日子的公务员，最吓人

如果没有战争，齐国公务员田单的日子会非常滋润。因为：

一、出身好。他姓田，是齐国王族，尽管属于七大姑八大姨那一类，但毕竟是齐王的亲戚，妥妥的上流社会。

二、工作好。他是临淄市掾（yuàn），相当于工商局局长（正处）。虽然级别不高，但端着铁饭碗，收入高、待遇好，危险性还低。他们老田家最风光的是大将军田忌、孟尝君田文，位高权重、前呼后拥的，但这里是战国，军政大员绝对是高危工种，暴死率仅次于普通士兵。田忌要不是跑得快，早被政敌给杀了；孟尝君要没有鸡鸣狗盗之徒，早被秦王咔嚓了。哪像田单，每天朝九晚五，开开会、收收费、打打假，和企业家交交朋友，节假日出国旅旅游，工作轻松体面，含金量还高。

三、平台好。临淄是齐国的首都，也是战国第一大都市、经济中心（齐国重商）、文化中心（稷下学宫所在地），居民多达七万户。用一句话形容临淄的繁华程度，那就是：堵车，巨堵；人多，巨多！（临菑之涂，车毂击，人肩摩，连衽成帷，挥汗成雨。）

四、能力强。战国牛人排行榜上，他绝对属于第一梯队，后面细讲。

曹雪芹曾借薛宝钗之口讲过：天下难得的是富贵，又难得的是闲散。田单就是这样一个有钱有闲、有能力有地位、有资源有平台的富贵闲人。可惜，燕国不答应。

周赧王三十一年（前284），燕国战神乐毅率五国联军攻打齐国。齐国惨败。田单，一夜回到解放前。齐王跑了，临淄被攻陷了，国家要亡了，铁饭碗也丢了，一家老小也成难民了。逃吧！田单带着族人从临淄逃到安平（今临淄区皇城镇）。燕国大军在屁股后面追。没法混日子的田单，脑洞属性彻底爆发。就算做难民，他也要做最优秀的。

这一天，燕军疯狂涌来要攻打安平。所有人都吓得半死，田单却带着族人玩改装车，把车轴两头突出轮毂外的部分截掉，然后用铁片将车轴两端包得严严实实。很快，安平被攻破了。大家都驾车夺命狂奔，主干道上一片混乱，剐蹭事故频发，车轴都撞断了，人都被俘虏了。唯独田单的改装车没事，超级扛撞，田氏家族成功逃脱。

当时的齐国，只剩下莒城和即墨两座孤城。田单一家逃到了即墨。燕国大军追了上来，开始攻城。即墨的一把手战死，群龙无首，危在旦夕。危急时刻，大家想起了靠改装车胜利大逃亡的田单。这绝对是个神人啊。于是一致拥护他做大哥，带领大家保卫家园。从这座摇摇欲坠的危城开始，田单的光芒照亮了整个战国。哪怕他的对手，是战国另一个超级大牛：乐毅。

田单上任后，就做了一件事：防守。如狼似虎的燕国大军攻了一年，愣没攻下来。乐毅也不着急，下令：全军后撤九里，围而不打；凡是城里逃出来的老百姓，好吃好喝好招待，想重新就业的，一律安排工作。因为乐毅的目标从来不是打败齐国，而是收服齐国。可惜他遇到的是默默无闻却老奸巨猾的齐国公务员田单。乐毅玩了三年心理战，即墨守军却一直身心健康。反倒是乐毅有了大麻烦。

周赧王三十六年（前279），乐毅最大的靠山燕昭王去世了。太子继位，即燕惠王。燕惠王早就看乐毅不顺眼，何况现在，乐毅成了齐国的无冕之王。

在即墨城里宅了四年的田单乐了：终于轮到我出手了。田单派人到燕国散播谣言："齐王都死成灰了，齐国就剩两个小破城，为啥还活蹦乱跳的？因为乐毅呀。他想在齐国搞独立。只不过，齐国人民的思想工作还没做通，所以他就不急着攻城。齐国人最怕乐毅被调走，那就分分钟当亡国奴了。"

燕惠王一听就怒了："我就知道这孙子不靠谱！"立即下令：骑劫同志任燕国远征军总司令；乐毅同志另有任用。乐毅一看，"这是要整死我呀"，直接投奔赵国去了。燕国前线将士一看，"这是个昏君呀，竟然这样对待我们老首长"，气得军心大乱。

田单一看，"这是转守为攻的好机会呀，玩死你"。于是下令：即日起，即墨城里所有人吃饭时，必须先把饭菜摆在院子里祭拜祖先。结果，每到饭点，即墨城上空万鸟飞翔，盘旋而落。它们也开饭了。燕国大军在城外都看傻了："这是什么个情况？要地震吗？"

针对外界的胡乱猜测，田单公开做出回应："同志们，这是上天要派神仙来帮助我们呀。"有个士兵跟着起哄："我就是上天派来的神仙，有什么需要？你们尽管开口。"说完，他觉得玩笑开大了，转身就想溜。田单从主席台追了下来，拉着他在主席台居中的位置就座，俯身参拜："感谢上仙下凡拯救齐国于危难之际。"这个士兵吓得都快飞升了，颤抖着，小声说："首长，我错了，不该胡说八道。"田单恭恭敬敬地再次参拜，小声说："你丫闭嘴！"从此，这名士兵转了文职，并享受神仙待遇。田单每次发布命令，都说是奉了这位上仙的指示。即墨军民士气大涨，燕国大军士气稍弱。

田单接着忽悠："有了神仙帮忙，我军必胜，唯一担心的就是燕军割俘虏的鼻子，然后逼他们做敢死队攻城，都是齐国同胞，即

田单：不混日子的公务员，最吓人　81

墨怎么守？"燕军立马开始割俘虏的鼻子。即墨军民一看燕军这么残忍，打死都不投降。

田单又故意放出间谍，继续忽悠燕军，提到守军最害怕的事："燕军在城外，可千万别挖我们的祖坟呀。我们会伤心死的。"燕军立马把即墨城外的坟墓全部挖开，连尸休都烧了。即墨人在城头看着，伤心欲绝，纷纷咬破手指写血书请战：打到燕国去！挖燕国鬼子的祖坟！

田单知道，决战的时机到了。他带着老婆孩子与战士们同吃同住同劳动，还把所有的食物都拿出来，让大家吃饱喝足。让精锐部队在城下埋伏，让老弱病残妇孺到城头站岗放哨。然后，派高级别代表团去和燕军磋商"即墨投降"的事儿。

在即墨城外连续工作了四年之久的燕国将士，终于看到了下班回家的曙光，高呼万岁，然后含泪合唱《故乡的云》。

为了尽快送燕国大军回老家，田单在即墨城搞起了大募捐，共筹得善款两万金，然后派即墨的土豪送给燕国大将，说："马上就投降了，希望您能照顾照顾，进城后别让士兵打砸抢我们家。"燕国大将欣然笑纳，说："放心放心，我们决不拿即墨群众一针一线。"燕国官兵全体进入春节前最后一个工作日的状态：领年终奖，回家过大年！

田单也没闲着，在城里给燕国官兵准备最后一份大礼：火牛阵。一千多头牛，身披绘有五彩龙纹的大红绸，牛角上绑着尖刀，尾巴上系着易燃物，整装待命。一天深夜，五千名齐军精锐驱赶着尾巴后易燃物被点燃的火牛，从预先挖好的几十个城墙地洞中突然冲出，杀向燕国大营，城中军民敲锣打鼓、呐喊助威，杀声震天。

燕国大军看着铺天盖地的"神兽"杀将过来，沾着就伤，碰着就死，吓得撒腿就逃。新任远征军总司令骑劫当场被杀，燕国官兵则开始了漫长的大逃亡。

当年落荒而逃的难民田单，领着齐国军队一路追杀，收复国土。齐军的规模一天比一天大，燕军的规模一天比一天小。当田单率军追杀到燕国边境时，齐国沦陷的国土，全部收复。

全世界都惊呆了。这也许是工商系统的"史上最大贡献"吧？大获全胜后，田单亲赴莒城，迎接齐王返回首都临淄。田单被任命为齐国宰相，封安平君。

前面说过，齐湣王被杀后，他儿子田法章吓得宁愿隐姓埋名当佣人，也不接班。过了很久，估计一年左右吧，才敢表明身份，被拥立为新任齐王，是为齐襄王。这个窝囊废就两个特长：泡妞、收拾田单。

田单：我这么牛，为啥不招人待见

　　拯救齐国后，田单走上了人生巅峰（做宰相、封安平君）。然后，很郁闷：我这么牛，为啥不招人待见？看看田单的遭遇：

　　首先是不招领导待见。有一年冬天，田单外出考察，发现有位老人趟水过河，快要冻死了。田单赶紧脱下自己的皮袍给老人披上。老人很感动，齐国很感动。齐襄王很生气，在办公室拍了桌子："田单对老百姓这么好，是想坐我的位子吗？"

　　齐襄王找人咨询，得到的建议是："这事好解决。首先，公开嘉奖田单，就说他这是在深入学习贯彻落实您的重要指示。然后，出台新政策，凡是吃不饱穿不暖的老百姓，国家来养。"齐襄王批示："速办。"之后，派人到街头巷尾去暗访政策实施效果，听到基层的干部群众都激动地说："田单亲民爱民，原来都是贯彻落实大王的指示啊。"齐襄王很满意。

　　其次是不招同事待见。普通人认真工作，叫爱岗敬业。田单这样的人认真工作，叫抢戏、出风头，不仅领导齐襄王不高兴，同事们也看不下去。

　　齐襄王身边有九个心腹，九个都不待见田单："都是全心全意为大王服务，凭啥就你风光？老子在莒城出生入死、保护大王，你在即墨装神弄鬼、当大忽悠。要不是燕国搞内讧，逼走了乐毅，你小子能捡这么大个便宜？有啥牛的，就是走了狗屎运而已。"心腹大人们觉得很不公平，每天都在琢磨怎么给田单挖坑。

有一次，齐国官员貂勃（田单推荐提拔的干部）奉命出使楚国，受到了楚王的热情款待。心腹大人们对齐襄王说："貂勃这样的低级别官员，楚国为啥这么重视？还不是因为他是田单的人。现在全世界只知道田单，不知道大王。田单更是不把您放在眼里，四处收买人心。这样的狼子野心，您不能不防呀？"

齐襄王怒了，下令："把田单叫来！"田单吓坏了，搞了个战国时期标准的谢罪造型：脱帽、赤脚、光着上半身（免冠、徒跣 xiǎn、肉袒 tǎn），然后求见齐襄王，请罪。齐襄王不搭理他。田单保持着谢罪造型，连续五天求见。齐襄王发话了："你也没什么错。你好好做你的臣子，我好好做我的国君吧。"

然后，就没然后了。齐国从此好像没了田单这个人。直到十多年后，田单才再次亮相，身份是劳务输出人员。

周赧王五十年（前265），赵国聘请田单率领赵国军队攻打燕国。据说，赵国给齐国支付了一大笔费用：三座城池和五十七个小城镇。同年，齐襄王去世。田单索性留在赵国工作，还做了赵国宰相，但从此再无建树。

顺带说一下齐国的结局吧。自毁长城的齐国，从此画风急转。如果说，之前的齐国是一部波澜壮阔的战争片，失去田单后，则变成了一部洒狗血的家庭伦理剧。

齐襄王死后，十多岁的长子田建继位，是齐国的末代国君。齐襄王是个窝囊废，娶了个能干的老婆（君王后），生了个妈宝齐王建（末代国君，没有谥号）。齐王建继位后，妈妈君王后当家，执掌齐国长达十六年。

君王后临终前对齐王建说："小建，妈要走了，你别太难过。记住妈妈的话，咱家的那些臣子，×××、×××、×××可以重用。"三十出头的小建哭着说："妈，等等，我去找个笔和本，记一下。"君王后说："好。"等齐王建找来笔和本了，君王后说，"妈忘了要说啥"，然后，就去世了。

妈妈没了，舅舅最大。齐王建的舅舅后胜当了齐国宰相。舅舅喜欢钱，秦国就给了舅舅很多很多的钱。舅舅就告诉小建："你要和秦国玩，不要和另外五个国家玩儿。"小建很听话，就眼睁睁地看着秦国把赵、楚、魏、韩、燕给灭了。

秦始皇帝二十六年（前221），秦国发兵攻打齐国，没遇到抵抗，齐王建投降，齐国灭亡。秦国一统天下。

廉颇：老员工被裁记

（上）

"蔺相如这个贱人！"

老员工廉颇一生气，赵国都要抖三抖。廉颇，中国历史上著名的老员工：能力强（战国名将）、资格老（三朝元老）、级别高（上卿，正国级）。他为啥发火？因为蔺相如这个"只会耍嘴皮子"的新员工，只用了四年时间，就骑到他头上了。

这一年，周赧王三十六年（前279），蔺相如被赵王任命为上卿，和廉颇同级，但排名靠前（位在廉颇之右）。廉颇多次在公开场合破口大骂："老子是赵国军人，血战沙场、攻城略地，军功章多得胸前都没地儿挂啦！你蔺相如算个什么东西，废物一个，动动嘴、扯扯淡就敢骑到老子头上！别让我看见你！弄不死你个大忽悠……"廉颇的超级不爽，代表了很多赵国老员工的态度。不过，大家不敢公开说。廉颇不怕，因为他是超级资深老员工。

蔺相如是坐火箭上去的。四年前（前283），赵国先后发布了两项重大人事任命：大将军廉颇晋升上卿（与宰相同级）；临时工蔺相如被任命为上大夫（比上卿低三级）。

廉颇晋升，是因为和燕国战神乐毅一道，五国伐齐，大胜，再一次为赵国开了疆拓了土。但大家更关注的是蔺相如的任命。

没办法，廉颇是老员工，还是超级资深老员工。你打胜仗是应该的。如果碰到个要求高的领导，或许还会挨批评："你看看人家乐毅，攻占了齐国七十多座城池！你才攻占了几座？写份检讨交上来，要深刻！"蔺相如就不一样了。新员工，还是个临时工，第一次出公差，就成功地化解了一场与秦国的外交危机（著名的完璧归赵事件）。

新员工最大的特点就是锋芒毕露、敢想敢干敢拼命。完璧归赵的故事，大家都知道。秦王想要赵王的和氏璧。赵王不想给，但怕得罪秦王；给吧，又怕吃亏。赵王很着急、很纠结，眼巴巴地等着廉颇等老同志谈想法、提方案、挑担子。但是，这种急难险重的差事，没人愿意干。赵国领导干部集体溜肩膀，都装工作忙。赵王的宦者令（太监头子）缪贤实在看不下去，就向赵王推荐了自己的门客蔺相如："这小子不错，您试试？"蔺相如初生牛犊不怕秦，直接对赵王拍胸脯："没问题，我去谈，如果秦王没诚意，我保证完璧归赵。"然后就去了。

秦王当然没诚意，蔺相如果然完璧归赵。这新员工，真棒！但也真不怕得罪人！

蔺相如第一次被赵王接见时，汇报完自己的想法后，说了一句话，非常不利于团结："王必无人，臣愿奉璧往使。"（《史记·廉颇蔺相如列传》）这件事，别人肯定办不好，我来！包括廉颇在内的赵国老员工们集体翻白眼："哪儿来的二货？就你牛，咋不上天呢你？"

没想到，蔺相如还真的一飞冲天了。完璧归赵，一战成名，从"贱人"直接晋升为"上大夫"。当然，对廉颇来说，蔺相如还不够一盘菜，小屁孩一个，跟自己差着十万八千里呢（一个正国，一个副部）。或许，当着大家的面，他还会夸上几句："小蔺不错，很像我年轻时候。"

小蔺确实不错，副部没干几年，就迎来了让他实现仕途最关键三级跳的渑（miǎn）池峰会。秦王想和赵王搞好关系，以便全心全意干楚国，就约赵王在渑池会晤。

这一次，老员工廉颇和新员工蔺相如都参与了。廉颇负责战略支援和应急指挥。老员工有大局观，他把赵王护送到边境，告别时特意请示："满打满算，整个会期＋往返，不超过三十天；如果您三十天没回国，请允许我们拥立太子登基、接班，断了秦国拿您当人质威胁赵国的念头。"

没办法，秦国有前科。还记得秦王借着办峰会，绑架楚怀王的故事吗？谁敢保证信用破产的秦国不会老毛病复发？这种惹领导不开心的晦气话，只能廉颇来说。因为他资格老、忠诚度高。

赵王说："同意。你考虑得很周到。"但心里估计也问候了廉颇全家好多遍。

蔺相如负责陪同赵王参会。还是那么地锋芒毕露、敢想敢干敢拼命。秦王敢调戏赵王？我必须侮辱秦王，给领导找回面子！秦王敢不接受侮辱？信不信我当场宰了你！当时，秦国的安保人员冲上来，要干掉蔺相如。蔺相如瞪着眼珠、扯着喉咙喊："谁再敢上前一步，我立刻宰了秦王。"秦国安保人员不得不退后。

这是勇敢，但更是不成熟，是拿赵王的性命和赵国的国运当赌注。万一有个擦枪走火，后果不堪设想。虽然最后赌赢了，但赵王的血压估计差点爆表。赵王心里估计也问候了蔺相如全家，比问候廉颇全家还多好几遍。

这次峰会，赵王没出事，其实有两大原因：一是秦赵实力相当，秦国想和赵国搞好关系，方便自己专心搞楚国；二是赵国做了充分的军事准备和政治预案。所以，有学者认为，渑池峰会有没有蔺相如参加，结果都一样。从这个角度来看，廉颇的作用似乎更大一些。廉颇当然也这么想。但是，蔺相如毕竟在国际舞台上维护了赵王的脸面，而且，再怎么说，也和领导一起出生入死过，所以，回国后被晋升为上卿，而且排名在廉颇前面。

"蔺相如这个爱出风头的愣头青怎么能排名比我靠前？"老员工廉颇想不通，严重想不通！于是，有了开头那一幕，公开撕蔺相如。

这是坐火箭升官的蔺相如遭遇的仕途上最大危机。他聪明地选择了认怂：不和廉颇见面。单位开会，我请病假；出门碰见廉颇的车队，我绕行。所有人都在看蔺相如的笑话，连他的门客都觉得跟着丢人，要辞职走人。

蔺相如毕竟是蔺相如，他抓住机会要从容化解廉颇带给他的职场危机。蔺相如问门客："你们觉得廉将军与秦王，哪个更厉害？"门客回答："廉将军比不上秦王。"蔺相如笑着说："秦王我都不怕，我会怕廉老？秦国不敢打赵国，就是因为廉老和我。如果我俩开撕，会损害国家利益呀。"这是通过门客向廉颇和全世界表态：我这不是怂，是顾全大局。

廉颇毕竟是个直脾气、要面子的老员工。听说后，非常惭愧：自己这个受组织教育多年的老同志，竟然不如小蔺站位高、格局大！于是，负荆请罪，和蔺相如结为生死之交。

蔺相如确实牛，口才好、手段高，但这番话依然是他最擅长的外交辞令。不怕秦王，并不代表不怕廉颇；或者说，能战胜秦王，并不代表能战胜廉颇。这样的例子比比皆是。吴起、乐毅、田单、春申君黄歇……哪个不是对外攻无不克的超级大牛？哪个会怕"秦王"？但哪个不是被自己人干掉的？就连廉颇和赵国下一代名将李牧也同样如此（后面细说）。

对外战争看实力，内部矛盾看势力。廉颇这样的三朝元老，能力强、资格老、级别高、人脉广，蔺相如绝对怕。当然，不管出于何种考虑，将相和的结局皆大欢喜。

此后，廉颇继续率领赵军夺取一个又一个胜利。但他的日子过得并不舒心，因为他是个老员工，最大的特点是稳健、保守，不爱冒险。所以，他眼睁睁地看着一个又一个敢想敢拼的后辈快速崛起，和他平起平坐。

（下）

战国没有铁饭碗，也不搞论资排辈，没有你好我好大家好，只有你死我活的竞争。所以，老员工廉颇必须几十年如一日地保持最佳状态，否则，分分钟被新员工赶超。

周赧王四十五年（前270），秦国攻打赵国，围攻阏（yān）与（今山西和顺）。赵王问老员工廉颇："阏与还能救吗？"廉颇回答："路远、地形险峻，不好救。"赵王又问新提拔的干部赵奢："阏与还能救吗？"赵奢回答："路远、地形险峻，但狭路相逢勇者胜。"赵王便派积极要求进步的赵奢救援阏与。赵奢有勇有谋，大败秦军，一战成名，并迅速上位，被封为马服君，和廉颇、蔺相如平起平坐。

廉颇这次没骂人，因为换他当赵王，也会这么干。当然，老员工的稳健保守是特点，不一定是缺点。

九年后，周赧王五十四年（前261），决定战国走向、秦赵命运的长平之战拉开大幕（后面细讲）。当时，赵国的名将中，赵奢已经去世，李牧资历浅、在北边打匈奴，蔺相如病重（你没看错，经过二十多年的磨炼，蔺相如已经成长为一位文武双全的复合型人才）。老员工廉颇再挑重担，率数十万大军迎战。秦军强悍，几次打败赵军。廉颇只好选择防御，坚守不出。

此时，英明神武的赵惠文王已经去世，新继位的赵孝成王年轻气盛，对老员工廉颇的老乌龟打法非常不满，多次提出严厉批评。

廉颇不为所动。

秦国乘机实施反间计，散布假消息：廉颇这个老糊涂很好对付，而且，他也准备投降了。幸亏赵军的统帅不是将门虎子、学霸赵括（赵奢之子，纸上谈兵那位）。

年轻的赵孝成王果然中计，立马用同样年轻的赵括替换掉老员工廉颇。廉颇再一次被激情澎湃的年轻人打败。

最终，赵国大败，赵括阵亡，四十万将士被坑杀。艰苦卓绝的邯郸保卫战随即开打。还是廉颇，毫无怨言，重新上岗。在宰相、平原君赵胜的带领下，廉颇指挥老弱病残的邯郸军民，苦守一年多，终于等到了楚魏联军的救援，然后击败秦军，挽救了赵国。

赵国的霉运并没结束。邯郸保卫战结束没几年，昔日的小兄弟燕国觉得赵国虎落平阳，想趁机占便宜，悍然发兵入侵。还是廉颇，率领老弱病残的赵国军队，以少胜多，大败燕军，俘虏燕国大将乐乘。乐乘降赵。

此后，老员工廉颇继续任劳任怨，率领赵国军队东征西讨，直到秦王政二年（前245）。这一年，廉颇的人生很刺激。

先是，多年的付出有了回报，封信平君，被任命为假相国（代理宰相），终于排名第一啦。然后率军攻打魏国，大胜。但是，没多久，赵孝成王去世，其子赵悼襄王继位。新老板新气象，对廉颇这个三朝老员工不感冒，于是，廉颇被撤职，乐乘继任。

廉颇彻底怒了："平原君、田单、李牧做班长，老子也就忍了；蔺相如、赵奢和老子平起平坐，老子也认了。现在，老子的手下败将、燕国降将乐乘都骑到老子头上来了！想裁掉老子，你就直说！"

还是那句话，老员工廉颇一生气，赵国也要抖三抖。廉颇直接领兵把乐乘给揍了一顿，揍得乐乘落荒而逃。然后，心灰意冷的廉颇跳槽去了魏国。

廉颇为赵国服务了一辈子，仅担任正国级干部（上卿）就长达三十三年。最终，被变相裁员。据廉颇老家的官方档案（《保定地方志》）显示，这一年，廉颇已经八十二岁了。

跳槽到魏国后，廉颇工作得并不开心，因为全世界都知道他是赵国老员工，他自己也忘不了赵国。与此同时，赵国经常被秦国揍。赵王想再次聘用廉颇，廉颇也想给老东家打工。因此，赵王派特使去魏国面试，看看廉颇还能否胜任。

这时，一个影响中国历史进程的小人登场了：赵王宠臣郭开。郭开和廉颇有仇，便重金贿赂赵国特派面试官，让他搅黄这次招聘。

老员工廉颇当然是个面霸：见使者，一饭斗米，肉十斤（战国至西汉，一斤约等于现在的二百五十克），披甲上马，以示可用。可惜，收了钱的面试官搞暗箱操作，打了个小报告："廉将军虽老，尚善饭；然与臣坐，顷之三遗矢（拉屎）矣。"廉颇因体检不合格，没拿到心心念念的 offer。

后来，楚国把廉颇挖走了，但楚国将军廉颇碌碌无为。因为他天天念叨：我还是想指挥赵国士兵啊。最终，廉颇在楚军吉祥物的岗位上去世。

最后，说一下赵国著名小人：郭开。

后世称战国有四大名将：秦国的白起、王翦，赵国的廉颇、李牧。郭开很牛，他一个人就祸害了俩：自己掏钱，搅黄了廉颇的复出；收秦国的钱，诬告李牧谋反，导致李牧被杀。身为赵国大臣，郭开为秦国统一天下做出了"巨大贡献"。据说，赵国灭亡后，郭开带着数车金银珠宝去咸阳就职，半路被盗贼抢劫，给咔嚓掉了。

范雎：有恩报恩、有仇报仇，我是榜样

　　他是一个恩怨分明的大人物。他的复仇把战国搅成了一锅粥，让秦国进入统一天下的快车道。他叫范雎（jū），秦国宰相，一个恩怨分明的正国级干部。

　　范雎是魏国人，家里穷，想做官，没钱打点，就在魏国中大夫（政研室主任）须贾手下谋了份差事。

　　有一次，范雎跟着须主任到齐国出差。事情办得不顺利，待了几个月都没结果。须主任很着急。没想到，小跟班范雎的优异表现引起了齐国高层的注意。齐王私下赠送了范雎一些小礼物（现金、牛肉和美酒），以示笼络。

　　这风头出得不是时候。须主任很生气，认为范雎一定是被齐国收买了，泄露了国家机密。否则，堂堂齐王为何来讨好你，不搭理我？！回国后，须主任就将此事向宰相魏齐做了汇报。魏齐大怒，说："打死算了。"

　　范雎惨了，肋骨被打断，牙齿被打折，只好装死。魏齐让人把范雎用竹席一卷，扔到厕所里，命令大家朝他身上撒尿。杀一儆百，看谁以后还敢乱说话、当奸细！奄奄一息的范雎偷偷和看守说："救我出去，必重谢。"看守就向魏齐请示："洗手间太脏乱差了，能不能打扫一下，把垃圾和死人都扔了？"魏齐正在喝酒，有点嗨，随口就答应了。范雎捡了一条命。

　　第二天，魏齐酒醒了，担心范雎没死，就派人四处搜捕。好朋友郑安平把范雎藏了起来，还帮他伪造了假身份，改名叫张禄。魏国待不下去了，必须尽快逃出国。刚好这时候，秦国谒者（秦王的秘书兼特使）王稽在魏国出差。范雎在郑安平的帮助下，暗中拜见王稽，请求为秦国效力。王稽被范雎的才华打动，就偷偷把范雎带回了秦国，并推荐给了秦王。

范雎的复仇计划正式开始。他向秦王提出了一项公私兼顾的外交策略：远交近攻。简单说就是攻打近邻魏国和韩国，笼络距离较远的齐国和楚国。秦王大喜，拜范雎为客卿（外籍高官），并将远交近攻定为国策。

魏国成为第一个被秦国慢慢蹂躏的重点对象。此后几年，秦国不断蚕食魏国，地盘和实力稳步壮大。看着魏国被虐，范雎和秦王很满意。秦王对范雎越来越信任，范雎的权力也越来越大。范雎又建议秦王加强王权，逼迫亲妈宣太后（又号"芈八子"，电视剧《芈月传》主角的原型）不再当家做主，把权势熏天的两个舅舅和两个弟弟赶出咸阳。

大权独揽的秦王很高兴，任命范雎为宰相，封为应侯。范雎终于有了复仇的资本。

范雎的前半生和孙膑很像，都是惨遭侮辱和伤害，但孙膑的复仇比较低调、隐忍，全部的悲喜只化作了马陵道旁大树上的六个字："庞涓死此树下。"范雎不同，他是君子报仇，轰轰烈烈。

报仇之前，先报恩。在范雎的举荐下，秦王任命王稽为河东郡守，郑安平为将军。

范雎倾其所有，报答曾经帮助过自己的人；尽其所能，收拾曾经得罪过自己的人。"一饭之德必偿，睚眦之怨必报。"（《史记·范雎蔡泽列传》；"雎"为"雎"之讹。）他就是"睚眦必报"本体。这个成语就来自于此。

当然，他最大的仇人在魏国。范雎在秦国用的一直是假身份"张禄"，所以，魏国上下并不知道秦国宰相就是范雎。有一次，常年被秦国各种虐的魏国听说，秦国又要攻打魏国了，赶忙派代表团来秦国公关，代表团负责人正是范雎的老领导：须贾须主任。

须主任到咸阳后，范雎穿着破衣服、步行去代表团驻地拜访他。须主任大惊失色："小范，原来你没……没事啊？"两人叙了叙旧。须主任见小范如此落魄，就留他吃了顿饭，还送了他一件新袍子。吃完饭，须主任说要去拜见秦国宰相张禄。小范说："我在咸阳混了这么多年，虽说没啥出息，但地头熟、人头也熟，我给你当司机吧。"

到了相府门口，小范说："我先帮您进去通报一声。"须主任在门口等了半天，不见小范出来，就问站岗的士兵：刚进去的那个小范同志怎么还不出来？士兵说："什么小范？那是我们宰相张大人。"

须主任大惊失色，赶忙跪着进去请罪。范雎坐在办公桌后面，看着须主任，说："老须呀，之所以没杀你，是因为那件新袍子，你还算有点人味儿。"然后大摆宴席，招待各国来宾。须主任被安排在宴会厅门外，上了一桌喂马的饲料，让他吃。宴会结束后，范雎说："回去告诉魏王，速速把魏齐的人头送来！不然，我灭了魏国。"

范雎的复仇计划轰动了整个战国。魏齐知道后，吓得宰相也不敢做了，逃亡到这个世界唯一不怕秦国的赵国，藏在赵王的弟弟平原君家里。范雎不着急，辅佐秦王继续实施"远交近攻"策略，蚕食魏国、韩国。

周赧王五十年（前265），秦军攻占了赵国三座城。秦王没忘帮范雎报仇，花言巧语把平原君骗到秦国，扣了下来，然后派人给赵王传话：“用魏齐的人头来换你叔叔。”

赵王当即派兵去拿魏齐。魏齐走投无路，只好去找赵国宰相虞卿求助。虞卿无能为力，竟舍弃一切，与魏齐一起逃亡。可天下之大，唯一敢和秦国叫板的赵国也被打废了，谁还敢收留他们？楚国？可以试一试。两人逃到魏国，想让信陵君魏无忌帮忙，偷渡到楚国去。信陵君也害怕得罪秦国，很为难，没有立即答应。魏齐彻底绝望，自杀。赵王赶紧派人来取走了魏齐的人头，快递给秦王，平原君才被释放。

范雎这种睚眦必报、不达目的不罢休的做法，被很多人批评。司马光说他是阴险狡诈的恐怖分子；好听一点的，说他是个真小人。

百家争鸣、百花齐放的战国，是中国历史的青春期。恩怨分明的范雎，是战国时代的典型性存在：哪怕贵为宰相，也活得很真实。这可能就是范雎最大的意义吧。后来，有了皇帝，大家都开始只能活得越来越正确了。

白起：死神来了

周赧王五十三年（前262），秦军攻打韩国，占领野王（今河南沁阳）。韩国的上党郡（今山西长治、晋城一带）瞬间成为一块绝地。

韩国吓得立刻表示："尊敬的秦王，我把上党郡献给您，咱们和好吧。"上党郡干部群众吓得立刻表示："不，我们选择归顺赵国。"他们为啥这么害怕？因为秦军的统帅是白起。

白起就是死神本尊。有数据证明：周赧王二十二年（前293），白起大败韩魏联军，斩首二十四万人；三十五年（前280），白起大败赵军，斩首二万人；四十二年（前273），白起大败赵魏联军，斩首十三万魏军，又淹死二万赵军；五十一年（前264），白起大败韩军，斩首五万人。合计消灭四十六万人，这还只是截至长平之战前的不完全统计。据梁启超研究，战国二百五十多年，共阵亡士兵二百多万，其中，有一半死在白起手里。

这一次，白起将再次震惊天下。

上党军民提出归顺赵国的请求。赵国高层经过认真讨论，决定接受。为什么要讨论？因为赵国也有点害怕秦国和白起。为什么最终决定接受？因为如果秦国占领上党郡，赵国将门户大开，首都邯郸随时变前线。

秦国怒了："你敢截胡？"周赧王五十五年（前260），秦国大将王龁（hé）率军攻打上党，赵军败退。赵国名将廉颇率军驻守长平（今山西高平西北），接应上党百姓撤到赵国。长平之战正式开打，两国总投入兵力上百万。这是决定战国命运的大决战，也是中国古代规模最大、最惨烈的一场战争。

一开始，赵军接连失败。老狐狸廉颇立刻选择坚守不出。年轻的赵孝成王主持工作时间不长，没见过这种大场面，有点害怕，赶紧开会："怎么办？怎么办？怎么办？"有的说，应该立即与秦国和谈；有的说，应该先立即拉拢楚国、魏国，造成联合抗秦的态势，秦国必然对此有所顾忌，然后和谈可成。赵孝成王决定：直接和秦国谈。没想到，被另一只老狐狸、秦国宰相范雎给玩了。

赵国高级别和谈代表到达秦国后，受到了范雎的热情款待。然后，秦国向全世界官宣：赵国求和来啦！楚国、魏国一看，你俩都要和好了，我们就不掺和了。然后，秦国拒绝和谈。

无耻！人渣！赵孝成王气得拿起电话给廉颇下令："给我打，打死这帮秦国骗子！"老狐狸廉颇装听不见，继续防守。赵孝成王继续下令出击，骂秦国，骂廉颇，词汇量都不够了，廉颇就是不动窝。

老狐狸范雎反而动了。他派人到赵国搞反间计："廉颇这个老糊涂很好对付，而且，他也准备投降了。幸亏赵军的统帅不是将门虎子、学霸赵括。"

年轻的赵孝成王果然中计，立马用同样年轻的赵括换掉老狐狸廉颇。重病在身的蔺相如当场投了反对票："赵括是个学霸，很擅长考试，可战场不是考场啊。"赵孝成王不听。

赵妈妈也代表去世的赵奢投了反对票："赵括绝对不适合当三军统帅，请收回任命。原因如下：他确实是个学霸，比考试成绩，他爸爸都甘拜下风。但他爸爸并不觉得他厉害，反而担心他是个祸害。因为战争关乎生死、国运，但赵括觉得跟玩王者荣耀一样简单。他爸爸做将军时，是个工作狂，天天不着家，爱兵如子。赵括做将军后，爱财如命，而且官威十足、严重脱离群众……"

赵孝成王说："这是组织经过通盘考虑、慎重研究作出的决定，您坚决拥护就行了。"赵妈妈说："好吧，但出了事别怪我。"赵孝成王说："OK。"

接下来，赵括奔赴长平前线玩王者荣耀，廉颇返回邯郸跳广场舞。秦王立刻下令："白起任秦军总司令，即刻秘密赶赴长平前线；有敢泄露消息者，杀无赦！"两军再次开打。

白起收拾赵括，真跟玩王者荣耀一样简单。秦军大败赵军，还断了赵军的粮道。赵括只能学习廉颇好榜样：坚守不出，等待援军和救济粮。秦王得知最新战况后，立刻亲临接近前线的河内郡（今河南焦作、新乡一带），征发当地所有十五岁以上的男丁入伍，紧急调往长平，坚决阻断赵国的援军和救济粮。

赵国火速派人向齐国借粮。还记得现在的齐王是谁吗？妈宝齐王建。他当然听妈妈君王后的话。君王后治国理政的宗旨就是好好过自己的日子，不掺和。所以，任凭赵国使者说破大天，什么唇亡齿寒、同仇敌忾、共抗暴秦、正义必胜之类的，齐国就一句话：你们玩你们的，俺不掺和。

秦王命真好。在这个决定国运的战争中，几个主要敌人的一把手都很给力：赵国是小鬼当家；齐国是妈妈当家；楚国是老铁当家（楚王与范雎关系很好）。所以，赵国必败。

当年九月，几十万赵军已断粮四十六天了，士兵们开始偷偷互相残杀，吃人肉充饥。赵括多次率军突围，都失败了，最后赵学霸被秦军射杀。深陷绝境的四十万赵军只好投降。

白起再次露出死神的微笑："四十万赵兵，咱养不起，也防不住，都杀了吧。"结果，四十万赵国降兵几乎全被坑杀，只留下了二百四十个娃娃兵，让他们回赵国报信儿，现身说法，宣传秦国的无敌。

长平之战，白起共杀死赵军四十五万人。赵国的天塌了！"子哭其父，父哭其子，兄哭其弟，弟哭其兄，祖哭其孙，妻哭其夫，沿街满市，号痛之声不绝。"（《东周列国志》）全世界傻了！这是中国古代最惨烈的一场战争。最惨的当然是赵国，有生力量几乎被全歼。秦国的损失也不小，总兵力伤亡过半，国内空虚。

从此，再无人能挡住秦国统一天下的脚步。从此，再无人能撼动白起的死神地位。据说，此后，陕西一些地方，只要疫病一起，就会立"克长平四十万士卒秦太尉武安君白"的牌位，磕头烧香，希望能摆脱死亡的威胁。

谁也没想到，死神也会死。下一站，就是白起的终点站。

白起：打败你的，不是敌人，而是自己人

长平之战后，"如何打败白起"成为一个国际性难题。率先攻克这一难题的，是赵国和韩国的科研团队。实践证明：能打败白起的，只有自己人。

周赧王五十六年（前259）十月，秦国彻底平定了上党郡，死神白起兵分三路，准备一鼓作气灭了赵国。同时面临亡国危机的赵韩两国经过紧急磋商，派特使带着大礼包和一句话，去公关秦国宰相范雎。

大礼包，不外乎车子票子房子啥的。关键是那句话："白起如果灭了赵国，以后，他就成了您的领导了。"范雎听了，转身就给秦王递了份请示报告："我军将士连年征战、疲惫不堪，亟需休整。我建议，让赵韩两国割地讲和。"

秦王批示：同意。于是，赵、韩割地，秦国罢兵，白起骂娘。

没想到，赵国不老实，不仅不割地，还想撺掇齐国搞小动作。秦国气得再次发兵攻打邯郸。可惜，白起病了，需要留在咸阳治疗。病因估计是长期劳累＋超级不爽。

秦军少了大魔王，赵军却多了个老狐狸（廉颇复出），结果可想而知。如狼似虎的秦军被老弱病残的赵军揍得鼻青脸肿，还伤亡四千人。丢死个人。

这时候，白起的病好了。秦王高兴得像统一了中国似的："太好了，太好了，你赶紧去邯郸前线主持工作吧。"白起梗着脖子说：

"不好吧。想拿下邯郸太难了。咱们刚打完长平之战，部队减员严重，战斗力直线下降，又这么千山万水地去打邯郸，一旦其他国家派兵支援，咱们肯定输呀。"

秦王见白起闹情绪，就停止了谈话，然后派范雎去做他的思想工作。范雎去劝，只能越帮越忙。因为白起现在最想灭的，不是赵国，而是范雎。"要不是你小子使坏，老子去年就灭了赵国，早给你当首长了！管你天王老子秦王范雎的，老子有病，老子就是不上班！"

秦国这边，白起是打死也不上班。赵国那边，平原君他们却是往死里加班。平原君赵胜亲率代表团远赴楚国求援。经过艰难的谈判，在自我推荐、替补出场的门客毛遂的威逼利诱下，范雎的老铁楚王终于答应出兵救赵。（成语"毛遂自荐""脱颖而出"，均出自这里。）魏国本来同意救赵，但遭到秦王的死亡威胁后，转而劝赵王一起认怂，给秦王当跟班。平原君急了，把自己的小舅子、魏国信陵君魏无忌一顿破口大骂："我为啥娶你姐？就是因为看你小子够仗义，纯爷们！现在，赵国快完蛋了，你就算不认我这个姐夫，难道也不管你姐的死活？你还是个人吗？"信陵君被逼无奈，只好盗出魏王的兵符，杀死魏军统帅，假传圣旨，率魏军救援赵国。这就是中学课本上的《信陵君窃符救赵》。

秦军本就有点怂了，这下更被揍得哭爹喊娘。白起躺在咸阳的病床上看了新闻，开始妄议："你看看，你看看，大王不听我的劝，现在头大了吧。"这句话，很要命。秦王非常生气，命令白起必须立刻停止休病假，去邯郸城外报到。白起就是不服从命令：我有病，而且越来越重，没法工作。

秦王、范雎、白起，曾经的梦幻组合，现在成了噩梦组合。周赧王五十八年（前257）十月，秦王下令：把武安君白起一撸到底，贬为士兵，到西北边境吃土去。士兵白起以健康为由，拒绝调动，在咸阳继续养病。同年十二月，秦国调动部队往赵国边境集结。士兵白起以健康为由，拒绝调动，在咸阳继续养病。

邯郸城外，秦军被赵楚魏联军群殴，伤势严重。秦王的手机都快被打爆了，全是前线的求救电话。秦王暴怒，下令："让白起滚出咸阳城，滚回他该去的地方！"士兵白起扛不住了，只好动身，准备去西北边境吃土。离开咸阳时，满脸的不服，一肚子的怨言。可惜，晚了。

白起刚出城十里，就被使者追上了。秦王赐了他一把大宝剑，让他自裁。白起接过剑，说："我犯了什么罪，你们这样对我？"没人搭理他。沉默了半天，白起说："我确实该死。长平之战，我坑杀了几十万赵国降兵，报应啊。"然后，自杀。

死活不给领导台阶下的白起，临死前，给自己找了个台阶。白起的死，范雎绝对是主谋。别忘了，这位爷可是出了名的"一饭之德必偿，睚眦之怨必报"。扯句闲篇儿，白起的后代中出过一个大名人：白居易。

白起死后不久，赵楚魏联军大败秦军，秦军撤退。长达三年、搅动整个战国的邯郸之战结束。

最后，再说一下长平之战和邯郸之战的一个大彩蛋。秦国三番五次欺负赵国，可把邯郸城里的一位常住人口给害苦了。他叫秦异人，是秦王无数个孙子中的一个，被派到赵国当人质。秦国越欺负赵国，赵国就越欺负他，搞得这孙子吃不饱、穿不暖、娶不起媳妇。秦军攻打邯郸时，赵王郁闷地要杀了这孙子出出气。

幸亏，他有一位朋友，做大生意的，叫吕不韦。

赵政：爹有多大，舞台就有多大

战国也拼爹。赵政能成为秦始皇，离不开两个争气的爹。

其实，赵政一出生就输在了起跑线上。亲爹吕不韦，大商人（家累千金），但属于社会最底层（"士农工商"的"商"，排最后）。当时，上流社会主要是生出来的（世袭制，如孟尝君田文、平原君赵胜等）。底层群众想进入上流社会，主要靠关系（如蔺相如，靠缪贤举荐），但这条路名额太少、竞争太激烈，你死我活的。

吴起，为了向上流动，家产败光、杀妻求将。孙膑，为了向上流动，遭遇"庞氏骗局"、被砍断双足。苏秦，为了向上流动，四处流浪、被家人羞辱、自残读书。张仪，为了向上流动，被楚国宰相打、被老同学羞辱。范雎，为了向上流动，被魏国宰相羞辱、差点被打死……这些还都是成功者，大多数人默默无闻地消失，连个水花都没有。

幸亏，赵政的亲爹吕不韦敢拼会拼，偷天换日，给儿子找了个新爹：秦异人（秦王的孙子）。

有了新爹，赵政就进入上流社会了？错！上流社会的竞争同样残酷。牛人如商鞅（卫国王族）、田单（齐国王族），不也都从基层做起，还都遭遇过死亡威胁吗？何况新爹秦异人的条件实在很差。

秦异人，秦昭襄王的孙子、太子安国君的儿子。听着很上流，但是，安国君有二十多个儿子。而且，秦异人是最倒霉、最没前途的那个：在赵国当质子。质子，是战国时期王族成员最苦逼、最危险的工作。秦异人的爹能当上太子，就是因为秦异人的伯父（前太子）在魏国当质子时死了。

更要命的是，秦异人在赵国夹着尾巴做人质，他爷爷却一点不消停，先是长平之战坑杀四十万赵国精锐，后是邯郸之战差点灭了赵国。所以，秦异人就惨了，被赵国虐成狗：吃不饱、穿不暖、开不上车、娶不起老婆……所以，赵政一出生，就输在了起跑线上。

但是，他俩爹很争气。吕不韦很上进，是中国风险投资第一人（成语"奇货可居"的发明人）。秦异人同样很上进，绝不只是个命好、窝囊的"空壳公司"。

当初，吕不韦主动上门，准备投资秦异人，说："我能让你混得好。"秦异人笑着说："你先把自己混好再说吧。"吕不韦笑着说："你混好了，我自然就混好了。"秦异人一听，这土财主有点意思，这才让吕不韦进门，坐下来细聊。

当然，秦异人没法拼爹，因为他和竞争对手同一个爹，而且没有任何优势。吕不韦给出的办法是：拼妈。秦异人的亲妈夏姬（姬，战国时期对女性的美称）混得也不行，不受待见。安国君最喜欢的是大老婆华阳夫人（战国时期，诸侯王的妻子称"王后"，其余诸侯的妻子称"夫人"），但华阳夫人没儿子。吕不韦的建议是：成为华阳夫人的儿子（嫡子）。"只有这样，等你爹当秦王了，你才会被立为接班人。我来帮你换新妈，钱的事，你不用操心。"秦异人当即表示，"如果事办成了，秦国就是咱兄弟俩的"。

吕不韦先拿出一半家产，给秦异人打造"优质接班人"的人设，还把自己刚刚怀孕的漂亮侍妾赵姬送给他当老婆。然后，拿着另一半家产，亲自去咸阳搞定华阳夫人。

吕不韦下血本买到一次觐见华阳夫人的姐姐的机会，然后通过她指出了华阳夫人的隐患：颜值，不可持续；无子，没有未来。同时给出解决方案：秦异人，孝顺、懂事，如果成了您的儿子，他有事业，您有依靠，共赢。

华阳夫人非常认可，于是，秦异人被过继给了华阳夫人，并被立为安国君的继承人。安国君还拨给吕不韦一大笔经费，让他在赵国好好照顾秦异人。从此，秦异人成为战国政坛一颗冉冉升起的新星。

赵政的未来一片光明？早着呢。赵政三岁那年（前257），邯郸之战进入白热化阶段，苦苦支撑的赵国想杀了秦异人一家出口恶气。秦异人和吕不韦重金贿赂看守，逃出邯郸城，逃到秦军大营。赵政和他妈跑不快，被藏在一个安全的地方，才得以活命。

秦异人回国后，特地穿着楚国的服装正式拜见新妈妈。华阳夫人激动得热泪盈眶："儿啊，为娘就是楚国人呀，以后你就是我亲儿子了。"还给他改名叫子楚。

赵政九岁那年，太爷爷秦昭襄王去世，爷爷继位为秦孝文王，新爹被立为太子，赵政成为秦国第二顺位继承人。这时的秦国已经强大到几乎没对手了。所以，赵国乖乖地把赵政和他妈送回了秦国。

赵政十岁那年，爷爷秦孝文王去世，新爹继位为秦庄襄王；亲爹吕不韦被任命为丞相。赵政十一岁那年，俩爹联手灭了东周，延续近八百年的周王朝正式灭亡。亲爹被封为文信侯。赵政十三岁那年，新爹秦庄襄王过劳死，赵政继位为秦王，亲爹吕不韦被尊为"仲父"（干爹）。为了赵政的将来，吕不韦日夜操劳国事，甚至主动和赵政他妈分居，以免影响工作。吕不韦退休后，赵政用了十六年统一天下，成为秦始皇。

如果没有这两个好爹，赵政的未来很可能不是秦始皇，而是吕总。

信陵君：老东家有毒

老东家真是个神奇的存在。在职时，你天天骂它；离职了，你有点怀念它。魏国前高管、信陵君魏无忌此时就是这么个状态。

十年前的信陵君辞职事件，轰动全世界，当事双方（老板魏王、高管信陵君）彻底撕破脸，国际格局都因此而剧烈震荡。信陵君为啥辞职？当然不是"由于个人和家庭原因"。

信陵君，魏王的弟弟（同父异母）、战国四君子之首。他有两项特长：一是拥有一支具有国际竞争优势的人才队伍（门客数千）；二是秦国克星（两次打败秦军）。尤其是第二项特长，在战国后期，绝对是核心竞争力。秦国自商鞅变法以来，近一百年内，只被打败过几次：匡章、赵奢等人击败秦军的记录都是一次，而信陵君是两次（李牧也是两次，但比信陵君晚）。

这么一个超级牛人，在魏国却工作得超级不开心。提起魏国，信陵君一肚子的不满。

首先，领导是个大傻蛋。魏王只会干两件事：对内，和逆天颜值的龙阳君玩耽美、搞 CP；对外，割地求和、讨好秦国。魏王的这两个爱好直接衍生出两个成语：龙阳之好、抱薪救火。（据《康熙字典》，"抱"的意思是抛，不是今天理解的"抱"："与'抛'通，弃也，掷也。"）

其次，自己不被领导信任，前途黯淡。（《史记·魏公子列传》：魏王畏公子之贤能，不敢任公子以国政。）同为战国四君子，看看人家：孟尝君，齐国宰相、秦国宰相、魏国宰相、薛国土皇帝；平原君，赵国宰相（三届）；春申君，楚国宰相（二十五年）、楚国"太上皇"（回头细讲）。再看看自己：魏国吉祥物（享受正国级待遇）。

信陵君能不生气吗？导致信陵君辞职、哥俩反目的导火索是邯郸之战。

长平之战后，秦国围攻邯郸，准备灭了赵国。赵国向魏国求援。魏王哪敢得罪秦国爸爸？反而派人给赵王做思想工作："服个软、认个怂，给秦王当小弟也挺好的。"赵国的平原君气坏了，把小舅子信陵君一顿臭骂。信陵君很着急，天天打报告，请魏王救赵。魏王不同意。信陵君彻底抓狂了，直接带着三千门客，要去邯郸城下拼命。幸亏被门客侯嬴及时劝住，并献计"窃符救赵"。信陵君便拜托魏王宠妃如姬偷出兵符，诛杀魏国大将晋鄙，假传王命，率领八万魏军大败秦军，救了赵国，一战封神。

赵国得救了，信陵君辞职了。魏国这种破公司，魏王这种白痴领导，还回去干嘛？当然，他也不敢回去。叛国罪是要杀头的。魏王当时就宣布：剥夺魏无忌的一切职务和荣誉，并发布全球通缉令。

魏无忌同志加入了新公司：赵国。但在对他的任命和奖励上，大家都很尴尬。最适合的岗位当然是赵国宰相。但是，现任赵国宰相平原君往哪儿放？此外，魏无忌毕竟背叛魏国在先，赵国对他的任何奖励和提拔，不仅魏国无法接受（毕竟是魏军救了赵国），他自己也不好意思。纠结了很久，魏无忌同志的新岗位确定了：赵国吉祥物（享受正国级待遇）。

又过了一段时间，魏王的气儿也消了。毕竟，没了魏无忌，给秦国做小弟都不硬气，怕大家都觉得魏国好欺负，三天两头来占便宜。所以，魏王宣布：恢复魏无忌同志的一切政治待遇（复以信陵奉公子)。这样,魏无忌同志的岗位重新调整为:赵国吉祥物兼魏国吉祥物。

就这样,在战国超级吉祥物这个岗位上,信陵君一干就是十年。在此期间,姐夫平原君去世了,信陵君在赵国唯一的靠山也没了。做吉祥物时间长了,信陵君有点怀念魏国,魏王也变得没那么讨厌了。跳槽后才发现,赵国魏国、赵王魏王都一个德行,反而魏国人头熟、地头熟,工作更得心应手;而在新公司,一切还得重新开始。

秦庄襄王三年(前247),秦国又来欺负魏国,这次欺负得有点狠,魏王受不了,派使者来赵国,请信陵君回国救火。

老东家求复合,答不答应?信陵君说:"决不答应。"就像杜月笙说的,"我是你的夜壶,想用就用,不想用就塞到床下去?"信陵君告诉下属:"谁敢替魏国使者传话,杀无赦!"数千门客都乖乖闭上了嘴。信陵君没台阶下了。幸亏信陵君的赵国新朋友劝他:"您之所以德高望重,是因为魏国。如果您见死不救,一旦魏国灭了,您还有脸在战国混吗?"话还没说完,信陵君就坐不住了,收拾东西,走人,回魏国救火。

回到魏国后,魏王热泪盈眶,握着他的手说了半天掏心窝子的话,然后,当场任命他为三军总司令。信陵君向各国求援,大家听说信陵君回来主持工作了,纷纷派兵支援。还是信陵君面子大。信陵君率五国联军大败秦军,秦国名将蒙骜(áo)落荒而逃。五国联军一直追到秦军家门口(函谷关),秦军吓得躲在家里不出来。

这一次,信陵君登顶珠峰,傲视全球:"放眼天下,一百多年以来,连续两次打败秦军,还有谁?!"他忘了,老东家还是那个老东家,老领导还是那个老领导。

秦国开始放大招:百试不爽的反间计。秦王花重金买通晋鄙的门客向魏王打小报告："信陵君真牛，在外流亡了十年，一旦回国，各国元首都大力支持他。在他们眼里，魏国就是信陵君，信陵君就是魏国。真当大王您是透明的？！"然后，秦国多次派特使向信陵君道喜："您啥时候登基做魏王呀？我们都盼着这一天早点到来！"魏王本来就没啥存在感，这些黑粉又天天造话题、买热搜，信陵君的下场只有一个：被封杀。

信陵君心灰意懒："原来我真傻，居然相信魏王。"重新担任魏国吉祥物一职后，信陵君学习白起好榜样，请了长期病假，天天吃喝玩乐睡。就这么玩了四年，身体被掏空，去世。老东家魏国，身体状况比他强一些，又玩了十八年，被秦国灭掉。

八卦一下，信陵君有个超级迷弟：刘邦。信陵君去世时，刘邦十四岁。从小听着信陵君的故事长大的刘邦，非常崇拜他；成年后，专门从沛县老家跑到大梁追星。当时，信陵君已经去世多年。刘邦就跟着信陵君的门客张耳混，给他当小弟。魏国灭亡后，张耳被秦国通缉，刘邦只好返回老家。张耳也很牛，参加了陈胜吴广起义，后来又归顺了刘邦，汉朝建立后，被封为赵王。

刘邦当皇帝后，每次路过大梁，都要亲自去拜祭信陵君，后来还专门派了五户人家为信陵君专职守墓，命令他们世世代代、年年岁岁按时祭拜。据说，开封的大相国寺，就是信陵君的故居。

李牧：赵国最后的名将

　　李牧，赵国大将、战国四大名将（白起、王翦、廉颇、李牧）之一，两次打败秦军。就是这么一位大牛，差点被绩效考核打败。

　　廉颇离职前，李牧一直在赵国北境工作，主要负责打匈奴。领导充分放权，李牧拥有独立的人财物事权：官员自行任免，税收全部自留。所以，李牧的部队日子过得非常滋润。《资治通鉴》专门记载了一个细节：李牧的部队每天都宰几头牛给官兵们吃。这是什么待遇？赵王的待遇。据史书记载："天子食牛羊豕，诸侯食牛，卿食羊豕，大夫食豕，士食鱼炙，庶人食菜。"所以，孟尝君的门客冯谖要待遇，只敢说：岂可食无鱼！

　　只要能打胜仗，超标准公款吃喝就当没看见吧。但李牧不仅没打胜仗，而是死活不打仗！只是每天练练兵，看看烽火台，而且严令：一旦匈奴来袭，所有人马牛羊必须及时撤入城塞，不许出战，违令者斩。就这么过了几年，倒也没什么损失，唯一辛苦的是侦察兵，天天加班，全年无休。

　　匈奴人和赵国官兵一致给出差评：李牧是个大怂包。李牧倒无所谓，赵王不干了："我支付这么高的人力物力成本，你就天天躲猫猫玩？考核不达标！"便对李牧提出了严厉的批评。李牧当没听见。赵王怒了，"不换思想就换人"，撤掉李牧，换了别的将领。

　　继任者当然要好好表现。此后一年多，新统帅多次主动出击打匈奴，但屡战屡败，损失惨重，边境不得安宁。赵王一看，这绩效，还不如李牧呢。于是，让李牧复出。李牧说："我有病。"赵王说："我让救护车送你。"李牧说："算你狠。我可以去，但有个条件，必须老人老办法。"赵王说："上车吧。"

李牧回到北境，一切照旧。赵国官兵天天吃肉，匈奴人天天眼馋。就这样又过了几年，匈奴人饿得眼睛都绿了；赵国官兵补得眼睛都红了，都想打一架。李牧说："好，那就活动活动消消食吧。"李牧组织精锐部队开始作战训练，同时组织百姓大规模出城放牧，当诱饵。匈奴小规模来袭，李牧命令只许败不许胜。匈奴单于一看赵兵一触即溃，亲率大部队前来抄底。结果，被李牧割了韭菜："大破之，杀匈奴十余万骑，灭襜褴（dān lán），破东胡，降林胡。"匈奴单于落荒而逃，此后十多年不敢再来赵国玩耍。

李牧的业绩考核终于通过了。但这件事暴露出一个历史难题：如何科学地绩效考核？一开始，战国是没有量化考核的。"鲁败齐师于平陆""魏败赵师于兔台""燕败齐师于林狐"……考核标准只有一个：打胜仗。

然而，胜仗如何界定？大胜、小胜如何区分？激励机制如何配套？不知道。就算是那些名将的著名战役，同样如此。比如孙膑的马陵之战："齐因乘胜大破魏师。"比如信陵君的窃符救赵："魏公子无忌大破秦师于邯郸下。"

没有科学的考核制度，再大的胜仗也可能是自嗨。比如燕国的灭齐之战：半年之内，攻占了齐国七十多座城池，齐国只剩两座孤城。这功劳看着很大，但田单花了几个月就给它挤了泡沫。燕国将士的工作怎么考核，如何评价？优秀？合格？不达标？

必须要有KPI！最先反应过来的是秦国。商鞅变法，给秦国制定了第一项KPI指标：以斩首论军功。斩首数量直接和爵位挂钩，不同的数量对应着二十个爵位等级。这项KPI指标虽然至今饱受争议，但确实极大地激发了秦军的战斗力："秦败韩师于鱼，斩首八万级""秦穰侯伐魏，拔四城，斩首四万。""桓齮（yǐ）伐赵……斩首十万，杀扈辄（zhé）。""秦武安君伐韩，拔九城，斩首五万。"

当然，这样的KPI还不完善，数据容易注水、造假、被质疑。最著名、最有争议的数据，是白起创造的。长平之战，白起宣称坑杀赵国降卒四十万。至今都有人质疑这一数据严重造假："四十万人，站着不动让你杀，都很费劲，何况是活埋！白起得挖多大个坑，才能同时活埋四十万人？"（也有学者指出，"坑杀"并非活埋，而是将降卒集中屠杀后埋入大坑，且长平之战遗址发现的1号坑葬有一百三十多具尸骨，其中绝大部分是"被杀后乱葬的，未发现大量被活埋的证据"。《史记·白起王翦列传》说白起"乃挟诈而尽阬杀"赵卒，而"阬"字本义是指门高大的样子，故所谓"阬杀"，其实可能是指古代战争中常见的一种现象，即作"京观"——胜者为了炫耀武功，将敌人杀死后，以其尸首封土筑成高冢。）

秦国也意识到了"数字出官"的弊端，便及时调整，同时采用范雎的"远交近攻"策略："王不如远交而近攻，得寸则王之寸也，得尺亦王之尺也。"从重数据到重质量，秦国的KPI考核越来越科学。

此后，秦始皇他爹更是穿越性地引入了股权激励制度："必如君策，请得分秦国与君共之。"这才赢得了超级人才吕不韦死心塌地的加盟。当然，秦国的大股东分红也确实土豪：吕不韦被封为相国、文信侯，还有三川郡（今豫西地区）十万户的税收奖励。

这样的秦国，本就很难打败，何况赵国又换了个无赖当领导。秦王政十一年（前236），赵悼襄王去世，他最宠爱的儿子赵迁继位。赵王迁是末代国君，也是赵国著名的纨绔（素以无行闻于国）。别说一个李牧，就算是蔺相如、廉颇、赵奢一起复活，也没用。

秦王政十三年（前234），秦军攻打赵国，李牧大败秦军。十五年（前232），秦军攻打赵国，李牧大败秦军。十八年（前229），秦军攻打赵国，李牧准备大败秦军。秦国又双叒叕放大招：反间计。王翦派人重金贿赂赵王的宠臣郭开，就是那个搅黄廉颇复出的小人。郭开收了钱真办事，对赵王说："李牧要造反。"赵王立刻下令换帅。李牧不服从命令，被秘密逮捕、处死。秦国的反间计比白起还恐怖，绝对是名将收割机。

秦王政十九年（前228），再无敌手的秦军势如破竹，攻入邯郸，俘虏赵王迁，赵国灭亡。秦王赵政亲临邯郸。他在这里出生、长大，和母亲相依为命、屈辱地生活了近十年。这一次，他是复仇者。当年得罪过他们母子的人全部被杀死。他能杀掉童年的仇人，但童年的阴影和原生家庭的伤害呢？

毕竟，他有三个爹：亲爹吕不韦、新爹秦异人和干爹嫪毐（lào ǎi）。

秦始皇：干爹，别踩我的底线

赵政十三岁时，爸爸秦庄襄王去世，赵政继位当了秦王。因为年纪小，国家大事都得吕不韦替他操劳，所以吕不韦被尊称为仲父（干爹）。

帝王的干爹，名称很多：尚父、仲父、亚父、假父、相父、皇父等，是中国历史上一个超高端职业，最早是一种自上而下的高度认可、超规格奖励。比如尚父，是周武王对姜尚（姜子牙）的尊称，姜尚爸爸；比如仲父，是齐桓公对管仲的尊称，管仲爸爸。但它的副作用太大，干爹当久了想当亲爹，彻底当家做主。所以，它又成了一个高危职业，一不小心就身败名裂，比如董卓（尚父）、李辅国（尚父）、多尔衮（皇父）。

吕不韦就是一个兢兢业业招人恨的干爹。从宰相升级为干爹后，他简直日理万机，白天忙着征服六国，晚上还要征服太后（太后时时与文信侯私通）。时间长了，吕不韦有点害怕，因为赵政一天天长大，万一被他发现了，麻烦就大了。但太后也不能得罪呀。

吕不韦找了个替补：自己的小跟班、天赋异禀的嫪毐。具体怎么个天赋异禀，请自行百度。这样，嫪毐被拔光胡子，假扮成太监，送进了宫。太后用了，非常喜欢。结果，麻烦更大了：太后怀孕了！怎么办？异地办理。太后跟赵政说，最近找大师看了看，咸阳的宫殿和自己八字不合，必须搬到几百里外雍地（今陕西宝鸡凤翔区）的宫殿去住。赵政同意了。

山高皇帝远，太后玩得更 happy 了，竟然给赵政生了两个弟弟。嫪毐的事业，越搞越大。赵政二十一岁那年，嫪毐被封为长信侯，家中奴仆数千，门客一千多人，衣食住行等全部享受超规格待遇，俨然成了秦国的三号首长。征服太后的嫪毐，以为自己征服了秦国，开始以秦王的干爹自居。

嫪毐封侯的第二年，秦国为赵政举办了盛大的成人礼。赵政开始亲政，成为真正的秦王。长大成人的赵政什么样？战国大牛尉缭（后任秦国国尉，类似国防部长）有一个评价：刻薄、残暴。不得志，吃素；得志，吃人。

可惜，嫪毐是技术宅男出身，不仅不知道收敛，反而越来越作。有一次，嫪毐和秦王办公室的人一起喝酒，喝多了干仗，嫪毐牛哄哄地说："老子是秦王的假父，你算什么东西，敢跟我动手！"秦王办公室的人第二天就实名举报："嫪毐是个假宦官，和您母亲不仅发生了超友谊的关系，还有两个超友谊的结晶。"赵政批示：一查到底。嫪毐狗急跳墙，竟然假传王命调兵作乱，想灭了赵政。咸阳大乱。

赵政当然不是吃素的，三两下就把叛军给灭了，然后大开杀戒：嫪毐，斩首示众，肢解尸体，灭三族（父族、母族、妻族）；嫪毐的亲信，斩首示众，肢解尸体，灭门；嫪毐的下属（四千多家），全部流放到蛮荒之地。太后，圈禁冷宫；太后和嫪毐的俩儿子，装进麻袋活活打死（囊扑）。然后，赵政下令：有敢给我妈求情的，一律砍断手脚，扔到宫阙之下晒干。

战国人就是有种！先后有二十七个人因为给太后求情被砍断手脚、晒干。然后，第二十八个又来了。他叫茅焦，秦国客卿。一听说他要给太后求情，他的老乡们害怕受牵连，都背着铺盖卷跑路了。

赵政当然更生气："你牛，还敢跟我对着干！架口锅，把这位英雄拎进来，煮了！"茅焦进来，向赵政恭恭敬敬行礼，然后说："不怕死才不会死，没忌讳才不亡国。如今，您犯了大错却自以为是，所以我来提醒您。在处理嫪毐和太后这件事上，您比商纣王还要残暴！您如果不改，秦国就臭了，人心就散了，我真替您操碎了心。我话讲完，您看着办。"然后，脱掉衣服，站到了烧开的大锅旁边。秦王走过来，帮他披上衣服，说："您讲得非常对。"然后，封茅焦为上卿（正国级）。然后，亲自开车把太后接回咸阳，母子和好如初。

嫪毐宰了，吕不韦呢？毕竟，嫪毐是他一手提拔的。但于公于私，赵政都不忍心杀他。考虑了一年，赵政做出决定："您退休吧，回家好好养老。"

赵政低估了吕不韦的能量，吕不韦高估了赵政的底线。吕不韦退休后，各诸侯国的使者把他家的门槛都踩断了，求他办事的，聘他当顾问的，请他出席活动的……他的封地洛阳都开始堵车了。

赵政很不爽："你还想干嘛！"便对吕不韦做出了公开、严厉的批评："你有什么功劳？享受着高官厚禄！你算哪门亲戚？让我叫你干爹！去蛮荒之地等死吧！"

没多久，官方通报称：吕不韦服毒自杀。赵政下令：凡是参加了吕不韦葬礼的，一律严肃处理；并要求全体干部以吕不韦、嫪毐为戒，严格要求自己。

干爹这活儿，不好干。

黄歇：隔壁老王之死

　　战国后期有两个著名的隔壁老王：一个是吕不韦，另一个是黄歇。吕不韦是成功版的隔壁老王。黄歇则很失败，因为做隔壁老王，丢了性命。

　　黄歇，战国四公子之一的春申君，楚考烈王的大恩人，当了二十多年的楚国宰相。他当隔壁老王，是被人忽悠的。

　　楚考烈王晚年主要忙一件事：造人。因为他没儿子。黄歇作为楚王最忠诚的下属，操碎了心，到处寻找能生养的女子往宫里送。楚王的老腰都快断了，还是没儿子。

　　这时，有个赵国人叫李园，千里迢迢来楚国求职。李园求职的方式非常简单粗暴：他妹妹是个超级大美女，他想把妹妹献给楚王。但到了楚国才知道，楚王老了，生不动了。妹妹跟了楚王，只不过是后宫无数不孕不育女子中的一个，没什么竞争力。李园是个老狐狸，玩曲线救国，他瞄上了黄歇。黄歇作为成功老男人的一个个特点，都成了李园成功上位的一个个支点。

　　李园先投靠黄歇，做了门客。然后努力工作，爱岗敬业。然后，请探亲假。然后，故意晚了好几天才来上班。黄歇有点意外，问他："为什么回来这么晚？"李园说："齐王看上我妹妹，派人来求亲，跟他们吃饭喝酒商量亲事，一高兴喝多了，所以回来晚了。"黄歇一听，来了兴趣，说："把你妹妹叫来，我看看。"一见，果然是个大美女，"祸国殃民"那种。黄歇咽着口水、一脸正经地问：

"跟齐王订婚了吗？"李园说："没呢，正在挑日子。"黄歇说："楚国更需要她。"李园说："好。"

黄歇当然没把李大美女送进宫，而是自己收了。

成功老男人的第一个特点：好色。

没多久，李园的妹妹怀孕了。黄歇很得意：楚王天天戒烟戒酒吃叶酸，后宫女人的排卵期倒背如流，却怀不上；老子天天忙成狗，一不小心又当爹了，这身体，登珠峰都没问题。

成功老男人的第二个特点：总觉得自己身体超棒。

但对于李园和妹妹来说，黄歇只是个捐精志愿者。兄妹俩一顿密谋，然后，李妹妹开始忽悠黄歇："能成为您的女人，真幸福。您就是我和孩子的天，是我们幸福的唯一源泉。"黄歇很开心："必须的。"李妹妹接着忽悠："但是，我有些担心。楚王没儿子，将来接班的应该是他弟弟。一朝天子一朝臣，新王登基了，您肯定靠边站，搞不好就大祸临头。为了咱一家三口的幸福，我有个建议。我刚怀孕，还没人知道，您把我献给楚王，如果我生了儿子，您这么棒，我觉得一定是个儿子，将来咱儿子就是楚王，您就是楚国太上皇，咱一家三口就永远开心幸福了。"黄歇一听，"这女人真懂事、真爱我"，很感动、很赞同。黄歇就把李妹妹送给了楚王。

成功老男人的第三个特点：总觉得自己魅力超大。

后来，李妹妹果然生了个儿子。儿子被立为太子，李妹妹被立为王后；李园被重用，成为楚国政坛新星；黄歇升级为太子的生父。皆大欢喜。

李园发达后，第一件事就是偷偷养了一大批杀手，准备干掉黄歇，这样他才会彻底安全。楚国有不少人知道李园想杀黄歇，除了黄歇，他正开开心心地准备当太上皇呢。

成功老男人的第四个特点：总觉得一切都在自己掌握之中。

没过多久，楚王病重。李园的杀手们训练得更积极了。黄歇的门客朱英对黄歇说："楚王一旦去世，李园必定抢班夺权，然后杀您灭口。您如果信任我，就安排我当郎中（大内警卫局处长），真到了那一天，我来搞定李园。"黄歇笑着说："你多虑了。李园，窝囊废一个。没有我，他能有今天？不至于，不至于。"朱英见黄歇听不进去，怕祸及自己，就赶紧找机会跑路了。

成功老男人的第五个特点：总以为自己是救世主，别人都会感恩戴德。

半个多月后，楚王去世，李园抢先入宫，布置好一切。然后，黄歇入宫，被刺杀。李园斩草除根，灭了黄歇满门。

一代枭雄、隔壁老王黄歇，就这样窝囊死去。

荆轲：一把匕首的自信

抗秦工作，是燕国太子丹亲自抓的一号工程。

太子丹为什么亲自抓？有传言说，太子丹小时候曾在赵国生活，与秦王政相熟，后来被外派秦国工作期间（当质子），却被秦王政欺负，所以要报仇……这只是一方面。另一方面，秦国不断东进，逼近燕国，燕国面临着亡国的危险。太子丹作为燕国未来的君主，必须要有所作为，挽救燕国。抗秦工作，时间紧、任务重、难度大，只有太子丹亲自抓，重视程度才会最高、推进力度才会最大，实施效果必然最佳。

太子丹亲自抓，抓什么？怎么抓？

一是抓思路，带领大家理清路子，开好方子。抗秦不能有畏难情绪。以太傅鞠武为代表的部分官员一直鼓吹："联合其他诸侯国，共同抗秦。"太子丹一针见血地指出："太慢！抗秦工作迫不及待，必须要有明确时间表。"

二是抓调研，拿出来的方案要有底气、接地气。燕国最大的实际是什么？小国，无法和秦国正面对抗。所以，抗秦工作，不仅要实干苦干，更要巧干。太子丹亲自调研、部署，制定出切实可行的两套方案。

方案一：派勇士劫持秦王，逼迫他把侵占各诸侯国的土地全部退回。这是经过实践反复证明了的、科学的、具有可操作性的方案。四百五十多年前，鲁国大侠曹沫就曾劫持齐桓公，成功逼迫他归还了侵占鲁国的土地。完美！

方案二：如果劫持失败，就顺势刺杀秦王。秦王一死，秦国必定大乱，各诸侯国联合起来，可以乘机打败秦国。同样完美！

三是抓推进，亲力亲为，引进人才，给足激励。听说荆轲是个超级杀手，敢做事、能干事，太子丹就亲自带重礼、陪笑脸、说好话，搞人才引进，说服荆轲勇挑重担。人才引进来，还要留得住、用得好。太子丹亲自拍板，破格提拔荆轲为上卿，并为其提供豪宅豪车、高薪美女等全方位的福利待遇，甚至每天亲自看望他，陪他聊天，予以生活上的关心、爱护。

四是抓落实，强调不折不扣甚至不惜代价完成任务。理解的要执行，不理解的要在执行中理解。

荆轲上岗后，工作进展缓慢。赵国都被秦国灭了，荆轲还在燕国做方案、发文件、听汇报。太子丹严格督查："你怎么还不出发去秦国？"荆轲说："没有投名状，接近不了秦王。"太子丹亲自带队、现场办公、马上解决。在他的亲自协调和默许下，荆轲成功劝说长期滞留在燕国的秦国叛将樊於（wū）期自杀，拿到了投名状：樊於期的人头，外加燕国肥沃之地——督亢（今河北涿州、固安一带）——的地图。

没想到，荆轲又以"为保证任务顺利完成，我必须等一个朋友，他来了，才能动身"为由，推诿扯皮，不作为。对于"不作为""慢作为"，太子丹向来是"零容忍"："必须立刻马上干！你要是不敢去，就别占位子，让我们燕国的少年英雄秦舞阳去吧！"荆轲认识到了自己的失职，说："我现在就出发！"太子丹说："那就好！抗秦工作绝不允许讨价还价！"

风萧萧兮易水寒，荆轲入秦。先是劫持秦王，失败；然后刺杀秦王，失败。临死前，荆轲破口大骂："要不是领导严令劫持你，抓个活的，我才不会失败！"

刺秦工作失败后，引发严重后果。秦王大怒，命令王翦率大军攻打燕国，燕军大败，燕国首都陷落。燕王和太子丹率军向辽东撤退。秦军紧追不舍。燕王害怕了，杀了太子丹，把他的人头献给秦王，求停战。秦王不理，继续打，燕军再次大败，燕王被俘，燕国被灭。

《资治通鉴》主编司马光说："燕国太子丹鲁莽冲动，不能深谋远虑，招来灭国大祸，还有比这更大的罪过吗？居然有人说太子丹是个贤人，这真是过分了。荆轲不过是太子丹豢养的亡命之徒，竟想用一把匕首打败秦国，还有比他更蠢的人吗？"

王翦：安全退休，才是最大的胜利

王翦，秦始皇统一六国最大的功臣，没有之一。

韩、赵、魏、楚、燕、齐（按照被灭顺序排名），除了最弱小、最早被灭掉的韩国，其余五国都是王翦和儿子王贲灭掉的。其中，最强大的赵、楚两国，都是王翦亲自灭掉的；赵国名将李牧，也死于王翦的反间计。这样一位光芒万丈的大人物，在事业巅峰期，整天就操心一件事：退休。原因很简单：对于王翦这样的超级大牛，退休才是场硬仗，安全退休才是最大的胜利。

先看看王翦的前辈和同事们：商鞅，被杀，尸体还被肢解；白起，被赐死；吕不韦，服毒自杀；李斯，当街腰斩、灭三族……再看看王翦的同行们：苏秦，被刺杀；廉颇，被变相裁员、逃亡国外；李牧，被秘密处死；黄歇，被刺杀……

相比之下，范雎称病辞职，信陵君抑郁而终，都算祖上积德了。尤其是王翦的前同事白起，只是因为工作太积极（想灭了赵国），就落了个被逼自杀的下场。王翦能不害怕吗？

秦王政二十一年（前226），刚刚灭掉赵国、打残燕国（都是王翦干的）的秦国，形势一片大好。豪情万丈的秦王赵政正式宣布：下一步计划灭楚！就在这个举国打鸡血的历史时刻，王翦以健康为由申请提前退休，回老家频阳（今陕西富平）养老去了。

表面上，是在灭楚战略上，王翦和同事出现了严重分歧。少壮派将领李信认为："灭楚，二十万人足够了。"王翦则认为："灭楚，必须六十万人。"秦王很不高兴，批评王翦"越老越怂"。实际上，王翦是想见好就收，安全着陆。因为：第一、秦王残暴多疑，自己功劳越大越危险。第二、成绩太突出，同样危险。总共才六个敌国，你老王已经灭了最强的一个（赵国），打残了一个（燕国），还想怎么着？总不能功劳全归你吧？第三、王翦的儿子王贲也很优秀。有他在，老王家照样兴旺发达。第四、即便只考虑军事因素，楚国也不是软柿子，二十万人打几个胜仗没问题；灭国？不够！

王翦不仅会打仗，也会玩政治。这在中国古代名将中，很少见。于是，王翦提前退休，回老家疗养。儿子王贲，本来正在南线战场打得爽（王贲伐楚，取十余城），也立刻撤军，和灭楚战争彻底切割。这天大的功劳，我们王家不要。当然，王家父子绝对是一对老狐狸。王贲随即转身向北，灭了苟延残喘的魏国，轻轻松松，又给王家赚到一枚金光闪闪的军功章。

与此同时，万众瞩目的灭楚之战正式开打。秦王政二十二年（前225），秦国少壮派将领李信、蒙恬率二十万大军攻打楚国。蒙恬，秦国另一名将世家蒙氏的第三代领军人物。他爷爷蒙骜、爸爸蒙武都是秦国名将。一开始很顺利。秦军长驱直入，气势如虹，打得楚军屁滚尿流；然后，掉坑里了，被楚军偷偷包了饺子。秦军伤亡惨重，七名高级军官被杀，李信率领残部落荒而逃。

秦王大怒，很着急，便亲自开车，一路狂奔到频阳，向王翦赔礼道歉："我错了，李信就是个棒槌，您必须帮我！"王翦说："六十万是我的底线。"秦王说："成交！"王翦率领六十万大军出发，攻打楚国。老戏骨正式登场。

秦王亲自为王翦送行，一直送到六环外（霸上）。王翦陪着笑脸说："领导，二环内的四合院，分我几套吧？城外的肥田，也分我几处？"秦王一愣："赶紧出发吧。好好干，组织不会亏待你的。"

王翦说："给您打工，业绩再好，也端不上金饭碗。所以，趁您现在需要我，我得给子孙置办点产业。"秦王哈哈大笑："别扯犊子了，出发！"

王翦用行动表示：腐化堕落，我是认真的。大军从咸阳出发后，一直到秦楚边境，王翦连续五次六百里加急、把自己的分房分地申请快递给秦王。王翦身边的工作人员说："您是不是有点过分了？"王翦说："领着全国的兵力去攻打楚国，我要不表现得腐化堕落些，领导该睡不着觉了。"秦王在咸阳看着王翦六百里加急送来的分房分地申请，骂了句"瞧你这点出息"，然后批示："同意，速办。"然后，安心睡觉。

秦王睡安稳了，王翦也就踏实了，开始灭楚。打仗对他来说，比跟领导谈心容易多了。王翦先攻占了楚国一块土地。楚国很紧张，迅速征调全国的兵力向这里集结。王翦下令："关门，吃喝玩乐。"楚军多次挑战，没人搭理。

就这样，一年过去了。秦军休了一年的假，楚军加了一年的班。楚军熬不住了，大部队向东撤退，想休个年假。王翦说："该上班了。给我打！"楚军大败，大将项燕被杀。（十七年后，两人的孙子又在战场上相遇。结果，项燕的孙子项羽干掉了王翦的孙子王离。）秦军乘胜追击，一路势如破竹。

秦王政二十四年（前223），王翦活捉楚王负刍（chú），灭掉楚国。次年，王贲灭掉燕国。秦始皇帝二十六年（前221），王贲灭掉齐国。

秦国一统天下。王家成为第一功臣。王翦被封为武城侯，王贲被封为通武侯。其实，早在灭楚之后，王翦就彻底退休。没多久，孙子王离继承了他的侯爵，后来也成为一代名将。秦始皇统一天下后，第一次重要出巡（封禅泰山、刻石琅琊），王贲、王离父子全程陪同，而且位列陪同名单之首（王离名字还在王贲之前）。

王翦凭着超高的政治智慧和卓越的军事成就，打赢了退休这场硬仗。更难得的是，他的后代也很牛，而且牛了至少几百年。

王翦的另一个身份，是中国历史上赫赫有名的琅琊王氏和太原王氏的始祖。琅琊王氏，就是"旧时王谢堂前燕"的"王"，代表人物：王导、王敦、王羲之、王献之。太原王氏，同样牛，代表人物：王允（忽悠吕布杀董卓那位）、王朗（不要被《三国演义》误导，诸葛亮没骂过他；他才是三国时期的人生大赢家，封兰陵侯）、王昶、王浑。据说，王翦的后代中当过宰相的，有一百多位。

安全退休，很重要！

下 编

始皇帝：光辉人设崩塌记

秦始皇帝二十六年（前221），秦王赵政统一天下。然后，干的第一件事就是立人设。

首先，改称号。"王"这个称号，显然已经配不上伟大的自己了。他觉得自己比传说中的三皇五帝更牛。所以，应该叫我：皇帝。不对！"我"这个字，也配不上伟大的自己了。所以，我不叫我了，我叫"朕"。以后，"朕"这个字，只有朕可以用。

其次，朕这么伟大，谁有资格点评？谁敢点评？！所以，废除谥法。谥法，是帝王将相死后，官方根据他的德行授予的评价性称号。有好评，比如齐桓公的桓，代表"开疆拓土、万邦来朝"；有差评，比如周厉王的厉，代表"杀戮无辜"。也有民间私谥。秦始皇指出，这是子评父，下评上，荒唐！从今往后，"皇帝数字化"！朕就是始皇帝，继任者就叫二世皇帝、三世皇帝……一直到万世皇帝，子子孙孙无穷尽也。

伟大，超级伟大，且永远伟大。这就是秦始皇给自己立的人设。然后，秦始皇开始卖人设。

秦始皇帝二十八年（前219），秦始皇东巡，立石碑、拜神灵，赞颂自己的伟大。二十九年（前218），秦始皇东巡，立石碑、拜神灵，赞颂自己的伟大。三十二年（前215），秦始皇东巡，立石碑、拜神灵，赞颂自己的伟大。三十七年（前210），秦始皇南巡，立石碑、拜神灵，赞颂自己的伟大。

然而，人设开始崩了。

先是一阵狂风吹了过来，说：伟大个锤子！秦始皇帝二十八年，秦始皇东巡返回咸阳途中，转道视察长江流域，在湘山祠（今湖南岳阳君山区境内）遭遇狂风，行程被延误。秦始皇非常生气，问：湘山是哪个神仙负责？下属汇报：是湘君，听说是尧的女儿，也就是舜的妻子，死后葬在这里。秦始皇说：神挡杀神！于是，派三千名劳改犯一起给湘君剃了个秃头：把湘山上的树全部砍光。

然后，一个韩国"余孽"跳了出来，说：伟大个锤子！这位"余孽"叫张良，是个"官三代"，他的爷爷、爸爸做过五届韩国总理（五世相韩）。韩国被灭后，张良散尽家财，要为韩国报仇。秦始皇帝二十九年，秦始皇东巡。张良雇了个大力士，半路拿大铁锤搞刺杀。虽然没成功，但把秦始皇吓了个半死，气得满世界抓刺客。张良，运筹帷幄、决胜千里之外的超级大牛，能被他抓到？全国鸡飞狗跳十天，也没抓到刺客一根毛，只能不了了之。

然后，一本书跳了出来，说：伟大个锤子！这本书是《录图书》，一本讲谶纬迷信的书。秦始皇这么伟大，当然想长生不老，永远伟大。传说，东海有座蓬莱仙岛，居住着神仙。于是，秦始皇多次派人出海寻找仙人和长生不老药。神仙当然找不见，但负责找神仙的人总得搞点业绩出来，否则KPI完不成呀。带着几千名童男童女出海求仙的徐市（也叫徐福）汇报说：虽然风浪太大，无法接近，但我已经看见仙山啦！另一位出海求仙的卢生汇报说：神仙暂时没找到，但找到一本神仙撰写的《录图书》。书上说：亡秦者胡也！

秦始皇大怒："胡"是谁？他的小儿子胡亥差点吓尿，小声说：应该是胡人。秦始皇当场派大将军蒙恬率三十万大军，北上打匈奴，修建万里长城。

然后，一群读书人又跳了出来，说：伟大个锤子！他们批评秦始皇，质疑现行制度，搞得民心大乱。秦始皇下令：焚书（医药、卜筮、种树之书以及秦的官书除外），坑儒。没想到，皇长子扶苏竟然跳了出来，说：伟大的爸爸，您这么做，不利于稳定呀。秦始皇很生气，让扶苏滚到北疆，和蒙恬搭班子打匈奴去。

然后，一块陨石又跳了出来，说：伟大个锤子！秦始皇帝三十六年（前211），天降陨石于河南濮阳某地。有人在陨石上刻字：秦始皇一死，这个国家立马四分五裂（始皇死而地分）。秦始皇大怒，总有刁民想害朕！着有关部门全力查办：谁在妖言惑众？没人承认。于是，秦始皇下令，烧毁陨石，杀光当地居民。

秦始皇三十七年（前210），五十岁的秦始皇再次出巡。陪同出巡的有：小儿子胡亥、丞相李斯和中车府令行符玺事（秦始皇办公室车辆科和秘书科科长）赵高。这一次，彻底崩了。当年七月，秦始皇在出巡途中病逝。伟大的秦始皇一死，胡亥、赵高、李斯三人立刻合谋，假传圣旨，逼皇长子扶苏自杀，诛杀重臣蒙恬、蒙毅兄弟，自毁长城。

强大的秦王朝，在这三位爷的各种折腾下，不到五年就灭亡了。此情此景，不知道死后和臭鱼烂虾一起装车运往咸阳的秦始皇，作何感想？当然，秦始皇的人设虽然崩了，他的"数字化"皇帝梦虽然破灭了，但他一手创建的中央集权制度和皇帝人设却在后来的王朝代代相传，影响深远。

秦始皇，妥妥的千古一帝。

秦亡：从"老实人吃亏"开始

秦始皇接班人之争，是中国历史上"老实人吃亏"的经典案例。

皇长子扶苏，怎么看都稳赢。

首先，扶苏是皇位第一顺序继承人。皇位继承，讲究"立储以嫡，无嫡立长"。即优先考虑嫡子（皇后的儿子），如果没有嫡子（皇后无子或者没立皇后），就优先考虑长子。秦始皇未立皇后，没有嫡子。所以，长子扶苏是皇位第一顺序继承人。

其次，扶苏很优秀。他继承了秦始皇的优点（刚毅而武勇），却没有秦始皇的缺点（暴虐多疑）。就连他的死对头赵高都承认这点，还说扶苏能够信任他人、激励部下。所以，他的支持率很高。

第三，扶苏的支持者非常强大：蒙氏家族。秦灭六国，最大的功臣有两家。一号家庭：王翦（爷爷）、王贲（爸爸）、王离（儿子）。二号家庭：蒙骜（爷爷），蒙武（爸爸），蒙恬（大儿子），蒙毅（二儿子）。秦始皇统一天下后，王家急流勇退、明哲保身，蒙家成为当朝第一权贵。哥哥蒙恬手握三十万大军，在外抗击匈奴。弟弟蒙毅官拜上卿（与丞相同级），是秦始皇身边的大红人：外出视察，蒙毅同车陪同；日常办公，蒙毅贴身服务。这哥俩一文一武，深得秦始皇宠信，权势之大，满朝文武都不敢与其叫板。

第四，也是最重要的，秦始皇临终前，只给扶苏留了遗诏，让他回咸阳主持葬礼，实际上是指定扶苏为接班人。

资历、能力、实力、支持率与合法性都有了，扶苏不接班，天理难容！

再看看秦始皇的小儿子胡亥，简直惨不忍睹。秦始皇有二十多个儿子。胡亥和皇位之间，差着一座万里长城。而且，胡亥没什么优点，就是一纨绔子弟，最大的爱好就是玩儿。

与扶苏的超级豪华后援团相比，胡亥的后援团弱得可怜，就一个人：太监赵高。赵高的出身非常低贱。他爹犯了罪，被判处宫刑；他妈被剥夺人身自由，成为官方机构的奴隶。他妈和别人乱搞（野合），生下赵高兄弟几个。他们生来就是贱民，从小就被阉割，进宫给太监当奴仆。这样的人，别说金字塔尖儿的扶苏、蒙氏兄弟了，金字塔根儿的秦国百姓都看不起。不过，赵高很聪明，会来事，还精通刑法，被秦始皇看上，当了中车府令。秦始皇还让他教胡亥刑法，胡亥很喜欢赵老师。这两位能赢？我大 A 韭菜都不信！

但是，扶苏团队有个致命伤：都是老实人。老实人讲原则、太认真。比如扶苏。他爹焚书坑儒，他站出来提意见：这么做不利于国家稳定。他爹很生气，直接把他赶到北疆和蒙恬一起打匈奴。当然，也可能是秦始皇刻意培养他。老子是千古一帝，秦王扫六合、虎视何雄哉！怎么生了你这么个鸽派？到部队大熔炉里锻炼锻炼，沾染点狼性。

再比如蒙毅。有一次赵高犯了错，秦始皇让他处理。他很快就给出了处理意见：按律当斩。死脑筋！如果真要依法办理，还用得着让你一个正国级干部亲自去办？没办法，秦始皇只好明确指示：赵高同志做事还算勤勉得力，这次就算了，下不为例。这事让蒙毅办得，领导不满意，同事变仇人。而且，这仇人还是个超级能干的死太监。

秦始皇帝三十七年（前210），秦始皇最后一次出巡。陪同出巡的有：上卿蒙毅、丞相李斯、中车府令赵高和小皇子胡亥。

胡亥为何出现在陪同名单里？这很可能是赵高玩的亲情牌，他利用秦始皇对小儿子的喜爱，让胡亥提出想陪父亲一起出行。秦始皇答应了。这就是赵高的厉害之处。秦始皇的身体已经很差了，随时有可能飞升，近水楼台先得月，关键时刻得卡住关键位置。

而我们超级豪华的扶苏团队呢？秦始皇眼睁着就要大结局了，是不是得想办法把扶苏调回来？哪怕一时半会儿调不回来，是不是得想办法不让胡亥陪同出巡？老实人认为，只要自己把本职工作干好了，组织就不会亏待自己。所以，扶苏和蒙恬还在遥远的北方，踏踏实实修长城、认认真真打匈奴；每天加完班回到家，还要虔诚祈祷：衷心祝愿陛下早日康复。第一红人蒙毅还在兢兢业业地居中调度，确认分工、安排行程、检查安保、制定预案……确保此次出巡圆满成功。更要命的是，秦始皇途中病危，派蒙毅离队，去祭奠名山大川给自己祈福；蒙毅二话不说，立刻上路。

真忠心！真老实！这种关键时刻，拍拍屁股就走了！？哪怕无法拒绝秦始皇的命令，至少安排好大事再走呀。万一你还没回来，秦始皇剧终了，怎么办？哪怕你彻底无视小屁孩胡亥和死太监赵高，也不能无视这位爷：丞相李斯。

如果说蒙氏兄弟是当朝第一宠臣，李斯则是当朝第一重臣。李斯为秦国一统天下做出了巨大贡献。有多大？看看他的待遇就知道了。他本人担任丞相，他的儿子全部娶公主，他的女儿全部嫁王子。他的长子是封疆大吏，有一次回家探亲，他摆家宴给儿子接风，文武百官全部登门道贺；他家门口，光轿车就停了数千辆。更重要的是，李斯和扶苏团队有着极大的利益冲突：如果扶苏继位，李斯的丞相位置一定会被蒙氏兄弟替代。李斯不是王翦，不会急流勇退，反而是一个为了利益不择手段的人，当年他妒杀韩非子，就是明证。但是，李斯这种政客，只要利益足够，什么都可以谈。哪怕将来注定翻脸，至少此刻先争取过来，至少先稳住他吧。

并没有。蒙毅就这么老老实实地出差了。留下了奄奄一息的秦始皇，心怀鬼胎的胡亥、赵高和忐忑不安的李斯。

七月，秦始皇在沙丘去世。临终前，秦始皇让赵高拟了一份诏书给扶苏：参加我的治丧委员会，到咸阳办葬礼。这就等于指定扶苏是皇位继承人。然而，有个屁用！因为赵高不同意，所以，秦始皇的诏书，没派送。赵高决定：干掉扶苏，立胡亥为太子。

他先征求了好学生胡亥的意见。胡亥当然听赵老师的。然后，他去找李斯合作。这件事，没有丞相帮忙，他半个人玩不转。李斯不是老实人，所以，沟通起来很轻松愉快。赵高就提了一个问题："以下五个方面，您认为，您哪方面比蒙恬强？ A.才能；B.谋略；C.功劳；D.人缘；E.扶苏的信任度。"李斯问："还有其他选项吗？"赵高说："有，选胡亥当太子。"李斯说："好。"

当时的情况是，因为秦始皇死在出巡途中，李斯担心政局动荡、天下有变，所以秘不发丧。知道秦始皇去世的，只有李斯、赵高、胡亥和几个贴身伺候的太监。在李斯的安排下，秦始皇生前的所有安排都不变，饭照吃、件照批，只不过，一切皆由贴身太监"转达"。

一拍即合的李斯和赵高迅速伪造诏书，立胡亥为太子，并发函给扶苏和蒙恬：皇长子扶苏多年来办事极其不力，态度极其恶劣，多次违反组织纪律，采取不正当手段谋取职务！大将军蒙恬作为班子成员，不仅不及时加以制止，反而沆瀣一气，同流合污！经慎重考虑，现决定：赐二人自尽。北军一切事务暂由副将王离（王翦之孙）负责。

老实人最听话。手握三十万大军和百分之九十以上支持率的扶苏，接到"圣旨"后，流着泪，就要抹脖子。蒙恬赶紧拦住，劝道："皇帝出巡在外，并没有明确指定接班人；而且，咱们率三十万大军打匈奴，责任重大。现在，来了一个送件的，您就自杀，万一是个坑呢？咱们核实一下，再死不迟。"扶苏说："君要臣死、父要子死，还核实个啥？"说完，就自杀了。

蒙恬不肯这么稀里糊涂地死掉；当然，他也没反抗，被关了起来。这时候，领导身边第一红人蒙毅也出差回来了。可惜，领导换了。他也被当场拿下。

车驾一路向西，急速返回咸阳。天太热，秦始皇的尸体开始发臭。李斯让人在车上装了一百多斤鲍鱼，混淆一下秦始皇的尸臭味儿。

到咸阳后，秦始皇驾崩的消息公布；同时，胡亥继位。然后，蒙氏兄弟被杀。这两位临死前说的话，依然那么认真，那么讲原则。蒙毅说：我很忠诚，也没有违法乱纪。你们要杀我，必须合法，否则对国家和新皇帝都不好。监斩官说：去死吧，哪儿那么多废话。蒙恬说：我们蒙家三代忠良，功勋卓著。我领兵多年，哪怕被关着，想造反也就一句话的事儿。我之所以不乱来，是因为不敢辱没先人、背叛先帝。说完，服毒自尽。

三个讲原则、守规矩的老实人死了，大秦帝国落在了这三个玩意儿手里：超级败家子胡亥、超级死太监赵高、超级政客李斯。强大的秦王朝，在这三位爷的各种折腾（包括互撕）下，不到五年就灭亡了。

"神仙"说："亡秦者，胡也。"不如说，秦亡，始于"老实人吃亏"。

陈胜吴广：说好的创业春天呢

二世皇帝胡亥接班后，秦朝的创业者们迎来了春天。

一是胡亥给力。这位爷最大的理想就是玩儿："夫人生居世间也，譬犹骋六骥过决隙也。吾既已临天下矣，欲悉耳目之所好，穷心志之所乐，以终吾年寿。"翻译成白话文就是：人生苦短，老子都当上皇帝了，应该赶紧吃喝玩乐！

二是赵高给力。胡亥的好老师赵高说：您可以玩儿，但有个条件——你要比你爸爸还凶。谁敢不服，杀！杀他全家！为了玩得开心、玩得放心，胡亥拼了。别说秦朝的干部群众了，就连自己的兄弟姐妹，他都杀了个落花流水：十二位皇子被当街斩首；十位公主被大卸八块；又有三位皇子被迫自杀；还有一位皇子"主动"请求给秦始皇殉葬。

三是大环境给力。胡亥、赵高一顿操作猛如虎，大秦帝国的治下，民不聊生＋官不聊生，"天下苦秦久矣！"

历史的齿轮已经转动，时机到了。二世皇帝元年（前209）七月，江淮北部地区普降大到暴雨，多条道路塌方，交通中断。

有九百个倒霉蛋，上班要迟到了。他们都是底层百姓，被国家征调，北上戍边。因为大雨，被困在了大泽乡（今安徽宿州埇桥区大泽乡镇），无法按期到达防地渔阳（今北京密云区）。按照秦律，在规定期限内没到防地是要砍头的。幸运的是，这几百个倒霉蛋里，有个叫陈胜的。

陈胜，阳城（具体地点有争议）人，雇农出身，却一心想创业。他当打工仔时就有两句名言，入选中小学教材那种："苟富贵，无相忘。""燕雀安知鸿鹄之志！"第一句是吹牛，第二句是怼别人。这样的人不怕死，就怕没机会。现在，机会来了。

陈胜和另一个倒霉蛋吴广先做了PPT，在鱼肚子里藏字条："陈胜王。"晚上学狐狸叫："大楚兴，陈胜王。"一副天选之子的派头。然后，发表煽动性演讲。陈胜的第三句名言正式面世："王侯将相，宁有种乎？"既然横竖是个死，男子汉大丈夫，就要死得轰轰烈烈。王侯将相难道是生出来的？不！是干出来的！

贾老板的PPT＋马老板的口才＋刘老板的霸气，不成功才怪！在陈胜、吴广的带领下，九百个倒霉蛋杀了负责押送他们的军官，造反。

先是造概念、搞营销：他们打着秦始皇长子扶苏（秦朝百姓的最爱）和楚国大将项燕（楚国遗民的最爱）的名号，蹭流量（当时信息闭塞，很多人认为这二位没死），聚众盟誓，注册公司"大楚"，陈胜任董事长（将军），吴广任CEO（都尉）。然后攻占大泽乡，然后连下六城，队伍迅速扩张到数万人，并攻下楚国旧都陈城（今河南周口淮阳区）。然后，陈胜自立为王，定国号为"张楚"（光大楚国的意思）。有人劝陈胜别这么快称王，应该团结一切可以团结的力量，先把秦朝灭了，否则会显得私心太重。陈胜说：你傻呀，这年头就要赚快钱。我又不是搞实体经济的。

就像武昌城里打响了推翻满清政府的第一枪，陈胜吴广起义后，六国故地纷纷响应，要么杀掉地方官搞革命，要么地方官亲自搞革命。天下大乱。

有官员赶紧向胡亥汇报：东边很多地方造反啦！胡亥玩得正嗨，听完汇报非常生气：你竟然敢给大好局面抹黑！抓起来，严办！于是，其他官员做汇报时都说：不过是些地痞流氓闹事，已经全抓起来了，您好好玩儿。胡亥很高兴，继续玩儿。

陈胜则趁机多轮融资，疯狂扩张。派吴广率主力部队向西，攻打荥阳。这里是秦军的粮仓和军械库，如果拿下，秦朝就只剩半条命了。派大将向北、南、西北同时出击，收复赵国、楚国、魏国故地。荥阳是块硬骨头，吴广啃了两个月，啃不动。陈胜便任命民间军事达人周文为将军，率军绕过荥阳，直接西进。周文一路向西，应者云集，抵达函谷关时，已有战车千乘，士卒数十万。

漂亮！我说的是数据。

这下，谁也不敢瞒着胡亥了，乖乖地如实汇报。胡亥都没心思玩了，赶紧召开扩大会议：怎么办？怎么办？怎么办？

当年横扫六国的秦国精锐呢？据学者研究，最精锐的三十万秦军在北边抗击匈奴，还有一支精锐部队在南边镇压百越，剩下的在荥阳和吴广对峙。因为交通不便，起义军又像星星之火、瞬间燎原，所以秦军精锐来不及回援。

但是，瘦死的骆驼比马大。大秦帝国的实力，依然不是玩高杠杆的陈胜吴广可以撼动的。少府（财政和税务部部长）章邯建议，虽然精锐部队来不及救援，但骊山有数十万搞基建的劳改犯，可以赦免他们，组成部队，抵抗反贼。胡亥立刻批准，命章邯率领这几十万劳改犯出征。章邯确实很牛，临危受命，跨界指挥战斗，竟然大败起义军，给陈胜去杠杆、挤泡沫，成为秦朝最后一位名将。

周文大军失败后，坏消息一个接着一个。武臣自立为赵王；韩广自立为燕王；田儋（dān）自立为齐王；魏咎自立为魏王。短短几个月，陈胜已不再是"号令天下、莫敢不从"的带头大哥了。

因为他的人设崩得太快。最先崩的，是"苟富贵、尤相忘"。他做楚王后，亲戚朋友都来投靠。结果，这位爷把岳父当朋友待，把朋友当孙子待，然后，亲戚朋友都被气跑了。然后崩的，是"王侯将相，宁有种乎"。兄弟们以为他要砸碎一个旧世界，建立一个新世界。没想到，他只是想砸碎胡亥，自己做胡亥。他做楚王后，为了树立自己的权威，专门任命了两位官员监察群臣。不管你有多大的功劳，只要不听话，抓起来！谁抓得越多，就证明谁越忠诚。最后竟然发展到，只要是这哥俩不喜欢的，直接拿下，也不走司法程序了。这哪是"王侯将相，宁有种乎"？这是"二世胡亥，宁有种乎"。

陈胜用了短短几个月，完成了从创业者到胡亥的蜕变。陈胜的张楚政权比胡亥的大秦帝国乱得还快。他的大将周文，被章邯连续暴击，最后自杀；他的老战友吴广，因为久攻荥阳无果，被不服气的下属杀掉。他的主力部队，被章邯团灭；他的老窝，被章邯强拆。他在逃亡途中，被司机杀死，换了军功章。此时，距他在大泽乡揭竿而起，只有短短六个月。

说好的风口呢？创业者的春天呢？"当然在。"刘邦和项羽说。

刘邦：一个基层公务员的逆袭

刘邦，沛县泗上亭长（派出所所长）。秦末起义三巨头里，他看起来最弱。

陈胜虽然出身最低（雇农），但因为占得先机，打响秦末起义第一枪，所以开局最好：两个月，拥兵数十万，自立为王。项羽虽然年轻（比刘邦小二十四岁），但出身贵族（世代为楚将，爷爷是楚国名将项燕），拥有超级号召力、凝聚力，起点最高。

基层公务员刘邦有什么？写不完的材料，开不完的会，应付不完的检查，解决不完的问题，吃不饱饿不死的收入，随不完的份子钱……有一次，县令的朋友乔迁新居，全县干部都去庆贺。当然要随份子，给少了都不行。沛县主吏（组织部部长）萧何负责接待，他直接放话：红包低于一千的，就别进屋了。刘邦那点可怜的工资，养家糊口都不够，但厚着脸皮、空着手也得去。不去，怎么进步？

当个基层干部，收入低也就算了，更变态的是：风险还高。有一次，县里派刘邦押送农民工去陕西骊山服徭役。没想到，一路上人逃走了很多。照这速度，没出江苏，人就跑光了。刘邦作为押送干部，肯定是死罪。骊山，不能去了；沛县，不敢回了。刘邦超级郁闷，独自喝了一夜闷酒，然后，对剩下的农民工说：你们都跑吧，老子也不干了。然后，跑深山老林当土匪去了。这一年，刘邦四十多岁。辛辛苦苦为朝廷卖命这么多年，落了个逃犯的下场。

基层干部，太难了。换作一般人，这辈子就算完了。当然，刘邦不是一般人。当时的大秦帝国，暗流涌动、危机四伏，二世皇帝胡亥坐在火山口上玩得正嗨。连打工仔陈胜都会说"王侯将相，宁有种乎"，老司机刘邦当然看得更清楚。他一边当土匪，一边立人设。什么"醉酒斩白蛇"啦，"头顶天子气"啦，一副天命所归的样子。沛县老乡听说了，纷纷前来投奔。刘邦的队伍慢慢壮大，有了几百号人。

陈胜吴广起义后，天下大乱，各地纷纷响应。沛县县令也想做革命党，捞好处。用阿Q的话说：我要什么就是什么，我欢喜谁就是谁。但是，这么一个千载难逢的利益重新分配、阶层向上流动的机会，怎么可能没人眼红！

原基层干部、现土匪头子刘邦就很眼红，而且他有这个实力。别忘了，刘邦的偶像是礼贤下士、重情重义、威震天下的信陵君。刘邦在基层摸爬滚打这么多年，存款不多但朋友多，级别不高但水平高：组织部的萧何、看守所的曹参、武装部的周勃、给县领导开车的夏侯婴、屠狗的樊哙、发小卢绾（wǎn）……在沛县，黑白两道、三教九流，但凡是个人物，都是刘邦的老铁。表面看，刘邦是个逃犯、土匪；实际上，他才是沛县黑白两道的带头大哥。

所以，当沛县县令准备起义时，萧何、曹参趁机下套：您作为秦朝的地方长官，现在却要背叛朝廷，估计沛县的干部群众不答应。把刘邦那伙土匪找来帮您，看谁还敢不听话？沛县县令觉得这主意好，就派人去招安刘邦。刘邦当然很爽快，领着弟兄们就踏上了返乡创业的路。沛县县令很快就后悔了，这么一大帮土匪，hold不住呀，保不齐他们先革了我的命。他下令关闭城门，不让刘邦一伙儿进城。还下令：干掉萧何、曹参。你们竟敢给老子挖坑！萧何、曹参直接逃到城外，和刘邦胜利会师。

怎么办？很好办。刘邦给沛县人民写了一封公开信：我是沛县人民的儿子，沛县是我家，为大家谋幸福就是我的使命。现在，全世界都在造反。你们跟着县令混，只有死路一条。跟着我，才有好日子过。沛县父老觉得刘邦这孩子讲得非常在理，便一哄而上，杀了县令，打开城门，欢迎刘邦回家。

这一年，刘邦四十八岁，被家乡父老拥立为"沛公"。在萧何、曹参、樊哙等人的帮助下，拉出了一支两三千人的队伍，悄然登场。

这一年，项羽二十四岁，在叔叔项梁的带领下，横空出世，率八千江东子弟，C位出道。

一场平民油腻大叔和贵族小鲜肉男神的战争，正式开始。

项羽：我的起点，是你的天花板

刘邦：四十八岁，正处（沛县游击队队长）。项羽：二十四岁，副部（会稽郡二把手）。

都是造反，项羽曾经是个让刘邦绝望的存在。因为项羽的起跑线，曾经是刘邦的天际线。项羽，楚国贵族后裔、官二代。刘邦，楚国农民的儿子。想出人头地？他爹都不答应！

刘邦从小不爱干农活，天天想着干大事。因为仰慕魏国的信陵君，还自费出国，到大梁游学了半年。鸡窝里生出个凤凰来，鸡们并不开心。父亲常骂他是个无赖，没出息。后来，好不容易托关系、走门路，当了公务员，还是个基层公务员，活儿多、钱少，风险还高。

项羽就不一样了，从小就被叔叔按照凤凰培养的，接受的是贵族教育：国学、剑术、兵法……国内名师一对一授课。项羽是块好材料，有勇有谋，就是不爱学习，叔叔非常生气。但是，项羽志向很大。有一年，秦始皇视察会稽郡，项羽和叔叔在路边欢呼、迎接。看着威震天下的秦始皇，项羽说：他的位置，我坐也合适。项梁很高兴：我这大侄子，将来一定有出息！

项羽当然很有出息，因为他家里真的有矿。楚国遗民是秦末起义军的主力，项羽的爷爷项燕又是楚国遗民的精神图腾。所以，项家是秦末起义军中最具号召力和凝聚力的家族。陈胜吴广起义时，就曾假冒项燕的名义，蹭流量、聚人气。更何况项羽是如假包换的项燕后人。除了天生自带流量，项羽还是个官二代。项羽的叔叔项梁是个非常有野心的大牛。起义前，他带着项羽长期生活在会稽郡（今长三角核心地区）的吴中（今江苏苏州），一直在为造反做准备：秘密培养势力（阴以兵法部勒宾客及子弟），成为长三角的地下带头大哥。

陈胜吴广起义后，项梁直接干掉会稽郡守，取而代之，筹得精兵八千，虎踞江东，成为一方霸主。这一年，项羽二十四岁，被叔叔任命为裨将，成为会稽郡的二号首长。这一年，刘邦四十八岁，奋斗了大半辈子，勉勉强强有资格给项羽当个下属。羡慕嫉妒恨不？别急，更羡慕嫉妒恨的，还在后面。

先说悲摧的刘邦。当上沛县游击队队长后，他雄心勃勃地准备大干一场。没想到，被自己人卖了。有一次，刘邦出去抢地盘，让老乡雍齿看守丰邑（沛县下辖乡镇，刘邦的老巢）。魏人周市来丰、沛略地，雍齿直接投降了。因为啥？因为雍齿是个沛县豪强，根本看不起刘邦这个泥腿子。老窝没了！刘邦赶紧领兵来抢，但实力太弱，抢不下来。刘邦气得大病一场。后来听说陈胜死了，楚国贵族景驹被拥立为楚王。刘邦就带着残兵败将去投奔景驹，想借兵夺回丰邑。景驹又不是刘邦的叔叔，凭啥帮你？刘邦只好先给景驹卖命，四处征战。好不容易攒了点军功，景驹才同意派兵攻打丰邑。还是没打下来。

刘邦这边拼死拼活的，想有块立锥之地。项羽呢，轻轻松松，越做越大。陈胜的部将召平率兵攻打广陵（今江苏扬州），听说陈胜死了、章邯杀来了，吓得赶紧找新靠山，直接跑到苏州，谎称陈胜有旨：任命项梁为上柱国（楚军总司令），即刻率军西进，抗击章邯。就这样，项梁从正部直接升正国了；项羽也跟着沾光，升正部了。

拼死拼活的刘邦呢？级别不定。打了胜仗，手底下人多，就正局；打了败仗，手底下人少，就正处，甚至正科；万一战死，就算提前退休了。

项梁、项羽领着八千江东子弟渡江西进。楚国故地的起义军一听世代忠良的项家起兵了，纷纷前来投靠。两个月，项梁一仗没打，天天忙着收编，收获很大：士兵六七万，英布、范增、陈嘉、蒲将军等猛人若干。然后，项梁做的第一件事，当然不是和秦军开战，而是先灭了楚王景驹，收编他的部队。开玩笑，老子才是楚国最正统的、唯一的合法继承人。

项梁确实很牛，项羽确实很幸福。刘邦确实很苦逼，刚跳了槽，还没过见习期，老板没了，公司倒闭了，白忙活了。没办法，刘邦只好领着一百多名手下，来投项梁。世间自有公道，付出总有回报。刘邦给景驹卖命时收到一个超级大礼包：张良。张良也打算去投靠景驹，与刘邦一见如故，从此死心塌地给刘邦当小弟。

张良不仅是个超级大牛，还有个含金量超高的老铁：项伯。项伯，项梁的弟弟、项羽的小叔，当年杀了人，被判死刑，张良救了他。项伯有多重要？先不说几年后的鸿门宴对刘邦有救命之恩，就说现在。项梁、项羽叔侄非常优秀，但身为贵族，有两个特点：第一，看不起别人；第二，爱用自己人。刘邦这种连沛县土豪雍齿都看不起的人，项氏叔侄看都懒得看。应该是张良找了项伯的门路，项梁很爽快地给了刘邦五千人，支持他收复沛县；此后，还一直重用他。因为项伯的关系，刘邦、张良被项家视为自己人。有了项家的支持，刘邦终于夺回了丰邑。可惜，雍齿跑了，没抓住。

这时，项梁确认楚王陈胜已死，便召集部下开会，商量下一步的计划。范增说：陈胜因为自立为王而失败，所以，您应该拥立楚王后裔。项梁深以为然，便在民间找到楚怀王的孙子熊心，立为楚王，而且就叫楚怀王，以争取最广泛的支持。然后，项梁率大军多次击败秦军。然后，项家的老毛病犯了：骄傲、轻敌。

楚将宋义提醒项梁：胜不骄、败不馁。咱们刚打了几场胜仗，不能轻敌。秦军不是纸老虎，而且他们的增援部队马上就到了，您一定要当心呀！竟然敢质疑我？项梁直接让宋义滚蛋了。宋义长叹道：项梁必败。果然，秦军增援部队到达后，章邯大败楚军，项梁战死。楚军各部吓得直接往东撤退。

叔叔死了，二十五岁的项羽该怎么办？还有没有明天？项羽回答：必须有。

项羽：一战封神的流量之王

叔叔项梁战死，项羽最大的靠山倒了。职场如战场，第一个落井下石的，是楚怀王熊心。

熊心，是楚国另一个流量担当楚怀王熊槐——"楚人心中永远的痛"——的孙子。秦始皇统一六国后，熊心穷困潦倒，靠给地主家放羊为生。刚起兵时，为了快速吸粉，项梁拥立熊心为楚王，而且依然叫楚怀王。在项氏叔侄眼里，楚怀王熊心就是自家养的一只绵羊。但项梁刚死，这只绵羊就露出了森森狼牙：打压项氏集团，将项羽等人的军权收为己有；提拔刘邦，与项羽抗衡。

楚怀王敢这么搞，离不开秦军主帅章邯的支持。项梁死后，章邯出现了重大战略误判。他认为，楚军主力已全歼，剩下的老弱病残不再有任何威胁，便挥军北上，攻打赵国去了。楚国因此得到珍贵的回血机会，楚怀王趁机夺权，成功压制项羽，并颁布一号令：率先平定关中者，封王。但楚国上下被秦军打怕了，没人敢接这活儿，除了项羽：我上！我要给叔叔报仇！

楚怀王当然不批准。首先，关中是秦朝的大本营，死忠粉很多，必须以攻心为上，团结一切可以团结的力量，共同抗秦；可项羽年轻气盛，出了名的暴脾气，爱屠城，让你去，还不杀红了眼，净打些不死不休的硬仗、苦仗。我这点家底儿，经不起你项大少爷折腾。其次，我千辛万苦才把你拉下马，给你机会封王？我有病啊！所以，这一光荣而艰巨的任务，落在了看似人畜无害的刘邦身上。

与项羽相比，当了多年基层公务员的刘邦，身上全是优点：成熟稳重（宽大长者），人缘好，会来事，能办事，领导放心……刘邦不抢风头，不怕事，更不缺野心。坚决服从组织安排！刘邦表完态以后，带着队伍就出发了，一边收容陈胜、项梁的残兵，一边向西进军。

项羽都快抑郁了：你丫有种！最好永远别给我机会。机会很快就来了，依旧是章邯给的。章邯北上攻赵，轻轻松松就把赵国打得凄凄惨惨：首都邯郸丢了，主力部队废了，残兵败将被围在钜鹿（今河北平乡县西南），眼瞅着要完了。赵国连续派死士突围，向楚国等诸侯国求救。

必须救。赵国亡了，楚国还能蹦跶几天？楚怀王立即下令：任命宋义（成功预言"项梁必败"那位）为上将军（北伐总司令），率主力部队救赵。至于项羽，当个次将（副司令），一起去吧。毕竟，项家也是楚国的流量担当，有他在，至少可以发挥一下文工团的作用，鼓舞鼓舞士气。

终于有活儿干了，但项羽更憋屈了。宋义率大军北上，抵达河南安阳后，就停下来休息，一休就是四十六天。项羽急了，给宋义打报告递申请：赵国危在旦夕，咱们得赶紧打呀，里应外合，秦军必败。宋义笑着说：小项呀，你就是太年轻，容易冲动。拼刺刀，我不如你；讲谋略，你不如我。回去老老实实待命吧！然后通告全军：谁敢不听指挥，杀无赦！项羽这脸被打得，啪啪地。

当时正值寒冬，还下着大雨，军粮又紧缺，士兵们又冷又饿。宋义才没心思管这些。儿子要去齐国做官，他亲自张罗了盛大晚宴，亲戚朋友、心腹爱将、地方名流，吃着喝着聊着玩着，给儿子饯行。吃不饱穿不暖的官兵们都在肚子里骂娘。项羽更是气得公开骂娘：宋义这厮，不会打仗，不体恤士兵，不顾国家安危，就会以权谋私！不配当领导！宋义都懒得搭理项羽。一个过气网红小鲜肉，能有啥出息！

出息大了。第二天一上班，项羽直接到宋义的办公室，一刀把宋义的头砍下来，然后宣布：宋义勾结齐国谋反，楚王密令我宰了他。官兵们都吓得纷纷表态：楚国本就是您家一手操办起来的，现在，您清理门户，应当应分。您才应该是上将军。项羽派人向楚怀王递交了一份公文：《关于宋义谋反的情况说明和处理意见》。楚怀王气得问候了项家祖宗十八代无数遍，然后批示：好。然后，正式任命项羽为上将军。猛吧？这只是个开始。

钜鹿城外，是密密麻麻的秦军。再往外，是楚、齐、燕各国援军和赵国勤王部队。但是，没人敢动，只是围观。因为章邯太猛了，他们都被打怕了。项羽不怕。干掉宋义后，项羽下令：打，给老子狠狠地打。著名的破釜沉舟就此上演。楚军背水一战，个个以一当十，与秦军恶战九场，秦军大败。这时候，诸侯援军才敢参战，打打落水狗。

钜鹿之战，秦军主力损失惨重，统帅章邯逃走，大将王离被俘，大将苏角阵亡，大将涉间自杀。项羽，一战封神。战后，项羽召集各方开会。各诸侯国将领都跪着进门，连抬头看一眼项羽的勇气都没有。从这天起，项羽从楚国上将军升级为诸侯上将军（联军总司令），各国诸侯都成了他的小弟。

从叔叔去世、自己被打压，到当上带头大哥，成为真正的流量之王，项羽只用了四个月的时间。这一年，项羽二十五岁。

当然，章邯也不怂。他迅速收拢秦军，稳住阵脚，与项羽军呈对峙态势。整整半年，双方都没占到什么便宜。最后，让章邯彻底怂掉的，不是项羽，而是二世皇帝胡亥和丞相赵高。秦军吃了这么大个败仗，胡亥气得把章邯骂了个半死，赵高吓得准备让章邯背锅。所有人，包括敌人，都劝章邯：反了吧，否则，死路一条。章邯真怕了，便派人偷偷和项羽谈判。

项羽当然不答应。杀叔大仇，不共戴天！不仅不谈，反而再次开打。惶惶如丧家犬的章邯，当然大败。一直打到楚军的粮草快耗尽了，项羽才很不情愿地答应谈判。秦二世三年（前207）六月，章邯率二十多万秦军精锐向项羽投降。与项羽会面时，一代名将章邯痛哭流涕，委屈得像个孩子。项羽是典型的吃软不吃硬，耐心地安慰了章邯半天，还封他为雍王。至此，秦朝最精锐的军队和最后一位名将，被项羽搞定。秦朝的灭亡只是个时间问题了。

二十六岁的项羽，已是华夏实际控制人。放眼天下，谁人能敌？他意气风发，率领大军，浩浩荡荡，向陕西开拔，准备灭秦。完美！没想到，刚走到河南，坏消息传来：刘邦已灭秦，平定关中。

项羽这辈子最大的敌人，正式登场。

刘邦：我是春节加班命

秦二世三年春节前夕（秦朝历法以十月为岁首，此时相当于公元前208年11月），砀郡（今鲁豫皖交界地区）长刘邦奉命西征，平定关中。

如果说项羽是部偶像剧，刘邦就是部纪录片：投资小，没流量，没卖点，没滤镜，真实得一塌糊涂。春节加班，没假期、没年终奖也就算了，关键是新任务（平定关中）的危险系数也太高了。看看前任们就知道了：陈胜，几十万大军，六个月，最远打到陕西临潼，失败；项梁，十几万大军，三个月，最远打到河南杞县，战死。而且，人家要么赶上了起义红利期（陈胜），要么自带流量（项梁）。

再看看刘邦：赶上了强监管（章邯大军杀人如麻）；唯一的流量担当请假了（张良回老家搞复国去了）；团队超级不给力（几千人的游击队）；没有任何支援（主力部队北上救赵）；只有一张空头支票（先入定关中者，王之）。

简直开玩笑！但这就是刘邦的人生。领导能给机会，已经很不错了。必须干，谁让你家里没矿？于是，在家家户户备年货、贴春联、喜迎春节的欢乐祥和中，刘大队长带着游击队，从砀县（今河南永城芒山镇）出发：打到咸阳去，解放全关中。

刘邦不傻，自己这几千人给章邯塞牙缝都不够。他先在鲁豫皖交界地带打了半年的游击，扩充一下兵员。这里毕竟是刘邦的老家＋辖区，人头熟、地头熟。几场胜仗打下来，游击队扩充到了七千多人。还有个意外的惊喜，收了个小弟：彭越。

彭越，史上第一位游击战专家，汉初三大名将（韩信、彭越、英布）之一，未来的楚汉战争中，他的贡献仅次于韩信。当时，彭越只是鲁西南一个江洋大盗，手下有一千多号兄弟。就像李逵遇见了宋江，刘、彭哥俩儿一见如故。后来，刘邦领着部队向西开拔，彭越没去，留在当地（今山东巨野）继续打游击。一年多后，楚汉战争打响，彭越成为刘邦阵营最大的惊喜。

杀猪杀屁股，各有各的道。项羽凭"霸道总裁"吸粉，刘邦靠"老干部"引流。刘邦的队伍路过高阳（今河南杞县高阳镇）时，一位大爷主动来投。郦食其（lì yì jī），豫东著名大爷，六十多岁，一肚子才华，脾气大、爱骂人；弟弟郦商是高阳游击队队长，手下有四千号兄弟。郦大爷为啥对刘邦感兴趣？因为这些年，造反的大人物，大爷见多了，都一个德行：气量小、架子大、自以为是。刘邦也拽得二五八万似的，但确实有真本事，所以，大爷想跟着他干。刘邦说，那就见一下吧。

郦大爷登门拜见时，刘邦正在做足疗。没礼貌！郦大爷直接开怼：您打算灭秦还是保秦？刘邦从来不装斯文，直接开骂：你个臭老九（竖儒），老子当然是灭秦的！郦大爷继续怼：都不知道尊老爱幼，你灭个屁秦！

刘邦就是刘邦，小毛病不少，但知轻重、识好歹。他立刻起身，穿好衣服鞋袜，请郦大爷上座，郑重赔礼道歉。郦大爷看刘邦表现不错，随手发了个大红包：陈留（今河南开封祥符区陈留镇）。"您领着不到一万人的乌合之众，就想灭秦，确实有点夸张。陈留，粮多兵多，一把手是我哥们。我去劝降，如果他不愿意，咱俩里应外合，灭了他。"

在郦大爷的帮助下，刘邦顺利拿下陈留。郦大爷的弟弟郦商也率四千人前来投奔。刘邦人品大爆发：粮草、兵马都有了。更重要的是，有了郦大爷这位大谋士。郦食其后来成为刘邦的外交部长，贡献很大。

兵强马壮的刘邦沿着陇海线，开封、郑州、洛阳，一路打过去，有输有赢。经过韩国故地时，张良领兵回归。张良是韩国贵族，一直以恢复韩国为己任。当年在项梁的支持下，离开刘邦，回老家搞复国去了。忙活了一年多，没见成效，所以，又回归了。

刘邦、张良胜利会师后，成功地占领了韩国故地。这时，赵国大将司马卬（áng）也准备强渡黄河，攻打函谷关，去关中搞顶王冠戴戴。（唠个闲嗑：司马卬后来被项羽封为殷王；司马迁、司马懿都是他的后代。）刘邦急了，敢跟老子抢功劳？立刻挥军北上，强攻洛阳，想尽快入关。结果秦军这根硬骨头，刘邦没啃下，还崩了牙。刘邦不是项羽，不爱死磕，他迅速调整战略：放弃函谷关，南下，经南阳、武关、蓝田，平定关中。

刘邦拼了。秦二世三年六月，刘邦率骑兵南下，在犨（chōu）城（今河南鲁山张官营镇）大败南阳郡守吕齮（yǐ）。吕齮退守宛城（今河南南阳宛城区）。刘邦赶时间，绕过宛城，加速西进。这时，张良踩了一脚刹车，说：您虽然要和时间赛跑，但秦军人多势众，如果咱们不搞定宛城，被他们前后夹击，就危险了。"你说得对。"刘邦立刻掉头，大军连夜抄小道返回，将宛城围了个水泄不通。

南阳郡守吕齮彻底绝望了，想自杀。门客陈恢说：先别死，俺试试。陈恢出城求见刘邦，说：您是要第一个打入咸阳、称王称霸的大人物，时间非常宝贵。俺南阳是个小地方，没啥出息，就是人多、城多（宛郡县连城数十）、时间宽裕。您想灭了南阳，时间不答应；您想绕开南阳，俺们不答应。所以，您最明智的选择是招降俺吕大人，给他加官进爵，然后领着俺们一起西征。俺相信，其他兄弟城市听说了，都会开门欢迎您，您的关中之旅将一路畅通。刘邦笑着说：俺也是这么想哩。

七月，吕䶮投降，被封为殷侯。沿途城池望风而降。刘邦严令部队不许烧杀抢劫，百姓们高兴得像过年。八月，刘邦率数万大军攻破关中地区的南大门——武关。武关一失，关中几乎无险可守。

赵高慌了。为啥？没人替他背锅了。赵老师这两年忙得很，又是指鹿为马，又是腰斩李斯、逼反章邯的。秦朝但凡能干点事、负点责的干部，都被赵老师灭了。现在，这么一大堆烂事，就连天天吃喝玩乐的胡亥都知道：赵老师是第一责任人。赵高确实牛：谁让我背锅，我弄死谁。刘邦攻破武关当月，赵高发动政变，杀了胡亥，立子婴为秦王。

先说胡亥。乱军逼他自杀时，他还讨价还价：我想见赵老师，行吧？我退位当王爷，行吧？当万户侯，行吧？当个老百姓，行吧？连续被拒后，胡亥无奈自杀。

再说子婴的新岗位：秦王。赵高给出的官方解释是：咱们大秦本就是个王国，始皇帝统一了六国，所以升级为皇帝。现在，六国又独立了，咱们一夜回到解放前，再叫皇帝，很不实事求是，而恢复秦王的称号，最合适。真是亲师徒，和胡亥一样脑洞清奇。你以为革命是网购，可以七天无理由退货？别说刘邦了，秦王子婴都不答应。

九月，子婴发动政变，成功刺杀赵高，灭其三族。

新一年的春节（汉王元年），刘邦兵临霸上（今陕西西安东郊）。秦王子婴素车白马（丧事所用的礼仪）、颈系丝带（表示自己该死，准备自杀谢罪），手捧皇帝玉玺和各种公章印信，跪在路边投降。刘邦当然摆出一副王爷的架势，收下玉玺印信，一脸正义地对子婴说：好好改造，争取宽大处理。

短短三年，威震天下的大秦帝国被胡亥、赵高彻底败光；秦始皇的万世皇帝梦，碎了。短短一年，芒砀山游击队大队长刘邦领着几千队员，征战千里，平定关中！这功劳，这风头，还有谁？

刘邦彻底飘了。项羽彻底怒了。

樊哙：别玩了，领导

汉王元年（前206）十月，关中王（拟任）刘邦进入咸阳。

领导也是人，也有七情六欲，何况是坐火箭上来的。从沛县土匪头子到关中王（拟任），刘邦只用了四年时间，理想信念还不坚定，奋斗目标还比较初级。一进城，刘邦秒变胡亥：豪宅美女、宝马名犬、金银财宝……我的，都是我的。刘邦的部下，当然向刘邦看齐：终于轮到咱哥们奢侈腐败搞特权啦。只有三个人例外：张良、萧何、樊哙。

张良，韩国贵族，吃过玩过见过。他是纯粹的革命党，目标只有一个：推翻暴秦。对于刘邦的暴发户行径，张良不赞同，但他没吭声。首先，关系没到。张良虽然是刘邦的首席谋士，但不是沛县帮成员，也不是刘邦的心腹亲信。自己整天还要担心会不会功高震主，去搞忠言逆耳，还想不想进步了？其次，涉及面太广。不只刘邦，绝大多数干部都在大捞特捞。你反对，肯定把人得罪光了，还怎么混？

萧何，沛县帮核心成员、刘邦的老伙计，绝对有资格说，但他也没吭声。为啥？因为他是个超级公务员。首先，接地气。自己不捞，但他理解别人的捞。拼死拼活地干了几年，进咸阳了，放松一下享受一下，不过分。其次，有大局观，擅于解决问题，而不是简单地提出问题。在他看来，只要在关键岗位发挥好关键作用，就不会出大乱子。萧何默默地把秦朝中央政府的地理图册、文书、户籍簿等重要档案都接收、保管，为刘邦争夺天下提供了坚实的保障。

有资格说、也愿意说的，只有樊哙了。樊哙，沛县帮核心成员、刘邦的头号心腹，忠勇过人。更重要的是，他老婆是刘邦老婆（吕雉）的亲妹妹。所以，他没有张良的顾虑，也不需要萧何的圆滑，直接找到刘邦，当面开怼：哥，你是想当首长呢，还是想当董事长（沛公欲有天下耶，将为富家翁耶）？胡亥就是因为丧失理想信念、生活腐化堕落而落马的。你要是不收敛、不收手，肯定完蛋。赶紧返回工作岗位吧！刘邦说：滚！

虽然樊哙失败了，但核心团队已经"红红脸、出出汗"了，张良就方便跟进了。张良拥有高超的政治智慧，他拿樊哙说事：樊哙同志的发言，虽然有些刺耳，但出发点是好的，是真心实意替您着想。暴秦无道，您才有机会替天行道。现在追求享乐，确实有点不妥。希望您能认真考虑一下樊哙同志的意见。

刘邦的豁达大度、从谏如流，是历史上少有的。既然老兄弟樊哙、首席谋士张良都反对，那就不玩了。阿房宫实地调研活动圆满结束，刘邦回到了霸上军营。紧接着，刘邦开始安抚百姓、争取民心，宣布实施著名的约法三章：杀人者死，伤人及盗抵罪。苛政恶法坚决取缔，群众利益坚决维护，还实施"秦人治秦"方针，派旧政府官员到关中各地宣传新政。

大关中的天是明朗的天，大关中的人民好喜欢。他们杀猪宰羊，带着鲜花美酒，去慰问刘邦部队，希望刘邦一直留在关中。

跟关中百姓相比，投降项羽的二十多万秦军就悲摧了。项羽部队里，大多数也是苦出身，参加革命前，都曾被秦朝官兵剥削压迫过。现在，秦军落到他们手里了，当然要剥削压迫回来。结果，二十多万秦军天天被项羽部队虐待，他们私下抱怨：章邯是个大骗子，把咱们领上了绝路。万一灭不了秦，不仅咱们会被楚军虐死，家人也跟着遭殃，会被秦朝灭门。这可怎么办呢？

这种危险的苗头被及时汇报给了项羽。项羽说：都杀了吧。二十多万秦军被活埋在新安城南（今河南渑池）。然后，项羽部队加速西进。

听说项羽要来了，还带着被封为雍王的章邯（秦地属于古雍州），刘邦慌了：要抢我的饭碗？于是，派兵坚守函谷关，阻止项羽部队西进，同时紧急征兵，准备和项羽大干一场。项羽打刘邦，跟玩儿一样。十二月，项羽大军抵达戏（今陕西西安临潼区）。

刘邦吓坏了。刘邦的下属曹无伤落井下石，向项羽告密：刘邦想当关中王，独吞秦朝的巨额财富。项羽的军师范增也煽风点火：刘邦这货，出了名的贪财好色。进咸阳后，钱和女人都戒了，野心很大呀。必须尽快灭了他。项羽大怒，下令：炊事班加餐，弟兄们吃饱喝足，明天发起总攻，灭了刘邦。

项羽部队：四十万。刘邦部队：十万。项羽：战神。刘邦：油腻大叔。

谁输谁赢，傻子都能看出来，如果没有那场著名饭局（鸿门宴）的话。

刘邦：得饭局者得天下

楚汉之争，始于饭局。准确地讲，是一大一小两场饭局：刘邦夜宴项伯、鸿门宴。

论打仗，项羽天下无敌；组饭局，刘邦全国第一。别忘了，刘邦是基层干部出身，饭局是基本功。刘邦的发迹史，也是一部饭局史。

刘邦当亭长时，司马迁有四个字的评语："好酒及色。"革命的小酒天天醉，喝出了朋友、喝上了位。先说朋友：萧何、曹参、樊哙、夏侯婴、周勃、卢绾……一帮兄弟，下能一起喝花酒，上能一起打天下。在这方面，刘备就不如他祖宗了。两个好兄弟，关羽张飞，只让打天下，不让喝花酒。所以，他的成就也不如刘邦。当然，这是玩笑话。

再说上位。有一次，沛县县令的好朋友吕公迁居沛县，全县干部都去庆贺。时任沛县主吏的萧何负责接待，直接放话：红包低于一千的，就别进屋了。刘邦没钱，拿个空信封就往里进，嗓音还很洪亮：刘邦，一万。吕公一听，大客户呀，亲自迎接，领到主桌，上座。刘邦面不改色心不跳，坐下来，该吃吃该喝喝该聊聊，光芒万丈。吕公一看刘邦相貌不凡，当场决定：把女儿嫁给他。（详见《史记·高祖本纪》。）这场饭局下来，刘邦有了老婆（吕雉），有了靠山（吕公），家庭事业双丰收，从此混得风生水起，成为沛县黑白两道的带头大哥。

后来，刘邦押送农民工去骊山搞基建。任务失败后，刘邦也是喝了顿大酒，然后宣布跑路，还搞了一出"醉酒斩白蛇"，趁机卖人设、吸粉。一顿垂头丧气的散伙饭，都能让刘邦整出花儿来，吃成"粉丝见面会"。

起兵造反后，饭局同样重要。请客吃饭是刘邦革命工作的重要抓手。当年，豫东著名大爷郦食其来投，刘邦不搭理。郦大爷投其所好，说：老子是高阳酒神。刘邦一听：赶紧请进来。见面一聊，对脾气，刘邦马上摆了一桌，两人边吃边聊。这场饭局，吃出了一个外交部长（郦食其）、一员大将（郦商）、一座城池（陈留）和大批兵马粮草。

就连那首流传千古的《大风歌》，也是刘邦在饭局上的即兴发挥：酒酣，高祖击筑，自为歌诗曰："大风起兮云飞扬，威加海内兮归故乡，安得猛士兮守四方！"令儿皆和习之。高祖乃起舞，慷慨伤怀，泣数行下。

千万别让刘邦上桌！一上桌，他就成了"饭局之王"。可惜，项羽只懂杀人。

秦朝灭亡不到两个月，项羽、刘邦开始互撕。刘邦：按规定，我要当关中王。项羽：老子就是规定，你不配！刘邦：老子就要当！项羽：老子宰了你！

汉王元年十二月某日，项羽下令：明天全军出击，灭了刘邦。当晚，就有人泄密。泄密者叫项伯，是项羽的叔叔，时任楚国左尹（副丞相）。也是刘邦命好。他的首席谋士张良，是项伯的救命恩人。所以，项伯连夜骑马狂奔四十里，偷偷来刘邦军营见张良：赶快跟我走，别陪着刘邦送死。也是刘邦魅力大。张良说：沛公有难，我偷偷溜了，不仗义。我必须告诉他。

刘邦一听，吓傻了。张良说：既然打不过，那就服个软，请项伯转告项羽，您绝无二心。刘邦：好好好，赶紧把咱项哥请进来。项伯不想趟这浑水，被张良硬拉了进来。第一场饭局开始。

刘邦先干为敬，祝项哥身体健康、万寿无疆，然后开始唠家常：几个孩子呀？多大了？找对象了吗？这场饭局虽然时间不长，但刘邦成功地把项伯从"敌人"喝成了"亲哥"，收获如下：首先，和项伯结为亲家（约为婚姻），多了一个非常重要的朋友。因为项羽只相信、重用自家人。项伯又是他在世的唯一长辈，这分量可想而知。此后，项伯多次给刘邦帮大忙，包括鸿门宴。其次，通过项伯向项羽表忠心（籍吏民，封府库而待将军……岂敢反乎）。最后，请项伯为自己背书（愿伯具言臣之不敢倍德也）。项伯喝爽了，搂着刘邦的肩膀说：兄弟尽管放心，有哥在。明天早点来，认个错就行了。刘邦眼眶都湿润了：哥，你就是我亲哥。再走一个。

饭局结束后，项伯连夜返回，把刘邦的诚意一字不落地转达给了项羽，说：刘邦忠诚担当有为，这样的干部，更应该关心爱护，怎么能惩罚打压呢？项羽说：好。

第二天一大早，刘邦和随行人员共计一百多人，来到鸿门，登门谢罪。项羽是典型的吃软不吃硬。刘邦的检讨完全是为项羽量身定制的。先打感情牌：这两年，咱俩齐心协力反抗暴秦，您在黄河北攻城略地，我在黄河南奋勇杀敌。岂曰无衣？与子同袍。我们是战友，更是兄弟，这份感情，我终生难忘。然后是谦虚牌＋感情牌：第一个没想到，我走了狗屎运，竟然能够先入关、攻占咸阳。第二个没想到，离开家乡这么多年，竟然能在异国他乡和您重逢。第三个没想到，竟然有小人挑拨离间，让您对我产生了误会。刘邦眼含泪光，满脸委屈，像个被冤枉的小媳妇。

项羽，盖世英雄，见的都是大风大浪大世面，哪经历过这种小阴沟？所以，直接翻船：都怪你那个左司马曹无伤，要不是他乱说，何至于此。没事，兄弟，都过去了。留下来吃饭吧。

鸿门宴开始。

虽然只有半个晚上的时间，但刘邦的准备非常充分。先看看随行人员：文有张良，武有樊哙、夏侯婴等。甚至还有个替身：纪信。此人身材相貌酷似刘邦。两年后的荥阳之战，就是纪信做替身吸引敌人，刘邦才得以逃出生天。而且随行的全是骑兵，机动性强。这安排，不管来文的，还是来武的，不管赴宴还是逃跑，都方便。

再看看参加饭局的人：项羽、项伯、范增、刘邦、张良。表面看，楚三汉二；实际上，楚一个半，汉三个半。因为项伯完全支持刘邦；项羽已经口头承诺支持刘邦，最多算半个反对派；真正想干掉刘邦的只有范增一个人，但他又说了不算。

最妙的是刘邦安排张良参加饭局。张良，刘邦的第一智囊，但他还有个身份，也是他的法定身份：韩国司徒（丞相）。其实，张良一直以来都是刘邦的战略合作伙伴。鸿门宴后不久，张良就回韩国了。直到项羽杀了韩王，张良才正式投靠刘邦，成为汉臣。有了张良参加，鸿门宴就不是楚国内部的饭局，而是一场国际宴会。既然是国际宴会，项羽就得有所顾忌，不能为所欲为。因为项羽虽然性情冲动残暴，但也出了名地爱面子。

果然，宴会开始后，一片欢乐祥和的气氛。范增坐不住了，三番五次暗示项羽：杀了刘邦。项羽当没看见。后面的情节大家都熟悉：范增让项庄（项羽的堂弟）去搞破坏。然后，项庄舞剑，意在沛公。然后，项伯舞剑，保护沛公。然后，张良叫樊哙进来救场。然后，樊哙秀肌肉、喝大酒、吃肘子刺身、批评项羽。然后，项羽保持沉默。然后，刘邦假装上洗手间，在樊哙、夏侯婴等人保护下，抄近道开溜。然后，张良继续陪吃陪喝陪聊。最后，张良替刘邦送上礼物，告辞。范增气得，把礼物摔在地上骂娘：都他娘废物！天下肯定是刘邦的。项羽收下礼物，一声不吭。刘邦回到家，第一件事就是宰了曹无伤。

史上著名饭局鸿门宴，就此结束。

看看刘邦的收获：成功化解生存危机；成功找出并除掉叛徒（曹无伤）；成功分化项羽集团高层（项羽、项伯和范增）。

一顿饭吃不好，后果很严重。接下来，还有一顿豪华大餐，等着项羽主持：瓜分天下。

项羽当然分不好。

项羽：坏老板，只谈理想不谈钱

鸿门宴搞定刘邦后，二十六岁的项羽成了名副其实的中国带头大哥。但不少员工认为，项老板坏得很，只谈理想，不谈钱。天天号召大家勠力攻秦的，是你；天天玩破釜沉舟、让大家视死如归的，是你；进入咸阳后发表重要讲话，表扬大家牺牲小我、成就大我的，也是你。说得比唱的还好听，然后呢？

然后，很多人白忙活了。比如齐国带头大哥田荣。这三年，他与其兄田儋起兵造反，复立齐国，救援魏国，又与项羽在东阿对抗章邯，大破秦军，响当当的一个角色。但是，因为和项老板有矛盾，封王没他的份儿。比如赵国带头二哥陈馀，起义军里的老资格，陈胜吴广起义时就参加革命，和好兄弟张耳抛头颅洒热血，复立赵国，和杀神章邯正面硬怼。钜鹿之战，伤亡惨重，乃至和张耳兄弟反目。但是，因为没及时向项老板表忠心，封王也没他的份儿。更气人的是，张耳封王也就罢了，连张耳的小弟，因为及时表忠心，都封王了。再如巨野大盗彭越，手下一万多兄弟，纵横豫东鲁西南，也是一股不可小觑的武装力量。但是，因为没后台，连候选人名单都进不去。

咱们的工作，到底是反抗暴秦，还是跪舔领导？这三位爷很不爽。当然，最不爽的是刘邦。项羽当老板，刘邦没意见，也不敢有意见。刘邦唯一的诉求就是项老板兑现承诺，封自己为关中王。这要求不算过分。组织明文规定：先入定关中者，王之。刘邦按时保质完成了任务。但是，项老板不乐意。因为他觉得刘邦野心大，还不听话。

但是，贵为领导，项老板又不能出尔反尔，败坏自己的声誉和权威，于是，玩了个文字游戏：关中≈秦国。巴蜀属于秦国。所以，巴蜀≈关中。所以，王巴蜀 = 王关中。于是，封刘邦为汉王，管辖巴蜀和汉中郡。同时，把关中分封给三个秦朝降将（章邯、司马欣、董翳 yì），让他们看住刘邦。

刘邦当时就炸了，要找项老板拼命，被萧何等拦住了。萧何说：好死不如赖活着。您现在反抗，纯属找死。大丈夫能屈能伸，咱先到汉中养精蓄锐，回头收拾丫挺的。刘邦说：好吧，给你面子。

天天讲理想、玩担当的项老板，原来是个大忽悠。只要是听话的、看着顺眼的，不管能力高低、功劳大小，一律封王，最差也是个万户侯。只要是不听话的、看着不顺眼的，不管能力高低、功劳大小，一律不封王。

当然，刘邦、田荣、陈馀、彭越还不是最惨的。最惨的是韩王韩成。项老板非常讨厌张良（韩国宰相），跟刘邦狼狈为奸；所以恨屋及乌，看着韩成也超级不顺眼：灭秦，你有个毛贡献？所以，直接把韩成挟持到彭城（今江苏徐州），先是降级为侯，没几天，直接杀了，一了百了。

这还是高管，中层就更惨了。韩信，原项羽司令部郎中。他对老领导有八个字的评价：匹夫之勇、妇人之仁。匹夫之勇，很好理解。妇人之仁，韩信是这么解释的：项羽对待下属，关怀备至、体贴入微；你要是生个病，他恨不得亲自喂你吃饭吃药。但是，你要是立了功，该奖赏晋级时，他能把官印盘出包浆来，也不舍得给你。

刘邦的外交部长、郦食其郦大爷总结（黑）得更全面：项老板这人吧，你的功劳，他记不住；你的过错，他记一辈子。如果你不是他的人，再有成绩，也不奖励；再有贡献，也不晋升。所以，高管背叛他，骨干抱怨他，都不跟他玩了。

摊上这样的老板，普通员工就更别想分享胜利果实了。秦朝灭亡后，关中百姓还以为苦尽甘来了，没想到项羽比胡亥、赵高还凶残。鸿门宴后，项羽领兵入咸阳，杀人放火，把钱财和美女一抢而空，然后就撤了。只留下一片废墟和绝望的百姓。

这就是项羽，创业成功才两个月，上到集团高管、中到部门主管、下到普通员工，几乎得罪了个遍。所以，天下又乱了。

汉王元年五月，齐国带头大哥田荣起兵，在魏国地头蛇彭越的帮助下，把项羽分封在齐地的三个王，杀的杀、赶的赶，然后自立为齐王，宣布独立。项羽派兵来镇压，被彭越打得稀里哗啦。与此同时，赵国带头二哥陈馀主动联系田荣，寻求支持，准备干掉张耳，统一赵国。

阿猫阿狗都开始造反了，刘邦会猫在汉中混吃等死吗？当然不会。尤其是，他新收了一员大将：韩信。

韩信：我为啥从大公司辞职

韩信，淮阴人，一个超级优秀的年轻人。但一直找不到工作。

秦朝末年，普通公务员是推荐制。韩信家里穷，没有钱和光鲜亮丽的履历请人推荐（家贫，无行，不得推择为吏）。也没有商业头脑，无法做点小生意养家糊口（又不能治生商贾）。所以，韩信成了无业游民，天天蹭吃蹭喝，大家都很讨厌他。

韩信很痛苦，因为他超级有理想。妈妈去世时，没钱办丧事。但是，韩信找了一块又高又宽敞、可以安置一万户人家的地方，把妈妈埋了。因为他相信自己一定会光宗耀祖，将来会有成千上万的人给妈妈守墓。（其母死，贫无以葬，然乃行营高敞地，令其旁可置万家。）

二十二岁那年，机会终于来了。楚国贵族项梁起兵造反，队伍路过韩信的家乡（今江苏淮安淮阴区）。当兵造反，没有学历要求，不需要推荐信，也不用送礼打点，只要你身强力壮、不怕死就行。

韩信顺利地拿到人生第一份 offer：项氏造反集团（下称"项氏"）安保部员工。韩信超级开心，因为项氏是个超级大公司，具有如下优势：

1. 超级品牌（楚国名将项燕后人）；

2. 明星创始人（项梁＋项羽）；

3. 超级平台（秦末最强起义军）；

4. 垄断地位（楚国唯一合法造反平台）；

5. 扩张迅猛（各地起义军纷纷加入）；

6. 前景大好（楚虽三户，亡秦必楚）。

被项氏聘用后，韩信都自带光环了，家乡人看他也自带滤镜了，纷纷点赞：韩家这小子将来一定有大出息。

但是，工作三年后，已经担任郎中（类似于阿里的P7）一职的韩信，毅然选择辞职，跳槽去了一家远在四川的独角兽公司：刘邦造反集团。

你居然从项氏辞职了？很多人表示不理解。韩信说，这是自己深思熟虑的结果。

大公司有大公司的好，但大公司不需要员工做超级英雄，只需要一颗颗专业、靠谱的螺丝钉。钜鹿之战前，韩信主动提交了一份作战方案：《背水一战》（韩信经典战例）。直接被部门主管否了：这是作战部的事，你干好本职工作就行了。更让韩信不爽的是，项羽董事长最终制定的作战方案叫"破釜沉舟"（项羽经典战例）。虽然没证据，但韩信相信：一定是部门主管剽窃了自己的方案，偷偷递交给了上级领导。

再者，大公司有正规、完善的流程制度，但这也意味着效率低、决策慢。那份《背水一战》方案，韩信在钜鹿之战前提交的。收到领导的邮件回复时，鸿门宴都快吃完了。别说没批准，就算批准了，有个啥用！（数以策干羽，羽不用。）

最后，大公司人际关系太复杂。项氏内部派系林立：谁谁谁是项家一派的，谁谁谁是范增一派的，谁谁谁是英布一派的，谁谁谁是楚怀王一派的……还派中有派：项家派又分为项羽派、项伯派、项庄派、项声派……还各派混战：比如鸿门宴上，范增派竟然和项庄派联合，跟项伯派差点杀红了眼！

水太深。韩信这种小经理，一个不留神，可能死都不知道怎么死的。

所以，韩信一咬牙，跳槽去了远在四川的刘邦造反集团。（汉王之入蜀，信亡楚归汉。）

跟项氏这种巨无霸比起来，刘邦造反集团最多算个独角兽：

1. 成立时间短（三年）；

2. 估值高（范增：夺将军天下者，必沛公也）；

3. 获得过私募融资（楚与诸侯之慕从者数万人）；

4. 未上市（烧绝所过栈道……示项羽无东意）。

小公司有小公司的好：你心有多大，舞台就可能多大。韩信虽然级别不高，但有机会和高层直接沟通了。先是得到后勤公司老总（太仆）夏侯婴的赏识，推荐他出任物资部部长（治粟都尉）。后又得到集团 CEO（丞相）萧何的赏识，多次向董事长刘邦推荐。

不过，当时正值特殊时期：刘邦造反集团人才大批量流失。集团很多高管和员工的老家在安徽、江苏、河南，他们不愿意待在偏远闭塞的四川，都不干了，跑了。（汉王至南郑，诸将及士卒皆歌讴思东归，多道亡者。）刘邦头都大了，哪有心思考虑子公司一个小部长的晋升问题？韩信觉得，既然这里没机会，我也撤吧。于是，也跑了。

萧何听说韩信跑了，开车就追去了。有人赶紧向刘邦汇报：萧总跑了！

刘邦暴跳如雷：公司这是要黄呀，连萧何都不干了。

过了两天，萧何回来了。

刘邦这酸爽，直接开骂：你他娘的为啥跑？

萧何说：我怎么会跑！我追逃去了。

刘邦：追谁？

萧何：韩信。

刘邦：别扯淡了！那么多高管跑了，你都没追。你会去追韩，韩什么？

萧何：高管跑光了都无所谓，但如果您想夺取天下，韩信不能跑。而且，必须重用他，否则，他还会跑。

刘邦：好吧，给你面子，让他当个运营总监（将军）吧。

萧何：还得跑。

刘邦：首席运营官（大将）？

萧何：OK。

刘邦：你通知他吧。

萧何：您必须亲自、正式任命他，给他足够的尊重和支持（择良日，斋戒，设坛场，具礼，乃可耳）。

刘邦同意了。所有人傻了（一军皆惊）。

从子公司的项目经理到部长，再到集团 COO（首席运营官），韩信只用了四个月。

跳槽成功！

正式任命后，刘邦问韩信：萧总多次向我力荐你。你对集团下一步的发展有什么规划？

韩信说：您最大的竞争对手是项羽，但他是个纸老虎（匹夫之勇、妇人之仁），而且在用人制度（背约封王）、激励机制（有功不赏）、社会责任（残害百姓）、品牌建设（流放故主）上，一塌糊涂。您只要反其道而行之，必胜。咱们可以先平定三秦，然后东征，夺取天下。而且，三秦父老对您望眼欲穿，对章邯等封王恨之入骨；平定三秦，不过发份通知的事儿（三秦可传檄而定）。

刘邦乐傻了：兄弟呀，要是早认识你十年，我孙子现在都会当秦王了（汉王大喜，自以为得信晚）。

刘邦当即下令：全军集结，作战前部署；萧何留守汉中，负责后勤补给。

项羽小儿，我胡汉三又回来了。

项羽：民心是个啥东西

汉王元年（前202）八月，刘邦明修栈道、暗度陈仓，出门和项羽争天下。两个月平定关中，六个月打到项羽的老巢彭城，攻占的地盘相当于秦国＋魏国＋韩国＋楚国（部分）。为啥这么顺利？因为：项羽没反抗，刘邦会做人。

项羽为啥没反抗？因为他想先搞定齐国的田荣：齐国近在咫尺，威胁迫在眉睫。田荣从来不听话，比刘邦更讨厌。再加上时任韩国宰相张良的忽悠。刘邦占领关中后，项羽本打算亲自领兵干掉刘邦。出发前，收到了张良的邮件。张良说：刘邦心里委屈，就想当关中王。当上了，也就消停了。您真正的敌人，是齐国的田荣。附件是田荣勾结赵国一起造反、欲灭楚国的材料，请查收。项羽看完邮件，就专心灭田荣去了。项羽没把刘邦当盘菜。在他看来，天下就没自己摆不平的人、搞不定的事儿。

刘邦不好搞，因为他太会做人。关于楚汉之争，韩信此前给刘邦的建议，虽然简单粗暴，但非常有效：反其道而行之。凡是项羽支持的，您都反对；凡是项羽反对的，您都支持。这两个凡是，让刘邦的优点和项羽的缺点充分展现。

比如，项羽称霸后，把义帝熊心（原楚怀王）流放到蛮荒之地，然后派人在途中杀了他。刘邦听说后，立即为义帝隆重举办了追悼会。追悼会上，刘邦痛哭流涕，并宣布全国哀悼三天，还发表公开信：项羽大逆不道，我发誓，联合天下忠义之士，诛杀此贼！你大逆不道，我忠肝义胆。

比如，项羽攻打齐国，一路烧杀掳掠。城池、房屋，全部强拆、焚烧；投降的士兵，全部活埋；老弱妇女，全部抓走为奴。刘邦呢，今天安抚百姓，宣布惠民政策；明天接见群众代表，了解民生疾苦。所到之处，百姓欢欣鼓舞，敲锣打鼓。你鱼肉百姓，我爱民如子。

再如，刘邦攻占殷国（今豫北地区）。项羽勃然大怒，要杀都尉（军长）陈平等将吏。原因很简单：工作出了篓子，领导很生气，要找人背锅。"你们上个月刚平定殷国的叛乱，怎么就被刘邦攻占了？"陈平等人本不负责和刘邦作战，也不是殷国军事负责人，坚决不当背锅侠，便挂印封金，投奔刘邦去了。（后被《三国演义》化用为关羽的故事。）韩信之后，又一位超级大牛离开项羽阵营。

陈平，阳武（今河南原阳东南）人。第一是帅。据史书记载，他"为人长美色"，"美如冠玉"。第二是能干。陈平家很穷，但媳妇家是土豪。原因很简单。土豪张负看上他了，说：像陈平这样又帅又能干的，将来肯定有出息。便将自己的孙女嫁给他了。秦末大起义，陈平先投靠了魏王，不得志；又投奔了项羽，被甩锅；所以，他来投奔刘邦。经人引荐，刘邦接见了陈平，一聊天，大为赏识，当场任命他为都尉、参乘（汉王办公室副主任），负责监督、协调诸军。

刘邦的大将纷纷表示不满：陈平就是一西楚逃兵，刚来一天，您就给他高官厚禄，还让他监督我们？合适吗？刘邦：很合适。过了两个月，周勃、灌婴等刘邦的心腹又来打小报告：陈平就是个花瓶。在家待业时，跟他嫂子有一腿；参加工作后，水平次，在魏国、楚国混不下了，才投奔咱们。您重用他，让他监督全军。他竟然收受贿赂！谁给的钱多，他就给好评；谁给的钱少，他就给差评。这是个道德败坏、违法乱纪的小人。请您明察。

老兄弟说得有鼻子有眼儿的，刘邦有点犯嘀咕。他先找来陈平的推荐人了解情况。推荐人说：我当时推荐的是陈平的才能，您现在质疑的是陈平的德行。楚汉相争，您需要的是道德楷模，还是得力干将？刘邦觉得有道理，就把陈平叫来，把实名举报信给他，看他怎么回应。陈平说：魏王、项王都很差劲，我听说您知人善任，所以裸辞来投奔。我又没积蓄，不收点钱，怎么生存？关键是，我的工作对您是否有价值。有，您尽管用我；没有，我立马退钱走人。刘邦说：抱歉，是我考虑不周。然后重赏陈平，并正式任命他为护军中尉（职责是监督、调护诸将）。

从此，没人再敢说三道四。此后，陈平为刘邦夺取天下、汉室有序传承做出了巨大贡献，回头细讲。你刻薄寡恩，我爱才如命。

在项羽的衬托下，刘邦越来越招人稀罕。

楚汉战争爆发后，刘邦委托南阳土皇帝王陵把父母妻儿从沛县老家接出来。王陵，沛县土豪，刘邦在沛县当亭长时，见了他都要恭恭敬敬叫一声"王哥"。当时，王陵在南阳拥兵自重。刘邦和项羽，他都看不上。当然，帮刘邦接送一下家人，还是可以的。项羽听说后，立即派兵阻拦，并把王陵的老母亲从沛县接到自己军中，想拉拢王陵。

王陵听说后，派人过来看望母亲。项羽摆了一大桌，请王妈妈上座，和王陵的使者一起吃饭。使者离开时，王妈妈偷偷送他，流着泪说：告诉我儿子，刘邦是个好领导，好好跟着他干吧，天下一定是他的。千万别因为我而屈服于项羽。说完，拔剑自刎。项羽非常生气，把王妈妈的遗体给煮了。（后被《三国演义》化用为徐庶妈妈的故事。）王陵从此铁了心跟着刘邦干项羽。

沛县，项羽的"国统区"。连"国统区"的老奶奶都觉得刘邦好、项羽坏，楚汉之争的结局可想而知。刘邦的队伍越来越壮大。

张耳、彭越、张良……一位又一位金光闪闪的人物来投。刘邦，轻轻松松打到江苏，占领了项羽的老巢：彭城。

天下唾手可得。刘邦有点飘，开始放飞自己，老毛病又犯了：钱、美女、茅台……我的，都是我的。项羽急了，亲率三万精兵，飞速回国，收拾刘邦。

做人，项羽不行；打仗，刘邦不行。得意忘形的刘邦，吃了个大亏。

刘邦：哪里摔倒，就从哪里爬起来

瞎嘚瑟被雷劈。这句话送给刘邦一点不冤。

汉王二年（前205）四月，刘邦率五十六万大军攻楚，占领项羽老巢彭城。形势一片大好。刘邦的老毛病又犯了，天天花天酒地、吃喝玩乐。

这剧情和当年刚入咸阳时一模一样。可惜，纠错"铁三角"阵容不齐。樊哙，在山东枣庄一带，护卫彭城。萧何，远在关中负责后勤补给。张良，倒是在刘邦身边。但没樊哙打头阵，他哪敢开口？

果然，刘邦被雷劈了，五雷轰顶那种。项羽率军杀到。这位爷真是尊杀神，虐刘邦跟玩儿似的。刘邦，几十万人。项羽，三万人。项羽一个上午就干掉了刘邦十几万人；然后，又逼得刘邦部队下河逃命，淹死了十几万；然后，把刘邦围了个里三层外三层。这才是正版的"四面楚歌"。

刘邦逃出重围时，身边只有几十人。跑！路上，碰见了自己的两个娃：刘盈（后来的汉惠帝）、刘氏（后来的鲁元长公主）。因为项羽派人去沛县抓刘邦的家人，他们也都在逃跑，而且跑散了。上车，继续跑！

楚军紧追不舍，眼瞅着要追上了。刘邦真不是个凡人，一把就把两娃给推下了车。

爹是亲爹，娃是亲娃，而且还是跟大老婆吕雉生的（嫡长子和嫡长女）。幸亏开车的是夏侯婴：老司机＋老朋友。夏侯婴开了一辈子车，现任太仆（交通部部长），车技一流；而且和刘邦是沛县老乡、过命的交情。他有两个出名的后代：夏侯惇、夏侯渊。夏侯婴停车，把两娃拉上车，继续跑。一会儿，楚军又快追上了。刘邦再推娃下车，夏侯婴再停车捡娃。就这样你推我捡，来来回回好几次。刘邦气得无数次想宰了夏侯婴。当然没杀。这个时候杀司机，等于自杀。

老司机就是给力，刘邦成功逃到了汉军驻守的下邑（今安徽砀山）。他爹（刘太公）和他老婆（吕雉）就没这么幸运了。半路被楚军抓住，交给了项羽。从此，成了随军人质。局势糟糕透了：队伍被打残了，归顺的诸侯也反水了，盟军赵国也翻脸了。

刘邦确实牛，摔了这么大一跟头，爬起来，接着干。立即召开全体会议，主题只有一个：谁能帮我灭了项羽？开出的条件非常优厚：函谷关以东的所有土地。张良说：韩信、彭越、英布。刘邦说：没问题。接下来，刘邦一边派人通知韩信、彭越：你们被火线提拔为高级合伙人啦；一边派人去挖英布。

这里插一句，韩信此时正在收拢溃兵，阻挡楚军的追击。韩信投汉以后，一直跟随刘邦，也到了彭城，不过因为不是沛县帮核心成员，所以大概只是担任高级参谋的角色，并未直接带兵。汉军大败，才让韩信有机会指挥部队。张良跟萧何一样，也看重韩信的军事才能，因此他跟刘邦说："汉王的将领中，只有韩信可以托付大事，独当一面。"

英布，项羽帐下第一猛将，跟随项羽入咸阳后，被封为九江王。官越做越大，心思越来越活，老首长的话也不太听了。叫他打齐国，不去；叫他打刘邦，不动。所以，两人有点面和心不和。

刘邦派去挖墙脚的人叫随何。他见了英布，说：没啥要紧事，汉王就是想问问：您和项羽到底是啥关系？英布心里骂娘，嘴上官宣：上下级关系。随何说：不对呀！肯定不对！英布说：什么不对？随何说：首先，您和项羽不是上下级，而是平级。他是西楚霸王，您是九江王。其次，哪有您这样的下级，不听指挥，三天两头糊弄领导的？第三，您觉得项羽会喜欢您这样的下级吗？不如跟汉王一起，干掉项羽，做个真正的王。英布说：我考虑考虑。没想到，随何直接满世界宣传：英布跟刘邦在一起啦！英布无奈，只能投靠刘邦，起兵攻打项羽。

至此，韩信、彭越、英布，三大名将都成了刘邦的小弟。刘邦亲自坐镇荥阳靠前指挥，萧何坐镇关中保障后勤，与项羽展开惨烈的拉锯战。

游击战大师彭越隆重登场。他率领三万多人，在项羽大本营附近（豫鲁皖交界地带）打游击，一打就是三年。今天占你几座城，明天抢你几车粮。你来打，我就跑。你走了，我再打。粮食攒多了，给荥阳送去。史称"彭越扰楚"。

战神韩信也隆重登场，开始赢得碾压式的胜利。一个月，灭掉魏国。两个月，灭掉赵国、燕国。大帅哥、阴谋大师陈平也出手了，杀伤力一点也不比韩信、彭越小。他对刘邦说：项羽的核心团队也就范增、钟离眜（mò）、龙且（jū）那么几个人；花钱雇点水军，狂黑他们。项羽疑心重，肯定中计。他们内部一乱，咱们必胜。刘邦说：给你四万斤黄金做经费，够吗？不够随时说。陈平雇了水军满世界造谣：钟离眜他们嫌楚国待遇太差，正在跟刘邦密谈。项羽信了。

轮到亚父范增了。一次，项羽派人来跟刘邦谈判。陈平派人整了一桌洛阳水席待客。人都上桌了，陈平的人装天真：原来您是项王的人，我还以为是亚父的人呢。然后，洛阳水席撤了，上了一碗烩面。项羽的人气炸了，回去后，各种打范增的小报告。项羽又信了。

范增这儿，还天天废寝忘食、鞠躬尽瘁呢。项羽那儿，开始对他各种不信任、不待见。范增怒了：大势已去，您好自为之吧，我申请退休！项羽说：好。范增拎包走人，回彭城养老。路上，因病去世。项羽唯一的智囊，被项羽气死了。

胜利的天平终于向刘邦倾斜了一点点。

项羽：我这领导当的，为啥这么忙

范增去世这一年多来，项羽越来越忙。有多忙？看看项羽在汉王三年（前204）四月以后的行程表：四月，围汉王于荥阳；五月，闻汉王在宛，果引兵南；又东击彭越；六月，引兵西拔荥阳城；围成皋……拔成皋；又欲西；八月，击刘贾；九月，引兵东行，击陈留、外黄（今河南民权境内）、睢（suī）阳（今河南商丘睢阳区）等城；次年十月，下梁地十余城，闻成皋破，乃引兵还。

这段时间，项羽没休息过一天。从河南荥阳到南阳，再到江苏睢宁，再到河南荥阳，再到河南巩义，再到河南陈留、民权、睢阳，再到河南荥阳，踏遍了河南大部，江苏、山东、安徽局部的山山水水，好多次。

你看见他时，他在打刘邦；你看不见他时，他在打刘邦的路上。今天打得刘邦弃城而逃，明天打得彭越丢盔卸甲，后天打得周苛命丧黄泉……业务越来越熟练，感觉越来越良好，讲话也越来越霸气：等着！我十五天搞定魏国，和大家会合。这是项羽打彭越前，给下属做的重要指示。

以前，他可没这么忙，还能在洹水岸边吹吹风，和章邯谈谈心；在鸿门宴上喝喝酒，听刘邦表表忠心；在咸阳开开会，给兄弟们分分红……现在，长期冲在一线、亲力亲为，越来越像个超级员工。大事小情，每个方面、每个环节，都离不开他。想跟心爱的虞姬喝杯酒、吟首诗、调个情，都抽不出时间。

为啥这么忙？因为：自己太优秀（身七十余战，未尝败北）；只重用自家人（非项氏莫得用事）；核心团队没积极性（战胜而不得其赏，拔城而不得其封）。西汉文学家扬雄称之为"自屈其力"，翻译成大白话就是：楚国仰仗的是项羽个人的勇武。而刘邦呢，扬雄称之为"群策群力"，翻译成大白话就是：领导英明神武会用人！

跟项羽相比，刘邦越来越像个大领导。今天派韩信攻打齐国，明天派彭越断项羽粮道，后天派灌婴坚守敖仓，大后天派郦食其游说齐王……自己呢，除了作指示，只会两件事：第一，逃跑。"汉王乃得与数十骑遁去""汉王得与数十骑出西门遁去""汉王逃"……第二，当宅男。"汉王坚壁不与战""汉王高垒深堑勿与战"。

刘邦这个领导为啥越当越有感觉？他当皇帝后，专门开大会讨论过。同志们一致认为：高工资、高福利（与天下同利）。刘邦总结发言：主要是我会用人（张良、萧何、韩信，皆人杰也，吾能用之）。

一个忙死，一个闲死。时间长了，项羽扛不住了。天天996，这福报，霸王也消受不起呀。他想一分钟结束战斗。汉王四年（前203）十月的一天，项羽在两军阵前放了个大案板，把刘邦他爹洗干净、放上去，然后约刘邦面谈。中国历史上最著名、规格最高的一场脱口秀，正式上线直播。项羽说：投降吧，否则我煮了你爹。刘邦说：咱俩亲如兄弟，我爹就是你爹。你真要煮了咱爹，记得分我一杯羹。项羽大怒：开煮！

项羽他叔、刘邦他哥——项伯赶紧表态：刘邦这孙子看来只要天下不要爹，煮了也白煮，别做太绝。项羽说：哥们，看在我叔、你哥的面上，饶了咱爹。

亲情牌没用，项羽又打出钢铁直男牌：因为咱俩，天下大乱。为了百姓幸福，咱俩单挑吧！刘邦笑了：我没你那么野蛮（吾宁斗智，不能斗力）。项羽大怒＋1，直接披挂上阵：你要是个爷们，出来打一架。刘邦说：你十恶不赦，杀你还用我出马？人民战争的汪洋大海会把你淹死的。项羽大怒＋2，让狙击手直接干掉刘邦。刘邦胸部中箭，却摸着脚大喊：王八蛋，敢射我脚趾头！不玩了，回去找创可贴。

这场万众瞩目的脱口秀，以老司机刘邦的完胜结束。留给项羽的时间不多了，因为韩信。

韩信：领导凭啥看我不顺眼

　　汉王四年十一月，韩信平定齐国。至此，天下大半已归刘邦。韩大将军正式向领导递交申请：请任命我为代理齐王。理由很正当：齐国反复无常，且紧邻楚国，我代理齐王，可以更好地巩固胜利成果。

　　刘邦气炸了，破口大骂：老子天天被项羽各种虐，你不赶快来救驾，还他娘的提条件要待遇，想自立为王！因为韩信的机要秘书也在现场，张良、陈平赶紧踩刘邦的脚，低声说：小心激起兵变。刘邦不愧是刘邦，反应超级快，张口继续骂：你他娘的也是个天下无敌的纯爷们儿，能不能有点出息？要当，就当真正的王。代理个屁？随后，刘邦派张良为特使，携带印信，亲赴齐国，册封韩信为齐王。

　　包括刘邦在内的汉国高层，对韩信已经失去了信任，开始猜疑、防备。这不是简单的功高震主问题，而是和韩信的人品、情商有关。因为，韩信灭齐得罪了刘邦和汉国文官集团。

　　刘邦此前制定的灭齐计划是双管齐下：韩信攻齐；郦食其说齐。韩信整合部队，从山西出发，进攻齐国；郦食其带着小跟班，从河南出发，游说齐王。本来是个双保险，结果让韩信搞成了自相残杀。

　　韩信大军出发后，还没进山东呢，消息传来：郦大爷已经说服齐王归顺，两人天天在临淄痛饮庆功酒，就差敲定细节后签字盖章了。韩信很不爽：老子千军万马、浴血奋战这么长时间，你郦食其动动嘴皮子、喝喝花酒，就把功劳抢走了？！加上身边人的煽风点火，韩信决定：继续进攻！不能便宜郦食其这孙子。

郦食其惨了。齐王勃然大怒，认为上当了，所以杀了他。临刑前，齐王说：你能让韩信退兵，我就饶你不死。郦大爷说：老子问心无愧，别扯淡了！郦大爷一世英雄，就这么被自己人坑死了。

齐国重新与汉军开战，并向楚国求援。韩信大破齐楚联军，平定齐国，再立新功。其实，他给自己挖了个大坑。

最致命的，不是不听指挥。将在外、君命有所不受，很常见。刘邦作为一代雄主，不会太介意。刘邦最介意的，是韩信把个人利益凌驾于集体利益（刘邦利益）之上，并且不择手段，严重损害了集体利益（刘邦利益）：外交部长郦食其被害；额外打了一场战争；荥阳正面战场压力更大。

此外，韩信彻底得罪了汉国文官集团。文武争功本就是个超级敏感的话题。就连沛县帮的老兄弟萧何（文官）与曹参（武将），都因此而渐行渐远（何素不与曹参相能）。刘邦当皇帝后论功行赏，方案讨论了一年多都没确定，就是因为文武争功。韩信平齐，是刘邦集团内部第一次文武争功的公开化，而且后果惨重，以郦食其的惨死（被烹）告终。韩信这是公然把刀架在了汉国所有文官的脖子上。张良、陈平等文官集团领头羊，能放过他吗？尤其是陈平，这位阴谋大师，据说还是刘邦的"戴笠"，可以说是汉国的"军统副局长"，后来在铲除韩信的事情上，积极性高、作为大（回头细讲）。

再加上韩信情商低，自己作死。当时，不管刘邦阵营，还是项羽阵营，有一个共识：韩信支持谁，谁得天下；韩信自立，天下三分。妥妥的功高震主。如果换了老狐狸王翦，就该要钱要地，闹着提前退休了。韩信呢，既不知道低调、避嫌，也不愿自谋出路，竟然主动跑官要官。这就是作死的节奏了。

何况，张良、陈平趁机给他上眼药，对刘邦说：咱们现在是弱势群体，也管不住韩信呀。批准他当齐王吧，否则后果不堪设想。

得罪了领导，得罪了领导身边的人，还各种花式作死（回头细讲），韩信的下场，钢铁直男项羽都能看出来。

韩信荣升齐王后，项羽派人去勾搭韩信，理由如下：我还活着，所以你还活着。我死了，你肯定死。咱俩是老同事、老交情了，一起干，三分天下吧。韩信拒绝了，理由很简单：汉王有知遇之恩，我绝不当叛徒；何况我功勋卓著，他绝不会害我。

好吧，你灭一下项羽试试。

项羽：只认命，不认错

汉王四年（前203）八月，缺兵少粮的项羽认怂了，和刘邦正式签署协议：以鸿沟为界，西边归刘邦，东边归项羽。鸿沟是条古运河，不太严谨地说，约等于京广铁路河南段。签约后，项羽把刘邦他爹和他老婆放了，然后率军回家了。

这份协议也就项羽当真了。协议这东西，从来都是对谁有利、谁遵守。就像当年刘邦一直遵守的"先入咸阳者，王之"，项羽就拿它当废纸。这次，轮到刘邦违约了。据说，刘邦也准备回家，被张良、陈平拦住了：趁他病，要他命。怎么能放项羽这头猛虎归山呢？刘邦说：同意。然后，痛打落水狗。

刘邦一路追杀，项羽一路撤退。汉高祖五年（前202）十月，刘邦追到了固陵（河南省周口市太康县南部）。他本来约了韩信、彭越在此群殴项羽。没想到，这二位爷没来。群殴变单挑，刘邦被项羽一顿胖揍。

这二位爷为啥放刘邦鸽子？因为他们要和组织谈条件、要待遇。韩信：我不当空头齐王，必须给我地盘（封地）。彭越：我要当梁王，有地盘那种。刘邦哪敢不答应，立马批复：只要灭了项羽，这块地盘是韩信的，那块地盘是未来的梁王彭越的。

然后，韩信、彭越就来了。英布也来了（四个月前被封为淮南王）。他和刘邦的堂兄刘贾一起渡淮河南下，围攻寿春（今安徽寿县），劝降楚国大司马（楚军总司令）周殷，平定九江郡（今安徽六安、淮南、合肥等地），然后向北攻打项羽。

三大名将（韩信、彭越、英布）、三个方向（北、西、南），群殴项羽。项羽被打残了。十二月，项羽被层层包围在垓下（今安徽固镇），弹尽粮绝。

有天晚上，项羽在睡觉，突然被四面八方的歌声吵醒了。秦腔？豫剧？山东快书？NO！楚歌！难道刘邦把楚国全占了？！项羽失眠了，起来喝闷酒，女神虞姬作陪。项羽越喝越难过，也唱起了歌：力拔山兮气盖世，时不利兮骓不逝。骓不逝兮可奈何，虞兮虞兮奈若何！翻译成白话文就是：我这么牛，为啥这么倒霉？怎么办呀？

刘邦这个老司机，搞了个大合唱，就把项羽给击垮了，开始认命了。然后，和虞姬哭作一团。虞姬有没有自杀？正史没记载。怎么办？逃吧！当晚，项羽骑着乌骓马，率八百多骑兵突围，向南逃去，准备渡江回老根据地会稽郡。天亮后，刘邦发现项羽跑了，命骑将（骑兵师师长）灌婴率五千人狂追。

过淮河时，项羽身边只剩下了一百多人。跑到阴陵（今安徽定远）时，项羽他们迷路了，就向在田里干活的农民问路。农民伯伯一看，项大魔头想逃命，就代表人民给项羽指了条死路：左拐。左拐是沼泽地。结果，项羽被汉军追上了。群众基础还能更差点吗？项羽边打边撤，身边只剩下了二十八个人。其实，项羽现在的处境，和彭城之战后的刘邦差不多："汉王乃得与数十骑遁去。"

同样面临绝境，项羽和刘邦的表现完全不一样。刘邦像个打不死的小强，就一个想法：逃命。只要活着，就有机会。为了活着，他连自己的儿女都能三番五次踹下车。项羽没刘邦那么泼皮，他很自负，也很敏感，开始自我安慰了。他对下属说：我创业八年了，从来没有失败过。今天这个结局，不是我的错，是天要亡我呀。真不是甩锅，我现在就证明给你们看！然后，他冲入敌阵，斩杀两名汉将、近百个汉兵。然后问大家：怎么样？大家都回答：您说得对。项羽很欣慰，领着大家继续往南跑，到了乌江（今安徽和县乌江镇）。乌江亭长找了一艘小船，说：请您赶紧上船。江东虽小，也足够自立为王了。

换了刘邦，当然是上船就跑。项羽没跑。他笑着说：老天要亡我，还过什么江呀。而且，我也没脸回去，当初带出来八千子弟，现在一个都没有了。然后，命令全体下马，和汉军拼刺刀。项羽一个人又杀了几百个汉军，自己也浑身是伤。这时，他看见个熟人：汉军骑司马（骑兵副司令）吕马童。项羽说：听说刘邦悬赏千金、万户侯要我的人头。这功劳就给你吧。说完，自刎而死。

项羽死后，刘邦亲自给他办了葬礼，还亲自大哭了一场。项家的人，刘邦一个没杀，老朋友项伯等四人还被封了侯。

再说一下项羽的剩余价值。项羽死后，汉军一哄而上抢他的遗体，互相之间都杀红了眼。最后，有五个人各自成功抢到了项羽遗体的一部分，均被封侯。其中，有一个叫杨喜的陕西人，是个小排长（郎中骑）。据说，他抢到的是项羽的一条腿，被封为赤泉侯，从此鲤鱼跃龙门，进入上流社会。

项羽这条腿对中国历史产生了巨大而深远的影响。看看杨喜一些后代的名字，你就知道了：杨震（东汉太尉）、杨彪（东汉太尉）、杨修（大才子）、杨坚（隋文帝）、杨广（隋炀帝）、杨玉环（贵妃）、杨国忠（唐朝宰相）、杨万里（诗人、南宋大臣）……他们家被称为弘农杨氏，是中国历史上响当当的名门望族。而这一切辉煌的起点，是项羽那条腿。

再说回刘邦。安葬了项羽后，刘邦凯歌而还。他做的第一件事，就是撸了韩信的军权。项羽死了，韩信还能活多久？

韩信：军事业务大神的末日

项羽死了，刘邦赢了，韩信悬了。

刘邦灭了项羽后，第一件事就是撸了韩信的兵权，然后给他挪个地儿：从齐王改封为楚王，"王淮北，都下邳（今江苏邳州）"。

这招儿挺高。首先，大大降低了韩信的杀伤力。齐国，当时号称东方版秦国（东西秦），地大物博、人口众多、易守难攻，是独立、造反的黄金地段。除了亲儿子，谁当齐王，刘邦都睡不着。后来，刘邦把齐国封给了皇长子刘肥。

其次，给足了韩信面子。韩信的新地盘楚国，管辖淮河以北地区。这里是韩信的老家，也是项羽的老家，两家距离一百多公里，开车也就一个半小时。项羽有句名言：富贵不还乡，如锦衣夜行，再牛也白瞎。何况韩信出身贫寒，老家人都看不起他。现在，回家乡当首长，简直幸福得冒泡。

再者，淮北一带属于国际性综合交通枢纽，四面透风，很容易被群殴。项羽就是这么被干掉的。让韩信当楚王，是刘邦、张良为他精心打造的一副金手铐。

韩信兴高采烈地回家乡当楚王去了。到任后，先把境内所有市县都视察一遍，每次出行都是重兵护卫，威风八面。第一批接见的，当然是生命中最重要的两个老乡。第一个是一饭之恩的漂母。韩信握着漂母的手，亲切地问道：身体怎么样？今年家里的收成还好吧？有困难一定要和我说。然后，从自己的工资中拿出一千金给她。第二个是让自己受胯下之辱的杀猪汉子。韩信当场任命他为中尉（楚国军分区司令），然后笑着对陪同视察的楚国大员们说：这小子可是个人才呀，当年敢欺负我。我当时为啥没杀他？不值得嘛。我就忍了，才有了今天的成就。小伙子，我得感谢你呀。——韩信这一番表演，那是相当地魅力四射。

刘邦就没这么潇洒了。又是平定叛乱，又是安抚流民，又是让部队轮休，又是恢复生产，又是减免赋税，又是筹备迁都（从洛阳迁都长安）……忙成狗。

就这么相安无事了十个月。然后，出事了。有一天，有人给刘邦写匿名信：韩信收留了项羽以前的大将钟离昧。刘邦听了很不爽：你韩信眼里还有我这个领导吗？他命令韩信立刻逮捕钟离昧，交有关部门法办。

韩信竟然阳奉阴违，只喊口号不落实。一个月后，匿名信升级为实名举报，且罪名更大：韩信谋反。刘邦立即开会，征求军方的意见。大家都说：马上出兵，灭了丫挺的。刘邦都无语了，只好去征求阴谋大师陈平的意见。陈平问：韩信知道有人举报他谋反吗？刘邦说：他不知道。陈平问：咱们能打得过韩信吗？刘邦说：打不过。陈平说：那就别打，打了反而坏事。刘邦说：那怎么办？陈平说：好办。您通知各国诸侯，就说您要南巡，准备在楚国边境的陈地接见他们。韩信肯定会来。到时候，一个大内侍卫就能办了他。刘邦当即下令：通知各诸侯，朕要南巡，在陈地接见他们。

陈平不愧是刘邦的"戴笠戴局长"。在他面前，战神韩信就像个只会打王者荣耀的小屁孩。

韩信接到通知后，心虚了，有点凌乱。反了吧，我又没违法乱纪，楚王当得正爽，为啥要反？不反吧，我就得去见刘邦，万一他要抓我，不就歇菜了？像一个患有深度选择困难症的孩子。有人给他支招：把钟离眛杀了，皇上一定高兴，您就安全了。韩信：好。这情商，这政治智慧，也是没谁了。

一个月后，刘邦在陈地接见诸侯。韩信拎着钟离眛的脑袋就来了。被大内侍卫直接拿下，捆好装车，押回洛阳。韩信很生气：这真是"飞鸟尽、良弓藏；狡兔死，走狗烹"啊！刘邦很轻松：有人举报你造反，说俏皮话没用。

回到洛阳后，刘邦就把韩信闲置了，从楚王降为淮阴侯，让他在京城上班，好好整理一下自己的军事思想和理论，做一个优秀的军事教育家。毕竟韩信没造反，而且能力强、贡献大，刘邦只是对他不放心。而且，韩信被实名举报谋反这事儿，说不定就是陈平陈局长玩的花招。历史明文记载：陈平帮刘邦玩的那些阴谋诡计，很多都是绝密，外人不知情。

韩信也不傻，只是情商低、不会玩政治；现在，搞清楚状况了，就天天请病假，在家宅着。这一年，韩信才三十出头。英雄无用武之地，就开始各种作，看谁都不顺眼，狂得二五八万的。周勃、灌婴那些家伙，什么玩意？！以前老子发表讲话，他们带头鼓掌。现在，都跟老子平起平坐了（都是侯爵）！

有一次，韩信去樊哙家做客。樊哙，刘邦的连襟、沛县帮核心成员、舞阳侯，那也是一跺脚，整个京城晃三晃的主儿；但在韩信面前，就像个脑残粉。韩信来了，樊哙跪在门口迎接；韩信走了，樊哙跪在门口欢送。还自称"微臣"，激动地语无伦次：没想到大王您竟然肯光临寒舍，微臣全家蓬荜生辉。韩信不仅不领情，反而苦笑着说：没想到，老子竟然沦落到和樊哙这种货一起混了。

更不爽的是，还三天两头被刘邦约谈，聊什么狗屁部队建设、军事理论。有一次，刘邦问他：你认为我能指挥多少人打仗呀？韩信说：也就十万人吧。刘邦问：你呢？韩信答：当然是多多益善。

刘邦笑着问：既然你这么牛，为啥被我抓了？韩信强忍着掐死他的冲动，说：因为您天生就是一位伟大的统帅，别人想学也学不会。

就这么生不如死地过了一年多，机会来了。汉高祖七年（前200）冬，韩信的老部下、阳夏侯陈豨（xī）被任命为代国（今山西、河北、内蒙交界地区）相国，统领北方边境的军队，防备匈奴。当时，匈奴已成为汉朝最大的外患。陈豨离京前，向韩信辞行。韩信特意屏退左右，和他密谈。韩信说：你现在手握天下精兵，深得陛下宠信。但是，树大招风、功高震主呀。我的今天很可能就是你的明天呀。如果信得过我，咱们可以联手干票大的。陈豨立正、敬礼：听老首长的！

三年后，陈豨起兵造反，刘邦御驾亲征，还想让韩信给自己当高参。韩信以身体健康为由，留在了京城。然后，暗中和陈豨联系，准备干掉吕后和太子。可惜消息泄漏，被人直接向吕后举报了。

吕后立即与萧何商量（陈平跟着刘邦去平叛了）。在萧何的安排下，吕后派人冒充刘邦特使回京报捷：陈豨已被活捉并处死。然后，通知部级以上官员进宫祝贺。萧何还专门嘱咐韩信：你虽然身体不太好，但这么重要的活动，你可一定要出席哟。

韩信万万没想到，自己的革命领路人、当年"月下追韩信"的萧何，会给自己挖坑！于是，就去参会了。结果，当场被抓捕，斩首。吕后还下令，诛韩信三族。

韩信的一生，是中国历史上底层逆袭的经典案例。跟他相比，项羽的阶层太高、经历太顺，刘邦的性格太彪悍、结局太成功。只有韩信，千百年来，能引起更大范围、更多情绪的共鸣。所以，和他有关的成语多达几十个："一饭之恩""胯下之辱""背水一战""国士无双""妇人之仁""多多益善""置之死地而后生""功高震主""飞鸟尽、良弓藏，狡兔死、走狗烹""成也萧何，败也萧何"……

刘邦返京后，听说韩信死了，又开心又伤感。他问吕后：韩信临死前说什么了吗？吕后：韩信临死前说——真后悔当年没听蒯通的话造反，竟然被你个老娘们骗了。天意呀！

他就是个"汉化版"的项羽：失败了，都爱甩锅给老天爷。

刘邦：朕也差点死在绩效考核上

打败项羽、摆平韩信后，刘邦发现：绩效考核才是天底下最恐怖的事儿。

先说最高奖励：封王。最头疼的是异姓王。汉初主要有八个异姓王：齐王（楚王）韩信、梁王彭越、淮南王英布、赵王张耳、韩王韩信（与战神韩信同名，俗称"韩王信"）、长沙王吴芮、燕王臧荼（zāng tú，第一任）、燕王卢绾（第二任）。这八位爷，除了吴芮（老实、本分）、张耳（死得早），剩下六个，没一个让刘邦省心的。

韩信就不用说了，最让刘邦崩溃的，是第二任燕王卢绾。八个异姓王里，只有卢绾是刘邦主动、心甘情愿封的。为啥？刘邦和卢绾都是沛县人，还是邻居，他俩的爹是好兄弟。更难得的是，刘邦和卢绾是同年同月同日生，从小一起读书、一起玩耍。长大了，刘邦混社会，卢绾当跟班；刘邦当逃犯，卢绾陪着跑路；刘邦造反，卢绾陪着玩命。哪怕刘邦当了汉王，俩人还和小时候一样，刘邦的卧室，卢绾推门就进。同样是沛县帮核心成员，萧何、曹参是亲信，卢绾是亲人（上宠幸绾，群臣莫敢望）。但就是这个比亲兄弟还亲的卢绾，当燕王后，竟然也造反了。刘邦气得发誓：以后，只要不姓刘，谁敢称王，弄死他！

好，不封王。但兄弟们拎着脑袋跟你造反，总得有个交待吧？封侯、定薪，还是头疼。

最让人省心的是张良：不争不抢，还谦让。革命成功后，张良立即以健康为由，请了长假，宅在家里修仙。刘邦封张良为万户侯，食邑三万户。更难得的是，刘邦让张良自己挑封地，而且还是在最富裕的齐国挑。傻子都知道，同样是三万户的税收，贫困县和百强县能差出一个国家的 GDP 来。刘邦对张良绝对够意思，但张良更够意思。他说：我一个小老百姓，当年能和陛下在留城（今江苏沛县境内）相识，真是天大的福气。从那儿以后，有机会跟着您建功立业，已经是上天眷顾了，哪还敢享受三万户的待遇。您把留城赐给我就足够了。

刘邦感动得眼泪哗哗的，便封张良为留侯，食邑一万户。张良这情商，中国历史上绝对进前十。

开国三大功臣里，张良表现最好，主动让；韩信表现最差，主动要，甚至是趁火打劫地要；萧何呢，不主动要，但也不主动让。

萧何的功劳确实大，所以刘邦给的待遇也最高（所食邑独多）。其他开国大爷们不乐意了，主要是武将，他们提意见：我们出生入死、血战沙场，打的仗比萧何开的会都多。他天天坐在办公室里要要笔杆子、扯扯淡，凭什么待遇比我们高？

幸亏刘邦是基层干部出身，特别善于做解释工作，哪怕对面儿是一帮大老粗。刘邦耐心地说：你们都打过猎吧？追猎物的是狗，下命令的是人。你们杀敌立功，就像猎狗；萧何呢，就是下命令的猎人。明白了吗？这帮大爷说：倒是挺通俗易懂的。

这下群臣不敢闹了，但事儿还没完。级别定了，待遇给了，排名呢？大家都是侯爵，出席会议时，谁坐中间？发言时，谁来主持？谁做总结？谁只能讲十分钟？谁可以讲到下班？谁是班子成员？谁又是班长？刘邦头都大了。

开国大爷们一致推举曹参排名第一，理由是：曹参攻城略地功劳最大，身上大大小小七十多处伤疤，简直就是七十多枚军功章呀！他不第一谁第一？谁敢第一？刘邦都快抑郁了，苦笑着问：谁有不同意见？

"我有不同意见。"关键时刻，谒者、关内侯鄂千秋站了出来：曹参虽然战功卓著，但都是一时一地之得失。萧何则不同。楚汉战争长达五年，咱们多少次被项羽打得屁滚尿流、缺兵少粮，哪一次不是萧何及时输血？这才是万世之功呀。一百个曹参都比不上一个萧何。我建议：萧何第一，曹参第二。

刘邦带头鼓掌：千秋同志讲得非常好。便当场拍板：萧何，一等功臣第一名，享受进皇宫免安检、见刘邦不用"小步快跑"的特殊待遇（带剑履上殿，入朝不趋）；萧何父子兄弟十几人全部享受国家特殊津贴（何父子兄弟十余人，皆有食邑）。

级别、待遇、排名都 OK 了，总算完事了吧？并没有。这只是安排好了二十多个一等功臣，还有二百多个开国大爷天天吵着闹着，催着刘邦安排呢。刘邦气得撂挑子了：老子先清净几天再说！

有一天，刘邦在宫里的天桥上遛弯儿，远远看见开国大爷们坐在沙地上，三五成群，聊得热火朝天。刚好张良在，刘邦问他：那帮孙子干嘛呢？张良说：商量造反呀。刘邦笑着说：你也学会开玩笑了，造什么反？张良说：他们抛头颅洒热血，跟着您打天下。现在您皇帝都快当腻了，他们不仅没得到封赏，还要担心哪天惹您不高兴被咔嚓了，能不想辙吗？

刘邦苦着脸说：我不是不赏他们。那二十多位爷就把我折腾散架了，这二百多位爷，怎么可能一时半会儿安排好？我又不是专职 HR！张良说：我给您支个招。这二百多个人里面，您最讨厌的、而且大家都知道您最讨厌的，是谁？刘邦咬着牙说："雍齿！当年他差点把我扼杀在革命的摇篮里！还经常羞辱我！要不是他还有点功劳，我早宰了他。"这才是帝王气度。张良说：尽快封赏雍齿，其他人就不着急了。

刘邦立马照办。二百多个开国大爷放心了：连雍齿这孙子都封侯了，咱还担心个啥！

终于搞定了，可以喘口气了吧？

不可以。因为刘邦又有了新烦恼。通过这次绩效考核，他发现，这帮大爷一点规矩都不懂，为了个人利益，当着自己的面喝酒骂街打架，简直无法无天。老子好歹是个皇帝好不好！

这时，一个大牛站了出来：陛下，我来帮您。他叫叔孙通。一个被很多知识分子超级鄙视的大知识分子。

叔孙通：一代宗师是拍出来的

　　叔孙通（复姓叔孙），大知识分子，一个郁闷的处级干部。

　　他资格很老。十年前，刘邦还在沛县当流氓时，他就是秦始皇亲自选拔的待诏博士（大内政研室处级干部），虽然级别不高，但属于皇帝的智囊，晋升机会非常多。他还是国内知名的儒学大师，常年跟随左右的弟子就有一百多人。十年过去了，秦始皇都被项羽盗墓了、刘邦都当皇帝了，他还是个博士，一个不招人待见的正处。

　　首先，领导不待见他。刘邦最讨厌儒生（儒家学派读书人），他有句名言：老子骑马打天下，要四书五经有屁用！凡是儒生来拜见，刘邦都会摘下他们的儒冠，往里面撒尿。谈起儒生，刘邦只会问候他们家人。叔孙通只能夹着尾巴做人。既然领导不喜欢，咱就努力不让领导讨厌呗。他开始不穿儒服，改穿领导老家特色的休闲服，尽量让领导看着顺眼点（乃变其服，服短衣，楚制）。

　　其次，同行不待见他。圈内人都知道，叔孙通是出了名的没节操。陈胜吴广起义时，秦二世胡亥紧急召集大内政研室处级以上干部开会：陈胜攻占了陈城，我想听听大家的意见。同志们纷纷表态：这是公然造反，应该立即派兵镇压！领导的脸色变得很难看。叔孙通一看，马上发表意见：你们简直胡说八道！在领导的英明领导下，四海升平、国泰民安，哪有人造反？不过是帮小流氓在闹事，当地警方就能搞定。

　　领导很开心，当场重赏叔孙通；然后，把那些持造反论的，全抓了。大家都说叔孙通是个马屁精。叔孙通说：你们懂个屁，保命要紧。秦朝要完蛋了，赶紧溜吧。然后，收拾行李，第二天就回薛城老家了。

回老家后，他投靠了项梁。项梁死后，他投靠楚怀王。楚怀王被流放，他投靠项羽。刘邦攻占彭城，他投靠刘邦。从秦始皇到刘邦，从秦朝到汉朝，谁红他跟谁，不断换主子（六位），勇攀高枝。同行当面嘲笑他：叔孙大师，您伺候过的主子，十根指头数得过来吗？

第三，学生也不待见他。叔孙通领着一百多名学生投靠了刘邦。来了才发现，儒生在刘邦这儿根本不吃香。怎么办？挑领导喜欢的来呗。叔孙通虽然是个大知识分子，但从来不书呆子，朋友多得是。他给刘邦推荐各种社会人：黑道大哥、抢劫犯、杀人犯、职业打手啥的。学生们很不爽，背后各种不满：我们跟了老师这么多年，老师为啥不推荐我们，反而推荐那帮人渣？叔孙通听说后，对学生们说：汉王在打天下，你们很能打吗？着什么急？放心，跟着我，亏待不了你们。

因为推荐人渣有功，叔孙通被刘邦任命为处级干部，还是老本行：博士。叔孙通无所谓，待着呗，熬着呗，混着呗，机会总会有的。就这么过了五年，革命胜利了，刘邦当皇帝了，机会终于来了。

刘邦当皇帝后，把秦朝繁苛的礼仪制度全废除了，怎么简单方便怎么来。确实太方便了，方便得经常闹笑话。

有一次，御史大夫（分管纪检的副丞相）周昌去找刘邦汇报工作。一进门，看见刘邦正搂着最宠爱的戚夫人（汉朝皇帝、皇太子的妾称"夫人"）在玩耍。周昌红着脸扭头就跑。刘邦追上来，骑到周昌脖子上问他：你跑啥？周昌是个耿直的正人君子，满脸通红、一声不吭。刘邦说：你觉得我是个什么样的皇帝？周昌说：你是个荒淫无道的皇帝。刘邦哈哈大笑。是不是有种看《乡村爱情》东北 F4 的感觉？但这却是白纸黑字写在《史记》里的事儿。

好吧，这好歹还算个喜剧。但刘邦分封功臣时，长达一年多的百官争功，可就是一出鸡飞狗跳的闹剧了（详见前篇）。有规矩，烦。没规矩，更烦。

叔孙通的机会来了。他立即向刘邦递交请战书：养兵千日，用兵一时。终于轮到我们读书人报效祖国了！臣愿为陛下分忧，制定一套切实可行的礼仪制度。刘邦说：不会太复杂吧？叔孙通说：一点都不复杂。礼仪嘛，本就是以您为本、与时俱进的。刘邦说：我就一个要求，方便。叔孙通说：必须滴。

领导批示后，叔孙通亲赴山东选拔儒生参与制定礼仪。符合条件的有三十二名，没想到，有两个不愿意。这二位说：一、你是个马屁精。二、老百姓的温饱都没解决，搞个啥礼仪？您请便吧，俺丢不起这人。叔孙通笑了：真是个死脑筋，读书读傻了吧？然后，带着其他儒生返京。

回京后，叔孙通带着山东儒生、自己的弟子和刘邦身边有文化的亲信，共一百多人，一起制定礼仪。然后，人工搭建实景、带妆彩排了一个多月。然后向刘邦做了汇报演出。刘邦看后表示：我看行。然后命令文武百官据此操练。

高祖七年（前 200）春节，长乐宫落成。刘邦下令，按照叔孙通制定的礼仪举行典礼，在京局级以上干部全部参加。整个典礼盛大、隆重、有序举行，圆满完成。典礼结束后，刘邦给了一句评价：我今天才知道当皇帝有多爽！

有了领导这句话，叔孙通想不牛都难。刘邦把他从正处（博士）直接提为正部，而且还是排名第一的太常，相当于文化部长＋教育部长＋党校校长＋卫生部长等等，并赏赐金五百斤。叔孙通趁机向刘邦推荐自己的学生：他们在此次制定礼仪工作中表现优异，希望能有机会继续为国效力。刘邦照单全收，全部任命为郎官（大内办公厅科级干部）。叔孙通把赏金也都分给了学生。学生们高兴地说：您真是位圣人呀。

此后，叔孙通继续完善礼仪制度，成为汉家礼仪的奠基人；还担任太子太傅（东宫事务总负责人），成为一代帝师（他的学生是太子刘盈，即汉朝第二位皇帝汉惠帝）。喜欢他的人，如司马迁，尊他为一代宗师（汉家儒宗）。鄙视他的人，如司马光，称他为最大的五毛党（依世、谐俗、取宠）。

叔孙通无所谓，因为他相信一条：领导喜欢就好。

刘邦：一个做大事的爹，有多可怕

刘邦这辈子吃过最大的亏，来自冒顿（mò dú）。

冒顿，匈奴单于，和刘邦一样牛，还比刘邦年轻二十多岁。想当年，匈奴很惨，先后被赵国名将李牧、秦朝大将蒙恬打残，退出河套地区，不敢南下。秦末大起义爆发后，北方边境的秦朝精锐部队南下平乱，匈奴才敢出来活动活动。秦朝灭亡后，项羽和刘邦打得热火朝天，而且一打就是五年，没空儿管它。匈奴自己也争气，在新领导冒顿的领导下，趁机做大，统一了北方草原。等刘邦打败项羽当皇帝时，冒顿已是拥兵三十万的北境之王了。

刘邦对此一无所知。汉高祖七年（前200），刚刚深度体验了一把唯我独尊（长乐宫落成大典）的刘邦，亲率大军北上平叛。因为韩王信投降匈奴了，被刘邦逼的。

韩王信不仅能力强，地盘还属于黄金地段（河南中西部），是关中地区的东大门。别人家都是看门狗，刘邦家门口蹲匹狼，能不提心吊胆吗？所以，韩王信直接被强拆：到鸟不拉屎的晋西北当炮灰，打匈奴去。刘邦还不放心，三天两头搞训诫：给我老实点，不听话就收拾你！韩王信一怒之下，投降匈奴了。

刘邦更怒：果然狼子野心卖国贼！他御驾亲征，准备灭了韩王信，教训教训匈奴。他不知道，等待他的是这辈子最大的坑。幸亏，有陈平陈局长跟着。

开局很顺利，韩王信被打败，匈奴援军被打败。刘邦轻轻松松收复失地，进驻晋阳。听说冒顿驻兵在代谷（今山西繁峙县及旧崞县一带），刘邦心想：来都来了，就灭了这个不知天高地厚的傻小子吧。

因为轻敌冒进，刘邦和先头部队被冒顿的四十万骑兵包围在白登山（今山西大同境内）。汉军多次突围失败，伤亡惨重。七天后，弹尽粮绝，刘邦眼看就要驾崩在这荒山野岭了。关键时刻，又是陈平陈局长只手回天。史书的记载很简单：陈平买通了阏氏（yān zhī，匈奴单于的正妻），阏氏劝冒顿放了刘邦，冒顿同意了。具体细节，属于高度机密（其计秘，世莫得闻）。

从东汉开始，就有学者研究（八卦）：陈平到底用了什么不能说的计谋？有人猜是送小三，有人猜是跳大神……虽然说法不一，但他们一致认为：肯定是有损国体、有损刘邦光辉形象的下三滥招数。

不管什么招儿，反正，陈平又立了大功。刘邦死里逃生。回京途中，路过曲逆（今河北顺平东南），刘邦发现，这座城虽然不大，但市容市貌和大都市洛阳有得一拼，就对陈平说：赏你了。

冒顿虽然放了刘邦一马，但并没消停，三天两头还来骚扰。刘邦快崩溃了：老子刚打了五年仗，没钱没粮没体力，折腾不起呀。

这时，一个叫刘敬的大牛支了个招。刘敬（本姓娄）这辈子就干了四件事，每一件都关系到汉朝的长治久安。先说头三件事：建议刘邦迁都（从洛阳迁到长安）；建议刘邦移民（把六国豪强都迁到关中）；建议刘邦重视匈奴（刘邦不听，才有白登之围）。这第四件，更是对中国上千年的历史产生了重大影响。刘敬说：我有个招儿，可以让冒顿服服帖帖，而且子子孙孙都向您认怂。但是，我估计您不会接受。刘邦说：卖什么关子？说！

刘敬说：把长公主（鲁元公主）嫁给他，嫁妆越多越好。冒顿肯定感恩戴德，立长公主为阏氏，将来生了娃，那就是太子。您作为老丈人，每年再贴补他点儿，再好好教育教育。冒顿活着，乖乖当您女婿。冒顿死了，您外孙接班，那就更稳了。没听说过外孙敢和外公较劲的。这样，咱们不用打就能降服匈奴。我只提醒一点：必须是长公主出嫁，换别人冒充，没效果。

影响中国历史上千年、争议不断的和亲政策，正式登场。刘邦是谁？为了逃命，能把亲生儿女推下车的主儿。所以，他高兴地连声说好，然后开始给鲁元公主置办嫁妆，筹备她和冒顿的婚事。

第一件事是先给鲁元公主办离婚手续。因为公主三年前就已经嫁人了，老公是赵王张敖（张耳之子），娃都有了。刘邦这爹当的，真霸气。但是，当妈的不同意。皇后吕雉一哭二闹三上吊：我就这一个女儿，你为啥要把她送进狼窝呀！刘邦再霸气，也架不住后院起火，只好找了个普通宫女，冒充长公主，嫁给冒顿；并派刘敬为特使，前往匈奴缔结和亲盟约。此后，汉朝与匈奴共和亲八次，换取了近七十年的休养生息。

这里特别说一下鲁元公主吧（她的名字，史书未记载）。摊上刘邦这个爹，她这辈子确实够刺激的，普通人想都不敢想：第一件事，她爹为了逃命，把她和弟弟（汉惠帝刘盈）多次推下马车，差点被敌人抓住。第二件事，结婚生娃后，她爹为了事业，要她抛家弃子、远嫁匈奴。第三件事，她老公的下属谋反，她老公被抓。结果，老实本分的老公被剥夺王位、封国，降级为侯；谋反的下属却得到她爹的赏识。第四件事，她同父异母的大哥（刘肥）以晚辈自居，尊奉她为王太后。因为她妈想杀她大哥，她大哥通过讨好她来活命。第五件事，她弟弟当皇帝后，被她妈吓得大病一场，然后拒绝上班，然后她妈当家做主，成为中国有皇帝以来的第一个女主。回头细讲。第六件事，她妈妈为了亲上加亲，竟然让她十岁的女儿嫁给她弟弟为皇后！这场人伦惨剧，以她弟弟抑郁而终、她女儿孤独终老而结束。两人并未生育子嗣，据说，是因为她弟弟拒绝和亲外甥女同房。

南北朝时期，刘宋的末代皇帝刘准，十三岁时，被迫退位，惨遭杀害。他说过一句很出名的话：愿生生世世，再不生帝王家。

异姓王：**有一种人生，能力越大，死得越快**

把干女儿嫁给匈奴后，刘邦开始收拾异姓王。因为他老了（年近六十岁），时间不多了。

刘邦为何这么忌惮异姓王？看数据：刘邦统治二十四郡，人口约八百万。异姓王统治二十二郡，人口约七百万。七个异姓王加一起，完全具备和中央政府掰手腕的实力，这就是七匹狼。再看看自己的接班人（太子刘盈）：一只温柔善良的小羊。刘邦对他有两个字的评价：仁弱。刘邦不失眠才怪。

他最忌惮的是楚王韩信，所以，第一个收拾的就是韩信：圈养在京城搞研究吧。第二个收拾的，是韩王信，结果掉大坑里，摔了个半死（白登之围、被迫和亲）。韩王信的背叛、匈奴的死亡凝视，让刘邦更加焦虑，开始更加铁腕、更加快速地清理异姓王。第三个被收拾的，是刘邦的女婿：赵王张敖。

其实，张敖在七个异姓王里忠诚度最高。他爸张耳是刘邦的老领导，自己是刘邦的女婿，大仇人陈馀是刘邦帮忙干掉的，赵国是刘邦帮着重建的。所以，当张敖的下属提出造反，想帮他把事业做大时，张敖当场立下血誓：我绝不造反。就连吕后都多次为他背书：咱女婿不会造反。

没用！刘邦连女儿都不在乎，怎么会相信这个便宜女婿？他直接回怼吕后："张敖要是当了皇帝，女人多的是，你女儿算个屁！"所以，当有人举报张敖造反时，刘邦立即抓捕张敖。张敖没做任何反抗。审查结果显示，张敖是无辜的。但他依然被剥夺王位、封国，只不过看在鲁元长公主的面上，没有处理得太严厉，只是降为侯爵。

"张敖集团谋反事件"释放出更强烈的信号：异姓王的忠诚度不重要，重要的是干掉他们。日趋焦虑的刘邦、人人自危的异姓王，整个帝国像一个火药桶，就差一个火炬手了。耿直 boy、御史大夫周昌：我来！

除了异姓王这个外患，刘邦一直有个内忧：太子是个小绵羊。所以，他想换跟自己一样霸气的三儿子、新任赵王、十岁的刘如意当太子。大臣们集体反对。反对最激烈的，就是周昌。他当面和刘邦叫板，坚决不同意。刘邦无奈，只能暂时搁置此事。但为了老三以后不被欺负，刘邦让德高望重、自己都要怕三分的周昌出任赵国相国。没想到，周昌一上任，就捅了个天大的窟窿。

韩王信投降匈奴后，刘邦新任命的代国相国、北境总司令陈豨红极一时。有一次，陈豨休探亲假，路过邯郸（赵国国都）。那排场，简直太违规违纪了。光随行的豪车就有一千多辆，随行人员直接把邯郸所有的宾馆都住成了"客满"。周昌眼里从来不揉沙子，何况是沙尘暴。他立刻向刘邦汇报：陈豨拥兵自重，而且人员严重超编，食宿行严重超标，他这是想造反吧？

刘邦非常重视，立即派专案组赴北境彻查。哪有不怕查的官员？果然，陈豨和身边人违法乱纪的事情一大堆。陈豨害怕了。韩王信趁机挖墙脚：来匈奴吧，待遇好、羊肉真，还安全。

高祖十年（前197）九月，陈豨造反，自立为代王（地盘在晋察冀交界）。刘邦又亲率大军平叛，三个多月就基本搞定了。但陈豨叛乱彻底引爆了异姓王这个火药桶，三大异姓王（韩信、彭越、英布）接连爆雷。

首先是被圈在长安搞研究的淮阴侯韩信。他当年就煽动陈豨造反，陈豨造反后，他更是积极谋划，准备刺杀留守长安的吕后和太子。然后，被举报，被吕后杀死。

其次是游击战大神、梁王彭越。刘邦讨伐陈豨时，命令彭越率兵支援。彭越说自己有病，只派了一支部队北上。"你竟敢公然、带头不听指挥？"刘邦非常生气，做出了严厉批评。彭越害怕了，想亲自去请罪。部下劝他："您之前不去，挨批了才去，还回得来吗？干脆反了吧。"彭越没同意，也没防备。然后，被人举报谋反。刘邦秘密抓捕彭越，关押在洛阳。

有关部门依法审讯并作出判决：确有谋反的迹象，按律当斩。但毕竟是为革命做出过巨大贡献的人，刘邦没杀他，而是一撸到底，贬为平民，押送蜀郡青衣（今四川芦山），监视居住。吕后对刘邦说："彭越这样的人，即便扔到老少边穷地区，也是放虎归山。杀了吧。"刘邦说："好。"于是，又依法审理了一遍，彭越被判处死刑，诛三族。

陈豨造反，韩信造反，彭越"造反"，刘邦的焦虑症越来越严重。他下令：把彭越做成肉酱，快递给各位诸侯大爷（醢〔hǎi〕其肉以赐诸侯），让他们好好领会、消化一下"中央精神"。

淮南王英布直接消化不良，出现严重反应。韩信死的时候，英布就高血压了。收到彭越的肉酱，英布的血压当场爆表，立刻下令：全军秘密集结，淮南国进入一级战备状态，等候命令。然后，被人举报谋反。

发现没？除早期的韩王信外，韩信、彭越、英布这几个异姓王全被实名举报。干掉异姓王，已成为朝野上下的一种默契，一个刘邦铲除异己、官员打击报复的良机。

英布最悲摧。他怀疑自己的宠妃和下属有一腿，要宰了这货。

没想到，人家提前溜了，跑到长安，实名举报他造反。英布气得帽子和脸都绿了：那就反他娘的吧！至此，汉初三大名将，也是实力最强的三大异姓王，一年之内，全部"造反"。

其实，刘邦也几乎扛不住了。他身心俱疲，躲在宫里，连续十几天不见人。百官请示汇报，全部吃了闭门羹……关键时刻，又是沛县帮"纪委"——樊哙同志，领着大家夺门而入。樊哙哭着对瘫在龙床上的刘邦说：想当年，您带着我们打天下，横扫千军、英雄盖世！如今，天下已定，您怎么反而怂了？您就这么自暴自弃，躲在宫里想当个狗熊吗？

刘邦哈哈大笑，起床工作。他亲自领兵，大破英布。英布败逃，被自己的亲大舅哥、长沙王吴臣（首任长沙王吴芮之子）诱捕、诛杀。至此，七大异姓王，只剩下弱小、懂事儿的长沙王吴臣和刘邦的发小、比亲兄弟还亲的燕王卢绾。

高祖十二年（前195）十月，刘邦平定英布叛乱后回京，路过老家沛县时，特意停留了半个月。他大摆宴席，把老朋友、老亲戚、老街坊全部请来，喝酒聊天，回忆当年。酒酣耳热之际，刘邦自弹自唱：大风起兮云飞扬，威加海内兮归故乡，安得猛士兮守四方！

一代雄主、万丈豪情，难掩心中疲惫、焦虑。他含着热泪对家乡父老说：游子悲故乡。哪怕我当了皇帝，永远思念的还是家乡，哪怕百年以后，我的魂魄也会归来。

他万万没想到，即将让他大为失望的，正是他的老乡、至交、兄弟：萧何、卢绾。

萧何：我的缺点，就是跟领导不见外

刘邦的朋友不多，创业成功后就更少了。

跟他一起打天下的很多。但张良、韩信、彭越他们，类似合伙人；陈平、郦食其、叔孙通他们，属于上下级；真正算朋友的，也就沛县帮那伙老兄弟：萧何、曹参、樊哙、周勃、卢绾、夏侯婴。其中，他最看重的是萧何，最亲近的是卢绾。卢绾和刘邦同年同月同日生，从小一起光屁股长大，比亲兄弟还亲。

萧何，是刘邦进入社会后最重要的朋友，没有之一。想当年，萧何是沛县主吏。刘邦当小混混时，萧何就是他的保护伞；刘邦当亭长时，萧何是他最坚实的靠山。两人的关系非常铁。刘邦去咸阳出差，县上的公务员朋友给他凑盘缠。大家都给三百钱，唯独萧何给了五百钱。这份人情，刘邦一直没忘。当皇帝后，刘邦分封功臣时，多给了萧何两千户的食邑，还特意说明：这是还你当年多给我两百钱的情谊。

刘邦造反后，萧何跟随左右，成为最得力的助手。刘邦率大军征战天下，萧何坐镇关中、全力支援；一主外、一主内，配合默契。所以，分封功臣时，刘邦力排众议，为萧何记首功，赏赐最多、待遇最高。

就是这样的老铁，差点被刘邦宰了。刘邦平定英布回京后，萧何递了一份报告：长安人多地少，上林苑（秦汉时期的"颐和园"）里有许多废弃的荒地，希望能让百姓耕种。挺好一惠民政策，刘邦看后却勃然大怒：萧何你他娘的收了多少好处，竟敢算计我的上林苑！？直接下令将萧何拿下，打入天牢，等候处置，连重刑犯的刑具都用上了。

刘邦为啥暴怒？萧何犯了什么天大的错误？刘邦说了四个字：自媚于民。翻译成白话文就是：收买民心。萧何这是犯了大忌。尤其是在刘邦晚年，整天因为交接班问题而重度焦虑时。

其实，刘邦事业做大后，对萧何一直有猜忌。刘邦常年在外征战，不管是和项羽争天下，还是平定陈豨、英布叛乱，工作再忙、压力再大，都会经常派人回京问候萧何全家：最近工作忙不忙？身体挺好吧？家人都好吧？钱够花吧？萧何有点感动：主公真是对我关怀备至。时不时就有人提醒他：那不是关心，是不放心。您再不表态，离落马不远了。萧何赶紧表态：把家人送到前线参军，在刘邦眼前当差（人质）；坚决拒绝升职加薪；想方设法贪污受贿，鱼肉百姓……刘邦很高兴。

比如这次征讨英布回京，刘邦的车队一进长安，拦轿喊冤、实名举报萧何的百姓把路都堵了。刘邦特别高兴，一见萧何，就把厚厚一摞举报信交给他，笑着说：好你个萧相国（丞相 plus 版），竟敢欺负百姓、以权谋私！自己看着办吧。君臣二人亲密无间，一团和气。

可惜，萧何这人，虽然资格老、关系铁、能力强、水平高，但有个致命的缺点：跟领导不见外。领导不拿他当外人，他也不跟领导见外。有两件事足以证明。

一是萧何追韩信。当年，刘邦要去四川当汉王，事业处于低潮期，干部流失严重。韩信因为不受重用半道上也跑了。萧何知道后，立刻骑马去追，竟然不知道第一时间向领导汇报。结果，刘邦听说萧何不见了，暴怒：萧何他娘的也跑了！？即便萧何事后解释说自己去追韩信了，刘邦还是不相信：少他娘的忽悠我。你总觉得把事做好，领导自然看在眼里。领导首先看到的是，事先不请示，事后不及时汇报，你还有没有组织纪律性？

二是刘邦分封功臣时，百官争功。开国大爷们坚决反对萧何首功，刘邦为此磨破了嘴、操碎了心。萧何呢，一副当仁不让、坐等公示期结束领奖授勋的模样。你哪怕客气几句、谦虚两下，哪怕对刘邦诚恳地说句：领导费心了，领导辛苦了。也算懂点事。看看人家张良，功劳不比你小，说话办事比你漂亮多少倍！还以为这是在沛县喝大酒、讲哥们义气呢？真以为地球缺了你不转了？汉朝缺了你就不开国了？

这种领导没把我当外人、我也不跟领导见外的心态，很要命。所以，他认认真真地基于为百姓谋福利的初衷，搞了个上林苑种田的民生工程。刘邦能不暴怒吗？你一个大臣跟朕抢民心，到底想干嘛？所以，萧何被抓，说冤也冤，说不冤也不冤。

幸亏刘邦不是朱元璋。过了几天，刘邦的一个亲信帮萧何求情。他问刘邦：萧何犯了什么大罪，您突然就把他拿下了？刘邦先谈了一下自己对什么是好下属的看法：好下属就要勇于背锅、善于背锅。听说李斯做丞相时，有了成绩，都归功于秦始皇；出了差错，都归咎于自身。然后，又谈了自己对萧何的评价：萧何呢，竟敢拿我的上林苑去收买民心。我能饶了他吗？

亲信说：我认为您的怀疑稍微有点轻率。制定利国利民的政策并请您审定，本来就是萧何的本职工作。多年以来，您经常亲自在一线主持军事工作，萧何长期坐镇关中统筹调度。如果他有二心，中西部地区早姓萧了。何苦现在为了仨瓜俩枣背叛您？秦朝就是因为文过饰非、粉饰太平而丢了天下，就算李斯勇于背锅、善于背锅，有啥用？不值得学习。

刘邦听完，很不高兴，但还是当即把萧何放了。萧何立刻进宫，向刘邦请罪。刘邦夹枪带棒：相国大人不要这样啦。您帮百姓谋福利，我却不批准。您是心怀百姓的好相国，我是残暴不仁的昏君呀。把您关起来，就是想让百姓知道我有错呀。萧何想死的心都有了。

其实，刘邦这么敏感，也正常。利益面前，别说萧何了，亲儿子也靠不住，那也是小算盘打得啪啪响。英布叛乱时，刘邦身体不好，想让太子刘盈领军去平叛。

太子没去。因为他妈吕后哭着替他请假：英布，一只猛虎；您那些将领，一群恶狼；太子，一只小绵羊；一只羊领着一群狼去打大老虎。这很危险呀。您虽然身体欠佳，但于公于私还得辛苦一下。这番话有理有据，有情有义。刘邦无奈，只好强撑着病体，亲自去打英布。但真实原因呢？很简单，用太子帮的话来说就是：太子去打英布，赢了，也不能马上当皇帝；输了，太子的地位就危险了；谁去谁傻。所以，太子装病不去。所以，刘邦能信谁？

还没等衰老、焦虑的刘邦缓过神来，又遭到一记暴击：卢绾反了。

陈平：挖坑大师填坑记

刘邦死了。临死前，给护军中尉陈平挖了个大坑，命令陈平亲自护送周勃到前线，撸掉樊哙的军权并当场诛杀，然后，帮助周勃接管部队。

专业挖坑十多年，这回掉坑里了，还是个巨坑。陈平都要哭了。一、樊哙不好杀。人家正领着千军万马在京津冀打卢绾呢。二、樊哙不能杀。人家是吕后的亲妹夫，背后是整个吕氏集团。别说杀他，撸掉他，就已经捅破天了。

但是，领导亲自挖的坑，你敢不跳？你会死得比樊哙还快。因为刘邦去世前，已经被卢绾的造反搞崩溃了，看谁都像叛徒。燕王卢绾，刘邦的发小，比亲兄弟还亲，造反了。卢绾为啥造反？被刘邦吓的。那么多异姓王都被刘邦干掉了，卢绾能不怕吗？

论关系，赵王张敖是刘邦的亲女婿，忠心耿耿。论能力，楚王韩信、梁王彭越、淮南王英布，汉初三大名将，战功赫赫。论付出，韩王信被强拆、当炮灰，舍小家顾大家。傻子都看得出来，刘邦根本不信任异姓王，不死不休。

卢绾为了自保，想了个损招儿：养敌自重。他和汉朝叛将陈豨、匈奴人暗中勾结，故意放水，想让陈豨活得更久一点，北方局势更乱一点，自己的位置更稳一点。

刘邦收到卢绾造反的情报，根本不信。直到四方（汉、燕、陈豨、匈奴）证人证言收集齐全，刘邦才不得不接受事实：卢绾果反矣！

他命令亲妹夫、老兄弟樊哙带兵去干掉卢绾。

刘邦心如死灰。吕后找来专家给他看病，他直接开骂：老子是真龙天子，生死有命、富贵在天，你治个屁？直接放弃治疗。皇帝都撂挑子了，局面只会更乱。

樊哙刚上战场，后方就有人举报：樊哙和吕氏集团勾结，准备等您去世后就杀了赵王（刘如意，刘邦最宠爱的三儿子，太子刘盈最大的竞争对手）。英雄老去的刘邦现在只会两件事：大怒、杀人。他当场命令陈平：去，宰了樊哙这个王八蛋！

这种神仙打架，陈平哪敢参与，只怕躲得慢。现在，被逼入坑了，要表态了，要站队了。那就跳吧。倒霉的陈平带着同样倒霉的周勃（沛县帮核心成员），坐着专车，一边向京津冀飞奔，一边商量怎么办。樊哙决不能杀。他不仅是吕后的亲妹夫，更是刘邦的老兄弟，万一刘邦反悔了，这锅背不起。陈平决定：把樊哙抓回长安，交领导亲自处理。你们姐姐妹妹姐夫妹夫一家亲，爱咋咋地。至于周勃接管军队的问题，对陈平来说，就不算个问题。

陈平的车队来到樊哙军营附近，陈平让周勃藏在车里，自己则摆出钦差的谱儿，派人通知樊哙：速速出营接旨。樊哙当然知道陈局长的分量，赶紧出来迎接，当场被拿下。然后，周勃下车、接管部队；陈平带着樊哙、坐专车回京。

大功告成？不，生死考验刚刚开始。刚走到半路，噩耗传来：刘邦驾崩了。陈平直接吓尿：完了完了完了，吕氏集团肯定要干掉我。因为，他执行的是杀掉樊哙的任务。没人相信，世上会有陈平无法完成的任务。所以，樊哙一定是具尸体了。

陈平当机立断，必须尽快向吕后解释清楚，否则夜长梦多，小命不保。他下令：随行人员陪同樊老照常返京，务必保证他老人家吃好喝好玩好、身心愉悦健康。然后，自己极速狂奔，回长安。

刚进河南境内，就被吕后的特使截住了：军统副局长陈平调任荥阳军区政委，即刻赴任……这是准备动手了呀。先把我调离原单位，再查我老底儿，收集罪证，起诉审理，宣判执行。这套路，老子发明的！陈平当场表示：坚决服从组织安排，我回家收拾收拾，马上履新。然后，甩开吕后特使，继续狂奔，回长安。必须和吕后当面解释清楚，否则没机会了。

到了长安，陈平直接进宫，但没去找吕后。尽管樊哙没死，但吕氏集团已经得罪了，稍不留神，死了都没人知道。他必须公开、透明地向吕后解释、示好。所以，他选择了向刘邦"汇报工作"。他跑到刘邦的灵堂，当众跪倒在地，向老领导认认真真地汇报工作，痛哭流涕地承认错误：我有罪呀。您命令我杀了樊哙，但是，我没有遵照执行。因为我觉得樊将军功勋卓著、赤胆忠心，这样的好干部，不能杀呀。所以，我就把樊将军健健康康、安安全全地请回来了，随后就到。我辜负了您的信任，我对不起组织呀。

吕后一听，陈平还真是特懂事、能办事、会来事。就亲自过来安慰他：陈政委辛苦了，回家好好休息吧。

陈平当然不能回家。樊哙毕竟是自己抓的，而且还没到京。路上会不会出意外？返京后会不会告黑状？吕氏集团会不会就此罢休？吕后会不会变卦反悔？一切都是未知数，回家等死吗？

于是，他先衷心感谢了领导对自己的关心，然后主动请缨：先皇刚刚驾崩，稳定压倒一切，我愿意亲自负责皇宫的安全工作，确保太子顺利继位。吕后正为这事儿犯愁呢。陈平亲自负责，她当然是一百个乐意和放心，便当场任命陈平为郎中令（大内办公厅主任兼警卫局局长），让他好好辅导新皇帝刘盈。总算安全着陆了。以后，宫里谁放个屁，陈主任都会第一时间知道。而且，攀上吕后和新皇帝，有了护身符。吕氏集团其他成员再想整陈平，没那么容易了。

刘邦死后，吕后开始当家做主，长达十六年。吕氏集团鸡犬升天，权倾朝野。因为得罪了吕氏集团，尤其是得罪了樊哙的老婆吕媭（xū），这十六年，陈平一直夹着尾巴做人。不过，吕氏集团忘了件事：得罪了陈局长，后果更严重。

十六年后，吕后去世。干掉吕氏集团的，就是老司机陈平。和当年一样，副驾位置上，坐的还是周勃。

吕雉：最成功的女性，最失败的母亲

　　吕雉，是这个世界上最成功的女性，也是最失败的母亲。

　　先说最成功的女性。首先是嫁得好。老公刘邦白手起家，当了皇帝。中国历史上唯一可以和吕雉媲美的，是朱元璋的老婆马大脚。其次是干得好。她是中国有皇帝以来的第一位女主，统治中国十六年，无为而治、休养生息，为文景之治打下良好的基础。因为成绩优秀，她和武则天并称中国历史上两大优秀女领导，史称"吕武"。如果加上成绩一般的慈禧太后，则是三大女领导。

　　但是，作为母亲，她是最失败的。吕雉和刘邦生了一儿一女。儿子叫刘盈，先当太子，后当皇帝（汉惠帝）；女儿名字不详，被封为鲁元公主，后嫁给赵王张敖。刘邦去世后，儿子继位当皇帝，吕雉开始当家做主。悲剧正式开始。

　　吕雉当家后，做的第一件事，就是手撕"小三"。"小三"叫戚夫人，年轻漂亮爱发嗲，刘邦生前特别宠爱她。不管是在家办公，还是出门应酬、视察地方，都把戚夫人带在身边。吕雉呢，和"小三"刚好相反，成熟稳重爱工作。刘邦说：家里事多离不开你，好好干。吕雉咬着后槽牙忍了。反正她是女强人型，又是秘杀韩信，又是截杀彭越的，过得也挺充实。尤其是刘邦晚年身体很差，吕后就是个常务副皇帝。

　　没想到，戚夫人竟然蹬鼻子上脸，盯上了太子的位置，经常对刘邦撒娇卖萌灌迷汤，想让自己的儿子、赵王刘如意当太子。刘邦同意了，三番五次要换太子。要不是张良、周昌、叔孙通等大臣坚决反对，吕雉就悲摧了：老公的爱、儿子的前途、自己的正宫位置，差点全部和她说 byebye。吕雉的压力有多大？当年，御史大夫周昌和刘邦当面硬怼，坚决反对换太子。吕雉特别感激，竟然给周昌下跪，表示感谢。

现在，刘邦死了，吕雉当家做主了，能饶得了那个"贱人"和那个"贱种"？"小三"戚夫人直接沦为劳改犯，被圈禁起来，剃光头、脖子套铁箍、穿囚服，每天做苦力。然后，收拾赵王刘如意。敢和我儿子抢位置？找死！吕雉下令，让十二岁的赵王进京述职。

为了儿子，吕雉什么事都干得出来。但是，儿子不喜欢。母子之间就此爆发冲突，甚至激烈对抗。汉惠帝确实是个好孩子，温和善良。刘邦最讨厌他这一点，所以一直想废了他。

惠帝先是委婉对抗。知道妈妈要杀弟弟赵王，他就提前到长安城外迎接赵王入京，带他入宫，然后，吃住都在一起。吕雉干着急，没办法。有一天，惠帝早上出宫打猎，赵王爱睡懒觉，就没和哥哥一起去。吕雉得到情报后，立刻派人逼赵王喝毒酒。等惠帝回宫时，赵王已经死了。惠帝很伤心，吕雉很开心。

冲突并未结束，反而继续升级。因为吕雉要收拾戚夫人了。先让你尝尝丧子之痛，接下来才是重头戏。吕雉折磨戚夫人手段之残忍，光看文字描述都让人汗毛立起来。她把戚夫人的双手双脚砍断，眼睛搞瞎，耳朵搞聋，嗓子搞哑，然后扔到厕所里，还给她起了个名字：人彘（zhì，猪）。

更变态的是，她还叫惠帝过来参观。挫折教育？电击治疗网瘾？惠帝完全蒙了，问妈妈：这是什么？吕雉得意洋洋地告诉儿子：戚夫人那个贱货。惠帝当场痛哭，然后大病一场，一年多起不来床。病情稍缓后，惠帝派人和妈妈说：这就不是人干的事。我是您的儿子，不敢说什么，也做不了什么，以后，这天下我也不管了。

受了极大刺激的惠帝，从此天天吃喝玩乐，不再工作。吕雉的爱，把儿子爱成了"天下第一纨绔"。

除了骂儿子太怂之外，吕雉没有任何自我反省。因为，这样的事儿，还在接二连三发生。比如，有一年春节，刘邦的大儿子、齐王刘肥来京述职。当天晚上，宫里大摆宴席，给齐王接风。惠帝觉得，又没外人在，纯属家宴，就不搞君君臣臣那一套了，让大哥上座，自己以弟弟的礼仪陪着。齐王也没想太多，就同意了。吕雉一看，大怒：竟敢欺负我儿子，一点君臣尊卑都不讲？找死！直接倒了杯毒酒，让齐王喝。惠帝一看不妙，抢先端起了那杯毒酒。吕雉一看，慌了，一巴掌就把毒酒打翻了。齐王再傻，也看出不对劲，假装喝多，赶紧撤了。事后一打听，直接吓个半死。

再如，吕雉为了亲上加亲，直接做主，让惠帝娶了鲁元公主十岁的女儿张嫣为皇后。亲舅舅娶亲外甥女！据说，惠帝坚决反对，但反对无效；最后，惠帝只能选择不和小外甥女同房。所以，两人并未生下一男半女。

一个温和善良的大男孩，一个性格刚强、不容置疑的虎妈，就这么互相折磨了七年。汉惠帝七年（前188），惠帝驾崩，时年二十四岁。

皇后张嫣无子，但吕雉早有准备。惠帝的一名妃子生了儿子，吕雉将该妃子杀掉，让张嫣假装怀孕，然后对外宣称张嫣生了儿子。惠帝死后，这个孩子（名字不详）继位，史称前少帝（因为吕雉后来杀了他，又立了个小皇帝刘弘，所以他被称为前少帝，刘弘被称为后少帝；

两人都是年幼的傀儡皇帝）。

　　吕雉擦干眼泪，走到台前，正式、公开接管这个国家。吕家的春天来了。

曹参：我是"不折腾"发明人

惠帝二年（前193）七月，汉朝开国第一功臣、相国萧何去世。

消息传到山东，开国第二功臣、时任齐国相国的曹参立即对秘书说：快准备行李、办交接，我要进京当宰相了。没过几天，圣旨到：任命曹参同志为相国，即刻进京就职。

曹参为啥能当相国？不是因为他功劳大，而是因为太后吕雉是个不折腾的领导。虽然吕雉当家做主后，今天毒杀赵王、明天虐杀戚夫人、天天摧残汉惠帝，搞得鸡飞狗跳、天怒人怨。但是，这都属于家事。或者说，吕雉严格地将其控制在了家事的范围内。在治理国家方面，吕雉一点也不折腾。政策上，严格执行刘邦的既定方针：无为而治、休养生息。用人上，严格落实刘邦临终前关于相国（或丞相）人选的重要讲话：我死后，接替人选的排序为——萧何、曹参、王陵、陈平……所以，曹参当了汉朝第二任相国。

曹参是个好相国，最大的特点也是不折腾。上任后，不搞另起炉灶、新官不理旧政那一套，而是完全延续萧何时期的政策，一条也不改。这就是成语"萧规曹随"的由来。在干部任用上，提拔踏实做事的，淘汰哗众取宠的。然后，开启自嗨模式，天天吃喝玩乐。

大家都看不下去了：哪有你这样的相国？哪怕做不到鞠躬尽瘁、死而后已，至少每天打卡上班、装装日理万机好吗？很多老部下、老朋友纷纷上门，想劝他认真工作。曹参的答复一律是：来，喝酒。还想劝？继续喝！喝多了？抬走！明天又来劝？那就继续喝。让你们见识见识老子在山东练出来的酒量！然后，就没人敢劝了。曹参每天除了吃喝玩乐，屁事不干。

年轻的惠帝看不下去了：老曹这是咋回事？ GDP 不操心，政绩工程不上马，新皇新气象不营造……这是欺负朕年轻吗？当时，曹参的儿子曹窋（zhú）是中大夫（大内政研室副主任），在惠帝身边工作。惠帝对曹窋说：这周末你回家时，找个合适的机会问问曹叔叔：这天天光喝酒不干活，到底是咋想的？千万别说是我问的啊。

曹窋周末回家，委婉地探了探他爹的口风。曹参的回复非常不委婉，直接打了儿子二百大板，然后骂道：赶紧给老子滚回去上班！国家大事是你小子该问的？

过了几天，曹参去给惠帝汇报工作。惠帝批评他：是朕让曹窋问你的，你打他干嘛？曹参赶紧赔罪，然后问惠帝：您觉得您和您爸爸比，谁更英明神武？惠帝说：我哪敢和我爸相提并论？曹参说：您觉得我和萧何比，谁水平高？惠帝说：您好像比萧叔叔差那么一点点。曹参说：陛下英明。既然先皇和萧何水平高、政策好、安排得也妥当，咱们继续贯彻落实就好了，还想怎么着？还能怎么着？惠帝说：曹叔叔说得对，咱爷俩喝两杯去。

就这样，曹参当了三年宰相，摸了三年鱼，喝了三年酒。老百姓编了一首歌称赞他：萧何为法，顜（jiǎng，明晰）若画一。曹参代之，守而勿失；载其清净，民以宁壹。翻译成白话文，大意就是：萧何了不起，曹参不折腾；国家真安定，百姓真幸福。

吕氏：干得好，不如生得好

世界很奇妙。刘邦用自己的一生证明了一句话：王侯将相，宁有种乎？刘邦去世后，吕雉用自己的后半生证明了另一句话：王侯将相，有种。

唯一的儿子汉惠帝去世后，吕雉变身"扶弟魔"，开始疯狂提拔娘家人。只要你姓吕，一律省部级。吕家的男人，王侯将相随便给；吕家的姑娘，王侯将相随便嫁。就连吕雉的妹妹、樊哙的老婆吕媭都封了临光侯。父亲吕公（已故）追封为宣王；哥哥吕泽（已故）追封为悼武王；哥哥吕释之（已故）追封为赵昭王；侄子吕台封吕王；侄子吕产封梁王；侄子吕禄封赵王；侄孙吕通封燕王……这是要彻底把婆家掏空的节奏呀。

第一个站出来反对的，是右丞相（第一丞相）王陵（此时曹参已故）。王陵，沛县人、刘邦当小混混时的大哥、开国大爷团核心成员，最大的特点是讲原则，和刘邦说话都不带拐弯的。刘邦常骂他"少戆"（zhuàng，死脑筋）。

当时，吕雉召集王陵、左丞相（第二丞相）陈平、太尉（国防部长）周勃开了个通气会，征求他们对吕氏封王的意见。王陵直接给怼了回去：高祖晚年曾和兄弟们歃血为盟——如果有不姓刘的称王，必须弄死他。吕氏封王，违法！

果然是个死脑筋！吕雉很不爽，就问陈平和周勃：你俩什么意见？老狐狸陈平赶紧表态：高祖打天下，分封刘氏子弟为王；太后坐天下，分封吕氏子弟为王。我认为，合情合理合法。老搭档周勃跟着表态：我赞同陈平同志的意见。吕雉非常高兴，宣布此次通气会胜利召开、圆满结束。

散会后，王陵把陈平、周勃一顿狂怼：当年和高祖歃血为盟时，你俩不在场吗？就知道跪舔新领导！还要脸不？陈平笑着回怼：没您说得那么严重啦。咱们只是分工不同。您负责坚持原则，我负责求真务实。周勃说：同意。王陵不知道怎么接，都憋出内伤了。

过了几天，吕雉宣布重大人事调整：右丞相王陵调任太傅（帝师）；陈平任右丞相；辟阳侯审食其任左丞相，负责大内事务。

王陵这是被明升暗降，太傅虽然级别和地位比丞相高，但并无实权。更何况，前少帝才两三岁，王陵这个太傅，就是个皇家幼儿园园长。陈平则被架空。因为审食其是吕雉的宠臣，俩人还闹过绯闻，他当丞相就是吕雉的白手套。王陵气得请了长期病假，回家养老去了。老狐狸陈平则很识趣，天天在家喝花酒。

因为陈平当年抓樊哙的事，吕媭一直想干掉陈平。所以，就三天两头向吕雉告黑状：陈平天天不上班，在家喝酒玩女人。陈平听说后，玩得更嗨了。吕后听说后，更放心了。她故意当着吕媭的面儿对陈平说：你办事，我放心。别听吕媭乱咬。从此，陈平比前任曹参还潇洒：奉旨喝花酒。

搞定王陵、陈平、周勃为首的开国大爷团后，吕雉再无顾忌，更加强势。谁敢反对我？没人敢反对。但是，想也不可以，想也有罪！

第一个被干掉的，是她的孙子前少帝。前少帝慢慢长大，知道了自己的身世，很生气。毕竟是个五六岁的孩子，童言无忌，他说：长大了，我要给亲妈报仇。吕雉大怒，立即以身患重病、精神失常为由废了前少帝，然后，秘密杀害。然后，立另一个孙子刘弘为皇帝，史称后少帝。

亲孙子兼小皇帝不听话都得死，谁还敢乱想乱说？但是，消极怠工也不可以，消极怠工也有罪！

刘邦的儿子、赵王刘友娶的是吕家的姑娘。又是包办婚姻，又是国仇家恨的，所以，赵王不爱搭理吕王后，天天和小老婆们厮混。惹不起，还躲不起？吕王后超级不爽，就向吕雉告黑状：刘友说等您百年以后，要给刘家报仇。结果，刘友被吕雉召回长安，圈禁起来，活活饿死。

和吕家姑娘同房属于大是大非问题，来不得半点马虎。看谁还敢消极怠工？但是，自暴自弃也不可以，自暴自弃也有罪！

刘邦的儿子、新赵王刘恢娶的也是吕家的姑娘。这位吕王后也很强势。结婚后，刘恢喜欢的小妾，一律处死；刘恢的一举一动，二十四小时无死角监控；还必须早请示、晚汇报。刘恢实在受不了这等窝囊气，老子不伺候了，自杀了。吕雉接到汇报后，直接批示：竟然为了狐狸精自杀，你就不配当王！取消刘恢子孙继承王位的资格。

牛吧？再这么玩下去，刘家的子孙就被玩没了，刘家的江山就要姓吕了。在家喝了七年花酒的陈平，终于宅不住了。

陈平：友谊的小坑，说挖就挖

眼瞅着刘家要被吕家掏空了，右丞相陈平宅不住了。因为抓樊哙的事，他彻底得罪了吕家。刘家要是完了，他也就完了。必须干掉吕家。但没兵没权，怎么干？陈平天天喝着花酒，操心着国家的未来。

一天，大才子、前太中大夫（大内政研室主任）陆贾来看他。这哥们也是开国大爷团的，因为吕氏横行，才办了提前退休。陆贾进房一看，满屋子的美酒佳人和一尊思想者（燕居深念）。陆贾笑着问：哥，想啥呢？陈平抬头一看是陆贾，笑着说：你猜。陆贾说：不就吕家那点破事嘛。陈平说：破事？那你给我出个主意。陆贾说：国家安定时，主要看丞相；国家危险时，主要看元帅。将相和，万事 OK。您应该和周太尉（周勃）多亲近亲近。陈平一拍姑娘大腿：妥了！

吕家的丧钟，就此敲响。在陆贾的启发下，陈平做了两件事：交了一个朋友，拆了一对朋友。

先说交朋友。陈平和周勃本来就是老搭档。当年一起奉旨当倒霉蛋、整樊哙，后来一起跪舔吕雉、吐槽王陵，配合得很默契。当然，工作上的好搭档不一定是政治上、生活中的好朋友。陈平属于刘邦集团的空降干部，资历浅、升得快，周勃等沛县帮老兄弟对他非常不满，经常在刘邦面前告黑状。现在，为了干掉吕氏集团，陈平决定和周勃搞好关系，毕竟他俩属于刘氏集团内部矛盾，和吕家才是你死我活的敌我矛盾。

陈平找了个机会，花重金办了场"海天盛筵"，请周勃来玩。周勃玩得很嗨皮，特意又回请了陈平一场。一来二去，老哥俩的感情急速升温，从老搭档升华为老铁，天天喝着酒，唱着歌，挖着坑，要搞垮吕家。

高后八年（前180）七月，吕雉要告别这个世界了。临终前，她做了周密部署：命吕王吕产、赵王吕禄掌管南北两军（南军是皇宫警卫部队，北军是长安卫戍区部队）；任命吕产为相国；立吕禄之女为皇后。命二人严守皇宫、看好长安，不得擅离职守。以陈平、周勃为首的刘氏集团彻底靠边站。

可惜，再周密的部署，在陈平面前，也四面透风。友谊的小坑说挖就挖。陈平盯上了赵王吕禄的好朋友郦寄。郦寄，开国大爷二代，曲周侯郦商的儿子、郦食其郦大爷的侄子。长安城里，开二代满街走。谁能想到，郦寄这位公子哥，会成为吕家这个庞然大物的掘墓人。

陈平和周勃直接派人绑架了离休老干部郦商，然后命令郦寄：去，让吕禄、吕产交出兵权，回封国养老。否则，准备给你爹办丧事吧。郦寄是个孝子，乖乖照办。真不愧是郦大爷的亲侄子，郦寄完美继承了家族大忽悠的优良基因，竟然把吕禄忽悠住了，真打算和吕产一起交权、养老去。

当然，吕产和吕家其他人坚决反对，并决定于九月十日发动政变。此诚汉家危急存亡之秋也。在陈平的指挥下，郦寄再接再厉，继续公关吕禄。只不过，这一次是组团忽悠。陈平给郦寄配了帮手：典客（外交部长）刘揭。

郦寄和刘揭来到北军大营，并假传圣旨：中央决定，由周勃同志接管北军。希望你尽快交出兵权、回赵国履职。组织之所以派我和刘部长来，是对你的充分信任。赶快办交接吧，否则，老朋友也帮不了你呀。真是晓之以理、动之以情。吕禄相信，兄弟这都是为了我好，所以，立刻照办。与此同时，周勃也搞了一个如朕亲临的符节，冒险来接管北军。只不过，等他到了，吕禄同志早办好交接事宜、回家收拾行李去了。史称：郦寄卖友。

陈平用郦寄这把软刀，轻轻松松要了吕氏集团半条命。当然，剩下那半条命，更不好搞。

当时，相国、吕王吕产正一路狂奔，准备进宫发动政变。皇宫是吕产的地盘，因为人家管着南军。周勃虽然接管了北军，但不敢公然和吕产开战，因为：一、吕产还没发动政变，自己却假传过圣旨；二、吕产进宫属于本职工作，自己进宫属于越权越位；三、皇宫是吕产的主场，是自己的客场。万一失败了，乱臣贼子的帽子、诛三族的下场，周勃想赖都赖不掉。

但是，又不能傻等。如果吕产入宫、控制住皇帝，周勃也是死路一条。危急时刻，陈平又出招了。周勃接管北军时，陈平给他派了个助手：刘邦的孙子、朱虚侯刘章。刘章基本信息如下：很能打（有气力）、忠诚度高（刘氏皇族）、迷惑性强（赵王吕禄的女婿）、大内警卫局处长（宿卫）。还有比他更适合进皇宫干私活的人选吗？

应该是陈平的授意，周勃对刘章说：给你一千多名士兵，赶紧进宫保护皇帝。刘章心领神会，领着人马，飞速进宫。吕产只比刘章早进宫几分钟，还没来得及行动。刘章追上后，直接开打。结果，吕产被杀，刘章控制了皇宫。周勃接到消息后，狂喜，立即下令：全城抓捕吕家余孽，无论男女老少，一律杀无赦。

陈平居中谋划、周勃靠前指挥，及时挽救了刘氏皇族一次重大翻车事故。终于大功告成？并没有。还有一个最头疼的问题：谁当皇帝？

一场奇特的皇帝选拔赛，即将开始。

汉文帝：**命好是核心竞争力**

灭掉吕氏集团后，一场奇葩的皇帝选拔赛在长安偷偷摸摸举行。

导师阵容很强大：挖坑大师、右丞相陈平，救火队长、太尉周勃，御史大夫张苍，宗正（皇家事务管理局局长，正部）刘郢（yǐng），灭吕功臣、朱虚侯刘章……

为啥要选皇帝？因为要换掉宫里那位小皇帝（后少帝刘弘）：一，陈平一伙儿犯的，毕竟是假传圣旨、以下犯上的大罪。二，你把人家奶奶的娘家杀了个干干净净，人家长大后会饶了你？不光是小皇帝，汉惠帝其他的儿子也都不能当皇帝。

理由很充分，但见不得光。于是，陈平他们找了个金光闪闪的理由：刘弘哥几个，都不是惠帝的亲生骨肉，是吕雉从外面抱来的野种，养大后，全安排在重要岗位，就是为了吕家谋朝篡位。

吕雉和汉惠帝气得直敲棺材板。真欺负汉朝没有亲子鉴定技术呀？而且，汉惠帝的儿子全是野种？你当大汉皇家是"皇家一号"呢？没办法，谁让人家是胜利者呢？用网友的话说就是：你拳头大，你说的都对。

好，那就从刘邦的其他后代里选皇帝吧。第一个被 pass 掉的，是刘邦的小儿子、淮南王刘长。因为他也是吕雉养大的。第二个被 pass 掉的，是齐王刘襄。刘襄的条件非常好：刘邦的长孙、文武双全，率先兴兵讨伐吕家，是诸侯讨吕联盟盟主；弟弟刘章也是灭吕大功臣。但是，也直接被否了。因为他舅舅太牛了（齐王舅驷钧，虎而冠）。刚灭了一个吕家，再孵化一个吕家？陈平他们吃饱了撑的？所以，选皇帝直接变为选舅舅。

刘邦的四儿子、代王刘恒脱颖而出！舅舅薄昭，普通人一个；妈妈薄夫人，老实人一个；姥姥家，人丁单薄。导师团一致通过：好！就是他了！

汉朝新任皇帝闪亮登场。代王刘恒就是后来的汉文帝。有人说，刘恒是中国历史上命最好的皇帝之一。别人成功得拼爹，爹越牛越好；刘恒成功是拼妈，妈越怂越好。上哪儿说理去？

最搞笑的是，刘恒他妈本身就是认怂的受益者。刘邦根本不好她这口，当年一时冲动，和她造了个刘恒出来，此后几乎不再搭理她。吕雉当家后，像戚夫人那样受刘邦宠爱的嫔妃，杀的杀、关的关，下场都很惨。唯独刘恒他妈，因为不遭刘邦待见，所以，吕雉格外开恩，允许她跟儿子一起去代国享清福。我怂故我在。现在，又因为自己和娘家怂，儿子被选中当皇帝，自己也升级当皇帝他妈。

当然，刘恒的优点也很突出：仁义、宽厚。但显然，他的缺点更迷人。

陈平他们偷偷派人通知刘恒：欢迎您来长安当皇帝。刘恒的感觉，像接了个"恭喜你，中大奖了"的缅北诈骗电话。他赶紧和心腹商量：这是个骗子吧？许多心腹都说：陈平他们没一个好东西，个个心怀不轨，您千万别去。只有中尉宋昌坚持认为：刘恒当皇帝是天命所归、人心所向、实力所致，毋庸置疑。应该去，必须去，这是天大的好事。

刘恒更犹豫了。回家和妈妈商量了半天，决定：还是找大师算一卦吧。卦象显示：大吉大利，要当皇帝。刘恒还是不放心，就派了自己最放心的人——舅舅薄昭去长安拜见陈平、周勃，当面核实情况。

不久，薄昭回来报喜：没问题，您要当皇帝啦。刘恒狂喜，立即和心腹宋昌、张武等人坐专车进京。到了长安城外五十里的高陵（今陕西西安高陵区），刘恒停车，派宋昌进城再探探虚实。毕竟天上掉下的馅饼太大了，稍有不慎，容易被砸死。

宋昌到了渭桥高速收费站，碰见了在此迎驾的周勃等京城高官。陈平不在。因为刘恒此时的身份还是代王，按照礼仪制度，丞相不便出城迎接。宋昌赶紧回报，刘恒的车队立刻赶至收费站。周勃等跪拜称臣，刘恒下车还礼。没有陈平压阵，周勃还是嫩了点，接连犯错。

第一个错——周勃对刘恒说：咱们在附近找个地方，私聊吧。宋昌立马拦住他：如果是公事，就在这儿公开说。如果是私事，我们领导没有私事。开玩笑！跟你很熟吗？谁知道你这是馅饼，还是陷阱？

第二个错——既然不能私聊，于是，周勃再次下跪，呈上玉玺和兵符。刘恒没接，说：到我府里再说吧。开玩笑！我是进京当皇帝的，不是玩特务接头，马路牙子上登基吗？周勃很尴尬，连声说好。然后，群臣陪着刘恒进城、入代王府。

陈平为啥不提醒一下？开玩笑！谁不愿意在新领导面前留下好印象？周勃这么猴急，陈平这么装傻，想法都一样。不让红得发紫的周勃出出丑，怎么能显出陈平的优秀来？

果然，到了代王府，早已在此恭候的陈平正式主持交接典礼，那才叫一个规范、妥当、得体。陈平率领群臣、代表天下苍生，三次请求刘恒：您受累，当皇帝吧。刘恒以代王的身份三次拒绝：我无德无能，不敢当，不敢当。然后，现场工作人员迅速切换场景：

把会场布置从王爷亲切会见大臣升级为皇帝亲切接见大臣。然后，双方重新落座。陈平率领群臣再次请求了两次。刘恒以准皇帝的身份、被推倒的姿态又拒绝了两次。然后，勉为其难答应了。然后，陈平率领群臣山呼万岁万岁万万岁。

OK！开始下一个议题：从这一刻起，宫里的小皇帝正式落马了。怎么处理？必须赶紧腾地儿！东牟侯刘兴居主动请缨：诛灭吕家，臣没有功劳，特申请进宫清场。和他一样表现积极的，还有开国大爷、太仆夏侯婴。夏侯婴必须赶紧表态、站队，因为他是典型的吕派。别忘了，夏侯婴是汉惠帝和鲁元公主的救命恩人，吕雉和吕氏集团一直对他格外照顾。再不积极，下辈子再说吧。

两个积极分子迅速把落马小皇帝运出宫，然后，夏侯婴亲率皇帝专用车队和仪仗队，迎接汉文帝入宫。

文帝入宫时，已是深夜。尽管从太原到西安跋山涉水，今天又惊心动魄了一整天，但他连口气儿都没喘，立即亲自主持工作，连续操劳了几件国家大事：任命心腹宋昌为卫将军（军方四号首长），接管南北两军；任命心腹张武为郎中令，接管大内一切事务；派人诛杀后少帝等"野种"；大赦天下。

汉文帝绝对是个好皇帝，但绝对不是个老好人。接下来，他要收拾的，是周勃。

周勃：都是嘚瑟惹的祸

周勃确实很牛，但就是爱嘚瑟。

本来，在平定吕家叛乱这一历史性胜利中，他成绩最亮眼、领导最赏识、上升空间最大。但是，因为爱嘚瑟，他迅速沦为过气网红，甚至成为大老虎。

最开始，周勃同志浑身都是优点：老革命、开国元勋，忠诚有担当，不怕牺牲、亲力亲为、靠前指挥，平定叛乱。包括汉文帝在内，大家一致认为，粉碎吕家帮，周勃是首功。

这其实对陈平有点不公平。首先，周勃在一线平叛，离不开陈平的居中谋划、临机应变。其次，如果奖励平叛领导班子，陈平是班长（右丞相），周勃只是班子成员（太尉）。但陈平很识趣，不仅不争功，反而主动让贤。他给汉文帝递申请：粉碎吕家帮，周勃同志功劳最大，所以，我提议由他出任右丞相。文帝同意了，周勃升任右丞相，陈平调任左丞相。

这跟人品无关，和人精有关。因为，这是一个连文帝都不敢嘚瑟的特殊时期。文帝命好，中了超级大奖，刚从山西土皇帝升级为大汉皇帝，椅子还没焐热，屁股还没坐稳。面对的，又是一帮叔叔辈的开国大爷，个个资格老、胆子大、能力强，一不高兴，敢教日月换新天。吕家就是前车之鉴。尤其周勃，刘邦的老兄弟、沛县帮核心成员，手里还握着天下兵权。所以，文帝不敢嘚瑟，天天摆出一副敬老尊贤、超级懂事的后生晚辈模样。

周勃当真了，开始嘚瑟了。每次和文帝开会，会议一结束，周勃起身就走，挺胸叠肚的，还频频挥手致意、点头微笑，好像他是领袖。反而是主席台上的文帝，赶紧起立，陪着笑脸，鼓着掌，目送他老人家伟岸的身影离场。真当自己是救世主了？

　　有人向文帝打小报告：粉碎吕家帮，是同志们群策群力的结果。周勃不过恰好管着军队，凑巧立了点功。没想到，他竟然居功自傲，不把您放在眼里。您呢，又太体恤下属，对他一味谦让。我觉得，这非常不合适，您不能再纵容他了。

　　文帝向来从善如流，便再不给周勃好脸色。周勃有点懵，啥也不知道、啥也不敢问，开始夹着尾巴做公仆。可惜，晚了。

　　有一次开会，文帝问周勃：今年判了多少案子？周勃说不知道。文帝接着问：今年的GDP会破6吗？周勃又不知道。文帝又问：明年的宏观调控还要搞大水漫灌吗？周勃也不知道，满脸尴尬、汗流浃背。文帝问陈平，陈平说：这些事都有主管部门。您要是想了解具体情况，我把相关负责人叫来？文帝说：既然他们各管一摊儿，那你管什么？陈平说：我辅助您管他们，确保他们尽职尽责。文帝说：好，这才是宰相该有的样子。周勃坐在旁边，脸都不知道往哪儿搁。

　　散会后，周勃抱怨陈平：兄弟，你平常怎么也不教教老哥怎么应付上面检查？陈平笑着说：您是第一丞相，竟然不知道自己的职责是什么？周勃叹了口气，说：你牛。

　　有人劝周勃，该得的都得了，该享受的也都享受上了，见好就收吧，否则就该功高震主、挨收拾了。周勃也确实有点怕，就称病辞职。文帝立即批准，然后撤销左、右丞相之职，任命陈平为丞相。

　　文帝二年（前178）十月，大汉丞相、三朝元老、挖坑大师陈平逝世。陈平从小就胸怀大志。有一次村里搞祭祀，陈平主"宰"，负责杀牲、分肉，大家都很满意，说：陈家这小子主宰祭祀，做得真好！陈平说：这算什么，如果让我主宰天下，一样好（宰相的宰，就从主宰的"宰"演化而来）。他说到做到。

好了，缅怀完陈局长，再看看周勃的谢幕演出吧。陈平死后，周勃复出做丞相。因为对汉文帝来说，他还有用。周勃上次做丞相，干了十个月，被撸了。这次，干了一年多，又被撸了。文帝说：国家一直要求领导干部"到点儿就退"，但许多高级干部贪恋权位，就是不退。你是丞相，应该给大家做个表率。回家养老去吧。这脸打得，啪啪地。被撸，是周勃唯一的剩余价值。

周勃回封国（今山西绛县）养老后，天天提心吊胆。每次省上的官员来地方视察、顺道慰问他时，他都担心是来抓自己的，都要穿上盔甲，让家人拿着武器，才敢出来见客。

汉朝从来不缺揣度圣意、落井下石的人。有人向文帝举报：周勃谋反。文帝派有关部门立即逮捕周勃，严肃查处。周勃吓傻了，都不知道该怎么配合调查、自证清白。办案人员各种上手段，周勃被折磨得痛不欲生，于是，让家人以重金贿赂办案人员。办案人员暗示他：让你大儿媳妇出面，证明你的清白。

周勃的大儿媳妇是公主，文帝的女儿。周勃这才不蒙圈了，赶紧让大儿媳妇去宫里活动。最后，在汉文帝亲妈薄太后的直接干预下，周勃才被无罪释放。

出狱后，饱受摧残的周勃感慨地说："老子牛了一辈子，今天才知道，一个科级办案人员能这么牛！"这位爷不仅严重脱离上级，而且严重脱离下级、严重脱离群众。

他早忘了，当年，刘邦也只是个亭长，自己不过是个织席贩履、奏奏哀乐的屁民。

张释之：言者无罪，天下无冤

廷尉（大法官，正部）张释之赶上了个好时代：言者无罪。

这哥们本来挺郁闷的。张释之家里有矿（赀［zī］五百万，约等于现在的家产过亿），当年花巨资在长安给他买了个官：骑郎（大内警卫局骑兵连连长）。

但是，张释之这官当得超级不开心。一是收入太低（比三百石），长安一个普通白领都比他工资高。二是进步太慢。工作了十年，皇帝都换了四个（汉惠帝、前少帝、后少帝、文帝），张释之原地踏步，还是个连长。英雄无用武之地，但英雄家的老本儿快折腾光了。指望他那点工资，想在京城买房、买车、孩子上学、老人看病，攒到唐朝都不够！所以，只能啃老了（其实是"啃兄"，他跟哥哥张仲一起住），而且一啃就是十年。

张释之一咬牙，逃离北上广，回老家堵阳（今河南方城）当富二代吧。就在他准备裸辞的时候，机会来了。

文帝登基后，出台了两项重要政策：一、求才。（举贤良、方正、能直言极谏者，以匡朕之不逮。）二、言者无罪。"古代明君治理天下，专门设置意见箱，鼓励干部群众提意见、开展批评与自我批评。但今天，我们的法律中，还有诽谤罪和妖言罪。干部群众不敢畅所欲言，朕自然听不到不同意见、发现不了自身问题。这个问题不解决，大汉崛起就是个白日梦。即日起，废除诽谤罪和妖言罪！"

因为文帝求才，张释之被上司推荐，受到文帝注意，被拜为谒者仆射（大内办公厅秘书局局长；射 yè）。因为言者无罪，张释之开始彻底绽放。在文帝身边工作，张释之各种提意见。只要他认为不对的，不分场合，不管对象，不顾轻重，张嘴就怼。

有一次，文帝想破格提拔一位口才好的官员，张释之直接投了反对票：您千万要慎重，否则全国官员都会夸夸其谈，用会议落实会议，用讲话落实讲话了。又一次，汉文帝的俩儿子（太子刘启、梁王刘武）搞特权，张释之一点面子也不给，直接约谈，然后公开弹劾，逼得汉文帝亲自出来承认错误：是朕教子无方啊。

文帝虽然很尴尬，但非常欣赏张释之，火箭式提拔。很快，张释之就当上了廷尉。张释之很对得起文帝发的工资（中二千石）：只要不合法，别说文帝了，文帝的老子他都不给面子。

有一次，文帝外出视察路上，被一个老百姓惊了车驾，差点酿成交通事故。文帝大怒，当场把这人抓起来，交张释之严办。张释之很快就给出了处理意见：违反交通管制相关规定，予以罚款。文帝更怒了：他直接惊了朕的车驾，如果出了事故，朕就伤筋动骨了！你竟然只判了个罚款？！张释之回复道：法律，是天下人共同遵守的法律。按照现行法律，就该这么判。如果判重了，老百姓就不相信法律了。他惊驾时，您直接把他杀了也就杀了。既然您要走司法程序，我就必须依法审理，否则天下就乱了。请您三思。然后，两人大眼瞪小眼，半天没吭声。然后，文帝说：算你判得对。

牛吧？还有更牛的。有一次，有人因为盗窃高庙（刘邦纪念堂）里的玉环被捕。汉文帝暴怒，下令张释之严惩。张释之很快就给出了处理意见：偷盗宗庙服御器物，当街斩首（弃市）。文帝暴怒10万＋，恨不得先当街斩了张释之："这刁民大逆不道，竟敢偷我父亲宗庙里的祭祀物品！我让你处理，是要让他满门抄斩！你他娘的给我背什么法律条文，扯什么淡！"张释之磕头谢罪，说："依法判决，只能这样。何况，即便罪名一样，也要视情节轻重量刑。今天，如果他因为偷盗您父亲的祭祀物品而被满门抄斩，万一，臣说的是万一，万一哪天有人盗了您父亲的墓，该怎样从重判罚？"

安静，死一样的安静。过了半天，文帝说：这事我做不了主，必须和我妈商量一下。然后，到后宫向母亲薄太后做了详细汇报。然后，批示：维持原判。

在文帝一手打造的言者无罪时代里，张释之秉公执法，为国为民。史书对张释之大法官的评价有五个字：天下无冤民。

张释之，了不起。文帝，更了不起。

贾谊：一个汉朝大 V 之死

贾谊，中国历史上著名的大 V，怀才不遇的代言人。

他少年成名，十八岁就因为学识渊博、才华横溢，成为家乡河南郡（今河南洛阳、三门峡一带）的大 V。郡守吴公是他的头号粉丝，直接把他安排在身边工作。后来，吴公到中央工作，就把他推荐给了汉文帝。

这一年，他二十二岁，成为博士（正处），负责给文帝建言献策。每次文帝交待的任务，他都完成得最快最好。不管是写讲话稿还是起草文件，永远是领导满意、同事佩服。上上下下都觉得：他讲的就是我想说的。想不红都难。文帝成了他的头号粉丝，不到一年，就提拔他为太中大夫（副局）。

他成了汉朝第一大 V。文帝的认可、国家级的平台，彻底释放了他的才华。《过秦论》《治安策》《论积贮疏》……一篇又一篇超级爆款、深度好文推出。直到今天，他的《过秦论》还出现在中学语文课本里，引无数学子竞折腰。他的粉丝跨越千年，而且高端粉居多：司马迁、张九龄（唐朝名相）、李商隐、苏轼、王安石、李东阳（明朝首辅）、鲁迅……

但是，当了三年的汉朝第一大 V 后，他突然被打压。当时，文帝准备破格提拔二十五岁的他为正部（公卿之位）。但遭到了周勃、灌婴为首的开国大爷集体反对：贾谊年纪不大、野心不小，就知道往上爬，国家都被他搞乱了！从此，他的命运被改变。

头号粉丝文帝取消关注，不再点赞、打赏、转发。他被贬到偏远、蛮荒的长沙国，从长安官场第一红人变为老少边穷地区的支教老师（长沙王太傅）。几年后，他从长沙调到睢阳工作，还是支教（梁怀王太傅）。

他很苦闷。虽然连续推出多篇正能量、超级爆款的深度好文，但文帝从不点赞。又过了几年，他唯一的学生梁怀王因交通意外身亡。他很自责，从此更加郁郁寡欢，经常以泪洗面，不久，就去世了。

千百年来，无数人仰慕他的才华，同情他的怀才不遇。的确，他的文章写得真好、说的都对，篇篇利国利民。比如，他提出"众建诸侯而少其力"，成为日后汉武帝施行"推恩令"、削弱诸侯、强化中央集权的理论基础。比如，他反对私人铸钱，反对分封淮南王刘长诸子等等，事后被一一验证为真知灼见，而且是神预言。

但是，领导集团为啥不喜欢他？

首先，太激进，不讲究斗争策略。比如他当太中大夫后提出的改正朔、易服色和"列侯悉就国"建议，翻译成大白话就是：打压开国大爷，加强皇权。直接把天捅了个大窟窿。

开国大爷是谁？上可推翻暴秦、干掉项羽，下可互相残杀（吕氏集团也是开国大爷）、另立中央。文帝就是人家充话费送的。文帝在位二十四年，总共换了六届丞相，全部是开国大爷：周勃、陈平（周勃十个月被免）；陈平（两个月，去世）；周勃（一年多，被免）；灌婴（一年，去世）；张苍（十五年，被免）；申屠嘉（五年）。就连最后一任丞相、资历最浅的申屠嘉，都敢拍桌子、要杀了文帝的第一宠臣邓通。"潘驴邓小闲"的邓，就是邓通。

这帮爷，文帝花了一辈子都摆不平。你一个刚参加工作的三好学生就敢亮剑？亮剑就是找死。所以，他在最风光的时刻被赶出权力中心，到长沙支教，从此由红变黑。

其次，太理想化，不具备操作性。比如他后期一直呼吁的削弱诸侯王。诸侯王那么好削吗？第一，分封刘姓诸侯王是刘邦制定的国策。第二，刘姓诸侯王实力强大。汉初六十个郡，刘姓诸侯王统治三十九个，唯一的异姓王长沙王统治一个，汉文帝统治十五个。人家实力强，又有合法性，你拿篇文章就要去削？

文帝这一任皇帝其实挺不容易，内有开国大爷虎视眈眈，外有诸侯王野心勃勃，他一直在走钢丝、搞平衡，甚至忍气吞声。

文帝的弟弟、淮南王刘长嚣张跋扈：藐视文帝（不称"陛下"，叫"大哥"）；公开杀害朝中大臣（审食其）；公然享受皇帝的待遇（出入称警跸，称制拟于天子）；驱逐中央任命的官员，自己任命官员（逐汉所置吏，请自置相、二千石）；造反。作成这样，文帝都没杀他，只是废掉王爵，贬到四川。没想到，淮南王觉得自己被侮辱了，绝食而死。然后，各诸侯王趁机造舆论，批评文帝手足相残。搞得文帝很被动，只好分封刘长的几个儿子为诸侯，表示自己不是因为贪图利益（诸侯王封地）而杀了兄弟。

中国历史上的几次削藩，哪次不是闹得个惊心动魄、天翻地覆？汉景帝削藩，七国之乱；明建文帝削藩，失位身死；清康熙皇帝削藩，三藩之乱。就一个汉武帝，搞了个推恩令，顺利推行。但这还是文帝、景帝两代的积累、筹划、斗争的结果。

所以，贾谊的爆款，在文帝看来，就是个炸弹。所以，贾谊只能去支教。

第三、太玻璃心，不能承受挫折和压力。苏东坡对贾谊有句评价：王佐之才、志大量小。文帝其实一直很欣赏贾谊，迫于现实压力，故意疏远他，让他去地方支教。这何尝不是对他的保护？被贬出京时，贾谊多大？二十五岁。文帝都能满脸笑容、热烈鼓掌，给周勃行注目礼，你一个二十多岁的小伙子，到基层锻炼几年，很委屈吗？

对！贾谊觉得天塌了，这辈子彻底凉了。听说长沙荒凉偏僻、多雨潮湿，冬天还没暖气，会严重损害健康，再加上被贬了官，心情不好，他觉得自己活不长了。在长沙时，有一天，一只猫头鹰飞进贾老师的房间。他觉得非常不吉利，这是英年早逝的节奏呀！便写了篇《鵩（fú）鸟赋》来安慰自己受伤的心灵。

后来，给文帝最喜爱的小儿子梁怀王当老师。梁怀王坠马身亡后，文帝没有因此拉黑他，但他自己内疚、自责，痛苦了一年多，去世。那年，他三十三岁。

他死后，文帝还当了十二年皇帝。本来，他的人生还有很多种可能。

汉文帝：没有不争气的仔，只有不争气的爹

文帝不仅是个好皇帝，还是个好父亲。因为，他把儿子刘启从一个问题少年培养成了一个好皇帝（汉景帝）。

文帝，出了名的仁义宽厚。太子刘启，出了名的冲动、易怒、不守规矩。从小到大，这位爷没少给他爹惹麻烦、捅娄子。

比如，领着弟弟梁王搞特权，进出皇宫不按规定下车，被时任公车令（大内警卫团团长）、铁面无私的张释之扣下，公开弹劾哥俩"不敬"之罪。大汉帝国未来的主人就这素质？丢人都丢到姥姥家了。

再如，有一年，实力最强的诸侯国吴国的太子进京朝见文帝。文帝当然要好好招待招待、联络联络感情，就派刘启和吴国太子一起喝酒、下棋。没想到，两人因为下棋起了争执，刘启抓起棋盘就砸，把吴国太子给砸死了。这事闹的！他爹在外面装孙子，他在家里当大爷，还把人家儿子给杀了。文帝这么多年的孙子白装了。

换了暴脾气的刘邦，这样的太子，早给废了。别忘了，当年只是因为太子刘盈（惠帝，文帝的哥哥）的性格不像自己，刘邦就三番五次要废了他。更别说刘启这样，不仅性格不像老子，还天天惹是生非的。换了虎妈吕雉，这样的儿子，也没有好果子吃。吕雉绝对会把他和吴国太子的尸体、凶器棋盘一起关到厕所里，然后带着其他儿女来现场教学：看，这就是不听话的下场！

文帝没这么做。他首先是自我反省：孩子有错，是我这个当爹

的没做好。然后，亲自帮儿子擦屁股。

文帝派人把吴国太子的遗体送回吴国安葬。吴王刘濞（文帝的堂兄）暴怒，直接回怼：天下都是咱刘家的，我儿子在哪儿死的，就在哪儿埋吧，来回折腾个屁！然后，直接把儿子的遗体运回长安下葬。并且从此请病假，不再回长安述职。这脸打得，啪啪地。文帝继续装孙子，又是送拐杖，又是送保健品的，说：既然你身体不好，就不要来回折腾了，以后，可以不回京述职。好好养病，健康最重要。

史书显示，文帝没有因为这件事而对刘启有任何的批评和惩罚，而是以身作则，用自己的一言一行告诉儿子：怎么做个好皇帝。

文帝当了二十四年的皇帝，吃穿用度，能省则省，从不轻易增添；只要对百姓不利的，立即废止。有一次，文帝想修建一个露台。有关部门做了预算，需要一百金。汉文帝说：一百金，相当于十个中产家庭的产业。先帝的皇宫，我住着都觉得有点惭愧，怕干得不好，给先帝带来耻辱，还花这么多钱建露台干嘛？直接给否了。

张释之等大臣经常当面指出文帝的过错，文帝总是虚心接受，哪怕面上多尴尬、心里多不爽。

有一次，文帝和郎署长（大内侍卫值班室负责人，正处）冯唐聊天。就是"冯唐易老、李广难封"的那位冯唐。文帝说：我要是有廉颇、李牧这样的大将，还担心什么匈奴？冯唐直接回怼：您就是有廉颇、李牧，也用不好！文帝大怒，起身就走了。过了半天，文帝把冯唐叫到办公室，说：你为什么当众让我难看？就不能找个合适的机会、合适的场合，再给我提意见吗？冯唐说：对不起，我是个粗人，经常说话不过脑子。文帝说：好吧。说说你的理由——为啥我就用不好廉颇、李牧？然后，冯唐谈了自己的看法，文帝觉得很对，不仅立即纠正自己在用人策略上的失误，而且还给冯唐升了官。

文帝的一举一动，刘启都看在眼里。这就是言传身教。

此外，文帝晚年一直在给刘启储备干部，安排帮手：周亚夫、卫绾、晁错、周仁、张欧……个个都是精挑细选的大才。

文帝后七年（前157）六月，一代明君文帝去世。太子刘启继位，是为汉景帝。景帝在德行上和他爹没法比，当皇帝后，老毛病还经常犯。

比如脾气大、容易冲动，强势削藩引发七国之乱。比如气量小、睚眦必报，把当年得罪自己的张释之贬到外地为官。比如任性、不讲原则，因为过分宠爱、纵容晁错，把丞相申屠嘉活活气死（回头细讲）。比如刻薄寡恩、没担当，为了甩锅，诛杀智囊、第一宠臣晁错，毫不犹豫。

但是，一来，他爹给他留的家底太厚，有钱有人有民心；二来，他总算是个听话、识大体的二代，延续他爹的"休养生息"政策。所以，能够平定七国之乱，成就文景之治。

史书对景帝的评价有两个字：遵业。翻译成白话文就是：读爸爸的书，听爸爸的话，照爸爸的指示办事，做爸爸的好儿子。

在那个皇帝只能生出来的时代，汉文帝确实是个好爸爸。

晁错：背锅侠养成记

汉景帝三年（前154），汉景帝第一宠臣，御史大夫晁错被腰斩于长安东市。人称：晁错背锅。

这口锅叫七国之乱——以吴王刘濞（bì）为首的七个诸侯国起兵叛乱。杀晁错，是各方势力（汉景帝、满朝文武和七国诸侯王）的共识。从第一宠臣到第一背锅侠，晁错做错了什么？

天下第一宠臣

晁错和贾谊同岁，都是大才子，但晁错比贾谊会玩。贾谊是学者型官员，晁错是官员型学者。

贾谊少年得志，二十三岁副局、二十五岁拟提拔正部，锋芒毕露，到处开炮，然后被打压，三十三岁抑郁而终。

晁错从科员干起，科级、处级、局级、副部，一步一个脚印，四十五岁才当上正部，走得很稳。更关键的是，他比贾谊后台硬：文帝和景帝的双保险。晁错是文帝亲自选拔的第一后备干部，派到太子的东宫当差。太子刘启非常赏识他，言听计从，称他为"智囊"。

景帝继位后，晁错一飞冲天。先是从中大夫（副部）升为内史（长安市长，正部），一年后，被任命为御史大夫（正国）。更牛的是，景帝最信任他。他经常越级、直接向景帝汇报工作，景帝对他言听计从，一律批准。最出名的例子就是削藩。

从文帝开始，中央政府一直想解决以吴王刘濞为首的诸侯王。但能不能解决、怎么解决、何时解决？没想好，很纠结。晁错是坚定的削藩派。从文帝时就数次上书，建议削藩。文帝很欣赏他，但不搭理他的建议。景帝继位后，晁错再次建议削藩，而且态度更坚决：今削之亦反，不削亦反。削之，其反亟，祸小；不削，反迟，祸大。景帝同意了。

这份信任，还有谁？

天下第一权臣

和贾谊的敏感脆弱不一样，晁错是个狠人。史书记载，晁错为人峭直刻深，翻译成白话文就是：严厉、刚直、苛刻、心狠。景帝继位后，晁错不仅是第一宠臣，还是第一权臣，相当地心狠手辣。丞相申屠嘉就是被他活活气死的。

申屠嘉，开国大爷，资格老、脾气大，刚正不阿。晁错虽然只是个长安市长，但到处指手画脚，好像全国都归他管。申屠嘉很不爽，但没办法。没想到，晁错越来越无法无天。他为了自己上下班方便，竟然在太上皇庙的外墙上开了个门。这是死罪。于公于私，申屠嘉都不会放过他，准备请旨杀了他。

晁错听说后，连夜进宫向景帝认错求情。结果，第二天，当申屠嘉义正辞严地向景帝请示汇报时，景帝却说：那不是真的庙墙，只是太上皇庙的外墙，而且是我让晁错做的，别追究了。法律、原则都是其次的，领导喜欢最重要。申屠嘉肠子都悔青了：我就该先斩后奏，现在好了，被晁错给玩了。回家后，吐血而亡。

气死申屠嘉后，晁错更是牛得不要不要的：谁敢跟我作对？

晁错的对头们就惨了。比如原中郎将（大内警卫局副局长，副部）袁盎，汉文帝时期的红人、牛人，连当时的丞相、超级开国大爷周勃，他都敢直接怼。他和晁错是死对头，两人从来不同框，也不说话。晁错当了御史大夫后，立即派人调查袁盎，以贪污受贿罪逮捕并准备判刑。最后还是景帝出面，袁盎才躲过一死，只是被双开，一撸到底。

什么叫权倾朝野、一手遮天？看看晁错就知道了，如果没有削藩的话。

天下第一锅

按理说，削藩这种动摇国本的大事，不可能是拍脑袋决策。但是，景帝和晁错就是这么干的。

晁错提出削藩建议后，景帝指示：部级以上干部开会，集体讨论。全国人民讨论也没用！谁敢和晁错对着干？当然都是赞成票，全国上下只有两张反对票：一个是窦太后的侄子窦婴，一个是晁错他爹。

窦婴是正牌皇亲国戚，而且给景帝帮过大忙——有次宴会上，景帝趁着酒兴随口说死后传位给自己的弟弟、窦太后疼爱的梁王，窦婴当即提醒景帝此说不妥：天下是高祖打下的，而皇位父子相传是汉家制度，您可不能坏了规矩。——当然不怕得罪晁错。晁错他爹则是心急火燎地从老家颍川（今河南禹州）赶来，劝晁错：你这么干，会让咱们家破人亡的。晁错不听，他爹服毒自杀。

反对无效。汉景帝：那就削藩吧。吴王刘濞等：那就造反吧。当然，没人会承认自己是反贼。刘濞他们找了个理由：朝廷里有坏人，就是晁错。（诛晁错、清君侧。）这理由找得，合情、合理、合法。

先说合法。分封刘姓诸侯王是刘邦制定的国策。削藩，就是违背祖制。刘濞他们反对削藩，属于合法诉求。再说合理。在古代，皇帝是永远正确的，雷霆雨露皆是君恩。除非皇帝自己认错（罪己诏），否则，没人敢说皇帝错了。像张释之、魏征那样敢给皇帝挑错的，比大熊猫还珍稀。当然，像汉文帝、唐太宗那样勇于承认错误的，比外星人还珍稀。比如秦二世胡亥，把祖宗的江山都要败光了，却把李斯大骂一通：你这个丞相咋当的？国家都被你祸祸成啥样了！李斯能怎么办？只能承认错误：臣无能，臣有罪。所以，汉景帝当然没错。那么，谁错了？当然是晁错！再说合情。在古代，如果国家出了问题，大家最认可、最一致的看法就是：朝廷里有奸臣。这点同样很重要，否则，吴王刘濞他们起兵，下级官员、士兵、老百姓不会支持、拥护。

所以，刘濞们找了一个全国人民（包括满朝文武大臣）都无法反驳、甚至喜闻乐见的借口：晁错是奸臣，我要为国除害。这口锅，简直是众望所归。

偏偏晁错还主动找死，接连犯错。七国之乱爆发后，晁错建议景帝御驾亲征，自己留守长安。我亲自拼命，你鼓掌加油？景帝还没回过味儿来，晁错又补了一刀：大不了割块地给刘濞，他也就退兵了。大哥，你是在逗领导玩吗？咱到底是削藩还是养藩？

这还不算。晁错竟然还借机报私仇。还记得被他撸成老百姓的袁盎吗？袁盎曾做过吴王刘濞的国相。现在，刘濞反了。晁错第一时间想整死袁盎。晁错命令下属：查袁盎，他跟刘濞暗中勾结，肯定知道吴王的造反计划。这锅真大。可惜，袁盎不是省油的灯，直接把锅甩给了晁错，死死地。

袁盎通过好朋友窦婴的关系，连夜进宫见景帝，说自己有退敌之计。当时，景帝和晁错正在商量事儿。袁盎申请单独汇报，景帝同意了。晁错退下后，袁盎说：杀晁错，退封地，七国之乱自然平息。这招很绝。杀了晁错，七国当然不会退兵，但是会变得师出无名。继续打下去，会失去民心。至少，中央政府能先打赢舆论战。

汉景帝沉默了很久，说：也只能这样了。我不可能为了一个人而放弃全天下。

以前领导对他有多宠信，现在他背的锅就有多大。晁错死定了。

惨死结局

当然，景帝不会承担擅杀晁错的责任，必须依法处理。他下令：丞相陶青、廷尉张欧等成立联合调查组，严查晁错。调查结果很快出炉：晁错辜负了组织的信任，破坏团结大局，勾结敌对势力，丧失理想信念，大逆不道，依法判处腰斩，全家灭门。景帝：同意。

景帝三年（前154）正月二十九，晁错穿着官服，被公开处死，而且死无全尸。晁错可能是汉朝以来被判处死刑且量刑最重、级别最高的官员：正国级，身穿官服公开处死，本人腰斩，满门抄斩。

因为从文帝开始，为礼遇大臣，朝廷专门规定：大臣犯了死罪，一律让他们自杀（赐死、留全尸），不再刑杀。此后，这一规定成为惯例。当然，也有很多例外。景帝就没听他爹的话。但是，即便是刑杀大臣，一般也会选择斩首，因为腰斩非常残忍。据说，清代河南学政（教育厅厅长）俞鸿图被腰斩后，满地打滚，痛苦不堪，用血在地上连写了七个"惨"字，才死去。

再说公开处死。晁错被腰斩于长安东市，类似于清朝的菜市口问斩。高官被公开处死，只有一种可能：罪大恶极。公开处死就是为了平民愤、警示百官。

再说穿着官服被处死。官服是国家礼仪、朝廷体面的直接表现。中国历史上，只有极个别情况下，官员才会穿着官服被处死。在笔者能查到的历史记载中，除了晁错，只有晚清时期，因为反对慈禧太后用义和团杀洋人而被斩立决的太常寺卿（皇家祭祀局局长）袁昶（chǎng）、吏部侍郎许景澄。他俩穿着官服被斩杀于北京菜市口。

景帝之所以这样残酷，主要是杀给七国和天下看的：罪大恶极的晁错已经被我从严从重处理了，你们该消停了吧？各回各家吧。七国当然不会退兵，因为他们的目标是景帝。

该周勃的儿子周亚夫上场了。

周亚夫：我把人生，活成了先进事迹

周亚夫同志的一生，是英雄的一生、对汉朝无限忠诚的一生；也是死脑筋的一生、得罪人的一生。

他心里始终装着汉朝和百姓，唯独没有领导

汉文帝后六年（前158）的冬天，穷凶极恶的匈奴骑兵入侵我中华大地。周亚夫将军奉命驻扎在长安附近的细柳营，准备抗击敌军，保家卫国。一支能打胜仗的钢铁劲旅，离不开严明的军纪。部队安营扎寨后，周亚夫将军下达了一条胆大妄为、不近官情的命令：本军只听我的号令，皇帝也不好使！

一天，文帝在百官的陪同下，亲临抗匈一线，视察指导工作。全军将士听说文帝要来视察，都怀着无比激动的心情，积极准备、热情迎接、精心汇报、热烈欢送。唯独周亚夫将军和细柳营，与众不同。

文帝一行来到细柳营，迎接他们的是荷枪实弹的官兵和戒备森严的大营。文帝的车队被拦在了军营外，站岗的小战士说：没有我们首长的同意，皇帝也不好使。陪同视察的官员们非常生气，文帝却笑着说：我觉得亚夫同志做得对，纪律面前，谁也不能搞特殊化。然后，派人拿着自己的证件去见周亚夫，说：我要进去看望大家。周亚夫仔细核对了证件后下令：开门、放行。站岗的小战士特

意叮嘱：我们首长有令，营区限速五公里。文帝微笑着说：好。

来到大帐前，只见周亚夫将军一身戎装，向文帝敬礼说：身穿甲胄不便下跪，请您接受我的军礼。文帝非常感动，郑重地从车里走出来，说：请允许我给全军将士发表重要讲话。文帝离开细柳营时，由衷赞叹道：这才是真正的大将军，真正的威武之师。跟他比起来，其他部队就是过家家。

一个月后，周亚夫将军被任命为中尉（长安卫戍区司令）。文帝一直很欣赏周亚夫将军，临终前，还特意对即将继位的景帝说：如果将来国家有难，周亚夫可堪大任。

周亚夫被树为典型后，不仅得罪了很多同事（其他驻军的将领和陪同视察的官员），甚至得罪了后世的许多同行，被称为"影帝""真会拍"。南北朝时期的超级大牛王猛，就批评他"沽名钓誉"。

他将国家利益放在首位，从来不怕牺牲领导家人

汉景帝三年（前154），以吴王刘濞为首的七国诸侯王悍然发动内战，妄图夺权篡位。值此国家危难之际，周亚夫将军不畏艰险、勇挑重担，出任太尉，率大军平叛。

周亚夫将军从不搞攀附奉迎，为了国家利益，更是一视同仁，不怕牺牲领导家人。根据敌强我弱的战略态势，他大胆决策：让景帝的亲弟弟、窦太后最宠爱的小儿子梁王刘武当炮灰，正面抗击叛军；自己则负责偷袭叛军粮道，打一场漂亮的歼灭战。

结果，梁国成了七国之乱正面战场的肉盾，承受了叛军最猛烈的炮火，伤亡惨重。梁王多次向周亚夫求援，周亚夫不为所动。梁王向景帝告状、求援。景帝命周亚夫火速支援梁国。周亚夫不听，坚持做到：牺牲他（梁王）一个，幸福千万家。在周亚夫的科学决

策、英明指挥下，尽管梁王被打残，但中央军主力只用了三个月就平定了叛乱。

全国军民欢欣鼓舞、感恩戴德，由衷赞叹：周亚夫将军安邦定国，立下万世之功，伟大！只有梁王，由衷地诅咒周亚夫不得好死，并经常向窦太后告状，控诉周亚夫。这世界上最有权势的四个人（景帝、窦太后、王皇后、梁王），周亚夫一下子得罪了俩。

放心，他很快就得罪光了。

苟利国家生死以，岂惧领导避趋之

景帝七年（前150）二月，周亚夫出任丞相。虽然官越做越大，但周亚夫为国为民的初心永远不改。只要利国利民，周亚夫坚决支持，不怕得罪任何人，包括皇帝。

景帝想废掉太子刘荣，因为不喜欢太子他妈栗姬。周亚夫坚决反对。景帝不听，还是废了刘荣，并因此对周亚夫很不爽。窦太后建议景帝封皇后的哥哥王信为侯。周亚夫坚决反对：高祖曾颁布政策——无功不封侯；王信虽然是皇后的哥哥，但没有任何功劳，不能封侯。一句话得罪了三个重量级人物：窦太后、王皇后、王信。

景帝想封投降汉朝的匈奴王徐卢等六名高官为侯，以便大挖匈奴的墙脚。周亚夫坚决反对：他们都是匈奴的叛徒，您如果封他们为侯，不就是变相鼓励大家当叛徒吗？景帝说：你真是个死脑筋。然后，封徐卢六人为侯。周亚夫很生气，提出辞职。景帝批示：同意。

周亚夫一下子又得罪了七个大人物：景帝和徐卢等六位列侯。

父子两代，同一个坑

景帝还是很看重周亚夫的，并没有彻底放弃他。因为，景帝想给太子刘彻（汉武帝）多找些帮手。于是，在去世前一年，景帝对周亚夫做了最后一次考核。没想到，周亚夫已经放弃他了。有人说，这是周亚夫的英雄气；也有人说，这是周亚夫家传的幼稚病。

一天，景帝请周亚夫进宫聚餐，然后给他上了一大块肉，故意没切，也不给筷子。看周亚夫怎么办。周亚夫很不爽，不顾国宴礼仪，直接喊服务员上筷子。景帝笑着说：你是不是很不爽？周亚夫赶紧脱下帽子向景帝磕头谢罪。景帝说：起来吧。周亚夫起身，竟然直接就离席回家了。景帝看着周亚夫愤怒的背影远去，就像当年他爹文帝目送周亚夫他爹周勃嘚瑟的背影离场，一样一样的。景帝说：这脾气，怎么能辅佐我儿子！

不久，周亚夫的儿子偷偷给他买了五百件皇室专用的殉葬物品（铠甲、盾牌），被人举报谋反，牵连到周亚夫。景帝让有关部门逮捕周亚夫，严查。周亚夫拒绝回答任何问题。景帝大怒：就是没你的供词，朕也可以杀你。下令廷尉办理此案。廷尉问周亚夫：你为什么要造反？周亚夫这才开口：我买的都是殉葬品，怎么能说我要造反呢？廷尉手下的审查人员痛打落水狗：就算你活着不造反，谁敢保证你死了不造反？然后，对他各种严刑拷问。和他爹周勃当年的遭遇一模一样。

周亚夫比他爹人缘差，没人替他说话。周亚夫比他爹还刚，也不掏钱打点，直接绝食。五天后，吐血而亡。

汉武帝：我为什么能当上皇帝

刘彻能当上皇帝，首先要感谢姥姥和妈妈。没有这二位的努力拼搏，他这辈子就是长安五环外的一个小镇青年。

一个彪悍的姥姥

汉武帝的姥姥名叫臧儿，祖上曾经阔过，爷爷是燕王臧荼，汉初第一个造反、也是第一个被刘邦干掉的异姓王。所以，臧儿从北京的"小公主"沦落为长安郊区的婆姨，历经坎坷。

她结过两次婚（丧偶后再婚），两任老公（第一任姓王、第二任姓田）都是长安郊区的平民百姓，一共生了三儿两女：头婚——长子王信、长女王娡（zhì）、次女王儿姁（xǔ）；二婚——长子田蚡（fén）、次子田胜。王娡长大后，嫁给长陵（今陕西咸阳渭城区）金家，生了一个女儿叫金俗。

从国破家亡、颠沛流离的反贼后代，到五环外、儿孙满堂的关中老太太，臧儿可以安享晚年了。并没有。因为她是一个不服输、敢想敢干的老太太。

有一天，她找大师给家人算命。大师说，她的两个女儿贵不可言。臧儿非常高兴，立即为女儿谋划未来。第一件事就是让王娡离婚：金家这种小老百姓，配不上我尊贵的女儿！金家当然很生气，坚决不同意。臧儿不仅有理想，还有手段，强行给离了。牛吧？更牛的还在后面。

一个农村老太太，想把离过婚的女儿嫁入豪门。她会觉得谁是豪门？乡长家？县长家？撑死了，市长家。不。臧儿瞄准的是：太子家。这就是格局。她不仅这样想，还这样做，还做成了，把两个女儿都送进了太子刘启的东宫。

两个女儿很争气，很快就得到了太子的宠爱，而且肚子也给力：王娡生了三女一儿，王儿姁生了四个儿子。几年后，太子登基，是为汉景帝。臧儿，从长安郊区的农村老太太，直接升级为五个皇子、三个公主的姥姥。

彪悍的人生，也需要解释。臧儿的成功有一个时代大背景：西汉时，还不太讲究三从四德、贞洁烈女。女子离婚、改嫁的现象比较常见。比如，陈平陈局长的老婆就嫁过六次，前五任老公都死了，陈局长是她第六任老公。甚至皇室选择妻妾，对出身、贞洁也不是要求很严格，优先考虑的是传宗接代功能。比如汉成帝刘骜（áo）一直没儿子，大臣谷永竟然建议他：赶紧多找些女人，不要管年龄、相貌、婚否，能生孩子就行。比现在一些催婚的家长要求还低。据《汉书·外戚传》记载，西汉有十一位皇帝，共有二十二家外戚，其中明确记载出身微贱的有十一家，有地头蛇、战俘、劳改犯、奴隶、倡优等等。这样的时代才给了臧儿这样的机会。

当然，臧儿的人生还没到达巅峰。因为，她有个外孙叫刘彻。

三个强大的竞争者

景帝有十四个儿子，王娡的儿子刘彻排行老十。不管从排行上，还是妈妈的地位、姥姥家的实力上来看，刘彻和太子的位置隔着十万八千里。

刘彻出生那年，爸爸刘启刚登基当皇帝，还没有立太子。当时，太子的位置有三大竞争者：薄皇后将来的儿子（支持者：太皇太后薄氏），景帝的长子刘荣（支持者：景帝、刘荣的妈妈栗姬），景帝的亲弟弟、梁孝王刘武（支持者：皇太后窦氏）。

薄皇后是景帝的奶奶、太皇太后薄氏的侄孙女，也是薄太后指定的孙媳妇。只要她生了儿子，就是嫡子，就是太子。可惜，她还没有儿子。当然，如果景帝愿意，找个皇子过继给皇后，也可以当太子。

如果薄皇后一直没儿子，那么景帝的长子刘荣就很可能当太子。而且，刘荣的妈妈栗姬是景帝最宠爱的女人。所以，大家普遍认为，刘荣当太子的可能性最大。

比较奇葩的竞争者是梁孝王刘武。他和景帝是一个妈生的，窦太后最宠爱这个小儿子。景帝也曾经当着窦太后的面对刘武说：将来，我的位置你来坐。景帝这是拿皇位当诱饵，让刘武给他卖命。因为梁国实力雄厚、位置重要，是压制吴、楚等诸侯国的重要屏障。刘武在景帝的忽悠下、周亚夫的算计下，也勇当炮灰，为平定七国之乱出了大力。所以，居功自傲的刘武和溺爱幼子的窦太后都当真了，经常提醒景帝兑现承诺。

这三大竞争者，第一个出局的是薄皇后。景帝登基两年后，太皇太后薄氏去世，薄皇后唯一的靠山没了，而且还是没有儿子。更关键的是，汉景帝不喜欢包办婚姻，也不喜欢薄皇后。所以，景帝就立长子刘荣为皇太子，然后把薄皇后废了。

刘荣赢了？暂时的。两年后他就被踢出局了。因为他有一个超级能作的妈妈，宫斗剧里活不过前五集那种。还因为，刘彻有一个超级能干的妈妈，宫斗剧里能活到大结局那种。

一个擅长宫斗的妈妈

景帝四年（前153）四月二十三日，景帝立十九岁的长子刘荣为皇太子。同一天，四岁的刘彻被封为胶东王。

这很不寻常。一，太子地位尊贵，向来单独册封；二，景帝的其他皇子被封王时，一般都在十几岁。这就是刘彻妈妈王娡的本事。

别人生孩子就是繁殖后代。王娡生孩子，还会讲故事、玩溢价。她怀上刘彻后，告诉景帝（当时还是太子）：我梦见太阳跑到我怀里来，然后，就怀孕了。景帝非常高兴：好兆头，绝对是个好兆头。这孩子将来肯定了不起。不久，文帝去世，景帝继位；然后，刘彻出生。多年的太子熬出头，景帝大喜，更觉得刘彻这孩子是个福星。王娡很会玩，这才刚开始。

刘荣被立为太子后，成了香饽饽。谁不想把女儿嫁给未来的皇帝？其中就包括长公主刘嫖。没写错，她就叫刘嫖。刘嫖，景帝唯一的亲姐姐、窦太后宠爱的女儿，老公是开国大爷陈婴的孙子——堂邑侯陈午。她想把女儿嫁给刘荣，这绝对是亲上加亲、强强联手的大好事。

可惜，刘荣的妈妈栗姬不同意，而且很生气。为啥？因为刘嫖经常给景帝送美女，后宫那一大帮年轻漂亮的狐狸精，都是她送的礼物。景帝开心得夜夜做新郎，栗姬郁闷得夜夜守空房。你这个没皮没臊的贱货，竟然还想当我儿子的丈母娘？我呸！栗姬直接拒绝了。

刘嫖这脸丢大发了，跟栗姬成了仇人。那就退而求其次，把女儿嫁给小太阳刘彻吧。刘嫖向王娡提出了婚约。这么强大的后援团，王娡当然愿意，恨不得送刘嫖一群小奶狗以表诚意。两人一拍即合。然后强强联合，黑栗姬、搞太子，勇攀人生巅峰。

发挥巨大作用的是好姐姐刘嫖。她一边加大力度给弟弟送美女，一边语重心长地忽悠弟弟：你这些媳妇里，姐姐觉得栗姬最差、王夫人最好（西汉时期，姬和夫人都是皇帝、皇太子姜室的一种称呼。相较而言，姬是泛称，夫人是尊称）。姐姐说这些，都是为你好呀。在好姐姐＋美女的攻势下，景帝毫无抵抗力。何况，还有王夫人梦日入怀的加持。时间久了，景帝也觉得王娡确实不错，开始有了新想法。

栗姬呢，也不争气，关键时刻掉链子。有一阵子，景帝身体不好，想得有点多，他对栗姬说：我要是有个三长两短，这十几个娃，你一定要照顾好。栗姬作死，不仅不答应，还把景帝一顿抱怨：你要不是天天跟那帮狐狸精乱搞，身体能这么差吗？还想让我照顾那帮狐狸精的娃，趁早死了这份心吧。景帝差点气死。

关键时刻，王娡出手了，一招致命。王娡暗中派人去忽悠相关部门官员，让他向景帝建议：立栗姬为皇后。这哥们也实在，没搞清楚状况就直接给景帝打报告：老话儿说得好，子以母贵、母以子贵。太子的母亲至今没有相应的名分，陛下应该尽快立她为皇后。

景帝直接把报告摔他一脸：这是你该操心的事吗？然后，把这哥们杀了。然后，对栗姬彻底绝望：就你这样子，还想当皇后？趁早绝了你的念想。不久，景帝宣布：废掉刘荣的太子位，降为临江王。栗姬是个烈性子，直接气死了。王娡这招火上浇油、借刀杀人，玩得真高。

几个月后，景帝宣布：立王娡为皇后，立七岁的刘彻为皇太子。此后，王娡成为刘彻太子位的最有力保障。她不仅最受景帝的宠爱，还通过帮助梁孝王得到了窦太后的绝对支持。

一个作死的叔叔

刘彻当上皇太子后，只剩下一个竞争对手：叔叔梁孝王。其实，梁孝王不可怕。可怕的是他背后的窦太后。

梁孝王是自己作死的。景帝只是忽悠梁孝王，当然不会傻到真把皇位传给他。可自己毕竟金口玉言，不方便公开反悔。但朝中的大臣们，比如窦太后的侄子窦婴、太常袁盎等都公开反对：皇位绝对不可以传给梁孝王。梁孝王气疯了，竟然派人把袁盎等十多名反对自己继位的大臣给刺杀了。

这祸闯大了。景帝暴怒，派专案组到梁国一查到底。果然，证据都指向梁孝王。梁孝王躲在王宫里不敢露面，窦太后瘫在皇宫里日夜哭泣，景帝头疼得不知道该怎么处理。

放眼整个帝国，只有王家有资格给梁孝王求情。因为，景帝最宠爱王娡。梁孝王派人找到了王娡的哥哥王信。在王娡的默许下，王信亲自入宫见景帝，帮梁孝王求情。最后，在窦太后的强势干预下，汉景帝没有处罚梁孝王，但皇位你就别想了。王家通过给梁孝王求情，完全获得了窦太后的支持。刘彻的太子位，彻底稳了。

景帝后三年（前141）正月，景帝驾崩；十六岁的刘彻继位，是为汉武帝。

最后，来盘点一下彪悍姥姥臧儿的收获。她很长寿，活到了武帝登基，被封为平原君，成为天下最牛的姥姥。她的五个子女：王信，盖侯；王娡，皇太后；王儿姁，早逝；田蚡，武安侯、丞相；田胜，周阳侯。再看看孙辈：汉武帝刘彻、广川王刘越、胶东王刘寄、清河王刘乘、常山王刘舜，平阳公主、南宫公主、隆虑公主，修成君金俗（武帝同母异父的姐姐）。

臧儿、王娡，这母女俩创造了历史。

郅都：一场女厕风波引发的"战争"

有一天，汉景帝带着心爱的贾姬去皇家园林上林苑玩耍。玩得正开心，贾姬想上厕所。景帝和随行人员就在附近看风景，等她。

那时候，人类和大自然相处得还非常和谐，以至于，贾姬正在嘘嘘，一头野猪突然出现，闯进了女厕所。好尴尬，好危险。景帝贵为天子，当然不能大惊小怪。他故作镇静，用眼光示意中郎将郅都：赶紧上，保护贾姬。郅都一动不动。

郅都当然不怕野猪。他怕的是冲进女厕所后，看见不该看的。景帝也反应过来了。好吧，朕亲自上，拿着大宝剑就往女厕所冲。郅都不让他去。景帝又急又气：你闪开！郅都跪下，说：没了贾姬，还有甄姬、赵钱孙李周吴郑王各种姬，大汉朝美女多的是。但万一您出了事，天下怎么办？太后怎么办？

景帝想了想，那倒也是，就冷静下来，和大家一起，虔诚地为贾姬祈祷。没多久，野猪出来，跑了，贾姬毫发未损，估计不是野猪的菜。这是一头差点改变中国历史的野猪。因为贾姬有个儿子叫中山靖王刘胜，刘胜有个后代叫刘备。

除了贾姬，皆大欢喜。窦太后听说后，赏了郅都"金百斤"。汉景帝更是直接提拔、重用郅都。这场女厕所风波成为西汉历史上的大事件，后果很严重。

窦太后看到的，是一个识大体、顾大局的郅都。汉景帝看到的，是一个胆大心细、坚持原则、不近人情的郅都。他一直在找这样一个人，一个酷吏。他要反贪、除恶。

因为经过约五十年的休养生息，汉朝已经站起来了，国家已经富起来了，皇帝却没有强起来，皇亲勋贵势力庞大，地方豪强横行霸道。要加强皇权，就必须打击这两股势力；要打击这两股势力，最直接的办法就是反贪、除恶；要反贪、除恶，就必须有酷吏。

郅都就是最合适的人选。德能勤绩廉样样优秀；更重要的，他是个狠人。郅都有句名言：既然抛家弃子出来做官，就要抱定牺牲奉献的决心，老婆孩子就顾不上了！这样的人，当然无所畏惧，敢拼敢干。

济南郡（今山东济南市大部）的瞷（jiàn）氏特大涉黑犯罪集团，势力庞大、横行霸道，严重危害地方经济社会发展，没人敢管，就连地方一把手都睁只眼闭只眼。景帝特派郅都出任济南郡太守，扫黑除恶，给全国打个样。郅都不辱使命。到任后，直接把瞷氏集团的首恶灭族，不论男女老幼，一律斩首。瞷氏全族吓得一分钟变良民，奉公守法认怂。只用了一年多的时间，济南郡就成为全国治安模范地区。

郅都强势到什么程度？别说地主恶霸了，就连其他郡的太守看见他都哆嗦。然后，郅都被调回中央，担任中尉，负责京师治安，主要工作就是打老虎，打大老虎。

汉初，皇亲国戚和勋贵重臣骄奢淫逸、违法乱纪的现象确实很严重。相国萧何，低价强买百姓房产、田地，金额高达数千万。丞相张苍，妻妾有一百多个，因为他不和生过娃的女人同房；晚年，找了很多奶妈，天天喝人奶，因为他牙掉光了。这还是名相、贤相，其他人，尤其是二代们，就更牛了。陈平的后代：强抢民女；周勃的大儿子：杀人；郦食其的后代：假传圣旨、诈骗衡山王黄金一百斤；周亚夫的儿子：私买皇家祭祀物品、拖欠农民工工资……

就没有他们不敢干的。汉初分封的一百三十多位诸侯，文景时期，仅史书明确记载犯罪的，就有五十六位。而且，几乎全是"二代"。这还只是开国大爷团的黑历史，皇亲国戚、官场新贵们同样如此。没人敢惹，除了郅都。

周亚夫，当朝丞相、平定七国之乱的大功臣，出了名的脾气大，连皇帝都敢怼，连梁王都敢坑；满长安，谁不怕？郅都不怕。每次见了这位顶头上司，他连最基本的礼仪（跪拜）也不讲，只是拱手作揖。

临江王刘荣，景帝的长子、前太子，违法违纪被双规。郅都带着手下亲自审查，一点情面都不给。刘荣想要份纸笔给爸爸写封悔过信，被郅都否了。先老实交待问题！

其他权贵就更别说了。不管你老子多牛、级别多高、资格多老、权力多大，敢违法乱纪，一律严惩。搞得长安的特权阶层碰见郅都，都躲着走；万一没躲开，都不敢和他对视；还偷偷给他起了个外号：苍鹰。太凶猛了，太吓人了。

景帝对郅都越来越赏识、器重，直到郅都捅破了天，得罪了不该得罪的人：窦太后。因为前太子刘荣死了，自杀。在景帝和郅都看来，刘荣属于畏罪自杀。但在窦太后看来，刘荣是被郅都逼死的。之前，刘荣要纸笔写悔过信，被郅都拒绝。后来，刘荣的老师前太子太傅、大将军窦婴偷偷派人给他送了纸笔。刘荣写完悔过信后，自杀。窦太后知道后，暴怒，直接要求景帝"依法严处"郅都。景帝先是将郅都免职，后又让他做雁门太守，远离首都，算是变相保护郅都。但窦太后依旧不依不饶，景帝说：妈，郅都是忠臣。窦太后说：你儿子是奸臣吗？景帝无奈，只好杀了郅都。

"苍鹰"郅都死了，但酷吏开始崛起。既然加强皇权势在必行，那么酷吏就必须存在。尤其是郅都的铁腕反腐和快速晋升，激发了一大批追随者。在皇帝的支持下，更多的酷吏以更残酷的面貌走到了舞台中央（回头细讲）。

此外，郅都之死告诉后来者：法大还是天大，是个伪命题。此后的酷吏们，虽然执法更加严酷，但他们都明白一件事：自己和法律都是皇帝的工具，千万别瞎激动。比如，武帝时期的酷吏杜周被人批评：身为执法者，你不依法办案，却完全按照上面的意思来。你好意思吗？杜周笑着说：上面的意思不就是法律吗？你个死脑筋。

汉武帝：职场第一课，装孙子

成为汉武大帝之前，刘彻装了四年的孙子。

他确实是个非常优秀的青年领袖：有理想（汉武大帝），有能力（雄才大略），有家底（文景之治），有平台（大汉帝国）。不干出一番惊天动地的事业，都对不起列祖列宗和全国人民。所以，汉景帝后三年（前141），十六岁的刘彻接班当皇帝后，马上启动日理万机、大展宏图模式：

一，选拔新干部。汉武帝亲自面试，录用、提拔了董仲舒、司马相如、东方朔、庄助等一大批精英。二，提出新理念：罢黜百家、独尊儒术，强势崛起。祖传的黄老之学、无为而治？老皇历了，该翻篇了。三，组建新班子。武帝喜欢儒学、要当汉武大帝，必须要有一个信得过、靠得住、跟得紧、用得上的领导班子：丞相窦婴（表叔、儒学死忠粉）、太尉田蚡（舅舅、儒学死忠粉）、御史大夫赵绾（师叔、儒学大师）、郎中令王臧（老师、儒学大师）。四，推行新政。在新班子的辅佐下，汉武帝积极筹备兴建明堂、巡视天下，改历法、易服色……全面加强皇权，彰显天子的权威和尊严。

忙得热火朝天、豪情万丈。他完全忘了，宫里还有一位穿汉服的女魔头：奶奶太皇太后窦氏（简称"窦太后"）。

有人曾这样描述窦太后的一生：美女特工＋宫斗高手＋简版吕雉＋黄老死忠粉。窦太后叫窦漪房，年轻时是吕雉的贴身宫女。吕雉执政期间，窦漪房被选派、赐给了当时的代王刘恒（文帝）。表面上是发福利，实际上是搞监控。那个年代，和吕家的姑娘同房属于大是大非问题，来不得半点马虎。多少诸侯王因为消极怠工而丢了性命。窦漪房是吕雉的嫡系，刘恒哪敢怠慢，对她特别宠爱，两人先后生了一女两儿（刘嫖、刘启、刘武）。

从此，窦漪房的人生一路开挂。跟她有竞争关系的，要么病死（代王后），要么无子（慎夫人、尹姬）。跟她儿子有竞争关系的，要么病死（代王后的四个儿子，都比刘启年长），要么出意外（梁怀王刘参骑马摔死）。所以，她顺顺利利当了皇后，儿子刘启顺顺利利当了太子、皇帝。有人说她命好，有人说她手黑。

有一段时间，慎夫人仗着汉文帝的宠爱，超级嘚瑟，经常和窦皇后平起平坐。大臣袁盎提醒文帝说：您还记得"人彘"吗？全国人民都记得。刘邦死后，吕雉把刘邦最宠爱的戚夫人砍去四肢，搞瞎，搞聋，搞哑，然后扔到厕所里，称之为：人彘。文帝反应过来，赶紧提醒慎夫人。慎夫人立刻变得安分守己，还赏了袁盎金五十斤。这件事说明，文帝、慎夫人、袁盎都承认，窦皇后有成为吕雉的潜力。

景帝继位后，窦皇后升级为窦太后。虽然年纪大了、还失明了，但更强势了。她喜欢黄老之学，便下令：景帝、皇子和自己的娘家人必须学习黄老、当黄老粉。谁敢看不起黄老？找死。有一次，她问儒学大师辕固生：你觉得《道德经》怎么样？辕固生说：也就心灵鸡汤的水平。窦太后暴怒，逼着他到皇家动物园的野猪圈里杀野猪。就你儒家牛？我让你牛！景帝不敢吱声，偷偷给了辕固生一把大宝剑。辕固生还真牛，一剑刺在野猪心脏上！窦太后虽然很不爽，但只好放过辕固生。

谁敢得罪窦太后？找死。大臣郅都"逼死"了窦太后的孙子、前太子刘荣？杀！窦太后的侄子窦婴反对窦太后的小儿子、梁孝王刘武继承皇位？一撸到底。景帝敢"欺负"弟弟刘武？窦太后一哭二闹三上吊，绝食，还大喊：皇帝杀我儿子啦！刘武被景帝"欺负"死了？再来一遍：一哭二闹三上吊，绝食，皇帝果然杀了我儿子！搞得景帝"忧恐"、"哀惧"、"不知所为"。最后还是长公主刘嫖支招：刘武的五个儿子全部封王，五个女儿全部享受国家特殊津贴（食汤沐邑）。窦太后才开始吃饭。

景帝时，窦太后还只是参政。武帝继位后，窦太后开始听政：国家大事，必须向我请示汇报。这么一位强势的奶奶，汉武帝竟然把她当作老皇历，说翻篇就翻篇？年轻是要付出代价的。

导火索来自御史大夫赵绾。这哥们确实是位学者型官员，在十几岁的汉武帝领导下，越干越激动，竟然建议：以后，国家大事就别向窦太后汇报了。窦太后彻底爆发：一帮乱臣贼子，想造反吗？当即派人收集赵绾、王臧违法乱纪的材料，然后拿给汉武帝：看看你都用了些什么人？一帮祸国殃民的玩意儿！然后，下令逮捕赵绾、王臧，依法严惩。这二位直接自杀了（也许是"被自杀"）。然后，丞相窦婴、太尉田蚡被免职，所有的新政和拟施行新政一律废除。

青年领袖汉武帝，一夜回到解放前。更让他郁闷的是，家里也闹心。长公主刘嫖，武帝的姑姑，为武帝继位登基做出过巨大贡献。武帝继位后，刘嫖的女儿成为皇后，刘嫖被封为窦太主（低配版窦太后）。所以，刘嫖开始躺在功劳簿上，各种吃拿卡要、越位插手。刘嫖的女儿陈皇后，是个小号的刘嫖，骄横跋扈爱吃醋，不准武帝碰别的女人，自己又迟迟不怀孕。为了怀孩子，医疗费就花了九千万，还是没用。金屋藏娇，说的就是他俩。不过，是个骗人的童话。

这母女俩，武帝越看越烦，恨不得全部退货。关键时刻，武帝的妈妈、宫斗圣手王太后开启导航模式。她劝儿子：你刚当皇帝，一无群众基础，二缺干部拥护。你却先得罪奶奶，再得罪姑姑，找死吗？其实，女人很好哄的，只要你哄。

好吧，武帝接受现实，开始装孙子。生活上，对岳母刘嫖和陈皇后更有耐心，嘘寒问暖、有求必应。工作上，由奶奶全面负责，自己只负责吃喝玩乐：今天微服出宫，去终南山打猎；明天圈地拆迁，扩建上林苑；后天去姐姐平阳公主家玩，勾搭歌女卫子夫……就这么吃喝玩乐装孙子，过了四年。

建元六年（前135），窦太后驾崩了。终于不用当孙子了。二十二岁的武帝第一时间免掉奶奶任命的丞相许昌，让自己的舅舅田蚡做丞相。然后开始轰轰烈烈的行动，大干一场。

他干的第一件大事，就是废掉实行了六十多年的和亲政策，和匈奴开战。

王恢：跟不上新领导思路，会要命

　　大行（外交部长）王恢，是武帝亲政后杀掉的第一个高官。因为他是一个跟不上新领导思路的倒霉蛋。

　　武帝是铁了心要打匈奴的。一部和亲史，就是刘家的半部屈辱史。用武帝的话讲：我把姑娘嫁给你、财物送给你，你却不知好歹、傲慢无礼，天天祸害我。不揍你揍谁？霸气是天生的，底气是祖宗给的。经过近七十年的休养生息，汉朝富了，钱多得花不完，粮食多得吃不完。

　　但是，刘邦钦定的和亲国策，匈奴人野蛮、贪婪、悍猾的狼性，让汉朝高层不想打也不敢打。谁没事爱啃硬骨头玩？御史大夫韩安国就是坚定的和亲派。他的意见代表了绝大多数官员的想法。韩安国认为，不能和匈奴开战，理由有三：找不到、打不赢、划不来（王立群老师总结语）。具体而言：匈奴是游牧民族，茫茫草原、浩瀚大漠，就算打，能找见人吗？就算跋山涉水找见了，人困马乏腿抽筋的，打得赢吗？就算打赢了，咱是农耕文明，要他的草原大漠有啥用？当然，前两条是关键，第三条有点自我安慰。这就是武帝打匈奴面临的最现实问题：支持率太低。

　　王恢是极少数的主战派。他老家就在汉匈边境，本人又在边境地区工作多年，是个"匈奴通"。他主战的理由很简单：匈奴是匹喂不熟的恶狼。表面看，他和领导想法一致，应该有更大的进步空间。他自己也是这么认为的。

窦太后去世、武帝亲政当年，匈奴刚好来续约：再嫁我一名公主，再给我一笔巨款吧。汉武帝和大臣们开会讨论：给他？揍他？王恢主战，韩安国主和，大多数官员支持韩安国。汉武帝不得不妥协：那就和亲吧。这个局面怎么破？汉武帝很着急，王恢很积极。

过了一年，王恢递交了一份超级PPT，一个山西商人做的。山西商人叫聂壹，雁门郡马邑县（今朔州朔城区）富豪。他的超级PPT叫：百分百打败匈奴计划。具体内容如下：匈奴人最贪婪、不讲信义。眼下刚和亲不久，他们的警惕性不高。咱们用马邑做诱饵，引他们前来，然后一锅端。

世界上有百分百必胜的计划吗？领导需要，就有。武帝大喜，再次和大臣们开会讨论。韩安国等主和派照样坚决反对，还放出了大招：高祖（刘邦）那么伟大，都要和亲，我们凭啥不和亲？王恢直接回怼：高祖当年和亲是为了天下苍生，如今不和亲也是为了天下苍生，并不违背高祖的精神。有理有利有PPT。最后，武帝一锤定音：干他！

元光二年（前133）六月，武帝任命韩安国为主帅（他也是名将，当年梁孝王能扛住七国之乱的叛军主力，全靠他和张羽两人），李广、公孙贺、王恢、李息为辅，率三十多万汉军，在马邑附近布下天罗地网，等匈奴单于上钩。史称：马邑之谋。汉匈国运之战就此拉开大幕。

山西商人聂壹被委以重任：忽悠匈奴单于。聂壹带着大批走私物品潜入匈奴交易，取得信任后，托关系拜见匈奴单于，然后开始忽悠：我可以杀了马邑县的领导班子，献城投降，马邑的女人、财物都归您。匈奴单于最喜欢天上掉馅饼，当场同意。然后，聂壹赶回马邑，杀了几个死囚，把首级挂在城头。这是信号：OK，速来！匈奴情报人员看到后，立即向上汇报。匈奴单于亲率十万骑兵，赶赴马邑抢红包。

可惜，这世界上的超级 PPT，没几个靠谱的。匈奴人一路急行军，距离马邑还有一百多里时，发现异常：沿途只见牛羊吃草，却没有一个放牧的。什么情况？便就近攻下汉军一个烽火台，抓舌头。

本来，马邑之谋这种高级机密，距离马邑一百多里的驻军，尤其是烽火台里的基层官兵，并不知情。可惜，一切都是天意。这烽火台里，偏偏就有一个知情者。他是雁门郡的尉史（雁门要塞副司令），今天刚好在附近巡视，看见匈奴大军，就躲在了这个烽火台里。被俘后，在匈奴人的死亡威胁下，他当了汉奸：太君，前面的，有埋伏。匈奴单于大惊失色：果然有猫腻，全军撤退！

等汉军主力部队收到情报、狂追到边境时，匈奴人早跑回内蒙古大草原了。三十万多汉军只能打卡下班。

当时，唯一有机会和匈奴一战的，是王恢。他奉命率三万汉军埋伏在边境线上，准备攻击匈奴的辎重部队。十万匈奴骑兵从他眼前撤退，他看着，没敢打。因为，他只是个擅长做 PPT 的主战派。

大汉朝委曲求全了近七十年，汉武帝排除万难、酝酿了两年，调集了三十多万大军，怀着必胜的信心、一雪前耻的豪情，精心组织的国运第一战，就这么尴尬地结束了。

王恢惨了，第一个被问责。武帝暴怒：为什么不打？王恢解释说：按照原计划，我只负责攻击匈奴的辎重部队。谁能想到，匈奴大军突然回撤？我肯定打不过他，就想为陛下保存三万精锐。

这解释，绝对是找死的节奏。首先，你把锅甩给计划失败。计划谁制定的？你。其次，为了保存实力而不出战。领导要的是保存实力吗？领导要的是打仗，打胜仗，打大胜仗。要保存实力，和亲就行了，还搞什么马邑之谋？王恢的悲剧就在于，他以为自己跟得上新领导的思路，还跟得特别紧，其实差得很远，越跟越错。而且，运气还不好。

解释无效。王恢被逮捕、审判。相关部门给出的判决是：避敌观望，当斩。王恢重金贿赂丞相田蚡，通过王太后来求情。武帝对妈妈说：第一，如果没有王恢的提议，我也不会调集几十万大军搞马邑之谋，也不会这么丢人现眼。第二，如果王恢打一下，哪怕没什么战果，至少对将士们还有个交代。不杀他，何以谢天下？

王恢必须背锅，否则，领导和帝国的脸往哪儿搁？此外，武帝最生气的是，主战派都这么畏战，还怎么打匈奴？王恢死定了。

马邑之谋后，汉朝与匈奴撕破脸，开始了长达七十年的战争，汉朝由被动防守转为主动进攻。武帝对韩安国、王恢等老一辈将领彻底失望，开始大力提拔敢想敢拼、敢打硬仗的年轻将领，卫青、霍去病闪亮登场。

最后再说一下山西商人聂壹。他比王恢滑头，直接溜了，从此隐姓埋名避祸。他改姓张，有个智勇双全、赫赫有名的后代：三国名将张辽。

窦婴：有一种绝症，叫交友不慎

窦婴之死，是武帝时期的一次官场超级大地震：两名正国级、一名正部级官员死亡；一名正部级官员被降职；多名部级以上官员被训诫。这也是历史上著名的社交反面教材：交友不慎害死人。

魏其侯窦婴，西汉政界大佬：三朝元老（文帝、景帝、武帝）、头号外戚（窦太后的侄子；窦太后的兄弟均未从政）、平定七国之乱的功臣（出任大将军，坐镇荥阳，负责齐、赵战区）、武帝的首任丞相。

就是这么个大人物，元光四年（前131）十二月三十日，被公开斩首。倒霉就倒霉在他有个好朋友：灌夫。

灌夫是个什么人？二货。他是个正部级落马官员，平定七国之乱时一战成名，历任中郎将、淮阳太守、太仆等重要职务。本来仕途一片光明，但是，他有两个特点：一是嗜酒成性。一喝就多，一多就闹事。他曾经喝多了，把窦太后的堂弟、正部级官员窦甫给揍了。二是为非作歹。多次因为违法乱纪而被撤职；在老家颍川郡，更是横行霸道、鱼肉百姓。颍川人民对他恨之入骨，诅咒他全家不得好死。

所以，武帝对他很失望，彻底放弃。灌夫失势后，久居长安。然后，他又增加了一项新技能：不畏强权。越是位高权重的，他越要对着干；越是年轻干部，他越尊敬、爱护。看着很爷们、很仗义吧？其实，就是心理扭曲。他不服气、不甘心。所以，摆出一副"老子最牛、谁也不怕"的派头，在长安城，出了名的又臭又硬。

就这么一位天天耍酒疯、喜欢报复上流社会的二货，竟然和窦婴成了老铁。因为他俩同病相怜。窦婴，也过气了。窦婴确实牛，但主要牛在姓窦，窦太后的窦。窦太后死后，他的靠山没了，就过气了。以前，位高权重，门庭若市；现在，赋闲在家，门可罗雀。唯一尊敬他、巴结他的，是灌夫。两人惺惺相惜、各怀心思。

窦婴看重灌夫，是要恶心、报复那些趋炎附势的家伙：看看人家灌夫，重情重义，纯爷们，值得交往！灌夫巴结窦婴，是想借机抬高身价、多认识些权贵：看看我灌夫，重情重义，纯爷们，值得交往！两人相见恨晚，亲如父子。

然后，灌夫开始"坑爹"。他惹了最不该惹的人：田蚡。武安侯田蚡，新一代头号外戚、窦婴 plus 版：王太后的弟弟、武帝的舅舅、新任丞相。

这位爷不仅位高权重，而且骄横、自私、阴险。武帝都看不惯他，却拿他没办法。他当丞相后，住着最豪华的宅子，占着最肥沃的土地，收着最巨额的贿赂，过着最奢靡的生活。官员任命，他一个人说了算。只要钱到位，一个老百姓可以直接当正部。武帝直接怼他：您的人安插好了吗？我也想安插几个。他竟然还向武帝申请，把考工（皇家造办处）的办公区批给他当宅基地。汉武帝直接怼他＋1：武库（中央军火库）的地段更好，您要不要？

灌夫本来是想巴结田蚡的。灌夫第一次得罪田蚡，是因为一顿酒。有一天，灌夫穿着丧服去拜见田蚡。这是很不礼貌的事。古人居丧期间，没有特殊情况，不能随便拜会别人，尤其是田蚡这种大领导。田蚡有些不爽，就调戏他：我本想约你一起去拜会窦侯爷，没想到你在服丧，真不巧。灌夫很激动：丞相这么看得起我，只要您能来，我这都不叫事。我现在就去通知窦侯爷，咱们明天见。田蚡笑着说：好。

窦婴听说后，也很高兴，觉得很有面子。当天就开始准备，全家一直忙到第二天清早；然后，等田蚡来。都中午了，也没见个人影。窦婴有点不爽，就问灌夫：丞相不会忘了吧？灌夫更不爽：我这么给他面子，居丧期间都出来陪他，他怎么能忘？我去催他。

灌夫到了丞相府，田蚡还没起床呢。见了灌夫，田蚡抱歉说：昨天喝多了，忘了这茬。然后，洗漱、出门，一点不着急，车开得还很慢。灌夫更生气了：有你这么看不起人的吗？

到了窦婴家，开喝。灌夫又喝多了，很不爽，要找回面子，非要拉着田蚡一起跳舞。这是汉代宴会上常见的一种习俗——"以舞相属"（类似于交谊舞），被邀请者一般不会拒绝，否则就是对邀请者的蔑视或侮辱。田蚡当然懒得搭理他。灌夫就直接开骂。窦婴赶紧让人把灌夫送走了，然后向田蚡道歉：他喝多了，见谅，见谅。田蚡笑着说：我怎么会跟他一般见识？咱们继续。

这就是灌夫：既想拍，还要装，一觉得被鄙视，马上受伤、失控。

灌夫第二次得罪田蚡，是因为一块地。田蚡看上了窦婴的一块地，派下属过来直接要：您那块地不错，让给我吧？窦婴大怒：我虽然退休了，你虽然正当红，但也不能仗势欺人吧？不给！不给就不给吧。窦婴这种老领导，论辈分还是汉武帝的表叔，田蚡就算不爽，也不能怎么着。

但灌夫"不畏强权"的老毛病又犯了。最搞的是，他不敢骂田蚡，就把田蚡上门要地的下属臭骂一通。这就有点二了。你以为，窦婴能骂，你就能骂？田蚡大怒：灌夫扯什么淡，关他屁事？

灌夫第三次得罪田蚡，是因为一个把柄。田蚡开始收拾灌夫，成立了专案组，调查灌夫在老家鱼肉百姓、祸害地方的事。这招挺狠，因为当时为加强皇权，中央正在严打地方豪强，只要证据确凿，都是灭门的极刑。灌夫也不是省油灯，直接拎出田蚡教唆淮南王谋逆的事做要挟。当年，汉武帝一直生不出男娃。淮南王刘安勤政爱民、德高望重。田蚡巴结淮南王，说：陛下无子，这皇位，将来肯定是您的。

谋逆罪，田蚡也扛不住，便找人居中调解，双方达成和解。灌夫确实二，你捏着一个随时能让田蚡丧命的把柄，就这么和解了？和解得了吗？

灌夫第四次得罪田蚡，还是因为一顿酒。元光三年（前132）夏天，田蚡娶媳妇（当然不是第一次结婚）。姐姐王太后很高兴，命令在京的诸侯、皇亲国戚都去喝喜酒。灌夫本来可以不去，也不想去，因为他既不是诸侯，又不是皇亲。但窦婴出于好心，想缓和他和田蚡的关系，就硬拉他去了。结果，这场婚宴成了灌夫的鬼门关，也成了窦婴的催命符。史称：灌夫骂座。

婚宴上，田蚡敬酒时，所有人都恭恭敬敬地干杯；窦婴敬酒时，除了老相识，其他人都爱答不理的。场面很尴尬，灌夫很不爽，开始耍酒疯了。他给田蚡敬酒，田蚡说：不能喝满杯。灌夫说：将军是贵人，干了吧！田蚡当然不肯。

灌夫压着火，继续敬酒。敬到临汝侯灌贤时，灌贤正和西宫卫尉（武帝警卫局局长）、名将程不识耳语私聊，没看见他。灌贤算是灌夫的侄子。灌夫本姓张，他爹是开国大爷灌婴的亲信，所以，后来改姓灌。灌贤就是灌婴的孙子。灌夫憋了一肚子火，看见灌贤不搭理自己，就直接开骂：平常你把程不识骂得屁钱不值，现在，老子过来给你敬酒，你却像个女人，在跟程不识八卦！装什么装？

田蚡虽是个小人，但出了名的脑子好使、嘴巴会说，一看灌夫开始耍酒疯，立刻往死里整他。田蚡接着灌夫的话茬，来了一句：程将军和李将军（李广，时任东宫卫尉，即太后警卫局局长）分别是皇上和太后的警卫局局长，你当众辱骂程将军，这也是打李将军的脸呀。一句话，把李广、王太后和汉武帝都捎进来了。你这是在给他们难堪！

灌夫接着耍酒疯：今天你就是杀了老子，老子也不怕，什么狗屁程不识、李不广？客人们一看事情闹大了，纷纷提前退场。窦婴也站起来，示意灌夫：赶紧走吧。想走？怎么可能。田蚡大发雷霆：灌夫啊，看来我平常太惯着你了。今天我奉太后之命举办酒宴，你竟敢公然闹事，犯了大不敬之罪。即刻拿下。老账新账一起算，田蚡以鱼肉百姓、祸害地方为由，派人分赴长安、颍川，抓捕灌夫的家人和下属，全部以死罪论处。

窦婴非常懊恼、羞愧，想尽办法去救灌夫。夫人劝他：灌夫得罪了田蚡，就是得罪了太后，你怎么救？窦婴说：大不了这个侯爵我不要了，总不能看着灌夫去死。景帝对窦婴有过评价：自以为是、冲动。灌夫被抓后，窦婴的反应充分印证了这一评价。

窦婴向武帝做汇报，替灌夫求情。田蚡向武帝做汇报，建议将灌夫满门抄斩。一边是奶奶家的表叔，一边是姥姥家的舅舅，武帝才不愿背锅呢，下令：田蚡、窦婴到长乐宫当着太后的面儿公开辩论，在京部级以上官员全部参加。

会上，窦婴坚持认为：灌夫就是耍酒疯，罪不至死。田蚡坚持认为：灌夫犯了大不敬、祸乱地方两项大罪，必须满门抄斩。武帝没办法，就问参会的大臣：你们觉得呢？这种神仙打架，谁敢表态？大臣们都装傻。只有三个人因为涉及自己的分管领域，不得不强行表态——

御史大夫韩安国说：窦婴和田蚡说的都有道理，请陛下圣裁。西汉著名直臣、主爵都尉（中管干部局局长）汲黯说：我支持窦婴（这才是真正的不畏强权）。内史郑当时说：窦婴说的好像有道理，但仔细想想，好像也不全对。

　　武帝气得大骂郑当时：你平常没少打窦婴和田蚡的小报告，今天让你公开表态，瞧把你怂的！信不信我把你们一起宰了？会后，郑当时直接被降职。

　　这场辩论会，没有做出任何决定。武帝宣布散会后，回家陪王太后吃饭。王太后气得不吃饭，说：我还活着呢，他们就敢欺负我弟弟。将来我要是没了，我弟弟还不被他们欺负死？武帝被逼无奈，下令：灌夫，满门抄斩；窦婴，公开处死。

　　窦婴被杀三个月后，据《史记》记载：田蚡突然身患怪病，一直喊着：我有罪，我有罪，饶了我吧。家人请大师来看，说是窦婴、灌夫的鬼魂来索命。田蚡就这样死了。

　　这场官场大地震，最后的赢家是武帝。奶奶家的头号外戚、妈妈家的头号外戚都死了，终于轮到我的外戚了，听话，好使。

　　一个属于卫青、霍去病的时代，正式到来。

卫青：论领导亲戚的自我修养

　　大将军卫青，是少有的、干部群众都喜欢的"领导家的亲戚"。

　　当然，不管是当时，还是后世，也有很多人看不起他。比如，司马迁、王维、苏轼、赵翼等等。苏大师骂得最难听："若青奴才，雅宜舐痔，踞厕见之，正其宜也。"因为卫青身上有个撕不掉的标签：外戚。

　　卫青能当官，靠的是特权，而且还是很多人最鄙视的那类特权：裙带关系。卫青的姐姐卫子夫，是武帝最宠爱的妃子。再加上卫青的出身又很低贱：私生子＋家奴。

　　卫青的爸爸叫郑季，是平阳县（今山西临汾尧都区）一名公务员。平阳县是平阳侯曹寿（曹参的曾孙）的封地。有一次，郑季被借调到平阳侯府当差。工作之余，和侯府的家奴卫大妈（大妈不姓卫，她丈夫姓卫）乱搞，生下了卫青（随后爹姓）。

　　卫青小时候跟着亲爹郑季。郑季有自己的家庭，所以，卫青的童年很惨：没接受过正规教育，天天在黄土高原上放羊，郑季的老婆、孩子还经常虐待他，把他当家奴对待。长大后，卫青投靠母亲，在平阳侯家找了份差事：骑奴。

　　卫青，处在古代社会鄙视链的最末端。直到有一天，十八岁的武帝在平阳公主家喝酒，看上了陪唱的歌女卫子夫，当场拿下。事后，卫子夫被带进宫做了皇帝的女人。后来，卫子夫怀孕了。第一次当爸爸的武帝，狂喜。卫青一家人的命运从此改变：大姐卫君孺，嫁给太仆公孙贺；二姐卫少儿，嫁给开国大爷陈平陈局长的曾孙陈掌；卫青，被任命为建章监、侍中（建章宫主管兼武帝办公室处长），后晋升为太中大夫。

一人得道，鸡犬升天。不鄙视你，鄙视谁？但是，武帝的这位小舅子很能干，简直是超级能干。

武帝亲政后，搞了个马邑之谋，彻底和匈奴撕破脸。此后，匈奴三天两头来烧杀抢掠。武帝很不爽，必须要干他们。但汉朝从上到下，从建国到现在，面对匈奴，都有大面积的心理阴影。高祖刘邦那么牛，白登之围差点被搞死。马邑之谋，精心策划、兴师动众，却无功而返。以韩安国为代表的大臣们坚信：匈奴不可战胜。

武帝不信这个邪，一直想打匈奴，但他必须慎重。马邑之谋四年后，元光六年（前129），汉武帝再次出兵打匈奴。这次，他玩了把分散投资，派出了四支部队：骁骑将军李广，从雁门郡出兵；轻车将军公孙贺，从云中郡（今内蒙古呼和浩特）出兵；骑将军公孙敖，从代郡出兵；车骑将军（军方三号首长，仅次于大将军、骠骑将军）卫青，从上谷郡（今北京、张家口一带）出兵。每支队伍都是一万骑兵，各自找匈奴人干仗。

总有一支能跑赢大盘吧？不能再输了，信心比黄金更重要啊。

看结果：公孙贺，白跑一圈，没找见匈奴人，回来了。公孙敖，被匈奴人打败，损失了七千人，回来了。李广，全军覆没，自己被俘，幸亏他单兵作战能力强，一个人逃回来了。卫青，只有卫青，率军打到了匈奴的龙城（今蒙古国后杭爱省额勒济特县境内），歼敌七百多人，史称：龙城大捷。

龙城大捷，战果不大，但意义重大：一、打破了匈奴人不可战胜的神话；二、给了匈奴人一记响亮的耳光，因为龙城是匈奴人祭天敬祖的地方；三、验证了骑兵突进、长驱直入、歼灭敌人的新战术；四、找到了一位能打败匈奴的新领军人物。

武帝大喜，封卫青为关内侯。从此，卫青一步步成长为战神、汉军最高统帅。上数据：十年，七战七胜，歼敌五万多。卫青和外甥霍去病（回头细讲）一起，把强大的匈奴彻底打残、打跑。大漠（约等于中蒙边境线）以南，十多年内再无匈奴人的踪迹。

武帝对卫青的重用和奖赏也超级丰厚。卫青被封为万户侯，出任大将军，统领天下兵马，后兼任大司马（分管武帝办公室），位极人臣。卫青的三个儿子，还在婴幼儿时期，就都被封侯。其间，卫青的姐姐卫子夫被立为皇后，卫青的外甥、皇子刘据被立为太子。

卫青风光到什么程度？武帝的姐姐、卫青曾经的主人平阳公主，后来丧偶，她和闺蜜们商量，谁适合当自己的新任老公？大家异口同声：卫青。平阳公主有点不好意思：他曾是我的骑奴，不合适吧？闺蜜们说：卫青，富贵震动天下，没有比他更合适的了。平阳公主答应了。武帝下诏：卫青嫁给平阳公主。

看看卫青的名片吧：民族英雄、大将军兼大司马（实际上的军政一把手）、万户侯、武帝的便宜姐夫、皇后的弟弟、太子的舅舅、三个诸侯的爹。但是，卫青之所以被许多人敬重、喜欢，并不仅仅因为地位和军功，还有他的人品和智慧。

一、卫青从不居功自傲，很知道分寸。卫青当大将军不久，手下的将领苏建（苏武的爸爸）吃了败仗，全军覆没，只身一人逃了回来。有人建议卫青，杀了苏建，立威。"因为您自出兵以来，还没有杀过一员大将。现在，苏建全军覆没，刚好杀了，让天下人都知道大将军的威严。"卫青拒绝了："我自有我的权威。杀人立威，不合适。即便苏建有罪，该不该杀，应该由皇帝裁决。"权力越大，越讲忠诚，越守规矩。许多名将都不如他。

还有一次，有人建议卫青，养门客，扬名。因为卫青虽然战功赫赫，但从不刻意交好文人士大夫；再加上他低贱的出身、外戚的身份，舆论对他一向不友好。要么鄙视他靠裙带关系上位；要么说他的胜仗，是全国的人力物力财力堆出来的，换谁都行。"您应该多和文人士大夫交朋友，再多养些门客，让他们好好宣传一下您的丰功伟绩。"卫青拒绝了："亲近文人士大夫、招揽人才是皇帝的工作。我们做臣子的，干好自己的本职工作就行了。"这份低调和清醒，也是没谁了。

二、卫青一心为公，从不以权谋私。武帝封卫青的三个儿子为诸侯时，卫青推辞了。理由如下："取得这样的成绩，离不开陛下的英明领导和将士们的浴血奋战，我只是有幸参与其中。您已经奖励我了，而且我的三个儿子还在襁褓之中，如果封侯，会寒了将士们的心。"武帝欣慰地说："我怎么会忘了将士们的功劳？"当场宣布：封卫青的部将公孙敖等七人为列侯（有封国）、李沮等三人为关内侯（无封国）。

这是卫青最难能可贵，也是最聪明的一点。作为领导的亲戚，你根本不用考虑自己的奖励，因为领导忘了谁也不会忘了你。你只要做好自己的事，多考虑考虑团队就 OK 了。这样，领导只会觉得你更懂事，封赏只会更多。所以，卫青的下属普遍晋升快、待遇好：九人封侯，十四人晋升将军，两人出任丞相（公孙贺、李蔡）。

三、卫青心胸宽广，从不斤斤计较。霍去病成名前，卫青是汉武帝最宠信的大臣，没有之一。汉朝自丞相（含）以下所有官员，都以下级的身份对他行跪拜礼；唯独内史汲黯以平级的拱手礼对待卫青。有人劝汲黯：大将军地位尊贵，你怎么不跪拜？汲黯回怼：大将军有个平级的朋友，就不尊贵了？卫青听说后，对汲黯更尊重，还经常向他请教国家大事。

你会说，这是卫青故意装出来的平易近人。但下面这件事，装不出来。名将李广因贻误战机被卫青传讯，李广觉得受到不公正待遇，愤而自杀（回头细讲）。李广的儿子、郎中令李敢认为，卫青逼死了自己的父亲。他要为父报仇，便打伤了卫青。这可真是太岁头上动土了。但是，卫青没声张。这份胸怀，真不多见。

这就是卫青，尽管因为是领导家的亲戚，被不少人戴着有色眼镜鄙视。但这份人品、能力和智慧，中国历史上都罕见。

更牛的是，他家还出了一位同样罕见的天才：卫青的外甥霍去病。十七岁一战成名，二十四岁去世。虽然人生短暂，但光芒万丈。

霍去病：我的成功学，你学不来

平阳县公务员霍仲孺万万没想到，自己和女服务员卫少儿的一场云雨，会改变中国历史。

卫少儿是平阳侯府的侍女，霍仲孺是平阳侯府的借调人员。这种事也常见。霍仲孺的老同事郑季当年借调到平阳侯府时，就和卫少儿的妈妈好过，后者还给卫少儿生了个弟弟叫卫青，现在侯府当骑奴。卫少儿也不止霍仲孺一个相好，还有开国大爷陈平的曾孙陈掌。所以，借调结束后，霍仲孺就和卫少儿断了联系。他不知道，卫少儿给他生了个娃，叫霍去病。

回平阳县后，霍仲孺很快就结婚了。他万万没想到，新婚之夜，自己又干了一件改变中国历史的事。老婆怀孕了，后来生了个娃，叫霍光（西汉著名权臣、史上第一个废立皇帝的大臣，回头细讲）。

估计首任平阳侯、开国大爷、相国曹参也万万没想到，自己家竟然成了大汉顶级人才孵化基地。虽然，孵化的方法有点另类：私生子。

霍去病两岁时，小姨卫子夫被汉武帝相中，带进了宫。三岁时，小姨怀孕，第一次当爹的小姨夫武帝大喜，卫家都跟着沾了光。妈妈卫少儿也被赐婚，嫁给了陈掌，当了官太太。

从此，霍去病过上了皇亲国戚的生活。十二岁时，舅舅卫青被封为关内侯（二级侯，尤封国）。十二岁时，小姨生了皇长子刘据，被立为皇后。十四岁时，舅舅卫青被封为长平侯。十七岁时，舅舅卫青被封为大将军、万户侯，成为武帝最宠爱的大臣。

武帝有两个特点：1、爱屋及乌；2、爱才，尤其是能打匈奴的人才。霍去病刚好符合这两个条件：自家外甥，少年天才，善骑射。一个天才，赶上了汉匈战争的风口。

武帝很喜欢他，还亲自教他兵法。不过，霍去病拒绝了：打仗主要看谋略，学什么兵法？从这句话就能看出，他和武帝不仅是君臣，还情同师生、父子。还有一点也很重要：霍去病很年轻，但骄傲、自负、胸怀大志，很像年轻时的武帝。武帝十六岁登基，雄才大略，要做千古一帝。当时，要不是奶奶窦太后压制着，绝对少年天子、惊天动地。所以，他对霍去病抱有很大的期望。某种意义上，霍去病就是他的御用武替，是他集中力量办大事的排头兵。

元朔六年（前123），十八岁的霍去病被任命为票姚校尉（副将），率八百精骑，随舅舅卫青出征，攻打匈奴。票姚，又快又狠的意思。这个官职是武帝专门为霍去病设置的。霍去病的历任官职，都是武帝为其专门定制的；霍去病的兵，都是大汉朝最精锐的，他挑剩下的，才分给其他人，包括舅舅卫青。

霍去病不负武帝的厚爱、厚望，给出了一份超级答卷。不仅首战大捷，还超额完成任务：歼敌两千多名；生擒匈奴单于的叔叔罗姑比等多名高官；斩杀匈奴单于的叔伯祖藉若侯产。

自己一手培养出来的徒弟，第一次上战场，表现这么优异，武帝能不高兴吗？武帝给出评语：勇冠三军、功冠三军，封冠军侯。

元狩二年（前121），二十岁的霍去病被封为骠（piào）骑将军（军方二号首长），副国级，薪资待遇和大将军一样。武帝给他下达了新任务：攻占河西走廊，断匈奴右臂。

当年春、夏，霍去病两次率军西征，狂飙突进、纵横数千里，大败匈奴各部，彻底扫平河西走廊：斩杀匈奴折兰王、卢侯王，俘虏匈奴单桓王、酋涂王等首领以及王母、阏氏、王子、相国、将军等上百人，歼敌四万多，缴获匈奴祭天金人。当年秋天，占据河西走廊的匈奴主力浑邪王、休屠王，因损兵失地被匈奴单于问罪，便率领约五万下属降汉（休屠王中途后悔，为浑邪王所杀；有八千人欲逃，为汉军击杀）。

河西之战圆满结束，汉朝占领河西走廊，截断匈奴与西域诸国、南方羌族的联系，夺取其最重要的军马养殖基地。汉匈军事实力从此发生重大变化，匈奴开始走下坡路。匈奴人被打哭了，有歌为证：失我焉支山，令我妇女无颜色。失我祁连山，使我六畜不蕃息。

第一次担任集团军领导，就取得了这么大的成绩，霍去病确实是天才。河西之战后，霍去病累计受封食邑一万三百户，更得宠幸，地位直追舅舅卫青。

该和匈奴来场大决战了。元狩四年（前119），汉武帝派卫青、霍去病各领五万骑兵，两路出击，穿越大漠，深入匈奴腹地，和匈奴一决雌雄。史称：漠北之战。汉武帝倾举国之力，发动这场关乎国运的战争。除十万骑兵外，还从民间征调四万匹马作后备，还有步兵和辎重部队数十万人。

卫青、霍去病，当之无愧的帝国双璧。漠北之战中，卫青大败匈奴单于主力，斩首一万九千，兵锋直抵赵信城（今蒙古国杭爱山南麓），尽烧匈奴国家粮仓而回。匈奴单于落荒而逃，十多天音信皆无。霍去病大败匈奴二号首长左贤王，歼敌七万多，俘虏匈奴屯头王等首领、高官八十六人，并在狼居胥山（今蒙古国肯特山）、姑衍山（今蒙古国肯特山以北）举行封禅庆典，宣大汉国威。封狼居胥，从此成为中华武将的最高荣誉和追求之一。

漠北之战，匈奴的有生力量被彻底摧毁，危害汉朝百余年的匈奴边患基本解决。战后，武帝特设大司马一职，卫青、霍去病都兼任大司马。汉武帝还下令：霍去病和卫青级别、俸禄一样。霍去病正式成为第一宠臣。卫青的许多老部下、门客也纷纷改投霍去病门下。可惜，天妒英才。漠北之战两年后，二十四岁的霍去病因病去世。

武帝悲痛万分，为他举行了盛大的葬礼。武帝下令：把霍去病葬在自己正在建造的茂陵附近，并调遣边境五郡的铁甲军，从长安到茂陵沿途列阵，为霍去病送葬；还把霍去病的坟墓建成祁连山的形状，以表彰其功。

霍去病死后，武帝把对他的宠爱，全部转移到了他的儿子霍嬗（七年后暴卒）与弟弟霍光身上。

话说霍去病长大后，知道了自己的身世，但"匈奴未灭、何以家为"，何况是个便宜爸爸，就没有及时相认。直到有一次，打匈奴路过平阳县，霍去病派下属把霍仲孺请到了平阳驿站。

能生出两个正国级的霍仲孺，当然不是一般人。他一进门，就按照下级见上级的礼节，行大礼。霍去病哪怕有天大的委屈，也坐不住了，起身跪拜，说："爸，去病来晚了。"霍仲孺伏地磕头，说："能有将军给我养老，上天待我不薄。"父子相认，百感交集。

霍去病出巨资给老爷子买地、买豪宅、买奴婢，然后奔赴战场。得胜归来，路过平阳时，霍去病把弟弟霍光带回了长安。当时霍光只有十来岁，霍去病保荐他为郎官，后来又通过关系，把他调到武帝办公室工作（侍中）。

霍去病死后，武帝转而宠信霍光。霍光也争气，不仅也干到了大将军兼大司马的位置，还当了武帝的托孤大臣，权倾朝野。他是西汉中兴第一功臣、中国历史上第一个废立皇帝的大臣，他的女儿、外孙女先后成为皇后。如果只看仕途，霍光比哥哥霍去病牛。

霍仲孺这基因、这际遇，也是史上顶级了。

霍去病这一生，虽然短暂，但光芒万丈。唯一的争议，发生在去世前几个月。霍去病的下属、李广的儿子、郎中令李敢认为是卫青逼死了自己的父亲。他要为父报仇，打伤了卫青。卫青为人低调、谨慎，没吭声。霍去病怒了：敢伤我舅舅？找死！直接把李敢杀了。李敢和卫青到底有多大的仇怨，敢一下子得罪两位正国级？

这事很复杂，也是历史上一个著名的谜题：为什么李广难封？

李广：网红高官的晋升难题

　　西汉名将李广一辈子最郁闷的是：我这么牛，为啥升不上去？

　　他确实很牛：将门世家（秦朝名将李信的后代、世世受射）；业务素质过硬（善骑射，"平明寻白羽，没在石棱中"那种）；胆略过人（哪怕遭遇十倍于己的敌人，也指挥若定）；**战功卓著**（文帝时就是抗匈名将，景帝时是平定七国之乱的功臣）；爱兵如子（得赏赐辄分其麾下，饮食与士共之）；廉洁奉公（为人廉，家无余财）；踏实肯干（讷[nè]口少言；与匈奴大小七十余战）；群众基础好（士卒亦多乐从李广）。

　　他是汉朝著名的网红高官，粉丝遍布全世界。头号粉丝汉文帝真诚地对李广说："真对不起，我要和亲。你要是生在我爸（刘邦）那个年代，当个万户侯，跟玩似的。"

　　死忠粉、典属国（民族事务部部长）公孙昆邪（hún yé）哭着对汉景帝说："陛下，李广，国士无双。可他这么不爱惜自己，天天和匈奴拼命。万一他牺牲了，可怎么办呀？"理智粉汉景帝："别哭了，我给他换个安全的地儿当官。"黑转粉匈奴单于："我要活捉李广，不许伤害他。"国际粉匈奴大军："除了飞将军李广，我们谁都不怕。"后援会会长司马迁："你们知道他有多优秀、多努力吗？你们知道他付出了多少吗？凭什么不给他封侯？"（详见《史记·李将军列传》。）

　　但是，李广干了四十多年的正部（二千石），既没有封侯，也没有再升官。更气人的是，那些水平、名望都不如他的，比如他的堂弟李蔡、他的老部下、他带过的兵，甚至他的儿子李敢，陆陆续续都封了侯，李蔡甚至还做了丞相。他还是个正部，三朝正部，四十多年原地踏步。

李广很郁闷，去找大师王朔算命："我打了一辈子仗，阿猫阿狗都封了侯，为啥我就立不了功、封不了侯？是我命里没有吗？"大师问："你这辈子最后悔的事是什么？"李广说："我杀过降。"大师说："那就对了，就是因为杀降。"这解释确实很大师。

李广难封，主要是时代变了、打法变了，而李广没变。

文帝、景帝时，对匈奴，主要是步兵为主、小规模的防御战。武帝开始，变为骑兵为主、主动出击、千里奔袭的大兵团作战。李广的优点变成了缺点。他业务素质超强，带兵不拘一格，打仗随心所欲。他喜欢领着几百人和匈奴大军斗智斗勇，看着很潇洒，但手下的官兵经常蒙圈，不知道首长去哪儿了、干啥去了？他的部队组织松散、阵型随意、人人自便。有适合的地方就停下来宿营、休息时，除了派出几个侦察兵外，不安排站岗放哨，也不规定作息时间，发布命令也非常简便。

同时代的名将程不识说：李广这是个人英雄主义，无组织无纪律，很危险。李广的粉丝们怒怼程不识：你纯属羡慕嫉妒恨。

但是，现实很残酷。进入武帝时代，李广突然发现：自己不会打仗了，一次胜仗没打过。李广共参加过武帝时期五次对匈作战。最好成绩：无功而返。最差成绩：全军覆没、自己被俘。幸亏他军事素养过硬，安全逃脱。河西之战时，同样是遇到猪队友（友军迟到）——霍去病，杀敌四万多、俘虏高官以及王母、阏氏、王子等上百人；李广，差点全军覆没。

李广很郁闷，武帝很纳闷，但两人最后找到的答案一样：李广命不好。这可要了亲命了。

元狩四年（前119），汉匈大决战——漠北之战开打。李广多次向武帝请战，多次被否。最后，武帝实在扛不住了，同意了，但私下告诉卫青：李广年纪又大，命又不好，千万别让他承担和匈奴单于作战的任务。于是，卫青亲率大军攻击匈奴单于，让李广和赵食其合兵一处，走东路，从侧翼进攻。

李广不干，坚持要当主力，正面干匈奴单于。"打了一辈子匈奴，终于有机会和匈奴单于决一死战了，请让我上！"卫青丝毫不让步："请你从东路上。"李广气得招呼也不打，走东路了。然后，迷路了。等卫青深入匈奴腹地，打残匈奴单于主力，祸害完匈奴的经济基础，返程回国时，在内蒙古碰见了李广他们，还在绕圈呢。卫青很生气，命令李广尽快接受调查、说明情况。

李广彻底认命了。他对下属说：我打了一辈子仗，这次本来有机会干掉匈奴单于，但大将军让我走东路，又远又绕又荒凉，结果我迷路了。天意呀。我今年六十多了，何必再去接受专案组的调查，受那份侮辱？说完，拔刀自杀。此后，李敢为父报仇，打伤卫青；霍去病为舅舅报仇，射杀李敢。

有人说，李广难封，是卫青、霍去病为代表的外戚军人，对李广为代表的职业军人团体（六郡良家子）的打压。

这不仅是对武帝、卫青、霍去病的侮辱，也是对大汉军人的侮辱。何况，李家也是准外戚。李敢的女儿是太子最宠爱的女人，李广的孙子辈也跟着沾光不少。哪来那么多的阶级仇恨？顶多是人家统治阶级的内部矛盾。

主父偃：我终于成了特权阶层

　　五十多岁的主父偃终于当官了，成了汉朝的特权阶层。他是武帝亲自面试、任命的郎中，一年之内四次提拔，坐火箭升到中大夫，成为领导身边的大红人，言听计从那种。

　　很多高官怕他、讨好他，向他行贿。他来者不拒，家里很快就藏满了现金。有人提醒他：太高调了。他说：我奋斗了四十多年，一事无成。父母和我断绝关系，兄弟姐妹都躲着我，亲戚朋友都看不起我。我穷怕了。大丈夫要么流芳百世，要么遗臭万年。时间不等人，我得赶紧捞、赶紧折腾呀。——这是一个不顾一切向上爬的小人物。

　　主父偃，临淄人，一个很有才华，但缺乏上升渠道的年轻人。

　　当时，做官一般有以下几种途径：1.世袭，就是接班。比如周亚夫，他的侯爵就是继承他爹周勃的。2.任子，就是内部推荐。比如霍光，他当公务员就是他哥霍去病推荐的。按规定，部级（含）以上干部任职满三年，可以推荐自家子弟出任郎官。3.赀选，就是按财产选官。比如张释之，家产高达五百万，就有资格到中央做郎官。大才子司马相如也是因为家里有钱才当的官。4.察举，就是公开推荐。比如晁错、董仲舒、公孙弘等，就是因为德才兼备被地方政府推荐到中央当官的。5.征召，就是特招。比如桑弘羊，因为精于心算，十三岁就被特招为侍中。6.军功，就是当兵、立功、提干。比如李广，十几岁参军打匈奴，然后当军官，一步步升到正部。

但是，这些路，主父偃都走不通，因为他就是一穷人家的孩子，而且专业也不好：学的是纵横之术（苏秦、张仪那套），后来自考的儒学。既没有周亚夫、霍光那样的权贵家庭，没有张释之那样的富豪家庭，也没有晁错、董仲舒那样的主旋律才华和关系，更没有桑弘羊和李广那样的特长。所以，他只能选择另外一条路：当门客。

当时，达官贵人都喜欢养门客，一些优秀门客也有机会被推荐当官。比如贾谊、袁盎等。但是，主父偃这人，才华横溢，情商干涸，人缘超级差，混了三十多年，越混越惨。在齐国，被主流学术圈集体封杀，灰溜溜地跑了；在燕国、赵国，没人搭理，穷得吃不饱饭；听说首都机会多，当个"北漂"再拼一把吧，又是到处碰钉子、被鄙视。

只剩最后一招了：公车上书。就是直接给皇帝写信，自我推荐。为啥才用这招？你遇到事儿，不也是最后实在没招了，才打市长热线碰碰运气吗？这一次，主父偃中大奖了。他早上递交了自荐信，傍晚就与其他两人被武帝召见。武帝非常赏识他们，说：何相见之晚也！成语"相见恨晚"，就出自这里。

主父偃终于当官了，发达了。他确实牛，干的全是惊天动地的大事。比如，历史上最著名的阳谋——推恩令，就是他提出的。诸侯王不是势力太大，不能削吗？你们自削自灭吧！中央出台新规：为了更好地弘扬父慈子孝的传统美德，杜绝诸侯王只有一个儿子有资格继承家产（封地）的不良现象，即日起，诸侯王所有的儿子都享有继承权。

这招确实牛。当时没有计划生育，诸侯王们不仅地盘大，儿子也多。最牛的是刘备的祖宗——中山靖王刘胜，有一百二十多个儿子。你再家大业大，也架不住儿孙满堂、集体坑爹吧。

插一句：刘备这个皇叔，水分超级大。刘胜有一百二十多个儿子，又过了二百多年，刘备说，我是他的后代，欢迎组织政审。一点毛病没有。谁能查出问题？

困扰汉朝近百年的诸侯王问题，就这么给破了。而且，还特别冠冕堂皇。

他建议设立朔方郡（今内蒙古杭锦旗一带），作为灭匈奴的根本；建议把天下豪强都移民到长安，打压地方势力；揭发燕王违法乱纪，燕王畏罪自杀……主父偃真的很能干，武帝越来越宠信他，他也越来越嚣张。

除了大肆收受贿赂，主父偃还养门客。要知道，武帝很讨厌大臣养门客，所以，就连卫青、霍去病都不敢养门客。主父偃敢，而且大养特养，门客有数千人。老子当年给你们当门客受窝囊气，现在你们想给老子当门客都不配！

主父偃又托人去齐国提亲，想把女儿嫁给齐王，被拒绝了："您算哪根大葱？这里是山东。"主父偃大怒："齐王算什么东西，竟然看不起我？看我怎么收拾你！"他直接向武帝告黑状：齐国这种超级发达地区，只能您的至亲来做齐王，才安全。现任齐王是您的远方亲戚（武帝他爷爷的大哥的重孙子），而且还和自己的姐姐乱伦，我建议严肃查处他。武帝当场同意，并任命主父偃为专案组组长兼齐国国相，赶赴山东、调查齐王。

终于要富贵还乡了，主父偃是有冤报冤、有仇报仇，绝不放过一个。到老家后，主父偃把所有的亲戚朋友都叫来，拿出五百金，说："当年我穷困潦倒时，你们看见我都躲着走；现在我发达了、回来当官了，你们跑出五百公里到河南迎接我。拿着这些钱赶紧滚蛋，咱们一刀两断，别让我再看见你们。"亲戚朋友他都不给面子，齐王就更没好果子吃了。你敢看不起我？主父偃把齐国掀了个底儿朝天，各种收集齐王的罪证。齐王一看，吓傻了，便服药自杀。

当了一年多的官，嚣张的主父偃把能得罪的全得罪了，家人、朋友、同事、皇亲国戚，一个不落。所以，有人开始搞他。

第一个出手的是赵王。主父偃当年在齐国、燕国、赵国都混过，大家都不待见他。现在，燕王、齐王都被他搞死了，赵王也坐不住了。他实名举报主父偃：大肆收受贿赂，在实施推恩令过程中搞暗箱操作、权钱交易。

武帝收到举报信，又听说齐王自杀了，以为是主父偃捣的鬼，很生气，立即逮捕主父偃，把他关在监狱里，命令有关部门严肃查处。主父偃说："收受贿赂我认，齐王自杀和我没关系。"武帝也不想杀他，毕竟他立过大功，而且，逼死齐王也是大功一件呀。

这时候，第二个人出手了。左内史（管理长安东北地区的市长，正部）公孙弘对武帝说："不杀主父偃，何以谢天下？齐王被逼自杀，绝嗣，封国也没了，主父偃是首恶啊。再说了，咱们正在北边和匈奴打得热火朝天的，国内不能乱呀，稳定压倒一切。"武帝想了想，说："好吧，那就一步到位，灭了他全家吧。"

穷困潦倒四十多年，当了两年嚣张的特权阶层，干了几件大事，收了一屋子现金，得罪了所有人，然后，被灭门。这就是主父偃一夜爆红的人生。

直到今天，主父偃现象都有人关注。有研究者提出"主父偃心态"概念，即小人物长期忍受特权阶层的不公正待遇，一旦自己成为特权阶层后，会产生报复性心态（心理学上称之为"过度补偿规律"），作威作福、骄横跋扈、大捞特捞。

当然，不是所有的小人物成功后都这样。比如在主父偃案中递刀子的公孙弘，也是穷孩子出身，后来成为西汉第一位平民丞相。他一点也不主父偃，而是一位德艺双馨的马屁精。

公孙弘：一位德艺双馨的马屁精

武帝是个超级难伺候的领导，给他当丞相，属于高危职业。

武帝在位五十五年，先后有十三个丞相。其中，安全退休的只有三个（公孙弘、石庆、田千秋），另外十个都没好下场：四个被撤职（卫绾、窦婴、许昌、薛泽）；三个自杀（李蔡、庄青翟［dí］、赵周）；一个被吓死（田蚡）；一个被灭门（公孙贺）；一个被腰斩于市（刘屈氂［máo］）。典型的韭菜命。

一说当丞相，公孙贺都吓哭了。公孙贺，既是武帝的发小，又是武帝的姐夫（老婆是皇后卫子夫的姐姐），标准的领导"身边人"。但是，当武帝要任命他为丞相时，他却跪着不停磕头、痛哭，死活不干。把武帝气得，起身就走了。公孙贺没办法，只好接受组织安排，然后，仰天长叹："完了、完了，我要完蛋了。"他果然完蛋了。当丞相后，被人诬陷、死在狱中，全家被杀。

安全退休（任上去世）那三个里，石庆、田千秋就是个摆设，出了名的谨小慎微、不作为。有一次，武帝坐马车出门，石庆（时任太仆）负责驾车。武帝随口问他：今天几匹马拉车？石庆说：您稍等。然后，拿着马鞭现场数：1、2、3、4、5、6。然后，回身，恭恭敬敬地答复：陛下，六匹马。就这么一位谨慎到强迫症的丞相摆件，也多次被训诫，甚至被判刑（交赎金免罪，继续当丞相）。因为，就算您啥都不干，总得背锅吧？田千秋当丞相时，武帝已经很老了，不久就驾崩了，属于特殊情况。

唯一善始善终、安全退休的，是公孙弘。这么难伺候的领导，这么高危的职业，他不仅应付得来，而且还颇有政绩。因为，他是一个德艺双馨的老狐狸、马屁精。

这只老狐狸，确实很老。公孙弘是薛县人，年轻时曾做过薛县狱吏，犯了事，被免职。随后因家里穷，长期在外打工（牧豕海上）。四十多岁，才开始读书学习，后成为著名儒学专家；六十岁，因为德才兼备被推荐到中央，出任博士。这简直是神一般的存在。放到海淀区，就是北大保安；放到少林寺，就是扫地僧。但是，他毕竟是个职场新人，很快就栽了个大跟头。

朝廷派他出使匈奴，回来后，他递交了一份报告。武帝看后非常不满，大发雷霆："这个什么公孙弘，简直是个废物。"既然领导认为你是个废物，你就只能被回收了。公孙弘灰溜溜地辞职、回老家了。

这么大的年纪、这么大的打击、丢这么大的人，换了别人，这辈子也就完了。公孙弘不会。过了十年，武帝再次面向全国选拔人才。十年一次的保送机会，比奥运会参赛资格还珍贵。公孙弘老家政府，又推荐了他。

他都七十岁了，而且还浪费过一次机会。所以，这绝不是简单的德才兼备问题，他的情商也是世界顶级水平。都是山东人，主父偃的情商跟他差了一百个推恩令。也就他的薛县老乡、老前辈、一代宗师叔孙通，跟他有得一拼。

七十岁的公孙弘确实成熟了，比起六十岁的自己。全国一百多个保送生到长安后，先笔试。公孙弘的笔试成绩倒数第一。因为主考官觉得他的申论平平无奇、毫无新意。没想到，武帝阅卷时，觉得公孙弘写得非常好，直接改为第一名。为什么？因为公孙弘比主考官还会揣摩领导心思。他那篇看似毫无新意的申论，就一个主题：高举儒家大旗，依法治国。这是武帝的最爱。牛吧？

武帝亲自面试公孙弘，这是两人第一次见面。一见面，汉武帝发现，七十岁的公孙弘竟然是个帅大爷：状貌甚丽。高颜值从来都是职场加分项。而且，七十岁的帅大爷，就算今天也不多见。这么自律的人，当然很可怕。武帝再次任命公孙弘为博士、待诏金马门。待诏金马门的意思是：到朕身边来工作吧，随时待命。老狐狸公孙弘成了武帝的身边人，然后只用了一年，就升到了左内史。

都说武帝难伺候，那是公孙弘没出手。工作时，他旗帜鲜明。坚决贯彻落实武帝"高举儒家大旗、依法治国"的理念（习文法吏事，缘饰以儒术）。开会时，他立场坚定。从不第一个发言，其他同事发言时，他察言观色，根据武帝的反馈不断完善自己的发言内容。汇报时，他和领导高度保持一致。哪怕是大家提前商定好的方案，只要武帝不满意，他马上改变立场。写报告时，他只给建议、不下判断，把情况介绍清楚，可行性方案列出，供武帝选择，从不和领导争辩。

武帝开心地给出五星好评。同事们愤怒地给出一星差评。比如耿直 boy、主爵都尉汲黯，就多次当着武帝的面，怒怼他。

汲黯公开举报公孙弘：反复无常、欺上瞒下，是个奸臣。公孙弘回复武帝：了解我的人，自然知道我的忠诚；不了解我的人，误以为我不忠诚。

汲黯公开举报公孙弘：伪君子，明明高官厚禄，却天天吃盒饭、用地摊货，纯属沽名钓誉。公孙弘回复武帝：我确实天天吃盒饭、用地摊货。汲黯和我关系最好，他确实指出了我的问题。我这么做，确实有点沽名钓誉。恭喜陛下有汲黯这样的忠臣，否则，您听不到这些真心话。

汲黯的话说得很重，但公孙弘举重若轻。首先，他不和汲黯互撕。汲黯是著名的怼神，怼天怼地怼武帝，天天怼、谁都怼。跟他撕，只会两败俱伤。其次，他以退为进，承认小错误（吃盒饭、用地摊货），不纠缠大问题（奸臣、虚伪），再把汲黯夸上两句，显得自己高风亮节、心底无私，反而凸显出汲黯的"偏激刻薄、无事生非"。最后，表忠心，随时随地表忠心。尽管汲黯误会我、诽谤我，但这种批评与自我批评的作风值得肯定。所以，我不仅不生气，还很赞同。我这种不计个人得失的气度和大局观，才是更大的忠诚。

公孙弘的忠诚和大度，武帝都看到了，所以更宠信他。公孙弘七十三岁时，被提拔为御史大夫；七十六岁时，被任命为丞相、封平津侯。

这是公孙弘的一小步，是儒学的一大步。此前，汉朝的丞相全部由诸侯（贵族）出任。从公孙弘开始，知识分子也可以当丞相了。只不过当丞相后，会象征性地加封侯爵。所以，公孙弘被称为布衣丞相。

在公孙弘的建议下，武帝实行博士授徒制度（让博士带学生），开始将儒学官学化，大批儒家弟子有了当官的机会，官员素质也得到了极大改善（自此公卿、大夫、士、吏彬彬多文学之士矣），"罢黜百家、独尊儒术"有了制度保障。有人甚至表示，在"罢黜百家、独尊儒术"上，公孙弘比董仲舒的贡献要大。因为，董仲舒只是给方向，公孙弘则是抓落实。

当然，老狐狸不是老学究，更不是老好人。对敌人，他从不手软。

比如主父偃，才华高、升得快、胆子大，被公孙弘视为劲敌。所以，关键时刻，公孙弘一句"不杀，何以谢天下"，立刻送他卜路。

比如董仲舒，学问好、声望高，还经常批评公孙弘是个马屁精。于是，公孙弘向武帝建议，由董仲舒出任胶西国国相。因为胶西国是个"高官屠宰场"。胶西王刘端是武帝的哥哥，骄横跋扈、无法无天，杀部级官员跟玩似的。武帝很头疼。公孙弘说："董仲舒德高望重，让他去辅佐胶西王，于公于私，都是大好事一件。"武帝举双手赞成："这个建议非常好！"董仲舒不敢不去，提心吊胆干了两年，就辞职回家了。

比如汲黯，公孙弘的死对头。当时，右内史辖区（长安东南地区）内住满了皇亲国戚和中央高官，最难管理。公孙弘向汉武帝建议：只有汲黯这样的重臣，才能管理好右内史。结果，汲黯只能视死如归地去当右内史了。

武帝时期，将长安地区分为三个特区（三辅）：左内史（后更名为"左冯翊"）、右内史（后更名为"京兆尹"）和主爵都尉（后更名为"右扶风"），行政区划和行政长官同名，简单来说，就是北长安市（长）、长安市（长）、西长安市（长）。

公孙弘一招借刀杀人，玩得出神入化。被坑的人还一点办法没有。因为公孙弘的理由都冠冕堂皇、顾全大局，你敢反对？

元狩二年（前121），公孙弘在丞相任上去世，终年八十岁。他的一生是传奇的一生，更是儒家弟子的第一个高光时刻。当然，他的老狐狸、马屁精特质，也让他千百年来被人鄙视。比如淮南王刘安，曾表示：满朝重臣，只有汲黯坚守节操，难以被人蛊惑；至于公孙弘，忽悠他就跟揭开蒙盖物、摇掉将落的枯叶一样容易（成语"发蒙振落"的出处）。

确实很容易。不过，是公孙弘搞死他很容易。因为一起搞他的，还有公孙弘的好朋友、武帝最得力的爪牙、中国第一酷吏——张汤。

张汤：我是盛世中的利刃

　　当其他孩子被送进量子速读班、少儿编程班、海外游学班时，长安男孩张汤被爸爸送进了司法干部实习班。因为，他的天赋是执法。

　　张爸爸是长安县县丞（副县长），分管监狱、文书档案等。有一天，爸爸出门办事，让张汤看家。回来后，发现肉丢了，爸爸很生气，就把张汤揍了一顿。这顿揍，直接揍出了中国第一酷吏，揍出了一个正国级高官。

　　小张汤很不爽，立即启动司法程序：立案侦查，抓捕嫌犯老鼠，并查获涉案肉块；然后审查起诉，经过两审终审，做出判决：死刑，立即执行。然后，将老鼠碎尸万段。当时的张汤，只有十岁左右。更牛的是，他出具的那份判决书，让分管司法的爸爸又惊又喜：情理法兼备、人民群众认可、经得起历史的检验。于是，张汤被送进了司法干部实习班。

　　其实，张汤还有另一个特质：心狠手辣。毕竟，能亲手把老鼠碎尸万段的孩子，也不多见。

　　爸爸去世后，张汤靠关系在长安县当了刀笔吏。

　　刀笔吏，不是官。那个时代，官是国家正式任命的干部，吏是官招聘的合同工或临时工；官是为皇帝服务的，吏是为官（雇主）服务的；官是台上讲话的，吏是具体干活的。刀笔吏是最重要的吏，主要负责公文处理和治安执法。

吏的最大特点就是：事多、钱少；地位低，升迁难。吏和老百姓一样，严重缺乏上升渠道，甚至在某些方面，还不如老百姓。比如，富商的子弟还可以凭家产推荐当官（张释之、司马相如）；吏，工资低、家里穷，大部分没资格当官。比如，普通老百姓还可以通过读书（儒学）被推荐做官（察举）。大部分的吏，只擅长公文写作、统计报表、治安执法，都是些被领导鄙视、嫌弃的脏活儿、累活儿。谁会推荐你？

那个时代，吏要想大富大贵，有以下成功经验：当门客（李斯）；造反（刘邦、萧何）；乱搞（卫青他爸、霍去病他爸）。不过，成功的概率，和被雷劈差不多。但是，张汤趟出了一条新路：当酷吏。

张汤不仅是个天才，运气也好。这很重要。他的第一份好运，来自一个落马官员：田胜。田胜，武帝的舅舅，因为违法乱纪，被关在长安县监狱（当时的武帝，还是太子）。天上掉下个超级馅饼，张汤稳稳接住。他各种巴结、讨好田胜，千方百计帮田胜脱罪减刑。田胜很感激他。武帝登基后，田胜从落马官员一跃成为顶级外戚，被封为周阳侯，田胜的哥哥田蚡先后担任太尉、丞相。张汤的机会来了。田胜是这么向帝国官场介绍张汤的：这是我兄弟。

有了田氏兄弟这座最大的靠山，张汤从吏变成了官，正式成为体制内的一员。后来，在田蚡的多次推荐下，张汤被武帝任命为侍御史（正处），负责办案。侍御史这个职位，虽然级别不高，但权力非常大，监察百官、专办大案要案；遇到特殊情况，还可以代替皇帝巡察地方，有权诛杀正部级以下官员。还有比侍御史更适合张汤的职位吗？

张汤的第二份幸运，来自一心要唯我独尊、开创盛世的武帝。什么是唯我独尊？顺我者昌、逆我者亡。武帝需要一把利刃。张汤恰好出现了。他就是一把绝世好刀，不仅锋利，而且趁手。

元光五年（前130），陈皇后巫蛊案爆发：陈皇后利用巫术，想搞垮武帝最宠爱的卫子夫。宫斗剧的剧情我们很熟悉：皇后是大反派，要么被废，要么被赐死。别忘了，这部戏的执行导演是张汤。所以，结局是：皇后被废；三百多名同党被杀。为啥杀了这么多人？因为这不是宫斗，是政斗。陈皇后是窦太后的外孙女，搞她是为了彻底肃清保守派窦太后的余毒。

元狩元年（前122），淮南王、衡山王谋反案爆发。专案组组长还是张汤，结果：淮南王自杀、全家被杀；衡山王自杀、全家被杀；涉案的诸侯、部级干部、地方豪强等，数万人被杀。

这一次，连武帝都觉得杀戮太重了。他对张汤说："处决名单上，这几个人可以不杀吧？"张汤说："必须杀，否则谁会老实听话？"武帝说："你考虑得对。"这是自推恩令以来，中央政府对诸侯王实施的又一次严厉打击，也是最后一次。此后，诸侯王再无实力和胆子跟中央叫板。

张汤办案，不仅很专业，还特别讲政治。老狐狸公孙弘也讲政治，善于妥协，但他依然有自己的坚持，比如反对武帝开疆拓土。张汤不一样。他从不质疑武帝的任何指令，而是坚定不移地全面贯彻、落实到位。

武帝崇尚儒学，张汤就以儒学为师，不仅对董仲舒、公孙弘等儒学大佬特别尊敬、经常请教，还选拔优秀的儒家弟子到司法机关任职，用儒家经义指导办案。武帝交办的每一个案件，张汤都会妥善处理。武帝想从严从重处理的，张汤就交给执法严格、宁枉勿纵的下属去办；武帝想从宽从轻处理的，张汤就交给执法公平、作风谨慎的下属去办。

武帝能不满意吗？所以，张汤一路升迁。他用了二十年，完成了从长安县临时工到正国级高官的华丽转身。元狩二年（前121），张汤被任命为御史大夫。

武帝时期，酷吏不少，只有张汤受到好评。因为他不仅会办案，还很会做人。对于老领导、老前辈，他哪怕工作再忙，也要定期登门拜访；对于儒家知识分子，他哪怕地位再高，也要经常虚心请教；对于亲朋好友，他哪怕再为难，也要在不违背原则的前提下，给予最大的关心和照顾。他是个受人尊敬的酷吏。

欢乐的时光总是短暂的。因为，武帝缺钱了。打了十多年的匈奴，武帝把祖宗攒了六十多年的家底给造光了。穷到什么程度？张汤刚升任御史大夫那年，匈奴浑邪王率四万多人来降。汉武帝大喜，让有关部门派两万辆马车，帮匈奴兄弟搬家。但是，官府没那么多官马。那就从民间租呗。但是，政府没钱。那就打白条呗。但是，老百姓不干，把马都藏了起来。最后，因为租不到马，汉朝派不出两万辆车。武帝很没面子，气得要杀人。

搞钱！必须尽快搞钱！大搞特搞！武帝搞钱，有继承，也有创新。老办法是卖官，设立"武功爵"，共有十一级，拟筹集"爱国债"三十多万金。大客户可优先任命实职。

新办法是经济改革。首先是币制改革：（一）废除自秦代开始流通的半两钱，推出三铢钱；（二）发行大额虚币：白鹿皮币、白金币。其次是盐铁专营，将铸铁、盐业收归国营，中国历史上第一次出现大规模、正规化的国有企业和官商。最后，开征财产税、车船税。要求商人、手工业者等主动申报财产并纳税，史称算缗（mín）令。

这是一场影响深远的改革，至今都存在争议，当时更是炸了锅。

全国上下一片骂声。知识分子骂得委婉：与民争利。老百姓骂得直接：抢劫啊。

怎么办？张汤来办。张汤制定了一系列严苛的法律，为此次经济改革保驾护航。其中，饱受质疑的有两条：告缗令；腹诽罪。

告缗令就是发动群众斗群众：凡举报他人不如实申报财产、偷税漏税的，重奖——被举报者一半的财产归举报者所有。张汤还很天才、很贴心地出台了不告缗令：凡预先向边关捐赠一定数量的马匹或粮食者，可免除被告缗令追究。这就是准备金制度的雏形吧？

腹诽罪，更是让张汤和秦桧（发明了"莫须有"罪名）平起平坐。武帝搞币制改革，阻力很大。时任大农令（财政部部长兼央行行长）颜异就公开反对。于是，有人举报颜异违法乱纪。汉武帝命张汤严肃查处。张汤调查发现，有人说新政的坏话时，颜异在场，虽然没吭声，但嘴唇明显动了动。张汤做出判决：颜异身为国家高级干部，对新政有意见，不通过正常渠道及时向上反映，却在心里妄议，罪当处死。武帝批示：同意。

从此，部级以上官员要么闭嘴，要么跪舔。张汤的受宠值直接爆表。武帝和张汤商讨国家财政大计，经常连晚饭都忘了吃。张汤偶尔生次病，武帝亲自上门探望。有官员（博士狄山）批评张汤"伪忠"，武帝大怒，直接把该官员发配到边疆打匈奴，没多久就为国捐躯了。从此，没人敢和张汤公开叫板。张汤成了帝国的实际操盘手，丞相庄青翟只是个摆件。

客观上讲，武帝打赢匈奴，离不开集中力量办大事，离不开张汤这把利刃的保驾护航。但是，这把利刃也成了一把被咒骂的屠刀。上到皇亲国戚，下到升斗小民，张汤都得罪光了。怼神、右内史汲黯就公开诅咒张汤"断子绝孙"。张汤无所谓，但武帝有所谓。颜异被杀两年后，两位大人物出手了。

一个是武帝的哥哥、赵王刘彭祖。赵王最大的产业是铸铁，张汤抢了他的饭碗。一个是丞相庄青翟。庄青翟本来就不甘于做摆件，现在，张汤连摆件都不给他做，想取而代之。于是，赵王举报张汤图谋不轨；庄青翟的三个下属联名举报张汤泄露国家机密、官商勾结、搞利益输送。两方的举报都归为一点：张汤欺君。

武帝很重视，立即将张汤双规，严令一查到底。墙倒众人推。经专案组调查，张汤共犯有八条大罪。张汤是谁？穿开裆裤时就是办案小能手了，怎么可能被徒子徒孙栽赃？相关罪名，他逐一批驳，搞得办案人员哑口无言。可惜，这不是法庭质证。还记得晁错、主父偃怎么死的吗？现在轮到张汤了。

武帝派张汤的老战友、廷尉赵禹来做工作。赵禹对张汤说："你得罪了那么多人，现在人家都举报你，而且证据确凿。皇帝很重视你的案子，想让你自己妥善处理。你还给自己做无罪辩护，怎么这么不懂事？"张汤一听就明白了，表示坚决服从组织决定。然后，认罪，自杀。

武帝当然知道，张汤是被冤枉的。张汤死后，家里只有存款五百金，而且全是合法收入。这点家产，和其他高官比，就是个寒酸的工薪阶层。

张汤这一生，批评者称他为中国第一酷吏，中立者称他为中国首位职业官僚，赞同者称他为全心全意为领导分忧的孤臣。

他死后，武帝把举报他的庄青翟的三个下属全部处死，庄青翟也被逼自杀。为了补偿张汤，武帝对他的儿子张安世格外照顾。张安世也很优秀、很争气，后来成为一代名臣，任大司马、卫将军、领尚书事（丞相＋三军总司令＋分管大内秘书局），被封富平侯。张家代代荣华富贵，一直红火了近二百年。

当然，张汤和郅都是非典型酷吏。酷吏的主流是残酷、贪婪、嗜血，他们才是这个时代真正的噩梦。

刘安：不怕领导坏，就怕领导蠢

遇到淮南王刘安这样的领导，赶紧跑。否则，你的人生就是一出悲剧。

刘安看起来很值得跟随：级别高（汉武帝的叔叔，正牌刘皇叔）、能力强（材高）、德行好（行仁义，天下莫不闻）、爱才（招揽宾客数千人）、待遇好（多赐金钱）、文化素养高（《淮南子》主编、喜欢读书弹琴）、有追求（想造反）。所以，上到丞相田蚡、下到普通老百姓，都觉得刘安是个很不错的领导。但是，他的造反最终成为一个笑话，他的下属全部窝囊死。

两千多年来，很多人嘲笑刘安的愚蠢。比如王夫之说他蠢得无可救药。当然，也有很多人不相信刘安会这么蠢，认为是武帝故意陷害他、抹黑他。一个领导，会愚蠢到让人不敢相信的地步吗？

刘安愚蠢的第一个表现：对形势的判断完全错误。

武帝一代雄主，打遍天下无敌手。但在刘安看来，毛头小伙一个，整天就知道瞎折腾。武帝天天防他像防贼一样，他反而觉得武帝对自己这个便宜叔叔很好。

武帝一朝，文有公孙弘、张汤这样的老狐狸，武有卫青、霍去病这样的战神，牛人如云。但在刘安看来，只有大将军卫青对自己的造反事业有威胁，但也好办，派个刺客杀掉就 OK 了。至于公孙弘，刘安觉得，搞定他也就是几句话的事儿。

此外，七国之乱后，中央政府把诸侯王的军政大权全部收回，刘安这样的诸侯王，无兵无权，就是个富二代，只剩下收收税、消消费的奢侈生活。武帝颁布推恩令后，诸侯王更是被坑爹，儿子越多，死得越快。但在刘安看来，自己虽然国小兵少，但登高一呼、天下响应，干掉刘彻小儿，成功率高达百分之九十。

他为啥这么自信？因为他的第二个特点。刘安愚蠢的第二个表现：完全听不进去不同意见。

刘安向长安派了很多间谍，包括女儿刘陵（史上第一个有明确记载的美女间谍），结交权贵、刺探情报。看着很牛，但是没屁用，因为刘安只喜欢听自己喜欢听的。如果情报部门向他汇报"武帝英明神武，皇子茁壮成长，这届政府奋发有为"，他就会很生气，大骂情报人员：胡说八道、妖言惑众！如果情报部门向他汇报："武帝昏庸无能，连个仔都生不出来，这届政府不得人心"，他就会很高兴，猛夸情报人员：求真务实、踏实能干！

他团队的核心成员（淮南八公之一）、中郎（淮南王警卫团团长）伍被（pī）劝他不要造反，否则会亡国。他勃然大怒，直接将伍被的父母抓起来，关在监狱三个月。然后，再问伍被：你现在还觉得我造反会失败吗？

所以，他越来越听不到真话，越来越觉得自己英明神武、造反必胜了。

刘安愚蠢的第三个表现：不尊重人才。

伍被因为发表不同意见，父母就被抓起来。伍被心里会怎么想？刘安才不管呢。老子贵为刘皇叔，淮南国这么高端的平台、这么丰厚的待遇、这么美好的前景，给你工作就是对你的恩赐，还讲什么条件？人要懂得感恩。这种视人才如奴才的主子心态，导致刘安接连犯错。

团队另一位核心成员（淮南八公之一）、郎中（淮南王警卫团副团长）

雷被，是著名的剑术大师。刘安的太子（汉朝，诸侯王的继承人称太子，皇帝的继承人称皇太子）刘迁学剑，进步神速，打遍下属无敌手。他听说雷被剑术高超，就要和雷被比剑。雷被一再婉拒。开玩笑，谁敢赢太子？但太子坚持要比剑，雷被无奈，只好答应。

任何体育比赛，输给领导都是件非常考验技巧的事儿。输得太明显，领导不开心："我水平有那么低吗，需要你这么让我？我心胸有那么狭隘吗，搞得你不敢赢我？我群众基础这么差吗，你这么敷衍我？"所以，雷被很痛苦，又要放水，又要让场面看着精彩，结果，一个没 hold 住，误伤了太子。

这事儿可大可小。换了大将军卫青那样宽宏大度的领导，即便被李广的儿子故意打伤，也不吭声，更别说是误伤了。他应该会拍拍雷被的肩膀，说："你小子，有一套！"刘安父子当然不是卫青。刘迁大怒："你敢伤我？！还有没有点上下尊卑？你想干什么？你是对我有意见吗？你是武帝派来的刺客吗？"然后，多次到淮南王刘安那里，告雷被的黑状。

雷被一看，闯祸了，把领导得罪了，淮南国待不下去了。刚好当时武帝下诏，呼吁全国有志之士到长安报名参军、抗击匈奴。雷被就想跳槽、从军。刘安父子一看，"果然有猫腻，被我们发现了，想跑？"刘安不仅不放人，还把雷被痛骂一顿，立即撤职，监视居住。看以后谁还敢不老实？雷被逃了，直接跑到长安告御状："我想响应国家号召、参军打匈奴，刘安父子不让。"和武帝对着干，这叫抗旨。

武帝命张汤（时任廷尉）审理此案。张汤当然严办，经过初步调查，申请抓捕淮南王刘安。武帝没同意，而是派中尉殷宏为钦差大臣，赶赴淮南国，当面调查谈话。

一份造反PPT做了十多年、号称成功率高达百分之九十的刘安非常紧张："怎么办？怎么办？"坑爹的刘迁建议："咱们事先埋伏下刀斧手，如果钦差敢抓您，宰了他，咱们起兵造反。"刘安说："好。"没想到钦差来了，只是和颜悦色地询问了一下事情经过。刘安就没动手。钦差返京复命。

张汤等高官建议：淮南王抗旨，当诛。武帝没同意，只把淮南国的两个县收归中央，以示惩罚。因为，淮南王虽然抗旨，但情节较轻。更重要的是，武帝正一门心思指挥卫青、霍去病在北边和匈奴大战呢，没心思搭理他。

刘安暂时安全了，又开始牛了："我这么奉公守法、勤政爱民，你竟然拿走我两个县，还有天理吗？"然后，继续积极完善自己那份成功率高达百分之九十的造反 PPT（日夜为反谋，按舆地图，部署兵所从入）。

其实，雷被事件还暴露出一个问题：刘安对家人的纵容。多少官员落马，就是因为管不好家人。大量事实证明，只有管好"家里的人"，才能办好"大家的事"嘛。

刘安愚蠢的第四个表现：管不好家人。如果能管好家人，刘安这辈子至少会寿终正寝。因为他的造反，主要精力都花在做 PPT 上了。每次被吓得想造反时，他总是犹豫不决，觉得时机不成熟、PPT 还不完美……可惜，他的家人太给力了。刚消停了一年，又开始挖坑了，一个超级大坑。

这一次是刘安的孙子刘建。他暗中叫人举报自己的叔叔、太子刘迁：一年前，曾企图杀害朝廷钦差。刘建为啥这么做？因为刘建的爸爸是庶长子，刘安、王后和太子都不待见他。武帝施行推恩令以来，刘安也不按规定把家产分给刘建的爸爸。刘建很不爽，就想告倒刘迁，爸爸当太子，自己当淮南王的第二顺位继承人。这小算盘打得，坑爹、坑爷爷、坑全家。

杀害钦差可比不让雷被爱国的性质严重多了。武帝当即下令，让张汤审理此案。丞相公孙弘也严令地方政府全力配合。张汤直接把刘建和相关涉案人员、尤其是淮南王的核心团队成员抓捕、审问。

淮南王又害怕了，又准备起兵造反了。他赶紧伪造皇帝的玉玺和部级以上官员的印章，然后派人混进卫青的大将军府，准备一旦确定了造反日期，就实施斩首计划。他好像不知道世界上还有一个叫霍去病的年轻战神，和一群把匈奴打得落花流水的猛将。然后，他下令，召淮南国国相、中尉等军政要员（这些都是中央任命的官员）来王府开会，准备把他们全杀了，起兵造反。

没想到，只来了一个淮南国国相。这可咋整呀？刘安想了半天，只杀一个也没用啊，就放他走了。然后，又不知道该咋办了。太子刘迁也绝望了，说："这事因我而起，我死了，您就安全了。反正咱们的核心团队都被抓了，现在造反，也不会成功。"刘安说："那，好吧。"剑术大师、太子刘迁拔剑自刎，不过，没有成功。

唯一不赞同刘安造反的核心团队成员伍被，对刘安彻底失望，主动自首，告发他的谋反罪状。

张汤直接下令，包围淮南王府，抓捕太子刘迁、淮南王后和其他所有涉案人员，并调查搜证，向武帝汇报。因为刘安身份尊贵，张汤没资格抓捕。武帝严令张汤一查到底，同时派宗正到淮南国去审查刘安。

刘安得知消息后，在宗正抵达之前就自杀了。他筹划了十多年的造反，就这样一枪未发、胎死腹中。陪他一起殉葬的，还有数万人：涉及此案的所有诸侯、部级官员、地方豪强等，全部被灭族。受他拖累的，还有淮南国全部科级以上干部。哪怕你没有参与谋反，但因为不能及时规劝淮南王，一律免职，发配到边疆当大头兵，并剥夺政治权利终身。

刘安的愚蠢，祸害了一个国。

酷吏：帝国的刚需和噩梦

跟随着张汤的脚步，一大批酷吏走上了历史的舞台。对许多人来说，他们是噩梦。但对帝国来说，他们是刚需。

于公于私，武帝都喜欢酷吏。于公，武帝要加强皇权、打击豪强。当时的豪强，豪横到什么程度？老百姓说：宁负二千石，无负豪大家。意思就是：宁可得罪省领导，不敢招惹豪强（包括地头蛇）。于私，武帝的个性中，确实有法家"不别亲疏，不殊贵贱，一断于法"的一面。除了自己，法律面前，人人平等。

昭平君（姓名不详）是武帝的亲外甥（武帝的姐姐隆虑公主老来得子，独子）。他还是武帝的女婿，老婆是夷安公主。这样的身份，当然是为所欲为、横行霸道了。隆虑公主去世前，很担心儿子将来闯祸、掉脑袋，就提前缴纳重金（金千斤、钱千万），向武帝申请：如果我儿子将来犯了死罪，希望能用这笔钱抵罪。

武帝答应了。后来，昭平君果然"不负众望"，犯了死罪（醉酒杀人）。身边人提醒武帝："您姐姐已经交过预付款了，当时，您也同意了。"武帝沉默了很久，然后，泪流满面地说："我姐姐老来得子，而且就这一个儿子，临死前托付给了我。但我如果因此而践踏法律，上对不起列祖列宗，下对不起黎民百姓。"最后，昭平君被处死。武帝伤心了很久。

所以，对于武帝来说，酷吏是刚需。武帝朝酷吏很多，除了以张汤为首的十大酷吏外，地方高官中，很多也都是酷吏。而对于张汤们来说，做酷吏也是刚需。酷吏的出身普遍很低。以武帝朝十大酷吏为例，除了早期的宁成、周阳由是郎官出身外，其他都是底层出身：张汤，刀笔吏；赵禹，刀笔吏；义纵，盗贼；王温舒，抢劫杀人犯；尹齐，刀笔吏；杨仆，刀笔吏；减宣，刀笔吏；杜周，刀笔吏。他们要向上流动，渠道很少，当酷吏就是难得的、甚至是唯一的机会。

长期以来，酷吏被很多人批判，因为他们残酷暴虐。

比如义纵，调任定襄郡（今内蒙古和林格尔、清水河一带）太守时，一到任就封了监狱，一天之内将二百多名犯人、二百多名私自探监的人全部判处死刑。定襄郡上下不寒而栗。

比如王温舒，调任河内郡太守时，九月到任，第一时间让下属准备了五十匹快马，然后抓捕当地豪强和涉案人员共计一千多家，然后将判决结果快马报送朝廷：轻罪的，斩首；重罪的，灭门；家产全部没收。五十匹快马很给力，朝廷的批复件两三天就回来了：同意。接着，王温舒大开杀戒。史书的描述是：流血十余里。当时的法律规定，只能冬季杀人，即农历十月到十二月。王温舒杀了一个冬天。然后，春天来了。王温舒跺着脚、咬着牙说："他妈的！如果冬季能延长一个月就好了。"

比如杜周，当廷尉时，长安的监狱里被关押的省部级高官，从来没少于一百多人；普通干部群众就更多了，每年高达十几万人，长安的监狱都不够用了。

官不聊生，豪强不聊生，民不聊生。部级高官汲黯骂张汤"断子绝孙"。普通干部群众说：宁可碰见母老虎，也不愿看见宁成。但武帝很喜欢，因为酷吏很好用：

第一，忠心耿耿。杜周有句名言：上面的意思就是法律（三尺安出哉？前主所是著为律，后主所是疏为令）。所以，武帝想搞谁，他就判谁有罪；武帝想放谁，他就判谁无罪。

第二，不畏权贵。酷吏的主要工作是严打豪强，包括皇亲国戚、高官和地方恶势力。这是个高危职业，某种意义上，就是送死。比如张汤，因为得罪赵王刘彭祖、丞相庄青翟而被诬陷，自杀。比如尹齐，因为在任时杀人太多，死后，仇家要烧了他的尸体。武帝朝十大酷吏，有六人因罪而死（自杀或被杀）。但酷吏们不怕。因为他们能力很强、机会很少，不顾一切也要往上爬。宁成有句名言：当官到不了正部，经商挣不了一个小目标，还算个人吗（仕不至二千石，贾不至万万，安可比人乎）？

第三，能力强、见效快。《史记》《汉书》在描述酷吏时，除了残酷暴虐外，还经常出现一个词：道不拾遗。当然，这是严刑酷法下的道不拾遗。其他优秀官员也可以把地方治理得道不拾遗，但酷吏的严刑酷法见效更快。比如义纵治理定襄郡。定襄郡是边境重镇、抗匈前线，但吏治败坏、治安混乱，严重影响打匈奴。所以，武帝派义纵去救火。义纵到任后，一天杀了四百多人，定襄郡瞬间成为全国治安模范郡。比如张汤高压推行的告缗令，让财政枯竭的汉武帝国短时间内迅速回血：得民财物以亿计；奴婢以千万数；田，大县数百顷，小县百余顷；宅亦如之。就算严厉批判酷吏的司马迁也承认，他们是称职的官员。

第四，也是很关键的一点，酷吏们不结党。酷吏的酷，还在于一酷到底。什么同行、师生、上下级，只要上面让搞你，我绝对往死里搞。比如，新酷吏义纵被任命为南阳郡（今河南南阳、湖北随州一带）太守，老酷吏宁成慌了。因为宁成是南阳人，宁成当了部级高官以后，他家就成了南阳著名豪强。所以，当义纵去南阳上任、路过宁成的辖区时，宁成卑躬屈膝，各种讨好。没用！义纵到任后，第一件事就是立案调查宁家，然后，"破碎其家"。比如，张汤和赵禹是老同事（在大内办公厅工作时，曾一起修订法律）、好兄弟（两人交欢，而兄事禹）。张汤被诬陷下狱后，武帝派赵禹去劝张汤自杀。赵禹一不替张汤求情，二不推诿敷衍，圆满完成任务。

除了与众不同的个性外，酷吏们也知道，自己最大的价值就是皇帝的一把刀，不可以也没资格有任何感情。说好听些，是孤臣；说难听些，是鹰犬。西汉后期的酷吏尹赏总结得很到位。他临终前对儿子们说："大丈夫为官，不要怕因为残忍狠毒被撸，因为领导事后想起你的功劳，就会重新重用你。但如果你因为软弱失职被撸，那你这辈子就别想再当官了，因为这比贪污受贿还丢人。切记，切记。"后来，尹赏的四个儿子全部成为部级高官。

所以，虽然也有酷吏贪赃枉法，但武帝总体上对他们很满意。有人说，酷吏才是武帝最喜欢的官员。

十大酷吏中，出了两个世家名门。

一个是张汤。张汤官至御史大夫（正国级），权倾一时；儿子张安世是一代名臣，官至大司马、卫将军、领尚书事（正国级、军政一把手），被封富平侯；孙子张延寿官至光禄勋（大内办公厅主任＋警卫局局长＋禁军司令）……张家代代荣华富贵，红火了近二百年。

另一个是杜周。他才是酷吏中最大的彩蛋。杜周的三个儿子，两个正部级，一个正国级（御史大夫）。正国级那个叫杜延年，也是一代名臣，被封建平侯。魏晋时期，杜周有两个著名的后代：杜畿（魏国宰相）、杜预（儒将、灭吴功臣）。到了唐代，杜周的后代就更牛了，人称"京兆杜氏"，出过十一个宰相。我们熟悉的姓杜的唐朝人，大多都是杜周的后代：杜甫、杜牧、杜如晦（初唐名相，与房玄龄合称"房谋杜断"）、杜佑（中唐名相、《通典》作者）。

汲黯：负能量大神，为啥能安全着陆

武帝时期，满朝官员中，汲黯最不招人待见。因为他浑身上下、时时刻刻散发着负能量，看啥都不对，见谁都要怼，包括武帝。

武帝罢黜百家、独尊儒术。汲黯偏偏喜欢黄老、崇尚无为而治，还天天诋毁儒学、儒生。负责尊儒工作的丞相公孙弘，更是被他骂成了猪头、伪君子、奸臣。

武帝带领全国人民抛头颅、洒热血、耗巨资、打匈奴。汲黯偏偏鼓吹和亲，反对穷兵黩武、劳民伤财。大将军卫青战功卓著、百官爱戴，公孙弘见了都要行跪拜礼。唯独汲黯不给面子，只和卫青拱拱手，还满嘴歪理邪说："跟他拱个手，大将军就掉价了？"反倒是卫青很谦虚，连声说：汲老师批评得对，汲老师批评得对。

武帝强调以法治国、以法强国。汲黯偏偏主张以德服人，反对严刑苛法酷吏。御史大夫张汤殚精竭虑，为大汉帝国的繁荣富强保驾护航。他却诅咒人家"断子绝孙""祸国殃民"。

更可气的是，他不是针对卫青、公孙弘、张汤，而是针对所有人，包括大 Boss 武帝。

武帝开大会，发表重要讲话：我认为，全国上下要高举儒家大旗，怎样怎样怎样（此处省去两万字、数百次热烈鼓掌）。然后，与会代表发言，谈学习体会。汲黯是这么发言的："您一肚子私欲，却装出一脸的仁义，还想当尧舜、开创盛世？呵呵。"真是作死的节奏。武帝先是沉默，然后暴怒，然后黑着脸，宣布散会、走人。回到办公室，汉武帝跟秘书说："汲黯真二！"

汲黯永远是不作死、不开口。河西之战后，匈奴浑邪王率四万多人投降汉朝。这绝对是抗匈大业中的里程碑事件。武帝大喜，命令有关部门务必做好接待、安置工作。没想到，长安县令搞接待时出了差错。武帝大怒，要杀了他。汲黯当场表示反对。他时任右内史，是长安县令的直接领导。他对武帝说："长安县令没错，您杀了我，接待工作就 OK 了。我就不明白了，您为啥要劳民伤财款待匈奴鬼子？"武帝没搭理他。

匈奴人到长安后，有五百多商人因为私自和匈奴人做生意被判死刑。汲黯再次发飙，怒怼武帝："咱们抛头颅、洒热血、耗巨资、打匈奴。现在抓了一大群匈奴鬼子，您就算不把他们当作奴婢，和缴获的财物一起，赏给烈士家属，也不能用严刑酷法来残害百姓呀。千万别做让亲者痛、仇者快的傻事。"武帝还是不搭理他，过了半天，说："很久没听汲黯扯淡了，今天又听到了。"

换别人，早死一百次了。武帝出了名的爱杀人，管你是宠臣、功臣还是重臣，全是韭菜，想割就割。他的十三个丞相，十个都没好下场。他最喜欢的十大酷吏，六个都没好下场。

汲黯确实爱作死，他还公开怼过武帝乱杀大臣。汲黯说："人才是有限的，您的杀戮是无限的。把有限的人才投入到您无限的杀戮中去，您准备一个人亲自建设大汉帝国呀？"武帝笑着说："第一，只要会发掘，人才永远有。第二，啥叫人才？有用且为我所用的，才叫人才；否则，留着给我添堵吗？"汲黯不服："我说不过您，但您就是错啦，您得改。别欺负我傻。"武帝对在场官员说："汲黯如果拍你马屁，千万别当真。但他要说自己傻，绝对是真心话。"

那么，问题来了：这么一位不讲政治、天天作死、到处批评的负能量之王，武帝为啥不杀？

第一，汲黯是武帝的老部下。武帝当太子（七到十六岁）时，他是太子洗（xiǎn）马，属于亲随（并不负责洗马）。这种从小培养的感情，非比寻常。在武帝心中，汲黯是自己人。同样的话，别人说可能就是欺君犯上，汲黯说就是忠君爱国。没办法。

第二，汲黯绝对忠诚，一心为公、不谋私利。他经常怼武帝，有同事劝他收敛点。他说："皇上花钱养我们，是让我们跪舔、挖坑的吗？如果只考虑个人得失，国家利益怎么办？"当年，魏其侯窦婴和丞相田蚡公开互撕。武帝征求群臣的意见。满朝文武害怕得罪田蚡和他背后的王太后，都装聋作哑和稀泥。汉武帝气得想杀人。只有汲黯，公开表态：窦婴说得对。

他这种"吾爱吾主，吾更爱真理"的风格，和人品有关，也和家庭有关系。汲黯是个官七代。从战国开始，他的祖先就是部级高官（祖籍濮阳，属于卫国），历经战国及秦、汉二代，到武帝时，连续七代都有部级官员。这样的家庭，当然可以让他不必也不屑于像出身底层的公孙弘、张汤、主父偃那样现实、功利。他狂怼公孙弘和张汤，除了政见不同、个性不同，也有一种贵族对暴发户的鄙视。

有人曾对武帝这样评价汲黯："他这人，平常当官也没什么过人之处。但如果让他辅佐少主，绝对忠心耿耿、至死不渝。"武帝很赞同，说："这大概就是社稷之臣吧。"这句评价基本上就等于免死金牌了。所以，武帝对汲黯很敬重。他可以坐在马桶上和卫青谈话，可以衣冠不整地听公孙弘汇报工作，但从来都是衣着得体地接见汲黯。

第三，武帝有容人之量。历朝历代，忠臣很多，像汲黯这样敢怼皇帝的也不少，但像武帝这样的皇帝并不多。汲黯没有因言获罪，不仅仅因为他的资历、忠诚和公心，更因为武帝的宽容。武帝也很讨厌汲黯不留情面、不分场合、不讲政治地乱怼，但也只是把他调到外地做官，自己图个耳根清净。汲黯去世后，武帝还把他的儿子、弟弟都提拔成了正部（汲家八代正部了）。

　　一代负能量之王，不仅自己安全着陆，家人还跟着沾光，不易。

汉武帝：皇帝修仙与"大师"的狂欢

武帝喜欢修仙，想长生不老。因此，中国历史上最神秘的一支力量闪亮登场：方士。

方士，鲁迅称之为"妖人"，当代人称之为"大师"。方士的技能包括：占卜星象、谶纬预言、巫蛊诅咒、炼丹画符、房中术、招魂请神、长生不老，等等。方士的主产地：齐国。为啥是山东人？因为：1.齐国文化程度高；2.齐国靠海（海外仙山的传说；海市蜃楼的现身说法）；3.山东老乡邹衍"阴阳五行学说"的加持。

从战国的齐威王（不鸣则已、一鸣惊人那位）派方士入海寻仙求药开始，历朝历代，方士的影响都不可小觑。直到 1900 年八国联军侵华时，清朝许多部级高官还上书，建议请洪钧老祖等各路神仙下凡杀敌；义和团那套开坛做法、神灵附体、刀枪不入，也和方士一脉相承。

多少帝王将相，对方士是又爱又恨。爱他们的长生不老方，恨他们的祸国殃民术。远的不说，就说同样喜欢修仙的秦始皇吧。他被方士忽悠着，又出钱又出人（数千童男童女），几次出海寻仙没结果，也就算了。更要命的是方士对朝政的影响。因为方士一句"亡秦者胡也"，秦始皇派蒙恬率三十万大军北攻匈奴；因为方士的背叛，秦始皇坑杀四百六十多名儒生；因为替儒生求情，秦始皇的长子扶苏被发配到北疆打匈奴，这才给了超级败家子胡亥矫诏登基的机会。

这回，轮到汉武帝了。方士们迎来了第一次高光时刻。武帝修仙的领路人是大师李少君。那一年，汉武帝二十四岁。李少君的才艺是长生不老术和包装自己，其特点如下：1.很神秘。没人知道他的年龄和履历，单身，也没有正经职业，但是，很有钱。2.圈子牛。丞相田蚡、深泽侯赵修等达官显贵都是他哥们。3.会营销。田蚡的酒会、赵修的沙龙，都是李少君大展神通的舞台。比如，指着一位九十多岁的老头说：我当年曾和你爷爷一起玩耍。然后，指出玩耍的地方在何处。恰恰老人小时候跟随在爷爷身边，知道那个地方。然后，满座皆惊。

李少君献给武帝的长生不老术是这样的：祭拜灶神→招来鬼怪→鬼怪把丹砂炼成黄金→把黄金做成餐具→用黄金餐具吃喝→长寿→很可能遇见神仙→封禅→长生不老。而且，据他介绍，有成功案例：黄帝。

武帝当场就信了。三管齐下：1.亲自祭拜灶神；2.派人做化丹砂为黄金的实验；3.派人下海找神仙。三大工程还没取得丝毫进展，李少君死了！武帝不仅没生气，反而很激动：李少君升仙了，朕要更努力才行。

李少君是不是活神仙，不好说，但绝对成了活广告。结果，全世界的大师都来了。第二个大师叫少翁，才艺是招魂、请神。

武帝最宠爱的王夫人去世了，武帝很思念她。少翁就在夜里做法，把王夫人的鬼魂招来了。武帝坐在帷帐中远远望去，肝肠寸断。有研究表明，少翁是皮影戏的发明者。武帝很欣慰，便拜少翁为文成将军，各种赏赐，把他当贵客对待。

少翁建议武帝盖了甘泉宫，各种精装修，然后，开始请神。请了一年，没请到。武帝开始怀疑：你是个大忽悠？少翁为了自保，就偷偷在丝绸上写了几句话，然后塞到牛肚子里。然后，当着武帝的面，装模作样说：这牛肚子里有东西。杀牛，得丝绸天书。武帝一看：这不是你的笔迹吗？少翁傻了，只好承认。武帝大怒，当场把少翁宰了。当然，家丑不可外扬，就官宣说：少翁因病去世。

第三位大师叫栾大，自称是少翁的师弟。栾大的特点是：口才好，脑子好，吹牛不打草稿。他的才艺更牛：请神、求长生不老药、治理黄河泛滥。他的手段更更牛：先设门槛。"长生不老方是顶级产品，别说土豪了，就连诸侯王都没资格，只有陛下您可以消费。"其次，要政策。"没有容错机制，我不敢开展工作呀。否则，就和我师兄少翁一个下场了。"武帝赶紧解释："你师兄是食物中毒去世的。放心，只要你能搞到长生不老方，我绝不会亏待你。"第三，要待遇。"不是神仙有求于您，是您有求于神仙。您想拿到长生不老方，得拿出足够的诚意来。我就是神仙的代表，您把我当亲人看，当功臣养，当贵客待，神仙自然就满意了，就来见您了。"

武帝拿出的诚意足够感天动地：先后封栾大为五利将军、天士将军、地士将军、大通将军、乐通侯、天道将军；把长公主嫁给栾大；赏赐栾大豪宅豪车、黄金十万两、奴仆一千名。武帝还亲自登门看望，并公开宣布：栾大是我的贵客，不是臣子。然后，派姑妈窦太主、大将军卫青、丞相赵周等皇亲国戚高官，全部带着重礼去给栾大暖房。平日里，赏赐、慰问的钦差，把栾大家的门槛都踩平了。这待遇，比卫青、霍去病还高。史书记载说：栾大只用数月，就贵震天下。

然后，栾大心满意足地出发，去东海找神仙了。海上风高浪急，他没敢下去，就跑到泰山祭拜了一下神仙，然后，回长安复命：我见到神仙了。等待他的，是欺君之罪和腰斩。因为，武帝暗中派了亲信一路盯梢，知道栾大连神仙的影子都没见到。

武帝还要修仙吗？要。因为他觉得神仙是存在的，只不过栾大他们是大忽悠。还有人敢忽悠武帝吗？有。因为利润实在太可观了。所以，第四位大师来了，他叫公孙卿。

公孙卿的头号才艺是写报告、做汇报，其次才是请神、长生不老方。公孙卿很会与时俱进。

元鼎四年（前113），武帝得了一个宝鼎。公孙卿赶紧蹭热点，说黄帝当年就是铸了宝鼎，请来了神仙，才修炼成仙的。武帝很高兴，说：黄帝同志是我学习的榜样，只要能成仙，妻子孩子我都可以抛弃！然后，派公孙卿到河南一带去请神仙。这一等，就是一年多。

总不能没有任何进展呀！公孙卿汇报说：我在缑氏（今河南洛阳偃师区缑氏镇）发现了仙人的踪迹。武帝兴冲冲过去一看，只有个仙人的脚印，很失望、很警惕，说："你不会学少卿、栾大，想忽悠我吧？"公孙卿说："当然不会。但想见神仙，咱也得做好充足的准备呀。基础设施得跟得上。现在全国上下，道路又窄又破，神庙、宫观又破又low，换了您是神仙，您愿意下凡吗？"武帝立刻命令全国各地建高速、盖宫观、修神庙，大搞基础设施建设，准备迎接神仙。同时，准备封禅大典，祭拜黄帝陵，提升软实力。

祭拜黄帝时，武帝突然问公孙卿："黄帝不是成仙了吗，怎么还有陵墓？"公孙卿说："因为人民爱戴他、思念他，所以建了个衣冠冢。"武帝悠然神往，说："我将来成仙了，你们也会这样思念我吧？"大家集体抢答："必须滴，我们想死你了。"

然后，武帝巡视东部沿海地区，想亲自和神仙沟通。上万名山东人民上书，称自己可以找到神仙。武帝便做了严格筛选，派出几千人出海找神仙。找了几个月，没找到。武帝急得要亲自下海，大臣们苦苦劝谏，再加上随行的霍去病之子霍嬗突然去世，武帝很伤心，就回长安了。武帝这次出门求仙，历时半年，行程一万八千里。

此后，武帝多次亲自或派人在各地寻找神仙。征和四年（前89），六十八岁的汉武帝再次来到东莱郡（今山东烟台、威海一带）。这一次，他坚持要亲自坐船下海，找神仙。随行的大臣们怎么劝，都没用。可惜，风高浪急、天昏地暗。一代雄主，在海边枯等了十几天，一直没有合适的天气出海。看着茫茫大海，白发苍苍的武帝快快离去。

　　两年后，武帝在长安逝世，终年七十岁。

卜式：爱国也得姿势正确

卜式，河南郡养殖大户，很爱国。

汉朝打匈奴，很烧钱。卜式主动跑到长安，向武帝上书："俺愿意捐出一半的家产，作为打匈奴的军费。"缺钱限制了武帝的想象力，他派人问卜式："你是想当官吗？"卜式回答："俺就会搞养殖，又不会搞政绩，当什么官？"武帝特使问："那你是被谁欺负了，想越级上访？"卜式回答："俺是河南郡首富＋首善，谁敢欺负俺？"武帝特使问："你到底想干嘛？"卜式回答："俺想爱国，为消灭匈奴出点力。"

武帝听了汇报后，一脸懵，就去征求丞相公孙弘的意见。老狐狸公孙弘说："这种违背人性的事，您千万别搭理。"有人说，公孙弘这是以小人之心度君子之腹。也有人说，公孙弘这是老成谋国，求真务实。不管怎么说，反正，卜式的热脸是结结实实地贴在了武帝的冷屁股上。

又打了几年匈奴，武帝更缺钱了。但全国的土豪又抠门又不爱国，家里那么多钱，也不愿捐出来一些报效国家，除了卜式。

卜式又主动捐款了。不过，这次他没敢越级，直接捐给了河南郡。河南郡上报给了武帝。武帝非常高兴：如果能多几个卜式这样爱国、懂事的商人，灭匈大业至少能提前十年完成！奖，重重地奖。还要在全国掀起一场学习爱国商人卜式的热潮。

这时候，公孙弘已经去世了，没人提反对意见。于是，卜式成了富豪爱国的典型：从养殖大户直接成为国家干部（中郎），给政治待遇（赐爵左庶长），给物质奖励（赐田十顷）。然后，号召全国人民向卜式学习。然后，没人搭理。

武帝怒了："我让你们不学好！"然后，开始抢钱：盐铁专营，收回铸币权，算缗令（开征财产税、车船税）、告缗令（鼓励揭发）陆续出台。全国中产以上家庭，基本被掏空。抢得太狠了，连著名酷吏义纵都看不下去了，竟然公开反对、搞破坏。武帝直接把义纵宰了。卜式也成了万人嫌。

许多人开始怀念公孙弘：公孙丞相说得对呀，这种违背人性的行为，根本就不应该肯定、提倡。但武帝更喜欢卜式了：这才是我大汉帝国的良心。卜式的官越做越大，没几年，就从止处晋升为正部（齐国太傅、国相）。

卜式更爱国了。元鼎五年（前112），汉朝对南越开战。卜式向组织递申请："我和我儿子请求参战，为了国家，我愿意牺牲一切。"武帝再一次被卜式感动得稀里哗啦的，封他为关内侯，赏赐黄金六十斤、良田一千亩。然后，再一次号召全国人民向卜式学习。然后，再一次没人搭理。

武帝急了。刚好九月份中央要举行皇家祭祀大典。按照惯例，全国的诸侯都要进献黄金、赞助大典。武帝以诸侯进献的黄金重量不够或成色不好为由，一次性剥夺了一百零六人的侯爵；丞相赵周也因为监管不力被抓，自杀在狱中。

卜式的爱国，好像再次成为别人的灾难。不过，武帝却越来越喜欢他，没多久，就把他提拔为御史大夫。从养殖大户到关内侯、正国级领导，卜式创造了历史。

汉朝建立后，商人的地位非常低。刘邦专门颁布《贱商令》，不仅对商人课以重税，还不准商人穿丝绸、带武器、骑马、坐车，不准商人及其后代当官。虽然刘邦死后，这一政策并未得到严格执行，甚至商人可以买官，但大部分也就是个政治待遇。只有极少数能进入仕途，但成功者凤毛麟角。即便像张释之那样的大才，要不是幸运地遇上汉文帝，也就辞职回家掌管家族企业了。而且，张释之最高也就是个正部（廷尉）。

武帝用人倒是不拘一格，他重用的商人还有几位：东郭咸阳、孔仅和桑弘羊。东郭咸阳是大盐商，孔仅是铸铁巨头，桑弘羊是卜式的老乡、洛阳富豪的儿子。这三位不仅比卜式资格老（汉景帝时期，十三岁的桑弘羊就被破格提拔到中央任职），政绩也更突出，是盐铁专卖、币制改革、征收财产税的主要操盘手，深受武帝的信任和倚重，但当时也不过是个正局（大农丞），而且还被大部分官员鄙视，骂他们是兴利之臣（当时是个贬义词）。卜式因为爱国，只用了十年，就完成了从养殖大户到正国级领导的飞跃，绝对是大汉帝国的商界巨星、旗帜性人物。

可惜，成也爱国、败也爱国。当上御史大夫后，卜式更爱国了。但不久，他就得罪了武帝。因为卜式表达了对盐铁专营等国策的不满。他对武帝说：盐铁专营后，国企生产的东西质量又差、价格又贵；开征车船税后，市场活力急剧下降，物价暴涨；总而言之一句话，老百姓被坑苦了。武帝大怒："你还讲不讲政治？有没有大局观？"没多久，卜式的御史大夫就被撸了，退居二线，给太子当老师（太子太傅）。理由很奇葩：卜式没文化。因为没文化，去给太子当老师？太子应该比卜式还受伤。

卜式确实爱国，继续怼。当时闹旱灾，武帝让有关部门祭天求雨。卜式上了个奏章："不用那么麻烦，把桑弘羊宰了，老天就下雨了。"理由是：桑弘羊力推的财政改革与民争利，所以，天怒人怨。桑弘羊的背后是谁？武帝。看着卜式的奏折，汉武大帝彻底无语了，都懒得搭理他。若干年后，卜式在太子太傅的岗位上去世。卜式就这么执拗而尴尬地在历史中消失了。

关于卜式，历史上有几种截然不同的评价。有人说他是大忠臣、真爱国。有人说他是伪君子、拿爱国求官。有人说他是"小忠"，爱国却愚昧。

反而是桑弘羊后来居上，虽然被骂成翔，但因为坚定不移地帮武帝捞钱有功，后升任御史大夫，最后，还成为武帝的托孤大臣，权倾朝野。

万石君：我教育出了一个正国级、十七个正部级

元鼎五年（前112），西汉官场的一场大地震，震出了一位最听话的丞相。

这一年，因为诸侯们不听话，汉武帝以贡金为借口，一口气撸掉了一百零六个诸侯的爵位，丞相赵周也被迫自杀，史称：酎（zhòu）金夺爵。好了，该震后重建了。让谁当丞相呢？当然得找个听话的。武帝想了想：那就石庆吧。

石庆，名门之后，老爹是赫赫有名的"万石（dàn）君"石奋。"万石君"是啥意思？家里一窝正部级高官的意思（以父及四子皆二千石）。

汉朝的官员级别是按照工资收入来区分的，工资是按年薪多少石粮食来计算的。比如：丞相、太尉是一万石；御史大夫、各部部长是中二千石；郡守等地方大员是二千石；县令是六百到一千石。张汤那种最底层的刀笔吏呢？年薪百石以下。折算下来，每天只有一斗两升（约十二斤）粮食的收入，日子很拮据，所以被称为"升斗小吏"。

那么，石庆家呢？汉景帝时期，石庆父子五人（父亲石奋，儿子石建、石×、石×、石庆），就全是正部。石奋当过景帝的老师（太子太傅），景帝很尊敬他，看着老师一家五个二千石高官，也觉得很开心，就称石奋为"万石君"。汉武帝时期，石庆当丞相后，他家就更牛了，共计：一个正国级（丞相），十七个正部级，名副其实的豪

门、高官之家。后世有人将石家和张家（张汤、张安世）、金家（金日䃅，mì dī）并称"西汉三大豪门"。

这是一个什么样的家庭？这是一个有着严格家教、良好家风的家庭。

万石君石奋，温县（今河南温县）一个穷人家的孩子，十五岁就跟着刘邦打项羽，是刘邦的勤务兵。石奋虽然没啥文化，但性格质朴、工作认真负责，是个出了名的正人君子。从高祖刘邦到文帝、窦太后、景帝、武帝，从满朝官员到知识分子，都很尊重他。刘邦甚至因为赏识他，而特意把他姐纳为妃子。

更难得的是，石奋在孩子的教育上，也非常严格，《史记》《汉书》《资治通鉴》都花大篇幅记载了他如何教育孩子。

首先，以身作则，表里如一。不管在家在单位，不管人前人后，只要石奋认为应该做的，他都会做到，不打任何折扣。皇帝赏赐的御膳，不管是当着皇帝的面吃，还是带回家吃，他永远严格按规矩来：跪拜、叩首、弯腰、低头、用餐。路过皇宫的门楼时，他一定下车步行，以示恭敬；碰见给皇帝拉车的马匹，他也要从车上起身、手抚车前扶手横木致敬。石家的孩子，只要成年了，哪怕是在家里陪他闲聊，他也会穿戴齐整，说话一板一眼。石家的孩子做了官，哪怕是个科员，如果回家看望他，他一定穿着官服接见，而且不叫孩子的名字，而是称呼官职。他不是矫情，而是对公职的尊重。

小儿子石庆当内史时，有一天喝多了，回家进小区时，没下车。石奋听说后，也不批评他，而是自己不吃饭，闹绝食。石市长吓坏了，赶紧光着膀子（古代谢罪的标准造型）找老爹认错、赔罪。石奋不搭理他，继续不吃饭。最后，家族在京的成年男性，包括石庆的哥哥、郎中令石建，全都陪着下跪、认错，石奋才开口说话："您是长安市长，长安人民的父母官，您多牛呀，喝多了回家，开着车横冲直撞，吓得老百姓四处躲避，搞得小区鸡飞狗跳，您做得很对，认什么错？"从此以后，石家子弟一到小区门口就下车，然后夹着尾巴、快速步行回家。

这是石奋教育孩子的第二个特点：不打不骂，让你自己反思、主动认错。石家子弟犯了错，不管年龄、职务，都是这套流程：石奋绝食→孩子认错→其他孩子一起反思→石奋吃饭。

在石奋的教育下，石家子弟个个谦恭、严谨、孝顺。石家子弟有多谨慎？有两个载入史册的著名案例。

一个是石庆数马。有一次，武帝坐马车出门，石庆（时任太仆）负责驾车。武帝随口问他：今天几匹马拉车？石庆说：您稍等。然后，拿着马鞭现场数：1、2、3、4、5、6。然后，回身，恭恭敬敬地答复：陛下，六匹马。

一个是石建写马。石建当郎中令时，有一次向武帝递交了一份报告。武帝批复后，石建在认真学习领会批示精神时发现，自己写的报告里，有个"马"字少写了一笔。他非常紧张，连声说："我竟然少写了一笔，真该死，真该死，皇帝一定会骂死我的！"武帝当然没骂死他，只是同事们差点笑死。

石家子弟有多孝顺？石奋很长寿，一直活到九十七岁。石建当郎中令时，也是个满头白发的老人了。每到周末，石主任都要回家看望老父亲。到家后，石主任先把伺候父亲的奴仆叫来，了解一下父亲的身体情况和饮食起居；然后，亲自给父亲洗内衣，并严令家人不许告诉父亲；然后，再去拜见父亲、嘘寒问暖。长年如此。石奋去世后，石建悲痛欲绝、身心俱伤，一年后也去世了。

石家子弟的孝顺、谨慎全国闻名，就连眼睛长在头顶的山东儒生，都自愧不如。更难得的是，石家子弟虽然谨慎到极致，但胆子并不小，而且情商也不低。比如石建，他经常给武帝提意见，但每次都是单独汇报，知无不言、言无不尽、滔滔不绝；但在公开场合，他从来不吭声，以致同事们都认为他不善言辞。武帝很尊敬他。

这就是名满天下、德高望重的石家。这也是武帝挑石庆当丞相的原因。武帝宣布任命时讲得很清楚："我爹很尊敬你爹，你又很忠厚孝顺，所以，我让你当丞相。"啥意思？当个德高望重的吉祥物就行了，少管闲事。石庆说：好。

之前说过，武帝的丞相不好当，是个高危职业。武帝加强皇权，导致汉初以来位高权重的丞相府，从最高决策机关沦为最高执行机关，只负责热烈鼓掌、坚决执行、勇于背锅。汉武帝的十三个丞相中，安全退休的只有二个。

石庆当丞相，一当就是九年，并打破多项纪录（武帝时期）。1. 任职时间创新高。此前九任丞相，任职时间最长为七年。2. 安全退休的丞相里，任职时间最长。公孙弘只有三年，田千秋只有两年。3. 当了九年丞相，只负责鼓掌，没任何作为。4. 犯过错，但能安全过关（赎罪），继续当丞相。5. 勇于背锅。有一年，天下闹灾荒，二百万百姓流离失所。石庆虽然只负责鼓掌，但仍然觉得很羞愧，便向武帝提出辞职。武帝说："国家闹成这个样子，你现在辞职，是想让谁背锅呀？"石庆更羞愧了，连声说："我背，我背。"第二天就照常上班了。

太初二年（前103），石庆在丞相岗位上去世。汉武帝对他这些年的工作表现很满意，钦赐谥号，为恬侯。恬的本义指安静。恬侯，翻译一下就是：没有存在感。

汉武帝：老司机的大型翻车秀

打败匈奴后，四十多岁的汉武大帝就一个感觉：无敌是多么、多么寂寞。

他亲率十八万骑兵巡视北境，战旗飘扬，连绵一千余里。然后，他派人给匈奴单于带话："你要敢打，老子等你；你要不敢打，赶紧认怂；天天躲在漠北吃土，有劲吗？"匈奴单于气得吐血，既不敢打，也不认怂。

武帝威风八面地回长安修仙去了。然后，就在小河沟里翻车了。那条小河沟叫朝鲜。

当时的朝鲜，从大汉朝的孙公司（燕国属国）升级为子公司（汉朝属国）不过大约七十年，任务是：在东北这旮瘩看场子思密达。如果有人捣乱，替大哥好好收拾他。如果有人投靠，替大哥好好招待他。有汉朝大哥罩着，朝鲜的地盘越来越大，小弟越来越多（真番、临屯皆来服属，方数千里），因此越来越不听话：不仅挖大哥的墙角，还抢大哥的生意。（所诱汉亡人滋多，又未尝入见，辰国欲上书见天子，又雍阏不通。）

大哥当然不高兴，但没太重视，毕竟只是个不入流的小弟。武帝派了个副部级官员涉何去训诫谈话："乖，听话。"朝鲜当时的国王叫卫右渠，觉得自己是精通无数领域的、拥有天才般智慧的领导人，当然不乖、不听话。涉何很没面子："这么个小破事，我都办不好，以后在长安还怎么混？必须找回面子！"

朝鲜礼送涉何回国。到达汉、朝边境的浿（pèi）水（今朝鲜清川江，时为两国界河）时，涉何直接把送行的朝鲜小王给宰了。然后，上报汉武帝："朝鲜竟然死不认错，我杀了他一员大将，以示警告。"武帝很高兴："杀得好！三天不打，上房揭瓦。"然后，任命涉何为辽东郡（今辽宁中东部）东部都尉（东部军分区司令）。"给我看着朝鲜，再不听话，继续修理。"

所有人都以为这事就算了了，没人把朝鲜当根葱，除了它自己。卫右渠大怒："竟敢杀我大将？"他直接发兵攻打辽东，把没有任何防备的涉何给杀了。武帝真怒了：找死！立即派出海陆两路大军，征伐朝鲜。

元封二年（前109）秋天，一场灭国之战拉开大幕。但大汉朝上上下下，并没把朝鲜放在眼里，不就是捻死一只蚂蚁嘛，分分钟的事儿。比如兵源，都是死刑犯。武帝打匈奴，用的全是正规军，而且是精锐中的精锐；打朝鲜，用的全是造假币的。

因为自武帝搞币制改革、严禁民间铸币以来，全国的监狱里塞满了造假币的死囚。上几个数据，感受一下：因私铸钱币被判死刑，但最终得到赦免的，几十万人；因私铸钱币自首而被赦免的，一百多万人；因私铸钱币但没自首的，二百多万人；私铸钱币没被发觉而自相残杀的，多到完全统计不过来。武帝时期，全国人口约为三千六百万。用司马迁的话说，全国胆子稍微大点的，都在私铸钱币（天下大抵无虑皆铸金钱矣），官府根本杀不过来。

所以，武帝用死囚打朝鲜，一是看不起朝鲜，二是给全国的监狱去库存，三是扩充兵源，四是给子民一个改过自新的机会。领导考虑得确实周到。

比如人事安排，两路大军没有主次之分，谁也不领导谁。走海路的，是刚灭掉南越、东越的楼船将军（水军大都督），新封的将梁侯：杨仆。这位爷是十大酷吏之一，后来转军职，屡立战功。走陆路的，是武帝的亲信、左将军荀彘。这位爷曾多次跟随大将军卫青打匈奴，也是见过大场面、立过大功的主儿。一个正当红，一个老资格，谁也领导不了谁。

武帝不安排主帅，一是觉得不需要，二是给他俩一个立功机会。手心手背都是肉，看你俩的造化了。这二位爷当然心知肚明。一边感恩戴德，一边撒丫子往东北跑。御赐半岛自由行，游山玩水＋超级年终奖，先到先得呀！汉武帝时期最窝囊的一次战争，就此开打。

跑得最快的是杨仆，因为陆路更不好走。当时，从陆路到朝鲜，不仅要爬雪山、过草地（著名的辽东大沼泽，后来让隋炀帝、唐太宗吃尽苦头，现已消失），还要层层突破朝鲜军队的防线。杨仆的海路则一帆风顺，轻轻松松到达洌口（朝鲜大同江的入海口）。按照战前部署，杨仆应该在此等候荀彘，然后水陆齐进，灭掉朝鲜。傻子才等荀彘！等他过来抢功吗？杨仆连自己的大部队都懒得等，大手一挥，领着七千人的先锋部队，沿大同江逆流北上，直接来到朝鲜的都城王险（今朝鲜平壤）。开打，抢功劳！然后，被朝鲜军队打残，逃到山里，躲了十几天，才聚齐了队伍，差点郁闷死。

荀彘更郁闷：第一，没有杨仆跑得快。第二，下属和自己抢功。荀彘还没到达朝鲜边境，手下一个将领就擅自开战，还吃了败仗。荀彘气得直接把他就地正法。第三，自己首战失利。荀彘亲自率军和朝鲜边防军开战，也没打过。

两位天朝将军，丢人都丢到东北了思密达。武帝怒了：两个没用的东西！武的太磨叽，那就来文的。汉武帝派一名叫卫山的官员飞赴朝鲜劝降：如果不想死，就赶紧认怂！

卫右渠确实怂了，他没想到汉武大帝真的大炮打蚊子，要灭了自己。他陪着笑脸对卫山说："我早就后悔了，早就想投降，只是怕杨将军和荀将军杀我领功。现在，陛下派您来了，我就放心了，现在就投降。"然后，当场表示：派太子代表自己到长安谢罪；进贡战马五千匹、军粮若干车。卫山很高兴：兄弟，真懂事。然后，开开心心地领着朝鲜太子回国复命、领功去了。

来到浿水与荀彘汇合时，荀彘说："不对呀，既然朝鲜人准备投降，这朝鲜太子去长安，怎么还带着一万多全副武装的士兵呢？"卫山这才反应过来，赶紧和朝鲜太子交涉："你都投降了，带这么多凶器干嘛？这绝对过不了安检。"朝鲜太子也急了。协议、条件、方案、流程、细节，双方早就商定好了。"你这时候又来这么一出，是想骗我入境，然后杀了我吗？老子不干了！"朝鲜太子直接领着一万多士兵回王险了。卫山傻了：报捷信和请功表都快递回长安了，这可咋整？

往死里整呗。武帝大怒，直接把卫山给宰了。煮熟的鸭子你还能搞飞！那就继续打吧。

杨仆和荀彘老老实实开始打仗，很快就在王险城下会师了。然后，又出问题了：攻了几个月，王险城硬是没攻下来。因为，这二位爷又开始打自己的小算盘了。荀彘的兵战斗力强，想尽快攻下王险，抢个头功。杨仆的兵战斗力弱，怕荀彘抢了头功，所以各种不配合，反而偷偷摸摸和朝鲜接触，想劝降，抢个头功。这一来，荀彘犯嘀咕，也暗中派人劝降，谁知朝鲜不肯向荀彘投降，倒是想跟杨仆接洽。

武帝继续大怒：真是废物！几万大军就是用牙咬，也把王险城给啃塌了！他派济南郡太守公孙遂为钦差，火速赶赴朝鲜战场监工："不管你用什么招，赶紧把朝鲜给火了。"

公孙遂一到朝鲜，荀彘就向他告杨仆的黑状："朝鲜之所以迟迟未灭，就是因为杨仆不配合，而且他私下和朝鲜接触，我怀疑他想造反。如果不及时处理，后果不堪设想。"公孙遂一听，大喜。没想到有两件大功劳等着我：灭朝、平叛。他立即诱捕杨仆，命荀彘统率水陆两军。然后，兴高采烈地向武帝做了汇报。武帝气得，直接把公孙遂宰了。"我让你去监工，不是拆台！阵前火并，万一把杨仆逼反了，谁负责？"

荀彘吓得赶紧指挥水陆两军，加班加点进攻王险城。然后，朝鲜大臣杀了卫右渠，降了汉朝。折腾了一年多，终于平定了朝鲜。汉朝在此设置乐浪、临屯、玄菟（tú）、真番四郡，史称汉四郡。

一件天大的喜事，但窝囊得像丧事。荀彘和杨仆回国后，全部被送上了军事法庭。荀彘，因抢功、诬陷同事、违背军令，被当众斩首。杨仆，因违背军令、伤亡过多被判死刑，交了赎金后，被一撸到底，成为老百姓。

因为轻视敌人，大汉朝三名使臣和一位将军被杀，一位将军被撤职。老司机汉武帝，结结实实来了个大型翻车秀。

李广利：从唱跳歌手到大将军

　　如果没有"邯郸倡"，李广利就是汉武帝时代一个普普通通的 loser。

　　"倡"，就是能歌善舞的艺人。"邯郸倡"，战国、秦汉时期一个著名厂牌。从战国开始，繁荣发达的赵国就是著名的音乐之乡、歌舞之乡和美女之乡。比如秦始皇的妈妈赵姬，就是一位能歌善舞的邯郸美女。当然，赵姬这种家庭条件好的（《史记》记其为"邯郸豪家女"），能歌善舞只是个人爱好。而许多出身底层的年轻人（包括全国其他地区），则将学习唱歌跳舞视为改变自身命运乃至突破现有圈层的珍贵机会。他们怀揣着音乐梦、上升心，来到（或被骗到）邯郸学习唱跳表演，并以歌舞作为谋生手段，被称为"邯郸倡"。

　　秦汉时期，邯郸倡是一个非常成熟的流行文化品牌，拥有完善的产业链。它是权贵豪富之家的娱乐标配。汉乐府诗云："黄金为君门，白玉为君堂。堂上置樽酒，使作邯郸倡。"一直到唐朝，邯郸倡依然是大美女的代名词。有李白的诗句为证："一拜五官郎，便索邯郸女。"邯郸倡因此得以接触上流社会，甚至有机会飞上枝头变凤凰。比如：赵悼倡后（战国时期末代赵王的妈妈）、李广利兄妹（汉武帝的宠臣、宠妃）、王翁须（汉宣帝的妈妈）、赵飞燕姐妹（汉成帝的皇后、宠妃）……《汉书·外戚传》记载的五十三名西汉后妃中，仅明确籍贯是赵国一带的就有十四位，占比四分之一强。

　　李广利的家乡中山，就是邯郸倡的主产地之一（多美物，为倡优）。李广利全家，包括他的父母，都是邯郸倡。李家兄妹是长安知名的邯郸倡，而且很有可能是武帝姐姐平阳公主家的邯郸倡。对，就是那个为武帝献上卫子夫，后来又嫁给卫青的平阳公主。这位大姐，绝对是武帝时期最具影响力的女性之一。

李家命运的改变，始于李广利的弟弟李延年。李延年因为犯法，被处以宫刑，派到皇宫当养狗太监。李延年是个大帅哥，能歌善舞，还擅长原创，再加上艺人世家的出身，很会包装、营销自己。所以，虽然以养狗太监的身份在皇宫出道，但很快就因为音乐才华被武帝发现并痴迷。

李延年很会玩，他迅速抓住机会，开始上位。有一次，他为武帝表演自己最新的原创歌舞，歌词是这样写的："北方有佳人，绝世而独立；一顾倾人城，再顾倾人国。宁不知倾城与倾国，佳人难再得。"歌好，词好，舞好，人好。武帝听傻了，痴痴问道："世间怎么可能有这样的女子？"平阳公主立刻抢答："有啊，李延年的妹妹。"武帝："现在立刻马上给我送进宫来。"

送来一看，果然倾国倾城。武帝当场笑纳，然后超级宠爱。后来，李夫人还给武帝生了一个儿子：昌邑王刘髆（bó）。从此，李氏兄妹成为武帝后期最受宠的外戚。李延年被任命为协律都尉（正部级的皇家歌舞团团长）。李延年确实很有音乐才华，他和大才子司马相如合作，一个负责作曲，一个负责作词，创作了很多歌颂汉武帝国的歌曲。

李夫人也超级会玩。她得宠后没几年，就得了重病。临终前，武帝来看望她。她蒙着被子说："我病了很久，素颜太难看，不能让您看见。我死后，希望您能多照顾照顾我的孩子和兄弟。"武帝伤心地说："你有什么话，当面告诉我，好吗？"武帝反复哀求，李夫人反复拒绝。最后，武帝又伤心又生气地走了。李夫人的身边人说：

"您也太不通人情了。皇上这么爱您，想见您最后一面，您怎么能拒绝他呢？"李夫人说了一句流传千古的名言："夫以色事人者，色衰而爱弛，爱弛则恩绝。"不见他，他才会永远记得我的美，才会好好照顾我的家人。

果然，李夫人去世不久，李家更大的恩宠就来了。武帝要远征大宛（yuān），他把这个机会给了李夫人和李延年的哥哥李广利。武帝表示，只要李广利能干掉大宛，就封他为侯。

武帝为什么要打大宛？一、夺取汗血宝马；二、敲山震虎、控制西域；三、彻底搞定匈奴。

大宛有多远？距离长安一万二千五百五十里。战神霍去病当年狂飙突进，深入匈奴腹地，也没跑这么远。大宛有多人？西域第四强国，城池七十多座、人口三十万、士兵六万。虽然西域有很多城邦小国，但大宛不是弱鸡。这一行有多危险？张骞当年去大宛，历时十三年，出发时一百多人，活着回来的只有两人。

武帝为什么觉得这是个美差、肥差？因为他被人忽悠了。曾经出使过大宛的汉朝官员姚定汉等人对他说：那就是个弱鸡，只要三千汉军就能轻松搞定。再加上此前，汉朝大将赵破奴曾率七百骑兵打败西域小国楼兰，并生擒楼兰国王。所以，武帝误以为大宛也是个软柿子，就把这次远征当作福利给了大舅哥李广利。

太初元年（前104），唱跳歌手李广利被任命为贰师将军（汗血宝马的产地是大宛的贰师城），率六千骑兵和数万名小混混（郡国恶少年），出兵攻打大宛。他不知道，他的人生从此坐上了一辆超刺激的过山车。

李广利：成也关系户，败也关系户

李广利，武帝时期最大的关系户，也是翻车最惨的关系户。

卫青、霍去病也是关系户，但人家爷俩儿把匈奴直接打残，成绩摆在那儿，没毛病。李广利的能力、成绩都不如卫、霍。唯一比卫、霍强的，是受到的特殊照顾更多。

首先是武帝不讲原则的提拔、重用。

卫青干了十年公务员，才被提拔为车骑将军，和李广、公孙贺、公孙敖一起出兵打匈奴，公平竞争，凭战绩升职，没人敢说闲话。霍去病也是先当侍中，武帝手把手地教，然后被任命为票姚校尉，一战成名，成绩巨大，也没人敢说闲话。

李广利呢，当贰师将军、率大军远征大宛前，是长安城知名唱跳歌手。这个任命，不仅跨界，而且严重不符合组织程序。哪怕当个皇家歌舞团团长，大家也认了，毕竟专业对口。从歌手一步到将军，跨度太大，容易出问题。而且，干的还是人人羡慕的美差、肥差。

当时，从武帝到普通干部，都认为大宛是个弱鸡，三千汉军就能轻松搞定。就连向来严谨客观公正的司马迁都说：皇帝有私心，就是想提拔他大舅哥。满朝文武是各种羡慕嫉妒恨呀。

其次，李广利也不争气。

第一次打大宛，准备不足、经验不足、困难太多（西域各国严重不配合），又没有卫青、霍去病的天才，所以，被揍得落荒而逃。去的时候，趾高气扬几万人；回来时，鼻青脸肿几千人。而且，李广利还怂。他直接被揍怕了，跑到敦煌给武帝递申请："路太远，肚子太饿（沿途得不到给养），环境太恶劣（沙漠、戈壁），非战斗减员太多，虽然我们不怕牺牲，但战力严重受损，希望能稍作休整，再大举发兵去干掉大宛。"丢人！武帝气得，直接派督察组进驻玉门关，并宣布：李广利部队全体人员，如有擅自入关者，格杀勿论！李广利吓得赶紧表态："我就在敦煌补给一下，马上就复工。"

换了别人，比如当年马邑之谋的王恢，早被咔嚓了。就算是开辟丝绸之路、立下不世之功的张骞，也因为迟到被一撸到底，从博望侯直接变老百姓。李广利打了败仗丢了人，不仅没事，而且继续被重用。武帝倾全国之力，要帮他打赢这一仗。

武帝花了一年多的时间，往敦煌调集了如下人员和物资：骑步兵六万；工兵若干（针对大宛都城的地形特派）；团级养马驯马官两名；牛十万头；马三万匹；骆驼、驴数万头；民兵不计其数。同时，征调士兵十八万，驻守酒泉、张掖一带，作为李广利的后援部队。史书上用了个词叫：天下骚动。用现在的话说，李广利就是个超级资源咖。

多名官员建议：咱们应该专心打匈奴，大宛的事可以放一放。因为匈奴又开始不老实了，就在李广利逃回敦煌后不久，汉朝两万多骑兵被匈奴一锅端了，大将赵破奴投降。朝野震惊。

武帝大怒，直接把这些官员抓了起来。为什么？因为匈奴不是一天两天能消灭的。而且，大宛这么个小国，竟然让大汉帝国吃瘪，如果就这么算了，不仅大宛宝马得不到，而且大汉朝在西域就是个大笑话，谁还服你？控制不住西域，怎么灭匈奴？所以，必须搞死大宛。所以，李广利必须成功。

在武帝的强力支持下，在全世界的鄙视、质疑下，李广利领着十几万人马，再次远征大宛。这次很顺利。李广利大军轻松干掉大宛，并任命亲汉的大宛贵族为新国王，签订不平等条约，然后带着数十匹顶级汗血宝马、三千匹普通汗血宝马，得胜回朝。西域各国吓傻了，纷纷派遣宗室子弟随李广利大军到长安进贡、当人质，开始各种讨好。此后，西域基本上成为汉朝的势力范围，武帝在西域设置了无数个据点，并派兵驻守，汉朝使者在西域一路畅通，全是绿灯。客观讲，张骞开辟了丝绸之路，而李广利巩固了丝绸之路。尽管，过程有点难看。

但李广利确实牛，又闯祸了。汗血宝马损耗太大：活着到汉朝的，只有一千多匹。大汉士兵伤亡过大：活着回来的，只有一万多人。汗血宝马死得多，勉强还有借口——路远、水土不服啥的。士兵伤亡大，就是李广利的问题。因为大部分士兵不是战死的，而是被李广利等军官虐待死的。

但在大功面前，武帝又玩双标了：小事，瑕不掩瑜。直接封李广利为海西侯，并重赏西征将士。据统计，李广利的部队中，有三人被提拔为副国级，一百多人被提拔为正部，一千多人被提拔为正局、正处。

好吧。没人敢批评武帝，但李广利就被骂得很惨了。作为关系户，就连卫青、霍去病那样的战神都被人鄙视，何况李广利？清代著名史学家赵翼算是骂得相对不太难听的。他至少承认李广利的成绩，但是，他说：奇了怪了，武帝的三大将军——卫青、霍去病、李广利，全是靠贱货上位的贱人（奴仆、倡优）。老天爷怎么这么不长眼！

自卫青、霍去病将匈奴打残并赶到漠北吃土后，汉匈两国经过十多年的恢复，再次开打。远征大宛的"英雄"、关系户李广利，也正式升级为汉军主帅，开始负责对匈作战。他先后率大军三次打匈奴。第一次，有输有赢。第二次，无功而返。第三次，很刺激。征和三年（前90），李广利率七万大军攻打匈奴。开局很好。李广利大破匈奴伏兵，乘胜追击。匈奴人四散而逃，不敢应战。但是，李广利的后院起火了，超级大火。

一年前，巫蛊之祸爆发。武帝和太子刘据父子反目、刀兵相见。最终，太子一派失败，皇后卫子夫和太子刘据自杀。几十万人受牵连，几万人被杀。这是武帝朝的一次超级大地震，回头细讲。太子没了，李广利乐了。出兵前，他和亲家、丞相刘屈氂密谋，准备拥立自己的外甥、昌邑王刘髆为太子。

这纯属玩火、找死。接班问题向来敏感、复杂。何况六十多岁的武帝刚遭受过太子背叛的沉重打击，可谓深度杯弓蛇影患者。更何况，大将军和丞相联手拥立新太子？别忘了，从吕雉死后，大汉朝最讨厌的就是强大的舅舅。所以，武帝知道后暴怒，直接将刘屈氂以大逆不道罪腰斩于市，把李广利的家人全部逮捕。

更搞笑的是，这样的事，李广利不是第一次遇见。李广利打大宛时，弟弟李延年、李季就因为淫乱后宫被灭族。李广利的家人，因为李广利在外打仗，逃过一劫。得胜回朝，汉武帝看在大功的份儿上，没再追究。

这一次，同样的剧情，再次上演。所以，李广利决定：立大功、求放过。他不顾下属的劝告，孤军深入匈奴腹地，想立功赎罪。结果，被匈奴人包了饺子。双方激战数日、伤亡都很大。最后，汉军大败，李广利投降。武帝收到消息后，把李广利的家人满门抄斩。

更戏剧性的事情还在后面。李广利是武帝朝投降匈奴的最高级别官员，匈奴单于很高兴，把女儿嫁给他。李广利成了匈奴驸马爷，深受宠信。结果，惹得汉朝另一降将卫律很不爽。

最搞笑的是，卫律和李广利的弟弟李延年是好朋友，他在汉朝升官发财，全靠李延年。后来，李延年被灭族，卫律担心受牵连，就降了匈奴。三十年河东，三十年河西。卫律一看，李广利竟然比我红，必须搞死他！李家兄弟交的都是些什么朋友？刚好，匈奴单于的妈妈生病，卫律就买通匈奴巫医，对匈奴单于说："您父亲在世时，常说要活捉李广利、杀了祭天。您现在这么宠信李广利，他老人家很不高兴，就通过惩罚您母亲来警告您。"匈奴单于是个孝子，立刻把李广利杀了祭天。李广利临死前大骂："我做鬼也不会放过匈奴鬼子！"

李广利死后，匈奴境内连续几个月暴雪，牲畜和庄稼大多冻死，民间又闹瘟疫，把匈奴单于吓得赶紧给李广利建祠堂，各种祷告、求原谅。

这就是李广利传奇的一生。从唱跳歌手到外戚，再到将军、海西侯、大将军，再到大汉奸、匈奴驸马爷，最终成了祭品。武帝朝最大的关系户，上演了最大的翻车事故。

苏武：我是忠诚的象征

天汉元年（前100）春天，大汉中郎将苏武，率一百多人，出使匈奴。

这本来是一趟美差。首先，很安全。武帝刚搞定大宛，威震西域。匈奴单于吓得直接认怂："我是晚辈，您是长辈。您大人不记小人过。"匈奴将多年来扣押的汉朝使臣全部释放，还到长安进贡，诚意很大。其次，任务轻松、风光。武帝很高兴，也把扣押的匈奴使臣还回去，还给匈奴单于准备了一份厚礼，并让苏武转达给匈奴单于一句话：懂事！

汉匈百年战争，和平曙光乍现。这一里程碑式的外交活动，由苏武全权负责。因为他是汉武帝的亲信。

苏武，四十一岁、官二代，抗匈将领、平陵侯苏建的二儿子，一直在武帝身边工作。当然，在武帝的亲信中，他并不突出。论出身和能力，他不如霍光（霍去病的弟弟，才大心细）和李陵（李广的孙子，将门虎子）；论关系，他不如李广利（汉武帝宠妃的大哥）；论圆滑，他不如上官桀（擅长各种拍）；论正直，他不如金日磾（大义灭亲）。如果说优点，苏武好像只有一个：忠诚。但正是这个优点，让此次剪彩式外交活动变得惊心动魄、可歌可泣。

汉朝使团到匈奴后，一切都很顺利。可惜，苏武有个猪队友：副手张胜。张胜有个好朋友叫虞常，几年前投降匈奴。使团到来时，虞常等七十多位汉朝降人刚好在谋划绑架匈奴单于的妈妈、回归汉朝。

虞常偷偷会见张胜，说了他们的计划，并表示，可以杀了武帝最讨厌的卫律，作为投名状。张胜很高兴：这事儿如果成了，又是大功一件。他很爽快地答应了，还资助了虞常一大笔活动经费。真是个猪脑子。你这趟的任务是汉匈和平，不是敌后斩首。何况，在匈奴王庭劫持匈奴太后、刺杀匈奴重臣？抗匈神剧看多了吧？

虞常等人当然失败了（有一人向匈奴告密）。最要命的是，其他人都战死了，只有虞常被活捉。匈奴单于派卫律审理此案。这说明一件事：一切都在匈奴的掌控之中，我要整你。张胜傻了，赶紧向苏武汇报。苏武说："这件事肯定会牵连到我，受辱而死，有伤国体。"说完，就要自杀，被下属拦住了。

虞常被抓后，果然供出了张胜。匈奴单于暴怒，要把汉朝使团全部处死。在匈奴高官的劝说下，决定招降苏武等人。匈奴单于派卫律找苏武要说法。苏武说："我是大汉使者，不能受辱。"说完，再次自杀，血流当场、奄奄一息。卫律大惊，立即让人抢救，好不容易才把苏武救活。匈奴单于很佩服苏武的气节，每天早晚两次派人探视。张胜则直接被逮捕。

苏武慢慢康复后，匈奴单于开始劝降。先是当着汉朝使团的面，将虞常斩首。然后，卫律拔剑，指着张胜："如果投降，可免你死罪。"张胜当场投降。卫律对苏武说："副手有罪，你作为负责人，应当连坐受罚。"

两次自杀未遂的苏武，不再求死，而是坦然面对。他说："第一，我并未参与此事；第二，我和张胜又没有亲属关系，连坐个啥？"卫律拔剑，指着苏武。苏武一动不动。硬的不行，就来软的。卫律说："苏先生，我也是汉朝降将。大单于对我很器重，又是封王，又是给钱。您只要投降，就能和我一样，荣华富贵唾手可得。干嘛把命丢在这茫茫草原，划不来呀。"苏武一声不吭。

卫律接着做工作："您要是听我的，今天起咱俩就是兄弟了。您要不听我的，哪天您反悔了，想找我帮忙，可就难了。"苏武破口大骂："你个忘恩负义的狗汉奸，我找你干嘛！你的新主子信任你，让你处理此事。你却趁机煽风点火，想挑起两国战争，从中牟利。无耻！我是大汉使者，你敢杀我？南越杀了大汉使者，直接被灭国；朝鲜杀了大汉使者，直接被灭国；大宛杀了大汉使者，国王的头颅挂在了长安城楼。你觉得，我会不会是匈奴灭国的导火索？"

卫律灰溜溜地走了。匈奴单于听了汇报后，更想招降苏武了。他把苏武关在一个露天的大窖里，故意不给吃喝，逼苏武投降。当时，天降大雪，又冷又饿的苏武瘫在地上，靠吃雪块和衣服上的毡毛充饥。过了几天，也没饿死。

匈奴人大惊，认为苏武有神灵护佑，不敢再公开折磨他。就让他到荒无人烟的北海（今俄罗斯贝加尔湖）放羊，放的是公羊。匈奴人说："好好放羊，什么时候公羊产奶了，就放你回国。"言外之意，你就在这儿等死吧。

苏武被扣押在匈奴的第二年，他的老同事李陵投降了匈奴。李陵，比苏武小六岁，投降前是汉朝的骑都尉（骑兵司令），在河西走廊一带练兵。他和苏武年轻时，都在武帝身边工作。李陵完美地遗传了李广家的基因：军事天才、狂傲、情商低、命不好。

天汉二年（前99），汉武帝派大舅哥李广利攻打匈奴，让李陵负责后勤保障。李陵不干，对汉武帝说："我的兵个个都是小老虎、神枪手，我申请单独领军打匈奴，为李大将军分担压力。"汉武帝说："你还有没有点团队精神、组织纪律性？而且，这次大军出动，战马已经分完了。"李陵说："我不需要骑兵，而且我就喜欢以少胜多，我的五千步兵就能干翻匈奴单于！"汉武帝说："好，我就喜欢年轻人有志气，敢想敢干。"当然，汉武帝没李陵那么幼稚，不会陪他疯，给他的任务是到匈奴境内搞侦查。

李陵牛皮哄哄地领着五千步兵出发了。然后，遭遇匈奴单于的十一万精锐骑兵。李陵确实很能打，杀了一万多匈奴人。但是，你再能打，也不是李超人，干不过十一万匈奴人。弹尽粮绝的李陵长叹一声："我没脸去见皇帝陛下呀。"然后，投降了匈奴。五千精锐，只有四百多人活着逃回汉朝。

这就叫作死。从李广到李敢到李陵，李家三代一个毛病：个人能力极强，个人英雄主义极严重，大局观和组织纪律性极差。

李陵投降匈奴后，武帝暴怒，满朝官员都骂李陵，只有耿直boy司马迁替他求情，说他忠君爱国、德行好、能力强，虽然暂时投降了匈奴，但一定是身在曹营心在汉，肯定会找机会立功赎罪、回归祖国的。

不管司马迁怎么替李陵辩解，但事实改变不了：李陵投降；李陵的副手、成安侯韩延年战死，不降；四千多汉军战死，不降。武帝认为司马迁简直胡说八道，下令将他宫刑。李陵的家人随后被全部处死。

李陵投降匈奴后，匈奴单于把女儿嫁给他，封他为右校王，很器重他。李陵知道老同事苏武在北海放羊，生活很苦，但李陵没脸见他。

苏武确实很苦。这么多年，经常吃不饱穿不暖，有时候实在没吃的了，就挖老鼠洞，吃老鼠藏在洞里的草籽。他不知道，出身和能力都比他好的李陵，投降匈奴了。他不知道，关系比他硬、级别比他高的李广利，也投降匈奴了。他只知道，自己是大汉使者，手里的汉节代表着国家尊严。不管是白天放羊，还是晚上睡觉，他都随身携带。哪怕时间久了，汉节上的牦牛尾都脱落了，只剩一根残破的竹竿。

好多年过去了。有一天，李陵奉匈奴单于之命，来劝说苏武投降。李陵来到北海，摆下酒席、配上乐队，和苏武喝酒聊天。

李陵说："子卿（苏武的字），咱俩是老朋友了，说句心里话，你应该投降匈奴。大单于很器重你。你反正回不了汉朝，何必白白受苦？你的忠诚，谁看得见？我投降匈奴前，对你家的情况有所了解：你两个兄弟，都因为犯罪而自杀；你妈妈，已经去世了；你妻子，已经改嫁了；你的两个妹妹、两个女儿和一个儿子，没有依靠，这么多年过去了，也不知道是否还活着。人生苦短，你何苦为难自己？我理解你的难处。我刚投降时，也悲痛欲绝、神情恍惚，觉得对不起皇帝和祖宗，还连累了一家老小。但是，皇帝年事已高，喜怒无常，大臣们被冤杀甚至满门抄斩的就有几十家。这样的皇帝，你何苦为他卖命？"

李陵这番话，句句戳在苏武心上，字字见血。但是，苏武的回答很简单，也很坚定："我们一家的荣华富贵，都是陛下给的。哪怕上刀山、下油锅，我也心甘情愿。臣子对君王，就像儿子对父亲，就算付出生命，又怎样？你不用再说了。"

李陵只好和苏武喝酒，连续喝了好几天。李陵说："子卿，你就听我的劝吧。"苏武义正言辞，连对李陵的称呼都变了。他说："我早就抱了必死的决心，大王您要是非逼我投降，我现在就死给你看。"李陵流着泪，说："子卿，你真是忠肝义胆，我和卫律确实罪无可恕。"然后，让自己妻子给苏武留下几十头牛羊改善生活，走了。

又过了很久，李陵又来到北海，告诉老朋友：汉武帝去世了。苏武听后，面向南方，嚎啕大哭、口吐鲜血。此后几个月，他每天早晚都要面向南方，痛哭流涕，遥拜。

十九年过去了。汉昭帝始元六年（前81），匈奴因为内部分崩离析、国力衰弱，主动向汉朝示好，提出和亲。汉朝提出，释放苏武等人。匈奴谎称，苏武已经死了。苏武的老部下常惠，也被扣押在匈奴十九年。他偷偷找到出使匈奴的汉朝官员，说苏武还活着，并献上一计。

汉使面见匈奴单于，说："大汉天子在上林苑打猎时，射下一只大雁。大雁脚上绑着一封信，信上写道：苏武等人还活着，在匈奴某某地。"这就是成语"鸿雁传书"的由来。匈奴单于大惊，只好承认苏武还活着，并答应放他回国。

临行前，李陵摆酒席为苏武送别。李陵泪流满面，说："你这次回去，必将名垂青史、万古流芳。我跟你没法比，但假如当年汉朝不杀我全家，我本想找机会立功赎罪的。当然，都过去了，我只是想让你知道我的苦衷。"

十九年前跟随苏武出使匈奴的，有一百多人。现在，跟苏武一起回国的，只有常惠等九人（其他人要么投降了，要么去世了）。十九年前出使匈奴时，苏武四十一岁，正值壮年。返回祖国时，苏武六十岁，须发皆白。

回到长安后，昭帝特许苏武以最高规格祭拜武帝的陵庙，并任命他为典属国，赏钱二百万、官田二百亩、府邸一套。宣帝时，苏武被封关内侯，破格赏赐食邑三百户（关内侯一般没有封国、食邑）。神爵二年（前60），苏武去世，享年八十一岁。后被列入麒麟阁十一功臣，获得古代臣子的最高荣耀。

苏武配得上这份荣耀。他对祖国的忠诚，他面对强敌时的坚贞不屈，感染和激励着一代又一代的中国人。他的贡献，不亚于卫青、霍去病。

刘据：帝国第一后浪的危机

太子刘据，大汉帝国第一后浪。

首先，家大业大。老爹武帝辛苦一辈子，将高祖打下的江山打造成全球最牛家业：大汉帝国。刘据，这份家产的第一合法继承人。

武帝十六岁当皇帝，二十九岁才有了第一个儿子刘据。当时，这叫老来得子。因为：

文帝十六岁生下景帝；景帝十八岁生下太子刘荣；惠帝二十四岁去世时，已经有六个儿子。英明神武的武帝压力山大。生儿子比打匈奴还难？所以，刘据出生后，武帝欣喜若狂：立刘据为太子；封刘据的妈妈卫子夫为皇后；部级以上官员全部加官进爵；全国八十岁以上的老人，每人赏三斤米；全国九十岁以上的老人，每人赏二匹帛、三斤絮；拜神还愿；大赦天下……对刘据，更是宠爱有加、寄予厚望。

在太子的教育上，武帝比海淀家长还拼：请最好的老师，盖最好的学校，给最优惠的政策。他专门给太子修了一座园林，命名为博望苑，希望他博学多识。尽管他很讨厌臣子养门客，但特许太子广交朋友。只要你喜欢，随便。太子成年后，武帝每次出差（巡行天下），都让太子代班。武帝回来后，太子只需要捡最重要的事项汇报即可。太子所有的决策，武帝从不反对，甚至有时候连问都不问。哪怕太子和武帝对着干，也没事。

汉武帝严厉霸道，爱用酷吏。太子宽厚仁慈，常常纠正错案冤案。妈妈卫子夫告诫刘据，要尊重父亲的意见，别自以为是。武帝听说后，专门表态：太子做得对，皇后做得不对。武帝征战四方、开疆拓土。太子多次劝谏父亲别兴师动众、劳民伤财。武帝笑着说：爸爸辛苦一辈子，不就是为了让你将来轻松点吗？

但是，欢乐的时光总是短暂的。先是卫子夫慢慢年老、色衰、失宠，然后是武帝的新宠妃接二连三生下皇子。再加上武帝说过，太子性格温和，不像老子这么英明神武。这句话很要命。刘邦当年就是这么说太子刘盈（惠帝）的，然后，三番五次想废了他。刘据娘俩很担心失宠、被废。

武帝发觉后，特意对刘据的舅舅、大将军卫青说："我这么霸道强势，是时代需要，不得已为之。如果继任者还像我一样，那就会走上暴秦二世而亡的老路。所以，太子稳重宽厚，是最适合的接班人。转告你姐和刘据，尽管放一百个心。"

这次谈话很有意思。武帝为什么不直接和当事人讲，反而要让卫青转达？与其说他在安慰皇后和太子，不如说他在安慰卫青。因为，太子背后是以卫青为首的强大后援团：卫青，太子的舅舅，大将军兼大司马、万户侯，大汉军界扛把子；公孙贺，太子的大姨夫，浮沮将军、南窌（pào）侯，后出任丞相；公孙敖，卫青的老铁、老部下，因杅（yú）将军、合骑侯；曹襄，太子的姐夫，开国大爷曹参的后代，后将军、平阳侯……皇后和太子怎么担心都无所谓，卫青可不能乱想。

可惜，元封五年（前106）卫青去世了，刘据最大的靠山没了。很多人开始有了想法。打头阵的，是宫里的太监。宦官苏文等人常常找太子的茬，然后添油加醋向武帝告黑状。比如，有一次，太子去拜见皇后，待得有些久，苏文就对武帝说：太子在皇后宫里和宫女乱搞。武帝听了，直接将太子宫中的宫女增加到二百名。看起来是关心，但何尝不是试探和警告？更重要的是，武帝信了，相信太子和宫女乱搞。又有一次，武帝身体不太舒服，让宦官常融去叫太子过来谈事。常融回来说"太子听说皇帝病了，面带喜色"。这话绝对杀人不见血。武帝没吭声。等太子来了，武帝仔细观察太子的表情，没发现压抑不住的喜色，反而发现太子脸上有泪痕，却强颜欢笑。后来，武帝暗中调查才知道，太子听说父皇身体不舒服，很担心，哭过。武帝气得直接把常融杀了。

不过，再怎么父慈子孝，也架不住天天这么搞呀。皇后很不爽，让太子把这些搬弄是非、心怀不轨的太监杀掉。太子说："我身正不怕影子斜。何况皇帝圣明，不会被他们蒙蔽的。"太子是个好孩子，但在政治上，这叫幼稚。

现实很残酷，形势很严峻。太初四年（前101），五皇子刘髆的舅舅、贰师将军李广利平定大宛，汉朝将西域纳入囊中。李广利被封海西侯，部下也都加官进爵。又一个强大的外戚集团正式诞生。太始三年（前94），汉武帝的宠妃赵婕妤怀胎十四个月，生下皇子刘弗陵。武帝开心地说："尧就是怀胎十四个月出生的，没想到我娃也是。"然后，将赵婕妤居住的宫殿的大门命名为"尧母门"。赵婕妤是"尧母"，那刘弗陵不就是"尧"了？皇帝这是想换太子了？

更多的人开始有了想法。其中，就包括超级小人、特务头子江充。这孙子直接把太子逼上了绝路。

江充：小人中的大咖

刘据，三十多年的大汉帝国皇太子。他做噩梦也没想到，自己会栽在一个小人手里。这个小人叫江充。

江充，曾用名"江齐"，邯郸人。他的发迹，也和闻名天下的邯郸倡有关。江充的妹妹，是个能歌善舞的美女，嫁给了赵国太子刘丹。江充因此巴结上了赵王刘彭祖（武帝的哥哥），成为亲信。

这说明江充很会来事。因为刘丹的女人一大堆，大舅哥小舅子成群结队；赵王的女人和大小舅子只会更多。亲戚变亲信，其实不容易。当然，通过裙带关系上位，也无可厚非。卫青、霍去病也是。

江充之所以是小人，且能兴风作浪，首先是做事没底线。刘彭祖父子，出了名的为非作歹、荒淫无道。江充能得到这两位爷的赏识，自然不是什么好人，助纣为虐的事没少干。其次，他的破坏力极强。后来，江充得罪了刘丹，跑路了。刘丹责令地方政府全境搜捕，没抓到他，便杀了他的父亲和哥哥。江充怒了，直接跑到长安告御状，实名举报刘丹：和亲姐姐、小妈乱伦；勾结地方豪强，为非作歹，无法无天，地方官管不了。虽然只有两条，但足够刘丹喝一壶了。尤其第二条，绝对是武帝的红线。果然，武帝大怒，抓捕刘丹，立案审查，判处死刑。后在哥哥刘彭祖的苦苦哀求下，才免了刘丹的死罪，但废了他的太子位。一个逃犯，直接扳倒了赵国太子。第三，也是最可怕的，他这个小人，有大人物罩着。搞定赵王父子后，武帝很高兴，想接见一下这位民间反腐斗士。江充牢牢地抓住了机会。

他申请觐见时穿常服、不穿正装。基层群众这么质朴的请求，汉武帝当然答应了。结果，一见面，武帝直接傻了。据史书记载：充衣纱縠（hú）禅衣，曲裾后垂交输，冠禅纚（xǐ）步摇冠，飞翮（hé）之缨。大概意思就是：他穿着透视装＋长裙＋渔夫帽＋羽毛头饰，走着猫步，上场了。而且，江充还是个大帅哥（为人魁岸，容貌甚壮）。武帝直接看了场维密大秀，张着嘴，半天说了一句：人才呀（燕赵固多奇士）！然后，两人开始深入交流。没想到，江充对国家大政方针的理解，也非常对武帝的胃口。武帝感觉捡到宝了。

江充绝对不简单，小人中的人咖。随后，江充被任命为直指绣衣使者。这个职务级别不高，但权力很大，是汉朝版的锦衣卫负责人。武帝对江充的要求是：督查皇亲国戚、朝廷重臣过度奢华者。

武帝很会用人。事实证明，江充很适合这个岗位。一个胆子大、有野心、有能力、没底线的小人，有了武帝这个天字一号的靠山，他会怕谁？谁都不怕。江充把长安城的超级权贵全部调查了一遍：百分之九十都有问题！那就都抓起来！然后，给出两个选择：交赎金，或者上战场。然后，收到赎金几千万钱。什么概念？可以给全国官兵发一个月的工资。

牛吧？还有更牛的。他连太子刘据和馆陶长公主（汉武帝的姑姑、前岳母）都敢惹。有一次，馆陶长公主的车队在驰道上行驶。驰道，是皇帝的专用车道。江充直接拦截下来，然后质问馆陶长公主："这是你能走的地方吗？"馆陶长公主回怼："太后特许我走驰道。"江充回怼："特许也是特许你一个人。"然后，将馆陶长公主的随行人员和车马一律扣下，该关的关，该没收的没收。还有一次，太子的属下也开车走驰道，也被江充直接拿下，该关的关，该没收的没收。太子让亲信去捞人，对江充说："几辆跑车，我还不放在眼里。主要是不想让皇帝知道，觉得我没管好手下。江先生给个面子吧。"江充："呵呵。"然后如实向武帝汇报。武帝作批示：江充是大汉官员学习的榜样。

江充更红了，威震长安城。没多久，江充被提拔为水衡都尉（皇家财政局局长，正部）。这是天下第一肥差，因为盐铁专卖、造币等都归他管。江充成为武帝晚年最锋利、最信任的一把刀。更要命的是，这把刀还很智能。

江充得罪太子后，一不做二不休，想干掉太子。首先，武帝老了，眼瞅着没几年蹦跶了，如果将来太子继位，第一个被干掉的，绝对是自己。其次，江充发现，武帝好像也想干掉太子。这哥们最擅长揣摩领导的心思。当然，江充是个小人，但不是二货。他给太子挖了一个完美的大坑：巫蛊。

汉朝的巫蛊，就是把桐木雕刻的小人埋到地下，搞诅咒。武帝时期，巫蛊特别盛行。因为武帝爱修仙，提拔重用了很多大师，虽然被各种忽悠，但无怨无悔。巫蛊，就是大师们的基本才艺之一。有了武帝这样的超级粉丝，各种大师想不红都难。大师的才艺当然很多，但最受欢迎的是巫蛊，因为成本低、见效快。当时的长安城，大师满街走，小人遍地埋。就连宫中的嫔妃年老色衰失了宠，第一选择也不是医美，而是埋小人诅咒比自己年轻漂亮的竞争对手："我祝你又老又胖又丑，皇帝看见就想吐！"

武帝对巫蛊深恶痛绝。巫蛊之术向来是祸国殃民。他的女人们经常互相举报："那个狐狸精又诅咒您啦！"尤其是晚年的武帝，求了一辈子的长生不老，一点用也没有，反而一天天地衰老。这本来就是自然规律。但是，大忠臣江充说："这不是天灾，是人祸！因为有人在埋小人诅咒您呀！"武帝："曜！我觉得也是！"

谁最想让武帝死？太子？毕竟，太子已经当了三十多年的储君。虽然卫青去世了，但太子党依然强大。太子还老跟他唱反调、装好人、抢民心。而且，就算武帝不这样想，包括江充在内，不少人也希望他这样想。

巫蛊成了太子党的噩梦。先是卫青的死党公孙敖，因为老婆搞巫蛊，被腰斩于市。然后是太子的大姨夫、丞相公孙贺被人举报纵容家属搞巫蛊，被灭门。然后是太子一母同胞的两个姐姐（诸邑公主、阳石公主），太子的表哥、卫青的长子、长平侯卫伉，都因为搞巫蛊，被杀。

武帝的亲女儿都因为巫蛊被杀。没有武帝的授意，谁敢？严查巫蛊的结果：太子党核心成员全军覆没，太子成了光杆司令。

该收拾太子了。凶器依然是巫蛊。

巫蛊：走投无路的太子

征和二年（前91）夏天，围剿大汉帝国第一后浪、太子刘据的战斗打响。

先是武帝以健康为由，到距离长安一百多公里的甘泉宫（今陕西淳化境内）避暑、静养，并把皇后卫子夫和太子刘据全部拉黑（皇后及家吏请问皆不报）。然后，把舞台交给了江充。长安成了一座牢笼，光杆司令刘据成了困兽，巫蛊之祸拉开大幕。

江充带着大批胡巫（巫蛊界专业人士）四处挖小人、抓嫌犯，然后严刑逼供，让他们互相揭发。这次严打，迅速波及全国。一个月的时间，因牵涉巫蛊而被杀头的，达数万人。举国震惊。但这只是餐前开胃小菜，因为江充的目标是太子，皇宫才是主战场。江充向武帝做汇报："第一阶段严打成效显著，但是，皇宫里也邪气冲天，如果不彻底清除，您的身体很难完全康复。"武帝批示：一查到底。

严打再次升级。以江充为组长，按道侯韩说、御史（中央纪检干部，正处）章赣、太监苏文为副组长的专案组进驻皇宫，严查巫蛊。大汉皇宫成了强拆现场。江充确实是个狠人，第一个强拆的是武帝的龙椅，然后，把龙椅下方的地面刨开，挖小人、找嫌犯。

皇帝的龙椅我都敢拆，谁敢不服？谁敢当钉子户？没有武帝的同意，借他一百个胆，他也不敢。当然，皇后和太子居住的宫殿才是重点强拆对象。全部拆！各种挖！掘地三尺，不留死角！搞得皇后和太子都找不到一块平地放床。睡不好，事小；被江充咬住，事大。江充放话说："太子宫里挖出的小人最多，而且还发现了帛书，上面还写着大逆不道的话，必须立刻向上汇报。"

太子真怕了。这孙子坑死人不偿命呀。但武帝不在长安，又联系不上，上哪儿讲理去？而且，太子的核心团队早被杀光了，也没人能帮忙。等死吗？走投无路的太子向太子少傅石德求助：怎么办？

石德比太子还怕。如果太子落马了，第一个被干掉的肯定是自己，没管好学生呀。石德建议太子，别当乖宝宝了："这事您解释不清楚。您也联系不上您爹。您得假传圣旨，抓捕江充，让他老实交待罪行。您爹现在是死是活，不知道。您想当扶苏（秦始皇长子、钦定接班人，被冤杀）吗？"乖宝宝不同意："当儿子的哪能这样大逆不道？我想去甘泉宫向我爸请罪，应该没事。"

一个全国优秀教师，一个乖宝宝，确实不适合玩政治。他俩虽然想法不同，但都犯了个致命错误：把江充当作唯一的敌人。其实，江充是把刀，握刀的是武帝。太子和石德的这个误判导致了后面一系列的失误。当然，即便没误判，太子也赢不了。因为，他和武帝根本不是一个量级的。

太子想去甘泉宫上访，江充打死不答应："老子忙活两个月，杀了几万人，把皇宫都强拆了，能让你去上访？"史书记载：江充持太子甚急。翻译成白话文就是：截访。太子没招了，只能拼了：假传圣旨、抓捕江充等专案组成员。

好孩子做坏事，很尴尬，也很要命。一没天赋，二没团队。能用的，只有石德老师和门客。太子先派门客去抓捕江充等人。组长江充被抓，三个副组长，一个被杀、两个逃脱，逃回甘泉宫告黑状去了。太子派门客去抓捕丞相刘屈氂。因为刘屈氂和大将军李广利是儿女亲家，属于五皇子刘髆一党。刘丞相既是太子的死对头，还是长安城临时最高负责人，必须干掉。但是，没干掉。刘屈氂跑了，还派手下去甘泉宫告黑状去了。两次抓捕，一个结果：打草惊蛇。

与此同时，太子派门客进宫向妈妈卫子夫禀明一切。在卫子夫的支持下，太子掌握了一部分御林军（大部分跟着汉武帝在甘泉宫）。聊胜于无。然后，太子亲自监斩江充，还爆了粗口：你个狗东西，竟敢离间我们父子！

终于宰了江充这王八蛋！然后呢？然后应该立即控制长安，包围甘泉宫，控制武帝。但是，太子没兵没将，连长安也 hold 不住。而且，他又犯了一个致命错误。太子召集文武百官，亲自宣布："陛下在甘泉宫养病，我怀疑江充等奸臣劫持了陛下，要造反。"如果你说，陛下已被奸臣害死，咱们起兵包围甘泉宫，为陛下报仇。估计百官还能听话。但是你说，陛下还活着，有可能被奸臣劫持。百官就要犯嘀咕了。

"陛下英明神武，会被奸臣劫持吗？陛下正在查你，你到底想干嘛？"只要武帝这尊大神还活着，支持太子的，就不敢公开站台；中立的，只能继续骑墙；反对太子的，立刻造舆论：太子造反啦！

结果就是，没人听太子的。你以为你很牛，其实是皇帝想让你牛。太子亲自去北军调兵。北军使者护军（北军司令）任安不是外人，是太子舅舅卫青的老部下，绝对自己人。但是，太子调不动。任安恭恭敬敬迎接太子，认认真真听太子做指示，然后，回营、关门，连个泡都不冒。太子都是这个待遇，他的门客就更惨了，到其他部队去调兵，要么被杀，要么被赶。

长安城乱成了一锅粥。武帝在甘泉宫不断收到太子谋反的消息。但他对这个乖儿子很了解，说："肯定是江充吓着他了，他才搞这么一出。"然后，摆出慈父的样子，派人去叫太子："速来甘泉宫汇报思想。"有意思的是，武帝派去的使者不敢进城，沿着二环逛了一圈，回来复命："太子确实反了，要杀我，幸亏我跑得快。"武帝大怒："逆子找死。"

这就有点此地无银三百两了。如果武帝真想和太子沟通，肯定得派个有胆识有担当，而且太子熟悉、信任的人去。结果，他派的这个人，完全不称职，还趁机黑太子。武帝会犯这么低级的错误吗？会！因为他故意的。他就是想让大家看看："我给太子机会了，但太子拒绝了。"于是，他开始名正言顺地平叛：移驾长安城西的建章宫，亲自调集长安周边驻军，交给丞相刘屈氂："进城平叛去吧。"武帝　出手，太子彻底歇菜。

找不到风投的太子，只好打开长安兵器库，临时武装了几万名老百姓（囚犯和市民），和刘屈氂的正规军开打。战争持续了五天，死伤数万，长安城血流成河。刘屈氂的援军越来越多，太子的民兵越打越少。败局已定。跑吧！太子和两个小儿子逃出长安城。皇后卫子夫自杀。太子的小妾史氏（未立太子妃）、长子刘进、长媳王翁须、女儿刘氏被杀。太子的孙子、刘进的儿子刘病已刚出生几个月，死缓，被关入大牢。任安，坐山观虎斗，投机分子，杀。田仁，守城门却放走太子，杀。太子的门客，杀，或者杀全家。被太子逼着造反的，发配敦煌吃土。

太子逃走后，藏在湖县（今河南灵宝）一户人家。这家人不富裕，但很忠诚，天天编草鞋、卖草鞋，供养太子。时间久了，太子有点不好意思。再者，他也实在过不了这种苦日子。他想起来，湖县还有个土豪朋友，就派人去联系，结果被发现了。湖县军警将太子藏身之处团团围住，抓捕。太子彻底绝望，上吊自杀。太子的两个儿子当场被杀。

大汉帝国第一后浪、太子刘据，全家几乎被灭，唯一的幸存者就是婴儿刘病已（他的一生非常传奇，回头细讲）。

太子死后，武帝最头疼的事就是怎么善后。首先，父子相残毕竟是一场极不体面的人伦惨剧。其次，巫蛊之祸，制造了牵涉数十万人的无数冤案。如果翻案，就证明江充错了。江充错了，就证明太子没错。太子没错？他起兵造老子的反，竟然没错？不善后，政局动荡不安。善后，武帝的面子往哪儿搁，怎么搁？六十六岁的武帝，血压又爆表了。

这时候，一个基层老干部站了出来，只说了几句话，就帮助武帝轻松度过了难关，也给自己赚了一顶丞相的官帽。他叫田千秋，武帝朝最后一位、也是最有大局观的一位丞相。

汉武帝：会踩刹车，才叫老司机

巫蛊之祸彻底搞乱了大汉朝——

太子自杀；太子党全灭；数万巫蛊犯被杀；还有几十万巫蛊犯被抓。武帝气得看谁都像反贼，文武百官吓得集体蒙圈：帮太子（田仁），死；搞太子（江充、刘屈氂），死；吃瓜（任安），死。

再这么下去，人心就散了，国家就完了。武帝也想尽快收拾好烂摊子，但是，没法收拾，因为太子。假传圣旨、杀害朝廷命官、起兵对抗中央……太子干的全是谋逆大罪。怎么洗白？大臣们都不敢吱声。基层干部的机会来了。

上党郡壶关县（今山西壶关）三老（县政协主要负责人）令狐茂给武帝上书，替太子求情。令狐茂说："太子瞎整，都是江充逼的，纯属自救，并没有谋逆之心。"

武帝没吭声。被逼造反就不算造反了？说不通呀。政局继续动荡，百官继续蒙圈，武帝继续焦虑。

又一个基层干部站了出来，替太子求情。他叫田千秋，时任高寝郎（刘邦纪念堂管理处处长）。田老头是个高人。他另辟蹊径，不讲国法，只论家法："儿子偷拿老爸的东西，应该打屁股；皇帝的儿子不小心杀了人，多大个事？这不是我的意见，是位满头白发的长者托梦，让我转达您。"

首先，田千秋举重若轻、绕过国法，把太子谋反的事当皇帝的家务事来处理。这性质就完全变了。其次，田千秋抬出刘邦这尊大神当挡箭牌，谁敢反对？他天天吃喝拉撒都在刘邦纪念堂，找他托梦的老头还能是谁？这台阶找得，完美。

武帝大喜，立刻召见田处长，握着他的手，拍着他的肩，语重心长地说："我和太子，俺爷俩的事，很多人都不敢说句公道话，怕担责。只有你识大体、明事理。高祖皇帝选中的干部，肯定没得说，跟着我好好干吧。"田千秋当场被提拔为大鸿胪（外交和统战部部长）。

有了田千秋的理论支持，武帝开始毫无顾忌地收拾残局。太子是无辜的！武帝大张旗鼓地表达对太子的爱和思念，修建思子宫，在太子遇害的湖县修建归来望思台。"儿啊，回家吧，爸爸想你。"对于迫害太子的凶手，当然是严惩不贷。江充，灭族；苏文，当众烧死；湖县抓捕太子的"立功人员"，已提拔为正部的，灭族。总而言之，凡是整过太子的，当初爬得有多高，现在摔得就有多惨。几十万被关押的巫蛊犯，一一甄别。果然，绝大多数都是被江充诬陷的，一律平反昭雪。天下臣民热泪盈眶："感谢英明神武的汉武大帝，铲除大奸臣江充，给仁义宽厚的太子平反，给几十万干部群众伸冤，我们永远爱您。"

收拾完巫蛊之祸的烂摊子，武帝开始反思，反思巫蛊之祸，反思治国方略。先是在田千秋的劝说下，不再寻仙问药求长生，驱逐各种大师，并公开表示："朕登基以来，做了很多错事，搞得国无宁日、民不聊生。即日起，凡是损害百姓利益的事，凡是浪费国家财力的事，一律废止。"随后，又发布著名的《轮台罪己诏》，反思连年的对匈战争，并明确表示："当务之急，是要废除苛政暴政，以务农为本，与民休息。"

有学者认为，这是汉武帝从武功转向文治的标志性事件（学界对此有争议）。司马光说："秦始皇的毛病（穷奢极欲、苛政酷法、穷兵黩武、求仙问药等等），汉武帝一样不缺，但是，汉武帝为啥没翻车？因为他知道踩刹车。"

田千秋再次被重用。征和四年（前 89），处级升正部刚刚几个月的田千秋，被提拔为丞相，封富民侯。富民侯啥意思？带领群众奔小康的意思。

很多人都对田千秋各种鄙视，认为他除了拍马屁，要才华没才华，要资历没资历，要功劳没功劳，一个快退休的老处长，竟然只用了几个月的时间就封侯拜相？简直是开国际玩笑！确实是个"国际玩笑"。就连匈奴大单于都调侃汉武帝："用了个狂妄无知的人当丞相（汉置丞相，非用贤也，妄一男子上书即得之矣）。"

田千秋当然不是无能之辈，他最大的能耐就是"我办事，你放心"，用司马光的话说，就是称职。武帝要转型，田千秋的特点（敦厚有智）刚好适合转型时期的需要。最合适的就是最好的。而且，田千秋和公孙弘一样，也是个老司机。不仅能让武帝满意，武帝死后，年幼的昭帝继位，霍光大权独揽，田千秋（丞相、顾命大臣）照样把上上下下关系都处理得很好。他历经两朝，当了十二年丞相。就连司马光都夸他，比前后几任丞相都干得好。

好了，巫蛊之祸善后了，大政方针调整了，年迈的武帝只剩一件大事要做了：选立接班人。

汉武帝：领导的心思你别猜

摆平巫蛊之祸后，武帝就剩一件大事了：选接班人。

武帝快七十岁了，当了五十多年的皇帝，又能干又能活。接他的班，不容易。谁会是将来的接班人？不好猜，也不能猜，会死人的。

武帝有六个儿子。老大刘据，七岁当太子，等接班等了三十多年，没等到，自杀了。老二、齐王刘闳（hóng），死得早，属于打酱油的。老三、燕王刘旦，老四、广陵王刘胥，一个妈生的，但妈妈不得宠，也就没什么戏。老五昌邑王刘髆，妈妈是武帝的宠妃李夫人，舅舅是大将军李广利，舅舅的老铁是丞相刘屈氂，后援团势力强大。

所以，太子刘据死后，李广利和刘屈氂就开始谋划让刘髆当太子。这是犯大忌的事儿。所以，武帝直接灭了李广利和刘屈氂全家。李广利吓得直接投降匈奴，刘髆直接被淘汰出局，并于两年后去世。

法定的（太子刘据）死了；势力大的（昌邑王刘髆）挂了；资格老的（齐王刘闳）早没了。老三、燕王刘旦：轮也该轮到我了吧？他向武帝递申请：进京，负责皇宫的安保工作。武帝怒了："你这是盼着我赶紧死，给你腾位置吗？"结果，刘旦因私藏逃犯罪被削去三个县的封地，直接拉黑。让你乱猜！老四、广陵王刘胥也被拉黑。"谁让你和刘旦一母同胞，而且水平比你哥还差，让你哥乱猜！"

好了，就剩下幼子刘弗陵了。终于该皆大欢喜了？别乱猜。

武帝第一个不放心的，就是刘弗陵的妈妈、宠妃赵婕好："娃这么小（五六岁），你这么年轻（二十多岁），我要是走了，你肯定瞎搞！杀了吧。"

有一天，武帝随便找了个借口，把赵婕好骂了个狗血喷头。赵婕好傻了，咱也不知道咱也不敢问，就跪在地上不停地磕头。武帝说："捆了，关天牢里吧。"赵婕好被拖走时，一边哭，一边回头，用哀求的眼神看着武帝。武帝说："滚吧，你必须死。"然后，赵婕好被逼自杀。

过了几天，武帝担心广大干部群众无法正确领会自己的精神，就问身边人："大家都是怎么看待这件事的呀？"身边人回复道："大家都说，您既然准备立六皇子为太子，为何要杀他妈妈？"武帝说："真是一帮猪头。自古以来，孤儿寡母就容易出乱子。你们都忘了吕后的教训了吗？我就是想让六皇子接班，所以才杀他妈。这叫防患于未然。"

武帝这招"立子杀母"，被很多人点赞。南北朝时期，北魏的开国皇帝拓跋珪就是个死忠粉。他竟然把"立子杀母"制度化，导致北魏大部分皇帝被立为太子时，妈妈就被杀了。当然，这项制度后来被废除了。因为，它有个致命的缺陷：时间久了，皇帝的女人都不愿、不敢生儿子了，甚至怀孕后就偷偷堕胎，搞得时任皇帝（北魏宣武帝元恪）眼瞅着要绝后了。这时候，一位宫女站了出来，大义凛然地说："一群胆小鬼，怎么能因为怕死就让革命没了接班人？"然后，她勇敢地和皇帝为爱鼓掌；然后，抱着大无畏的牺牲精神怀孕、产子；然后，皇帝感动得没杀她；然后，这项制度就废了。

扯远了，继续说汉武帝。武帝第二个不放心就是：谁来辅佐刘弗陵？这个人必须绝对忠诚，不能是王莽、曹操那样的。这个人必须超级能干，不能是黄子澄、方孝孺那样的。这个人必须谨慎稳重，不能是韩侂胄（tuō zhòu）、肃顺那样的。

有这样的人吗？有。他叫霍光。霍光，霍去病同父异母的弟弟，十几岁时，被霍去病从老家带到长安，并通过任子的渠道，出任郎官。四年后，霍去病去世。武帝非常伤心，便把对霍去病的宠爱全部转移到了他的儿子霍嬗和弟弟霍光身上。二十岁左右的霍光被提拔为奉车都尉（大内办公厅交通局局长，副部）、光禄大夫（大内办公厅政研室副主任，副部）。

霍光是武帝最信任的干部之一，他的忠诚度毋庸置疑。霍光的能力，一句话就可以说明：他在武帝身边工作二十多年，从没出过错。武帝可是历史上数一数二的难伺候的主儿。而且，霍光不是叔孙通、公孙弘、田千秋那样混了一辈子的老狐狸，人老成精；他从十几岁就开始在武帝身边工作，到武帝晚年，也才四十岁左右。这只能说明一件事：他是个政治天才。平阳县公务员霍仲孺的基因太强大了，生了两个儿子，一个是锋芒毕露的军事天才，一个是少年老成的政治天才。

武帝时期的霍光，出了名的小心谨慎。谨慎到什么程度？他每次上下班，就像个机器人，行走的线路、经停的位置几乎一模一样。有同事不信，专门偷偷观察，果然，每天丝毫不差。很多人把他视为太子党，毕竟他哥哥霍去病和大将军卫青关系特殊。但霍光用行动证明，他不属于任何一党，他只忠于武帝。就连武帝暗示他"刘弗陵接班、你当辅政大臣"，他都装作没听见。

有一天，武帝赏赐给霍光一幅画，画的是周公背着周成王接见诸侯。周公，周武王的弟弟。周武王死后，他辅佐幼主周成王，安邦定国，是古代著名的大圣贤。霍光接过画，就像在潘家园淘了幅名人字画一样，恭恭敬敬地藏在家里，然后，屁都不放一个。

过了半年，武帝病重，临终前召见霍光等人。霍光流着泪问："您万一有个好歹，谁来接班？"武帝说："你真把我赏的画当文物收藏了？当然是刘弗陵接班，你要像周公一样尽心辅佐他。"霍光赶紧表态，一边磕头，一边谦虚："我不行，我不行，我觉得金日磾同志更适合。"

金日磾，侍中、驸马都尉（武帝办公室副主任，副部，当时这一官职还不是公主老公的专属称谓），武帝最信任的干部之一。霍光这招确实牛，不仅显得自己很谦虚、懂事，还把最大的竞争对手金日磾摆了一道，逼得金日磾也赶紧表态："我不行，我不行，我水平不如霍光，而且还是个老外（匈奴降人），我当辅政人臣，会让匈奴人笑话的。"

武帝很满意："你俩都是忠心耿耿、淡泊名利的好同志呀。我很放心。"他颁布诏书：立八岁的刘弗陵为皇太子；任命霍光为大司马、大将军，辅政大臣；任命金日磾为车骑将军，辅政大臣；任命上官桀为左将军，辅政大臣。（辅政人臣名单，《汉书》上还有另一个版本：霍光、金日磾、上官桀、桑弘羊、田千秋。）

一天之后，七十岁的汉武帝驾崩。从此，一代雄主千秋功罪，任人评说。从此，一个属于霍光的时代到来。

他执掌天下十九年，就做了三件事：辅佐了一个皇帝（昭帝刘弗陵）；废了一个皇帝（废帝刘贺）；又立了一个皇帝（宣帝刘病已）。

霍光：我的手段，叫光明正大

武帝死后，八岁的刘弗陵继位，即昭帝。霍光成了大汉帝国实际上的新领导。

他的职务是首席辅政大臣、大司马大将军、领尚书事。翻译成白话文，就是代理军政一把手，比他哥霍去病当年的权力还大。田千秋的丞相府则彻底沦为执行机关。

霍光低调了几十年，大部分干部群众根本不了解他，只知道他是个大叔级男神（白皙，疏眉目，美须髯）。新领导霍光的第一把火：搞了次突击检查。

刘弗陵登基没几天，有天晚上，昭帝办公室突然发生灵异事件，引发大面积恐慌，现场一片混乱。霍光叫来尚符玺郎（保管皇帝公章、兵符的官员）："立刻上交皇帝的公章和兵符，我来保管。"该同志不给，霍光就抢公章。该同志按剑待拔："我就是死了，也不会给你。"霍光笑了，拍着该同志的肩膀说："真是个好同志。"第二天，昭帝办公室下发通知，该同志连升两级。广大干部群众对霍光的宽宏大度、讲原则赞不绝口。

这次突击检查，霍光达到了两个目的：完成对核心岗位的考核；宣传个人品牌。尚符玺郎这个岗位太重要了。如果这个岗位有问题，会出大乱子的。当年吕氏当政，要不是保管皇帝兵符的襄平侯纪通放水，太尉周勃连北军的营门都进不去，还平个啥叛？霍光很会玩，而且一肚子阳谋。"我趁乱要公章兵符，如果你不讲原则给了我，那以后我就直接保管了。如果你讲原则不给我，那我也就放心了。因为你也不会给别人，你只听皇帝的；但皇帝听我的。"

霍光的第二把火：给小屁孩昭帝立规矩。昭帝继位的第二年，二号辅政大臣金日磾去世了。金日磾的两个儿子金赏、金建，都是陪昭帝一起玩耍的小伙伴。老大金赏被封奉车都尉，继承侯爵；老二金建被封驸马都尉。昭帝很仗义，和霍光商量："金建也是我兄弟，也封个侯吧？"霍光说："封不了。他爹的侯爵，只能一个儿子继承。"昭帝笑着说："封不封侯，还不是咱俩说了算？"霍光回答："咱俩说了都不算，先帝立的规章制度说了算。"昭帝收起笑脸，认真地说："知道了。"

这次立规矩，霍光达到了两个目的：第一，树立自己讲原则、不因私废公的光辉形象，赢得了昭帝的信任。这点很重要，以后再讲。第二，打压最大的竞争对手金家。金日磾和霍光是一个量级的大佬，金日磾的两个儿子是昭帝的发小，金日磾的侄子们也都在朝为官；金家是当时唯一可以和霍光掰手腕的势力，霍光怎么可能让金家一窝侯？

当然，金日磾的早逝（四十九岁去世），也打破了最高权力阶层的平衡。三号辅政大臣上官桀坐不住了，想进步，便组了一个"干掉霍光超级豪华团"——团长：上官桀。成员：上官桀的儿子、霍光的女婿上官安，御史大夫桑弘羊，代理太后、汉昭帝的大姐鄂邑长公主，汉昭帝的哥哥、燕王刘旦。有资格和霍光叫板的，除了丞相田千秋，都参加了。

先说上官桀。上官桀，当过羽林期门郎（武帝的亲兵），又能打又会拍，深得汉武帝的喜爱，升得很快。后来，他跟着李广利远征大宛，立了功，升了正部。三个辅政大臣中，本来他的级别最高（太仆、中二千石）、资格最老（当了十四年的正部），霍光、金日磾都算后辈、下级（副部、比二千石）。

一开始，因为二号首长金日磾的存在，一号首长霍光和三号首长上官桀关系最好。霍光每次休假，上官桀都替他值班。金日磾去世，平衡被打破。霍光开始无所顾忌了，上官桀也开始追求进步了。

上官桀追求进步的方法是当外戚。霍光和上官桀、金日磾都是儿女亲家。上官桀的儿子上官安、金日磾的儿子金赏都是霍光的女婿。有一天，上官安对老丈人霍光说："爸，把我女儿、您外孙女送进宫，给皇帝做媳妇，好不好？"霍光笑着说："她才五岁，你还是先考虑送她去哪家幼儿园吧。"上官安气得想跟《隐秘的角落》里张东升一样，带岳父岳母去爬山。

因为，姑娘年龄小只是个借口。霍光的另一个女儿嫁给了金赏，小夫妻加一块儿都不到二十岁。"都是小女孩，凭什么我家姑娘就不能嫁人、攀高枝？"凭你和你爹想站 C 位。

上官桀父子不甘心，就偷偷走了鄂邑长公主的门路。长公主最喜欢的男宠叫丁外人，是上官安的好朋友。上官安对丁外人说："你让长公主帮我女儿当皇后，我们爷俩帮你封侯，包你和长公主能领证（当时规定：公主只能嫁给侯爷）。"丁外人和长公主恨不得提前摆喜酒，款待上官桀父子。

有了长公主这个超级大媒人，这门亲事成了。上官安的女儿被召入宫，不久，被立为皇后，时年六岁。这个小姑娘的一生很传奇：六岁当皇后，十五岁当太后，二十七天后，又升级为太皇太后；她的小姨（霍光的小女儿霍成君）是她的孙媳妇（宣帝皇后）。回头细说。

上官安成了皇帝的老丈人，自然飞黄腾达：被封为车骑将军、桑乐侯。把他牛得，长安城都装不下了。他和昭帝吃了顿饭，回来满世界吹："刚跟我女婿喝了顿大酒，嗨爆了。"昭帝穿了身新衣服，他看见了，回家就要烧了自己的衣帽间："跟我女婿一比，我这些衣服全是垃圾。"

儿子都狂拽炫酷威震天了，上官桀当然气吞山河了："霍光算个什么东西？老子远征大宛时，你还天天加班写材料呢；老子当正部时，你还是个点灯熬油的小秘书呢；老子爷俩都是将军（车骑将军、左将军），你家就一个（大将军）；我儿子是皇后的爹，我是皇后的爷爷，你是皇后的外公。谁远谁近，傻子都知道。凭什么你讲话我鼓掌？"

霍光就这么静静地看着上官桀父子装大佬，同时，悄悄地把要害岗位全换成了自己人：儿子霍禹、侄孙霍云，中郎将；侄孙霍山，奉车都尉；两个女婿，东西宫卫尉；霍光兄弟的女婿、外孙们都有资格参加朝会，担任诸曹大夫、骑都尉、给事中等职⋯⋯史书称之为：党亲连体，根据于朝廷。换句话说，就是上官桀在家放个屁，霍光都能知道响不响、臭不臭。

上官桀父子只知道自己很牛，开始大搞团团伙伙，肆意插手干部选拔任用工作。比如，为讨好、回报长公主，多次违背组织纪律和组织原则，帮丁外人跑官要官。被霍光一票否决后，不收敛不收手，性质严重，影响恶劣。

这么一来，霍光得罪的就不止上官桀父子了，还有与丁外人长期保持不正当男女关系的长公主。再加上燕王刘旦，总觉得自己没当上皇帝是霍光这孙子搞的鬼。再加上大汉朝的财神爷桑弘羊，倚老卖老，公开为家人、亲属跑官要官，被霍光拒绝后，怀恨在心⋯⋯

帝国的大佬们，霍光得罪光了，除了丞相田千秋。田千秋这个老狐狸，啥事也不管，啥心也不操。他有句名言："只要有大将军操心国事，全国人民的幸福就有了保障。"

面对杀气腾腾的"干掉霍光超级豪华团"，霍光笑了笑，说："咱们开个会吧。"这个会，史无前例、影响深远，叫"盐铁会议"。

霍光整人，向来光明正大。

霍光：开开会，整整人

霍光，史上著名"发明家"。他发明了一种整人方法：开会。

始元六年（前81）二月，在霍光的提议和组织下，著名的盐铁会议在首都长安隆重召开。这是一次成功的大会、胜利的大会，还是一次空前绝后、意义重大、影响深远的大会。

盐铁会议的主题非常重要：盐铁专营等现行国策大讨论。换句话说，就是对武帝朝大政方针的全面反思。盐铁会议的规格非常高——主持人：丞相田千秋；参会人员：以御史大夫桑弘羊为代表的多名政府高官；以六十多位贤良文学（儒生或儒生出身的优秀基层干部）为代表的民意代表。盐铁会议的会期非常长：五个月。盐铁会议的火药味非常浓：互撕是常态，而且，爱搞人身攻击。比如，政府高官骂民意代表：一帮连温饱都没解决的废物，瞎哔哔什么（饭蔬粝不可以言孝，妻子饥寒者不可以言慈，绪业不修不可以言理……有此三累者，斯亦足以默矣）！比如，民意代表骂政府高官：不忠不信、跪舔逢迎、祸国殃民，去死吧（今子不忠不信，巧言以乱政，导谀以求合。若此者，不容于世）！

大汉帝国的精英们，为啥这么激动、不讲风度？因为霍光筹办盐铁会议的初心是搞臭桑弘羊。

七十多岁的桑弘羊，绝对是"干掉霍光超级豪华团"的核心成员：三朝（景帝、武帝、昭帝）元老、大汉财神爷（汉武帝的钱袋子）、武帝朝硕果仅存的名臣重臣（和卫青、霍去病、公孙弘、张汤一个量级）。

没有桑弘羊的全力搞钱（盐铁专营、平准均输、算缗令等），武帝武不起来。因为，武帝刚打了十多年的匈奴，就把祖宗攒了六十多年的家底给折腾光了。要不是桑弘羊，武帝的资金链早就断了。桑弘羊的资历、能力、成就、威望实在太牛了。杀气腾腾的"干掉霍光超级豪华团"里，他是最难搞的。

想搞上官桀、鄂邑长公主？简单，控制住皇帝和公章就 OK 了。想搞桑弘羊？没个分量足够、超级合适的理由，你试试？绝对吃不了兜着走。幸亏霍光是个伟大的"发明家"：开会，开大会，开批斗大会。因为桑弘羊有两个致命伤：敛财大师、超级死脑筋。

先说"敛财大师"。站在中央政府的角度，他是为国兴利的大功臣。但是，站在老百姓的角度，他是与民争利的大坏蛋。简单说，他能力超强、成果超大，但人民群众没有获得感，超级不买账。还记得商人出身的前御史大夫卜式吗？他就公开表示："桑弘羊惹得天怒人怨，罪该万死。"

再说"超级死脑筋"。当时，朝野上下的主流意见是不折腾，就连武帝晚年都开始反思了。但是，桑弘羊还想继续折腾。

所以，霍光找了六十多名基层民意代表，开盐铁会议。表面上是反思国家的现行政策，实际上是要搞臭老革命桑弘羊。所以，五个月的盐铁会议期间，六十多名民意代表对武帝朝的各项政策挨个批判、一律狂怼。作为武帝朝唯一幸存的政策操盘手、武帝最亲密的战友之一，桑弘羊气得多次血压爆表："大夫不悦，作色，不应也""大夫勃然作色，默而不应""大夫俛（fǔ）仰未应对""大夫忧然内惭，四据而不言"……据会议纪要《盐铁论》记载，正国级领导桑弘羊亲自下场辩论，高达一百一十四次。

而作为大会主持人的丞相田千秋，则一言不发，偶尔出面维持一下会场秩序："别着急，一个一个来，每个人都有发言机会。"这个老狐狸的不作为就是大作为：挺霍光。

　　尽管盐铁会议的目的不纯，但它依然金光闪闪：中国历史上第一次对国营经济、群众获得感展开大讨论的会议。这次会议，产生了著名的桑弘羊之问："如果不搞国营经济，帝国如何维持正常运转（搞建设、谋发展）？如果不搞国营经济，帝国如何集中力量办大事（打匈奴）？如果不搞国营经济，帝国如何避免诸侯割据、政局动荡（弱中央、强地方）？"绝对地铿锵有力、理直气壮。但是，贤良文学的反驳，同样铿锵有力，理直气壮："那就可以不顾老百姓的死活了？"

　　盐铁会议之所以伟大，就在于两千多年前对这一两难问题做了充分地、不留死角的人讨论（详见《盐铁论》）。千百年来，与会双方均拥有庞大的粉丝团。比如王安石，就是桑弘羊的死忠粉。有人说，王安石变法就是桑弘羊加强国营经济的翻版。比如苏东坡、司马光，就是贤良文学的死忠粉。苏东坡是这样将桑弘羊和商鞅一起骂的："商鞅和桑弘羊就是坨屎，提起他们，只会脏了我的嘴和笔。"（二子之名在天下者，如蛆蝇粪秽也，言之则污口舌，书之则污简牍。）

　　当然，最牛的是霍光。他是盐铁会议唯一的胜利者。通过这次大会，他成功地搞臭了桑弘羊，打残了反对党，还为下一步的转型发展成功地造了势。更有意思的是，盐铁会议后，霍光只是象征性地废除了酒类专卖政策。作为帝国的现任操盘手，他恨死了桑弘羊，却爱死了桑弘羊的政策。

　　好了，会开完了，霍光又安静了。他静静地等着被逼到绝境的桑弘羊们反击。

上官桀：小聪明，真的会害死人

上官桀一辈子都爱玩小聪明。

年轻时，他是未央厩令（交通部大内交通处处长）。有一次，武帝生病，几天没上班。上官桀趁机偷懒放羊。武帝病好后，发现自己的宝马一个个面黄肌瘦、无精打采的，大怒，要以渎职罪把上官桀抓起来。上官桀跪下就哭："听说您生病了，臣又担心又难过，这几天吃不好睡不着，根本没心思照顾宝马。臣有罪，臣罪该万死。"

上官桀是羽林期门郎出身，浓眉大眼、威武刚强，再加上演技又好，直接把武帝给忽悠住了：原来是个大忠臣呀。从此，上官桀官运亨通、一路升迁，成为武帝三大宠臣（霍光、金日磾、上官桀）之一；武帝死后，又升级为三大辅政大臣（霍光、金日磾、上官桀）之一。

成了大人物，上官桀还是爱耍小聪明。他想进步，就忽悠霍光把外孙女（他的孙女）嫁给昭帝，自己当头号外戚。他想和霍光争权，就各种抱鄂邑长公主的大腿：给长公主的男宠丁外人跑官要官；丁外人犯法，上官桀出面摆平，还逼死了秉公执法的朝廷命官。

只要是对霍光不满的，比如燕王刘旦，御史大夫桑弘羊，民族英雄苏武（苏武和上官桀、桑弘羊是老铁，成为民族英雄回国后，只被任命为典属国，所以对霍光也意见很大），上官桀都刻意笼络、煽风点火，组织了一个"干掉霍光超级豪华团"。但是，没啥用。一百个小聪明，还是小聪明；一个大手笔，也是大手笔。

不管上官桀怎么折腾，霍光就做一件事：当好保姆，照顾好昭帝和玉玺、兵符。这就够了。

盐铁会议召开，桑弘羊被搞臭后，上官桀彻底坐不住了，开始公开撕霍光。当然，他玩的依然是小聪明：实名举报霍光。上官桀派人以燕王刘旦的名义写了一封举报信：举报霍光专横跋扈、结党营私、涉嫌谋反；申请入宫负责安保工作。然后，趁霍光休假时，上官桀把举报信交给昭帝，并建议立即把霍光双规，严格审查。

上官桀不仅爱耍小聪明，而且蠢。蠢到让人怀疑：这封信是不是霍光替他写的？首先，昭帝最讨厌的就是燕王刘旦。当年，刘旦和他争皇位，用的就是申请入宫负责安保这招儿。如今，熟悉的配方，熟悉的味道。昭帝能喜欢吗？其次，昭帝最信任的就是霍光。因为，霍光从来一副大公无私（公私兼顾）的模样。再次，上官桀从来都是一副因私废公的模样。这次又趁霍光休假，偷偷摸摸打小报告、告黑状。昭帝信他才怪。

虽然汉昭帝只有十四岁，但天天被霍光熏陶，也是个少年老成的主儿。接了举报信，说："知道了，你忙去吧。"然后，等霍光销假上班。

霍光上班后，听说这件事，不慌不忙，坐在办公室喝茶玩手机。昭帝问："大将军呢？"上官桀说："他听说自己被燕王举报了，吓得不敢露面。"昭帝说："请大将军过来。"霍光这才来拜见昭帝。一进门，就摘下帽子、下跪请罪。昭帝说："起来吧，我知道您没罪，那是封诬告信。"然后下令抓写诬告信的人。后来上官桀的党羽一说霍光的坏话，昭帝就很生气，公开宣布："大将军是先帝任命的托孤重臣，忠心耿耿；谁敢再诽谤他，一律拿下。"

上官桀这脸被打得啪啪地。当然，他绝不认输，继续搞事情。

这一次，玩造反。没兵没权，怎么造反？还是玩小聪明。

上官桀和鄂邑长公主等人密谋：举办鸿门宴，干掉霍光；忽悠燕王刘旦起兵，干掉昭帝。上官桀的好儿子、昭帝的便宜岳父上官安，志向更远大："燕王干掉昭帝，我再干掉燕王，让我爹当皇帝。"亲信问："您女儿上官皇后怎么办？"上官安说："干大事，还管什么女儿？"然后，被人举报了。

上官桀们举报霍光谋反，霍光屁事没有。上官桀们被举报谋反，霍光灭他们全家。这就是实力上的差距，靠小聪明怎么弥补？

上官桀父子被灭族；桑弘羊被灭族；鄂邑长公主自杀；燕王刘旦自杀；苏武因是从犯，又是民族英雄，从轻发落，被免职。

然后，霍光大封有功之人，当然都是自己人。从此，霍光开始真正的权倾朝野，一个人说了算。他牛到什么程度？他牛到在皇宫强行推广内裤。

昭帝以前很多年，古人是不穿内裤的。具体里面怎么穿，咱也不知道。霍光为了让外孙女（上官皇后）尽快怀上龙种，竟然以昭帝身体不适为由，命令宫中的女性一律穿内裤（当时只有下等人才穿内裤），还多绑几道带子。就是不给昭帝随便做爱创造机会。

元平元年（前74），二十一岁的昭帝因病去世。因为霍光的内裤政策太成功，昭帝无儿无女。大汉帝国的新任皇帝，谁来当？

当然霍光说了算。

刘贺：朕原来是个临时工

　　昭帝死了，无儿无女。谁接班？帝国一哥、大将军霍光说：开个会吧，大家议一议。

　　同志们一致提议：武帝现存的独苗、昭帝的哥哥——广陵王刘胥。霍光很不爽："上一轮皇帝海选，刘胥就因为品德败坏被武帝亲自否了。他肯定不行！"霍光的马仔立刻帮腔："历史已经证明并将继续证明，只要人品合适，年龄不是问题。"霍光："说得好！谁规定候选人必须是武帝的儿子，孙子也可以！"

　　第二天，皇后（霍光的外孙女，十五岁）下旨：速迎昌邑王刘贺（武帝的孙子、昭帝的侄子）进京。稍后，又任命右将军、光禄勋（即郎中令）张安世（霍光的心腹、张汤之子）为车骑将军。

　　与刘胥相比，刘贺的优点非常突出：年轻。刘胥，五十多岁；刘贺，十六七岁。当然是小屁孩更好控制。看看刘贺接到录取通知书后的表现就知道了：兴奋，超级兴奋；进京，马上进京。

　　刘贺凌晨接到诏书，高兴得再也睡不着，当天中午就坐马车去长安接班了。当年，代王刘恒进京当皇帝（文帝），两步一回头、三步一招手的，比卫青深入匈奴腹地还小心谨慎。再看看刘贺，欢歌笑语、风驰电掣，比霍去病千里奔袭还要率意畅快。这一路，宝马跑死了无数匹，美女玩嗨了一大车。简直就是一句唐诗的真人秀：春风得意马蹄疾，一日看尽长安花。

　　随行的朝廷特使实在看不下去了，向刘贺的下属提出严重抗议："先帝尸骨未寒，咱这是奔丧，不是度假。能不能不要这么嗨皮？"刘贺当然是不承认、不收敛："简直是诽谤！我这黑眼圈是伤心、失眠所致。"

到了长安城外，下属提醒他："按照大汉礼仪，您来奔丧，看见城门就要痛哭。"刘贺说："我喉咙疼，不方便哭。"到了皇宫门口，下属提醒他："您要是再不哭，可就属于严重违纪了。"刘贺说："哭，这就哭。"然后，哭，进宫，继位当皇帝。然后，天天吃喝玩乐。

不稳重、不正经、没礼貌、没规矩，刘贺的这些缺点，霍光都忍了。"谁家孩子不淘气？淘气孩子才更需要我来管教。"但是，刘贺接下来干的一件事，触碰了霍光的红线：他一口气破格提拔了二百多名老部下到中央做官。霍光怒了："你还真想当家做主呀？"

霍光找来老部下田延年、张安世开小会商量。田延年说："您是帝国一哥，如果觉得刘贺不能胜任，禀报太后，换个合适的不就行了？"霍光激动地问："有先例可循吗？"田延年说："当然有，大忠臣伊尹就是榜样。您这么做，全国人民都会感恩的。"OK！

霍光成为中国历史上第一个公开废掉皇帝的大臣。他让田延年把计划先告诉丞相杨敞。这种惊天动地的大事，没有丞相出面配合，会显得非常不合规合法。

杨敞，赤泉侯杨喜的曾孙（垓下之战抢了项羽一条大腿那位），司马迁的女婿，杨修、杨坚（隋文帝）、杨广（隋炀帝）、杨贵妃、杨万里（南宋大诗人）的祖宗。

废掉皇帝？！杨敞被吓得目瞪口呆、汗流浃背，只会"嗯""嗯""嗯"。田延年出去上洗手间，杨敞的老婆赶紧进来，对杨敞说："你嗯个屁！这种天大的事，大将军已经决定了，你还不赶紧表态、站队，想死全家呀？"杨敞："嗯，嗯，嗯。"历史已经证明并将继续证明：听老婆的话，很重要。

杨敞站队后，霍光说："开个会吧。"这次参会的有：在京部级以上官员、皇帝办公室处级以上官员。会议一开始，霍光就发表了一句重要讲话："刘贺荒淫无道，迟早会祸国殃民，怎么办？"参会人员集体变身杨敞："嗯，嗯，嗯。"

关键时刻，还是田延年！他起身拔剑，义愤填膺地说："大将军不畏艰难险阻，勇挑治国重担。今天，谁敢说半个不字，我宰了他。"霍光也站起来表态："怪我，都怪我，是我工作没做好呀。"参会人员赶紧跪下表态："坚决拥护大将军的英明决策。"OK！

接着，霍光领着大家去拜见太后（刘贺即位后，霍光的外孙女已升级为太后），详细汇报了刘贺是个怎样的烂人，以及全体干部经民主协商、集体做出的决定。太后批示：同意。然后，在霍光的指引下，太后驾临刘贺办公室并下诏：封闭皇宫，不许刘贺的老部下进来。

与此同时，张安世带人将刘贺的二百多名老部下抓捕，关进天牢。与此同时，霍光暗中下令："看好皇帝，如果他有个三长两短，我身败名裂，你们死全家。"

刘贺有点蒙圈："咋啦？这是咋啦？"霍光说："请吧，太后叫您过去开个会。"

这是继盐铁会议之后，霍光组织的又一个载入史册的大会，中国历史上第一次由大臣主导的、公开废黜皇帝的大会。十五六岁的太后盛装出席，部级以上在京官员全部参加，会场内外重兵把守、荷枪实弹。

会议一开始，尚书令（大内秘书局局长）就代表广大干部做汇报——"臣大汉帝国丞相杨敞等冒死进谏：刘贺参加工作以来，荒淫昏乱，胡作非为，坏了汉家制度（列举了二十多个事例）。据统计，短短二十七天内，他派人向各个官署下达诏令，征发人力、物资，就多达一千一百二十七次（日均约四十二次）。我们苦口婆心、多次劝说，刘贺不仅不收敛，反而变本加厉；长此以往，汉朝就完了。所以，我们冒死提议：废了他。"太后批示："同意。"废黜皇帝的程序顺利完成。

然后，霍光上前抓住刘贺的手，把他随身携带的公章等皇帝专用物品拿过来，交给太后保管，然后扶着他出门、出宫、上车，送回长安的昌邑王府。然后，霍光眼含热泪地着说："您多行不义，自绝于天下。我宁可对不起您，也不敢对不起国家。您多保重，我走了。"

然后，刘贺的二百多名老部下，除了王吉、龚遂和王式外，全部被处死；刘贺被剥夺一切政治职务和待遇，押回昌邑（今山东菏泽巨野县境内）监视居住。

二十七天，从王爷到皇帝，再到废人。这就是刘贺为自己的年轻和不听话付出的代价。刘贺最为现代人熟悉的，是他的墓。刘贺被废十多年后，被封为海昏侯。2015 年入选中国十大考古新发现的海昏侯墓，就是他的。

不听话的刘贺被废了，谁来当皇帝？必须得是个听话的。于是，霍光又选了一个新皇帝。

这个新皇帝，不仅听话，他的人生就是一段传奇，比网络爽文还爽一百倍：一个刚出生就遭遇灭门之祸的婴儿；一个在深牢大狱中长大的孤儿；一个历经九死一生的幸运儿；一个流落民间的龙种；一个对发妻不离不弃的情种；一个熬死霍光的年轻人；一个开创中兴盛世的名君。

他叫刘病已，史称"汉宣帝"。

刘病已：超级咸鱼翻身记

不听话的刘贺，被霍光废了。谁来当皇帝？全国人民强烈关注，皇家子弟各种操作。

就连屡战屡败的广陵王刘胥（三次皇帝竞选失败），都觉得机会又来了，各种奖励自家的女巫。因为，自从老爹武帝去世后，刘胥长期主抓的工作就一个：诅咒现任皇帝（昭帝、刘贺，当然包括下一位）不得好死。

一个月后，新皇帝人选公示，全国人民都傻了：刘病已！？

刘病已，一个超级咸鱼、皇家边缘人。看名字就知道他多苦逼了。刘病已，长辈对他的唯一希望就是没病没灾。这名字的格局，还不如张富贵大。因为刘病已的命太不好了。

他刚出生几个月，巫蛊之乱爆发。他，家破人亡。他爷爷（太子刘据）自杀；他太奶奶（皇后卫子夫）自杀；他奶奶（史良娣；良娣，太子女人的称号，仅次于太子妃）遇害；他爸爸（皇长孙刘进）遇害；他妈妈（皇孙妃王翁须）遇害；他叔叔、姑姑遇害……只剩下刘病已这个婴儿。婴儿不会自杀，混乱时刻也没人想起来要杀他。他被关在长安的监狱里，自生自灭。

当时，长安血流成河，武帝暴怒，举国动荡。一个反贼家的遗孤，被丢在暗无天日的深牢大狱，分分钟都可能夭折。

幸亏，太子刘据威望高、粉丝多。奉旨查办巫蛊案的廷尉监（最高法抓捕和审判局局长）丙吉，是太子的死忠粉。他不忍心看着爱豆的孙子夭折，便偷偷找了个干净的单间，找来几个女囚当乳母＋保姆，自己每天检查喂养工作两次。就这样，刘病已活了下来，在监狱里慢慢长大。

但是，有人想他死。他五岁时，有大师（望气者）向武帝汇报："长安监狱里有天子气。"

"敢抢我的位置？！"晚年的武帝最忌讳这事儿，下令："长安监狱里的犯人，不论罪行大小，全部杀了。"汉武帝的亲信连夜出动，到各监狱传令、监斩。

关键时刻，还是丙吉。他紧闭监狱的大门，不让钦差进门，说："普通人都不能被无辜杀害，何况皇曾孙？他只是个孩子，何罪之有？"双方僵持到天亮。钦差无奈，回去复命，狠狠告了丙吉一状。

武帝听了汇报，想法反而变了："一切都是天意，别杀了，都放了吧。"刘病已逃过一劫，但新麻烦来了。刘病已被释放了，不能再待在监狱里；丙吉不可能也没资格长期照顾刘病已；五岁的刘病已无法独立生存。

丙吉让副监狱长给京兆尹发函，把刘病已转交地方照看。京兆尹拒收。开玩笑，这么个烫手山药，谁敢接？没办法，丙吉只能暂时养着。他那点工资全花刘病已身上了。刘病已小时候身体不好，好几次差点病死，丙吉砸锅卖铁给他看病。

又过了几个月，丙吉终于打听到刘病已奶奶的娘家人的下落，就把刘病已送了过去。从此，刘病已由太姥姥（奶奶的妈妈）抚养。刘病已这个名字，应该是他太姥姥起的。

不久，武帝去世，昭帝继位。武帝去世前下诏：恢复刘病已的皇家编制，放到掖庭（皇宫后勤集团）抚养。总算有了个身份，但刘病已的生活并没有改善。因为掖廷就是皇宫里的劳改犯集中营，全是些犯了错的太监宫女，干的全是脏活累活。这就不是个养人的单位。电视剧《琅琊榜》中，前太子祁王的遗腹子庭生，家破人亡后，在掖幽庭为奴。这一桥段的原型，有人推测就是刘病已。

幸亏，前太子刘据的威望高、粉丝多＋1。在这里，刘病已遇到了生命中的第二个恩人：掖庭令（宦官，处级）张贺。张贺，著名酷吏张汤的长子，右将军、光禄勋张安世的哥哥。张贺是前太子刘据的老部下，巫蛊之祸时受牵连，被处以宫刑；在弟弟张安世的运作下，当了掖庭令。

所以，张贺对老首长的孙子格外照顾，掏钱供他吃喝、上学，还想把女儿嫁给他。张安世大怒，把哥哥狠狠教育了一番："你这不是报恩，是找死；绝不能把女儿嫁给他。"因为昭帝已经成年、亲政。跟前太子党的"余孽"搞得这么亲亲热热，想干嘛？尤其张安世又是朝廷重臣。

张贺当不成老丈人，就改行当媒人，忽悠下属、暴室啬夫许广汉（宦官，皇宫后勤集团纺织科科长）把女儿嫁给刘病已。刘病已的彩礼钱都是张贺出的。许广汉的老婆坚决反对，但反对无效。

刘病已确实是一条超级咸鱼。上到中央高官，下到科长老婆，都鄙视他。好吧，那就专心当一条咸鱼吧。刘病已成亲后，每天读书、打架、赌博，日子过得特别咸鱼。昭帝活着，他当咸鱼。昭帝死了，他当咸鱼。刘贺当皇帝了，他当咸鱼。刘贺被废了，咸鱼要翻身了。

关键时刻，还是丙吉。丙吉换工作了，当了长史（大将军办公室主任），霍光很器重他。霍光和张安世等商量新皇帝人选，商量了快一个月，也没觉得谁合适。这时丙吉向霍光建议："我觉得刘病已挺合适。原因如下：年龄合适（十八九岁）；品行合适（行安而节和）；能力合适（通经术，有美材）。"霍光同意了。原因如下：状态合适，一条有皇家血脉的咸鱼，依然是咸鱼。霍光觉得，刘病已对自己构不成任何威胁。

霍光马上召集在京部级以上官员开会，经民主讨论，一致认为：刘病已德才兼备，是新皇帝的最佳人选。太后批示：同意。然后，在霍光的操办下，刘病已这条咸鱼，经过合法合规的组织程序，当上了大汉帝国的新任皇帝，史称汉宣帝。

霍光绝对没想到，这不是条咸鱼，而是条锦鲤。金鳞岂是池中物，一遇风云便化龙。这位在深牢大狱长大、在长安街头混大、无权无势无亲人的小娃娃，是个扮猪吃老虎的主儿。当然，现阶段，刘病已的目标只有一个：熬死霍光。

再说一下丙吉。这位爷的品德超级高尚。高尚到啥程度？刘病已直到当了皇帝，也不知道丙吉对自己有过大恩。他只知道，丙吉向霍光推荐了自己，却根本不知道自己五岁以前，唯一的保护神就是丙吉。因为：刘病已当时年纪太小，还不太记事；丙吉为人低调，从来不说。

刘病已当了七八年皇帝后，有一天，一名宫女犯了罪，为求自保，她主动上书，说自己当年在监狱里照顾过婴幼儿时期的皇帝，丙吉可以证明。有关部门立即展开周密调查，丙吉当年拼死保护、精心养育刘病已的事迹才被发现。宣帝非常感动，亲自召见丙吉。丙吉不肯多讲，只是说："都是过去的事了，不值一提。"

真正的君子就长这样吧？

汉宣帝：有个惹不起的下属啥体验

别人当了皇帝，爽！刘病已当了皇帝，怕！因为他有个超级惹不起的下属：霍光。

霍光有多可怕？前任皇帝刘贺不听话，他说废就废；刘贺被废后，大汉帝国一个月没有皇帝，马照跑舞照跳。霍光不仅嚣张，而且有嚣张的实力。所以，刘病已看见霍光，就像老鼠见了猫。史书上的描述叫：芒刺在背。

有这么一个惹不起的下属，怎么办？刘病已的第一招：各种讨好。刘病已登基后，霍光第一时间递报告，要上交决策权。刘病已打死不要："不急，不急，您先用着，您先用着。"而且，每次见了霍光，他都表现得特别有礼貌："霍爷爷好；霍爷爷说得对；霍爷爷辛苦了；霍爷爷多保重身体；霍爷爷慢走。"这当然不够。必须赏，重重地赏。刘病已下诏："大将军霍光为国为民鞠躬尽瘁、功勋卓著，特予以重奖：加封食邑一万七千户；赏赐黄金七万两、钱六千万、丝绸三万匹；赏赐奴仆一百七十名；赏赐骏马两千匹；赏赐别墅一套。"霍光就此荣升为万户侯，累计食邑两万户。

他哥霍去病，一代战神，为大汉帝国开疆拓土、名垂青史，也不过食邑一万七千七百户。这份上级对下级的尊重、讨好，也算是活久见了。

但如果只是这样，刘病已也就是个汉献帝。刘病已的第二招：偶尔刷下存在感。领导要有领导的样子，如果只是一味顺从、讨好霍光，只会让所有人更轻视。刘病已很巧妙地提醒大家，包括霍光：我才是一把手。

刘病已当皇帝后，要立皇后。大臣们当然要拍霍光，都认为霍光的小女儿霍成君最合适。但是，刘病已不乐意。于私，刘病已有老婆：许广汉的女儿许平君；而且，夫妻俩感情很好，许平君在刘病已最落魄时嫁给他，还给他生了儿子刘奭（shì，汉元帝）。于公，霍光已经是帝国一哥了，如果再成为帝国岳父，这个国家离姓霍也就不远了。

所以，刘病已绝不同意立霍光的女儿为皇后。但是，你怎么拒绝？得罪霍光就是找死。刘病已是这么干的：抢先表态，点到为止。他对大臣们说："我这人很念旧。参加工作前，我有把佩剑，虽然不值钱，但很好用，我很喜欢。现在不见了，帮我找找吧。"大臣们一听，都懂了。他们很识趣地建议：立许平君为皇后。这就是著名的典故：故剑情深。

霍光同意了。因为：刘病已已经很懂事了。刘病已毕竟是个领导，而且没让自己难堪。霍光毕竟不是曹操。当然，霍光也不示弱，顺手让刘病已吃了个哑巴亏。按惯例，皇后的父亲是要封侯的。霍光说，许广汉不能封侯，因为他是个宦官。刘病已：好。

刘病已的第三招：掺沙子。只有讨好和小脾气，赢不了霍光。当时，中央政府、长安市各要害部门全是霍光的人。史书上的描述是：党亲连体，根据于朝廷。翻译成白话文就是：霍家帮权势熏天。

刘病已当然不敢有意见，更不敢培养自己的势力。他的前任刘贺，当皇帝后，一口气提拔了二百多个老部下，结果，被霍光一撸到底，回山东当宅男去了。二百多个老部下，除了三个人免死，其余人全被杀。

霍光去世前，刘病已当了六年皇帝，只提拔过一个人：黄霸。这一个人比刘贺的二百多人都管用。黄霸是个好官，执法公平、爱民如子。刘病已把他从地方提拔到中央当廷尉。结果，黄霸政绩突出，广大干部群众纷纷点赞。

刘病已确实是个小狐狸。这事妙在哪里？上官桀事件后，霍光为了确保自己的绝对权威，开始搞严刑酷法，酷吏当道，百姓颇有怨言。黄霸偏偏是一个不符合政治导向却深得民心的好官（独用宽和为名）。刘病已虽然只提拔了一个黄霸，却相当于树了一面旗帜，一面不向霍光看齐的旗帜。中央政府不再是铁板一块。时间久了，自然有牵制的功效。而且，霍光并不会把一个黄霸放在眼里，但老百姓会觉得新皇帝关心民生疾苦，非霍派官员会觉得新皇帝有识人用人之明。刘病已开始慢慢赢得民心、官心（部分）。这就够了，不着急，慢慢来。

刘病已的第四招，也是最重要的一招：忍。刘病已再小狐狸，在霍光的绝对实力面前，还是不堪一击。所以，他只能忍，熬死霍光。

刘病已超级能忍。有一次，有孕在身的皇后许平君生病了。一心想让女儿当皇后的霍光的老婆霍显，乘机买通御医，毒死了皇后。霍显自以为做得天衣无缝，因为在当时，女人怀孕生孩子是件风险超高的事。但是，皇后突然去世，有关部门当然先把御医抓起来审讯。

霍显吓坏了，赶紧向霍光求救。霍光大惊，第一反应是秉公办理，把老婆抓起来。但是，他犹豫了半天，决定把这件事摁下来，最后不了了之。然后，霍光的小女儿顺利入宫，当了皇后。

霍家确实嚣张跋扈。但小狐狸刘病已也不是凡人。尽管很多人向他打小报告："是霍家毒死了许皇后。"刘病已："听不见，听不

见，听不见。"他很清楚，只有熬死霍光，自己才能说了算，才是个真正的大汉皇帝。

　　为了这一天，他忍了六年。

宣帝打虎：大汉第一家族落马记

地节二年（前68），帝国一哥霍光去世了。

二十四岁的汉宣帝刘病已前半夜哭，后半夜笑。哭的是，霍光对自己有恩。如果没他点头，自己这辈子就是长安城里一条被鄙视的咸鱼。笑的是，霍光终于死了。从今以后，我说了算，我才是合法合规的帝国一哥，霍光算个屁。

霍光临终前，宣帝亲自上门探望，并流下了真诚的眼泪。随后，宣帝宣布：霍光的儿子、中郎将霍禹升任右将军。霍光去世后，宣帝和皇太后（霍光的外孙女）亲自参加追悼会，并特许霍光的丧葬规格部分享受皇帝待遇。按照霍光的遗愿，宣帝封霍光的侄孙、奉车都尉霍山为乐平侯，领尚书事；然后，正式过继为霍去病的孙子，继承霍去病的香火。

中央政府对霍光同志的一生做出了高度评价：宣成（谥曰宣成侯）。翻译成白话文，大意就是：通情达理、见闻广博，安邦定国、功勋盖世。

霍家的荣光，在霍光去世这一刻到达巅峰。然后，开始暴跌。高光时刻的霍家自然更加嚣张跋扈，但反霍已成为帝国上下最大的政治正确。历史已经证明并反复证明：你越风光，得罪的人越多。霍家的敌人有以下几类：

一类是被霍家欺负过的，比如宣帝的老丈人许广汉（封侯被霍光搅黄）、御史大夫魏相。有一次，霍家和魏家的奴仆在路上恶意别车、斗气。敢在霍家头上动土？皇帝老子也不行！霍家奴仆直接打上御史府，要砸了魏相办公室的门。最后，竟然逼得值班御史出来，替魏家奴仆磕头认错，这事才算了结。霍光活着，这叫嚣张；霍光死了，这叫作死。

一类是被霍家抢了风头的，比如金日磾（已故）的金家、丞相杨敞。金日磾也是辅政大臣，是大汉朝唯一可以和霍光扳手腕的大佬；金日磾的两个儿子又是昭帝的发小；金家子弟也都是高官。不管论资历、论地位，还是论关系、论实力，金家都不输于霍家。但金日磾去世后，霍光一手遮天，霍家权倾朝野，金家只能喝着闷酒吼两句"老子祖上也曾阔过""霍光是个王八蛋"。丞相杨敞，开国大爷杨喜的后代。"大汉的天下都是我们杨家打下来的！霍光，一个小老百姓的儿子，你算老几？"杨家会甘心装孙子？

当然，霍家最大的敌人是宣帝。因为，霍家有多风光，宣帝就有多窝囊。宣帝看见霍光，如芒刺在背。这根刺，他能不拔吗？所以，霍光去世后，都不用宣帝递眼色，反霍派（以许广汉、魏相为代表）就开始捅刀子了——我们出于公心，为了国家好，为了霍家好，特建议如下：该收拾姓霍的啦。霍光的位置，让张安世坐；霍家的干部，该撸的撸，该贬的贬；霍家的人，一律靠边站。

宣帝批示：很好！同意。然后，霍家帮一个个靠边站，反霍派一个个被重用。但是，霍家嚣张惯了，一下子刹不住车。最嚣张的还是霍光的老婆霍显：继毒杀皇后（许平君）之后，又要毒杀太子。

当时，宣帝立儿子刘奭（许平君所生）为太子。霍显听说后，气得绝食、吐血，然后放狠话："怎么能立刘奭这个野种当太子？如果皇后（霍光的小女儿霍成君）将来生了娃，反而只能当王爷？简直胡闹！"

您贵为皇帝的现任丈母娘，撂几句狠话也算罢了，没人敢追究您妄议之罪。但霍丈母娘嚣张惯了，竟然让女儿把太子毒死。尽管未遂，但确实是作大死的节奏了。跟这个相比，霍家的人把皇宫当自己家，想来就来；把上班当过家家，想不来就不来；把规章制度当儿戏，想破坏就破坏……都算小毛病了。

嚣张着，嚣张着，霍家开始郁闷了。霍二代、霍三代们经常喝着闷酒发着牢骚："咱爹（叔／舅／岳父／爷爷）刚死，皇帝就开始过河拆桥了，各种排挤打压挑毛病，真没法混了呀。"霍显思考了半天，说："是不是当年毒死许皇后的事被他发现了？"霍二代三代们："啊！还有这事？这可是掉脑袋的事！这可咋办？"然后，商量了半天，决定："让皇太后举办个鸿门宴，杀了许广汉、魏相（已升任丞相）等人；然后，废掉宣帝，拥立霍禹当皇帝。"

真把宣帝当咸鱼了？真把搞政治当过家家了？霍光嚣张，但他有嚣张的能力。霍二代三代们也嚣张，但只有嚣张的习惯。结果，被小狐狸宣帝直接扼杀在摇篮里：霍家被灭族；皇后霍成君被废（后自杀）。

一代权臣霍光，当了近二十年的帝国一哥，死后三年，家族被灭。这是为什么呢？

《汉书》作者班固说：是霍光的问题——霍光不学无术，丧失理想信念，纪法意识淡漠，纵容、默许亲属为非作歹，纯属自取灭亡。

《资治通鉴》主编司马光说：主要是霍光的岗位有问题——你拿着大臣的工资，干了近二十年皇帝的活儿。你以为你尽职尽责，别人觉得你越权越位。你干得越久，得罪的人越多。领导不喜欢你，同事、下属不喜欢你，群众不喜欢你。你就没个好！就你这样，能安全着陆就已经烧高香了。何况你的家人子孙还嚣张跋扈，自己作死。

司马光还说：当然，我也要批评宣帝几句。霍家的下场，你也要负上一定的责任。如果你对他们严格要求，而不是故意纵容，霍家也不至于作死到灭门的地步。霍家人蠢，自己往坑里跳；但这坑，是你挖的。

好了，这场神仙打架终于大结局了。接下来，舞台属于宣帝一个人。他的表演同样精彩。

汉宣帝：让好官先富起来

宣帝是个好皇帝。这是大汉官方的权威认证，因为宣帝有庙号：中宗。

庙，就是宣帝去世后，中央政府给他盖的纪念堂。庙号，就是宣帝在纪念堂里的称呼。宣帝的宣，是谥号。每个皇帝都有谥号，但只有超级优秀的皇帝才有庙号。

汉朝中央政府对历任皇帝的离任审计很严格。首先，自我审查很严格。西汉十五个皇帝，只有七个皇帝有庙号。（三国以后，庙号开始泛滥。就连靖康耻的第一责任人赵佶都有庙号：宋徽宗。）其次，"回头看"很严格。东汉成立，刘秀当皇帝后，对列祖列宗的政绩做了一轮"回头看"。然后，撤销了三位祖宗（汉元帝、汉成帝、汉平帝）的庙号。所以，西汉十五个皇帝，最终，只有四个有庙号：太祖刘邦、太宗刘恒（汉文帝）、世宗刘彻（汉武帝）、中宗刘病已（汉宣帝）。当然，东汉的庙号审核也严格。十四个皇帝，只有三个有庙号（光武帝刘秀、汉明帝刘庄、汉章帝刘炟［dá］）。

能跟汉高祖、汉文帝、汉武帝一个待遇，宣帝显然是个好皇帝。当然，他的好，和那三位爷不一样。高祖：开天辟地；文帝：休养生息；武帝：开疆拓土。宣帝呢？国泰民安。史书上的描述是：吏称其职，民安其业。翻译成白话文就是：官员爱岗敬业，百姓安居乐业。

宣帝为什么能取得这样的成绩？因为他的施政纲领是以人为

本。他为什么要以人为本？因为他当过老百姓，过过苦日子，知道老百姓喜欢什么、想要什么。他为什么能做到以人为本？因为他的执政理念很务实：想让老百姓过上好日子，得先让官员过上好日子。这个官，特指地方官员，包括基层干部。

宣帝的理由如下：老百姓要过上好日子，离不开公平公正的地方政府。公平公正的地方政府，离不开优秀的地方官员。优秀的地方官员，离不开丰厚的待遇。所以，霍光去世、宣帝亲政后，他主抓的第一件事就是：让好官有好日子过。

首先，新任地方官，他亲自面试、考察，确保质量。其次，延长地方官的任期，以安官心民心，杜绝数字出官和新官不理旧政的现象。再次，地方官做出了成绩则重奖：涨工资、提待遇，优先提拔到中央当官。最后，全国基层干部集体涨工资。

宣帝语重心长地指出：基层干部事多钱少压力大，不鱼肉百姓才怪；必须涨工资，全体涨薪百分之五十。这样做的结果是：宣帝时期是汉朝四百年里好干部最多的时期。

当然，宣帝并不宽纵违法乱纪、贪污腐败的官员，如京兆尹赵广汉恃权妄为，虽有吏民数万人为他求情，宣帝照杀不误（详下节）；平丘侯王迁受贿六百万钱，"下狱死"。

著名的麒麟阁十一功臣，就是宣帝时期吏治最闪亮的成绩单。宣帝晚年，很怀念曾经帮助自己一起富民强国的大臣们，就让人把功劳最大的十一位功臣画像并悬挂在皇宫的麒麟阁中，以示纪念和表彰。从此以后，这招成为历代明君表彰、激励优秀下属的必杀技，也成为历代文臣武将的最高荣誉。东汉的云台二十八将、唐朝的凌烟阁二十四功臣，都源于此。

好了，官员们爱岗敬业了，该让老百姓安居乐业了。宣帝主抓的第二件事是司法改革。

武帝时期，富国强兵的另一面，是严苛的法律、横行的酷吏和被虐的百姓。霍光执政期间，情况本有所好转，但随着与上官桀等人的决裂、争斗，为树立绝对权威，霍光也选择了高压统治。汉朝百姓就是一群被反复碾压的蝼蚁。就连宣帝本人，也曾是长安监狱中一只生死未卜的小蚂蚁。用当时的廷尉史（最高法审判庭庭长）路温舒的话说："酷刑之下，冤魂无数，想要什么口供、证据都可以得到！"所以，宣帝当家做主后，力推宽刑简政、依法办案：廷尉超规格设置四名廷尉平（专职审判长），专门负责复审全国刑事案件。此外，宣帝每年亲自对全国的刑事案件做终审判决，确保公平正义。

宣帝觉得自己已经做得很好了，可涿郡（今河北涿州一带）太守郑昌说："还不够。陛下您又是增设廷尉平，又是亲自复核案件，简直是英明神武公平正义的化身。但是，长远来看，最好的办法还是完善法律，让子孙后世都有善法可依，奸吏不得上下其手。"宣帝："你说得对。"

宣帝的司法改革，有两个非常著名的案例：一，他明确表示，"父子之亲，夫妇之道"是人之天性，嫌犯家属有保持沉默的权利，不用大义灭亲，不必揭发举报。二，他自己改名，把"刘病已"改为"刘询"，以方便大家避讳。因为"病""已"两个字是常用字，不管百姓还是官员，都很容易犯忌讳而成为罪犯。

在古代，皇帝的名字必须避讳。大概有三种办法：改字、缺笔、空字。比如李世民当皇帝后，民部就只好改名叫户部（改字），把"世"写成"廿"（缺笔），一代枭雄王世充被简称为"王充"（空字）。据史书记载，唐朝，在皇帝的名字上犯忌讳，打五十大板；清朝，在皇帝的名字上犯忌讳，杀头。

像宣帝这样主动不给大家添麻烦的皇帝，不多。

赵广汉：明星官员为什么必须死

元康元年（前65）冬天，长安。数万名干部群众聚集在皇宫门口，一边哭泣，一边喊口号："我们这些人对国家没有什么用处，愿意替赵市长去死！长安不能没有赵市长！"

场面很感人，对白很煽情，但效果很一般。几天后，赵市长被腰斩于长安街头。

赵市长，京兆尹赵广汉，是宣帝时期，乃至整个汉朝，乃至中国历史上著名的明星官员。

首先，他是个大清官。他爱民如子，全心全意为长安百姓服务，非常廉洁，不吃拿卡要，不贪污受贿。后来，他和狄仁杰、包拯、海瑞等一起荣获"中国古代十大清官"的光荣称号。更难得的是，他还爱兵如子，不仅知人善任，还长期坚持一个原则：功劳是大家的，荣誉是集体的，责任是自己的。所以，长安市大小官员都愿意为他卖命。

他担任京兆尹期间，铁腕反腐、扫黑除恶，一大批重大案件得以查处，一大批黑恶势力被彻底清除，一大批腐败分子纷纷落马。他治理下的长安，风清气正、政通人和。广大干部群众对赵市长非常爱戴，由衷地称赞他为"建国一百多年来最优秀的京兆尹"。

其次，他是个大功臣。当年，他在霍光的领导下，积极参与了拥立宣帝的伟大事业。宣帝继位后，他因功被封为关内侯。这功劳，足够他退休前飞黄腾达、退休后写回忆录了。

第三，他是个超级能干的老狐狸。长安，大汉朝的首都，皇亲国戚满街走，水又深又浑。你就算偶尔整顿下治安，随便抓个小混混，都有可能是帝国的下一任皇帝，把天捅个窟窿。所以，长安市长最难当，是个著名的高危职业。历任长安市长都干不长，最多两三年，最少几个月，就被以各种理由免职、贬职或落马。老狐狸公孙弘当年想搞死汲黯，玩了一招借刀杀人，就是推荐他当右内史。

但是，赵广汉不仅会做事，还很会做官，在京兆尹的位置上一干就是八年。因为他很懂事。比如，霍光去世后，身为霍光老部下的赵广汉第一时间带队到霍家去砸场子，以有人举报"霍家贩卖违禁品"为由，把霍家翻了个底儿朝天，走的时候还把霍家的大门给拆了。

干得漂亮！及时站队表忠心，替领导出了口恶气。霍光气得敲棺材板，宣帝爽得双击666。霍光的小女儿、时任皇后霍成君哭着向宣帝告状。宣帝一脸严肃地把赵广汉叫到办公室，认认真真地搞调研听汇报，然后做出重要指示："下不为例。"翻译成白话文就是："广汉同志真懂事。"

第四，他是个神探——神探狄仁杰的神。他不仅精于推理破案，还建立了密不透风的情报网，长安城就没他不知道的事、破不了的案。比如，有一天，几个小流氓躲在城乡结合部谋划实施绑架，策划案还没说完，就被赵广汉一锅端了。长安百姓说："我们赵市长简直就是个汉朝版的神探狄仁杰。"

综上所述，赵广汉简直就是个包拯（青天大老爷）＋狄仁杰（神探）＋霍光（拥立之功）＋公孙弘（老狐狸）的迷你版。

那么，问题来了。这么优秀的官员怎么就被那么优秀的皇帝给砍了头？因为赵市长无所不能时间久了，就开始无所顾忌了。

比如他那张高效、严密的情报网。这是一张非常恐怖的网。用好了，它就是西汉版的网格化管理，是长安治理体系和治理能力的创新与革命；用不好，它就是西汉版的锦衣卫、东西厂，是赵市长威权统治、铲除异己的利器和帮凶。用着用着，赵市长就有点赵厂长的意思了——东厂、西厂的厂。

有一次，他辖区内的湖都亭长（正科）来长安汇报工作。路过界上时，界上亭长请吃饭。喝着酒扯着淡，界上亭长开玩笑说："到长安见了赵市长（正部），记得替我带句好啊。"湖都亭长到了长安，见了赵广汉，汇报完工作后，赵广汉说："界上亭长让你代问我好，你怎么没问啊？"湖都亭长吓得话都不会说了，一个劲儿地磕头认错。赵广汉笑着说："回去告诉他，好好工作就是对我最好的报答。"细思恐极。估计从此以后，这两位亭长把酒和扯淡都戒了。

赵市长不仅成了赵厂长，他还很享受这种掌控一切的感觉。一个彩蛋：赵广汉还是举报箱的发明者、推广者之一。尽管长安城里的皇亲国戚、达官贵人被他虐得背后直骂娘，尽管大汉官场的主流（鼓吹德治的儒家知识分子）被他气得咬牙切齿，赵厂长根本无所谓，他只头疼一件事：舞台太小了，权力太有限了，英雄无用武之地呀！

当时的长安特区（京畿地区）被划分为三个省级行政区（三辅），分别由三位正部级官员负责管理：京兆尹、左冯翊、右扶风。

赵广汉曾公开表示："那俩货简直就是猪队友，如果让我直接管这三个地儿，长安特区早就是首善之区了！"瞧把他牛得！当然，那两位市长很快就不生气了。因为，赵广汉连顶头上司、丞相魏相都没放在眼里。

赵广汉的朋友在长安做走私酒的生意，被丞相府的官员给查封了。曾经的赵青天暴怒："敢在我的地盘动我的人！？"当然，一开始，他还不敢得罪魏相。但其他人就倒霉了。他的朋友怀疑走私酒生意是一个叫苏贤的士兵举报的，赵广汉就叫人随便找了个罪名，把苏贤给抓了。苏贤的父亲直接告御状，有关部门核查后，将负责审理此案的长安市官员判了死刑。为什么判得这么重？一、宣帝对玩弄法律、制造冤案的官员深恶痛绝；二、赵广汉的敌人太多，落井下石的事，大家都抢着干。

赵广汉也被抓了起来。不过，宣帝看在他以往成绩的份上，只给了个降薪留职的处罚，以示警戒。没想到，赵广汉在苏贤案后不仅不收敛不收手，反而变本加厉。他认为苏贤的父亲告御状，是苏贤的老乡荣畜（这个名字和刘嫖一样生猛）教唆的。又随便找了个罪名，把荣畜给杀了。

这就叫作死。马上有人举报他草菅人命。宣帝很生气，让丞相魏相负责此案，限期破案。魏相当然遵旨办理。没想到，赵广汉竟然敢要挟魏相。他派手下潜伏到丞相府当门房，暗中搜罗丞相家违法违纪的线索。

刚好，丞相府一名女仆死了。赵广汉收到情报后分析认为，这名女仆应该和丞相有一腿，然后被丞相夫人发现了，就被打死了。"你竟然家风不正，家教不严，纵容家属草菅人命！"赵广汉大喜，立刻派人给丞相带话："你放我一马，我也放你一马，OK？"

魏相是谁？一代名相，宣帝最信任的重臣，麒麟阁十一功臣之一，著名的老狐狸。能让自己的下属给唬住？魏相指示专案组：尽快查处荣畜被杀案，不管涉及谁、级别多高、后台多硬，依法办理、一查到底。

赵广汉急了，直接带人冲进丞相府，命令丞相夫人当庭下跪接受问询，然后抓了十几名丞相府的奴仆回去做笔录。魏相当即向宣帝递报告，汇报这一突发事件并自辩清白。

宣帝怒了，命廷尉于定国亲自负责调查丞相府女仆案。于定国，真正的包青天，执法严格、刚正不阿，和文帝时期名满天下的廷尉张释之齐名。朝野上下称赞道：张释之做廷尉，天下无冤；于定国做廷尉，无人喊冤。调查结果显示：丞相家的女仆系自杀；赵广汉要挟、诬告上级。

来，我们梳理一下赵广汉有儿宗罪：徇私枉法（苏贤案），滥杀无辜（荣畜案），侮辱、要挟领导（丞相府女仆案）。

宣帝气得都想亲手掐死他。所以，哪怕几万人哭着喊着替他求情，宣帝照杀不误。因为对一个忘了初心、丧失原则、毫无底线的官员来说，民生、官声、政绩，只不过是他满足野心的工具而已。

我们甚至可以大胆假设一下，数万名干部群众聚集喊冤事件，也可能是赵广汉一手策划的。因为：他有这个能力；这种事也常见。

官员离任，数万名群众演员依依不舍送别的大场面，在古代，一点不稀奇。

张安世：帝国一哥的求生欲

霍光死了，新任帝国一哥（大司马、车骑将军，领尚书事）叫张安世。

跟霍一哥相比，张一哥最大的特点是求生欲特别强。因为，一哥翻车这种事，他见得太多了。远的，如武帝时期的苦逼丞相们，就不说了。近的，就有俩。那车翻得，简直稀碎。

第一个是张安世他爸：张汤。张汤，大汉第一酷吏，武帝最得力最信任的下属，权倾朝野，杀部级高官跟玩儿似的。仅淮南王刘安谋反案，就杀了数百名部级以上官员。当然，他最牛的是以腹诽罪杀了大司农颜异。在他面前，你心里不爽也是死罪！然后，张汤在最风光的时候被迫自杀，只剩下小张一家，孤儿寡母家徒四壁，好不凄凉。

第二个是张安世的老领导：霍光。张汤牛，爱好是杀部级官员。霍光更牛，爱好是换皇帝。敢惹霍光不爽，皇帝也可以是个临时工。卷铺盖，走人！是为刘贺。敢让霍光爽了，小混混也可以突击提拔当皇帝。卷铺盖，进宫！是为宣帝。这个牛，古往今来独一份。但是，霍一哥去世后，霍家身败名裂、全族被灭。

接连看到一哥翻车，还翻成渣，张安世能不怕吗？其实，张安世的仕途很顺利。年轻时拼爹，在武帝办公室当秘书，和拼哥的霍光是同事。后来，他爹张汤背锅而死，武帝就提拔他作为补偿。张安世和霍光很像，都是聪明、稳重、敬业的官二代。

有一次，武帝外出视察，丢了三箱书。武帝想看书，就下诏问谁知道这些书的内容。这可要了亲命了，所有人都吓傻了，没有人知道。张安世说："没事，这三箱书的内容我都记得。您想看哪段？我给您都写出来。"张安世就把所失图书的内容都写出来了。事后，有关部门找到了那三箱书。武帝发现，张安世写的一字不差。小张秘书很不错！不仅脑子好使，而且服务到位。武帝非常满意，立刻提拔他为尚书令。

后来，武帝去世，张安世的好同事霍光成了帝国一哥。谁当家不用自己人？张安世迎来了事业上的第二春。尤其是上官桀等人的反霍阴谋被粉碎后，张安世被提拔为霍光的副手，升任右将军兼光禄勋。这个岗位约等于：大内办公厅主任＋大内警卫局局长＋御林军司令＋长安警备区司令。

从此，帝国一哥霍光的每一项伟大事业里，都少不了他的亲密战友张安世：忠心辅佐昭帝；拥立刘贺当皇帝；废掉皇帝刘贺；拥立刘病已当皇帝。所以，宣帝继位后，张安世作为二号功臣被封为万户侯，三个儿子出任中郎将、侍中。

张安世和霍光最大的不同在于，霍光给人强烈的压迫感，而张安世给人强烈的安全感。最著名的例子是，宣帝刚继位时，看见霍光就害怕，如芒刺在背。没办法，只能是张安世代替霍光贴身陪同。然后，宣帝立刻找到了皇帝的感觉。这和性格有关，也和位置、情商、经历有关。

霍光去世、宣帝当家做主后，张安世成为帝国一哥。张安世更小心谨慎了，求生欲更强了。因为他小心谨慎了半辈子，唯一一次说错话、掉坑里，就和新领导宣帝有关。

当年，汉宣帝还叫刘病已，还在长安城当小混混，是张安世的哥哥张贺把他抚养大的。张贺不仅供刘病已吃喝玩乐、上学读书，还准备把女儿嫁给他。贵为帝国二哥的张安世大怒，直接把这门亲事给否了，还放话说："这孙子能端着铁饭碗当个老百姓安安稳稳过一辈子就不容易了，嫁什么女儿！"这下不仅没攀上高枝，还侮辱了高枝。

其实，也不怪张安世，谁能想到这孙子有一天竟然当了皇帝。这概率比遭雷劈还低。张安世想死的心都有了。因为这个历史污点可大可小。如果宣帝不计较，那就是朋友圈的一句吐槽；如果宣帝想追究，那就是妄议今上的欺君大罪。

宣帝继位时，张贺已经去世了。宣帝还专门对张安世说："当年你不让你哥对我好，是对的。"你品，你仔细品。张安世更想死了。还能咋办？全面装孙子呗。

本来，宣帝要任命张安世为大司马、大将军，领尚书事，任命张安世的儿子张延寿为光禄勋。张安世打死不干，坚决推辞后，只接受了大司马、车骑将军，领尚书事的职务（大将军类似大元帅，车骑将军类似大将）。他儿子张延寿则不作任何提拔。

后来，宣帝要报恩，追封张贺为恩德侯，封张贺的儿子张彭祖（张安世之子过继而来）为关内侯（后封阳都侯），张贺七岁的孙子张霸为关内侯。张安世还是打死不干，坚决推辞。结果被宣帝当面硬怼："我这是报答你哥，你别自作多情好不好？"张安世更想死了＋1。还能咋办？全面深入装孙子呗。

家里的侯爵既然不让辞，张安世只好主动申请：自己降薪；儿子张延寿下基层（由中郎将调任北地太守）。工作上，低调低调再低调，以维护宣帝英明神武的光辉形象为唯一宗旨。每次和宣帝商定了大政方针，他就立即请病假。政策出台后，他装出一副很突然很吃惊的模样，还假惺惺派人去丞相府询问详情，搞得大家都以为他被边缘化了。偶尔向组织推荐个干部，任命下来了，该同志登门拜谢。

张安世气得骂娘："你的任命是组织严格按照陛下的部署和要求，按原则办事、按制度办事、按程序办事的结果。你谢我干嘛？谢个屁！滚蛋！"将军府里的秘书长调职，临走前跟张安世说大家对他有意见，因为官员们得不到推荐，无法升职。张安世说："皇上圣明，很清楚哪些官员好，哪些不好。我又能推荐什么？"

夹着尾巴的张安世，得到了宣帝的超级信任，安安稳稳地当了七年的帝国一哥，病逝。宣帝为其举办了高规格、隆重而盛大的葬礼。若干年后，还把他列为麒麟阁十一功臣第二名（第一名是霍光）。

经过张汤、张安世父子两代的积极探索实践，老张家终于开创了古代领导干部的一种新家风：豪弱。它的对立面，则是以霍光家族为代表的主流家风：豪强。豪弱的张家代代荣华富贵，一直红火了近二百年。

最后来个彩蛋——张安世是闷声发大财的典型代表。他很爱钱，家里养了七百个职业经理人帮他赚钱。在他面前，大将军霍光就是个穷人。

因此，宣帝对他很放心。

疏广：最难伺候的学生，让我来

疏广，西汉著名教师，也是史上最难当的教师之一。因为他教的学生是太子：宣帝的儿子刘奭。给太子当老师（太子太傅），是教育界两千多年来最大的挑战。原因如下：

一，学生家长最难伺候。首先，办学方针、教育理念、课程设置……都是家长（皇帝）说了算。但出了问题，全是老师背锅。谁让人家是你领导？比如，武帝给太子刘据制定的教育方针是散养式教学（使通宾客，从其所好）。结果，刘据同学越长越大越"跑偏"（上用法严，多任深刻吏。太子宽厚，多所平反）。武帝很不爽，想废了刘据。刘据的老师石德怕背锅，直接教唆太子造反，最后师徒俩一起完蛋。其次，家长提出的要求，不管是否合理，老师必须满足，否则一定没好果子吃。谁让人家是你领导？比如，有一次，康熙皇帝让徐元梦老师给皇子们上体育课（教射箭），徐老师教得一塌糊涂，还振振有辞："我是语文老师，不是体育老师。"理由很充分，但领导很生气："还敢犟嘴？！"直接把徐老师揍了个半死，然后抄他的家，把他父母发配到边疆劳动改造（后在路上追还）。

二，学生最难伺候。学生不听话、不爱学习，怎么办？忍着。倒霉的话，你还得陪他一起疯。比如战国时期的燕国太子丹，整天不好好学习，就想走捷径：刺杀秦王赵政。老师鞠武苦口婆心地劝："您这是找死啊。"太子丹："我不听我不听！我不管我不管！您必须帮我！"鞠武无奈，只好推荐了老朋友田光；田光推荐了新朋友荆轲。然后，荆轲刺秦，失败；秦军攻打燕国，燕王杀太子丹求和，秦国拒绝，燕国被灭。

还有比太子丹更难伺候的学生吗？有，李世民的太子李承乾。李承乾不爱学习，天天瞎玩。老师张玄素天天劝他把精力放在学习上，结果，李承乾烦了，直接派人把张玄素打了个半死。张玄素确实是个好老师，养好伤后继续劝，而李承乾照旧不听，甚至想派人暗杀张老师，不果。

三，风险太高。给太子当老师，最大的风险还不是张玄素那样被学生打，而是学生出事。张玄素被打后没几年，太子李承乾被废了。张玄素被一撸到底，滚回老家当农民。为啥？因为你没有教育好太子！

还有比张玄素更倒霉的吗？有，他的前任李纲。李纲，隋唐时期名臣，教龄长达四十多年，先后教了三位太子（隋朝太子杨勇，唐朝太子李建成、李承乾），但是，没有一个顺利毕业当皇帝的。李老师郁闷得抓狂。隋文帝杨坚废黜太子杨勇时，召集东宫官属当面训斥，李老师直接回怼："学生有问题，你这个当家长的要负主要责任！"幸亏隋文帝比较大度，没搭理他。

然后，唐朝建立，李纲当太子李建成的老师。然后，李建成被李世民干掉。然后，李纲当太子李承乾的老师。几个月后，李纲去世。幸亏他去世早，否则，李承乾被废后，他就算不被整死，也会被气死。

当然，不是每位太子都会被废掉，但是，照样有风险。比如，秦孝公的太子驷（即后来的秦惠文王）犯了法。太子是储君、未来的领导，当然不能法办，那就办他老师吧。太子的两个老师，一个被割了鼻子，一个被脸上刺字。

四、竞争太激烈。你只要当了太子的老师，就会有无数人天天盯着你，挖坑下套使绊子，准备干掉你。一般分为两种情况——同行：干掉你，我给太子当老师；敌人：通过干掉你来干掉太子。

但是，就这么一个高危职业，无数人打破头也要抢。因为，高风险的另一面是高回报。只要太子顺利登基当皇帝，老师的回报绝对超出想象。比如景帝的老师、著名的"万石君"石庆。

这么说吧，普通领导干部家里当官的多了，叫豪强，很容易成为中央政府打击的对象。比如张安世，因为家里高官太多而吓得主动申请降薪、辞官。但是，皇帝的老师家里当官的多了，叫美谈，皇帝比老师还高兴。石庆家里出了五个正部级（二千石）高官，景帝特别开心，专门赐号"万石君"。

还有，给太子当老师，不仅意味着双保险、加长版（现任皇帝、未来皇帝）的荣华富贵，脸还最大。比如汉宣帝时期的夏侯胜，不仅是太子的老师，还是太皇太后上官氏的老师。夏侯胜去世时，太皇太后不仅出了二百万的巨额礼金，还亲自穿素服五天，以报答老师的恩情。这份礼遇，简直让全国的读书人羡慕嫉妒恨。

所以，疏广上任后没几天，就被人盯上了。这人他还惹不起：宣帝的老丈人许广汉。许广汉当然不爽："我的外孙，凭啥疏家这样的外人来管？"

太子的两位最重要的老师全姓疏：太子太傅疏广；太子少傅疏受（疏广的侄子）。西汉晚期，太子太傅（正部）和太子少傅（正部）的权力很大，不仅负责教学工作，还要主持东宫的全面工作，有点类似于太子办公室主任和常务副主任。

许广汉当即就进宫找好女婿宣帝开家庭会议了。他说："咱家的娃，你找个不相干的外人来看护、教育，我能放心吗？让他二姥爷（许广汉的弟弟、中郎将许舜）去看着吧。"宣帝当场没表态，然后，把老丈人的想法告诉了疏广。

要是换了别人，估计双手赞成。谁敢跟皇帝的老丈人、太子的姥爷对着干？疏广敢，直接怼回去了。他说："太子，国之储君。他的老师、朋友必须是像我这样的超级优秀人才，哪能天天跟在姥爷姥姥屁股后面玩儿？而且，太子已经有老师了，如果再让他二姥爷插一腿，显得太 low，让天下人笑话。"宣帝笑了笑，说："你说得对。"疏广牛，宣帝更牛。

就这样过了五年，太子被教育得挺好，门门功课一百分（通《论语》《孝经》）。疏广俨然成了大汉朝最优秀、最成功的老师。没想到，疏广辞职了。

疏广对侄子疏受说："凡事都讲究个见好就收。咱爷俩当了这么多年的正部，功也成了名也就了，该撤了。再干下去，估计该被人收拾了。总不能啥好事都让咱爷俩赶上，啥便宜都让咱爷俩占了吧？"疏受说："我听叔的。"当天，爷俩儿递交退休申请。宣帝批准了，并赏赐黄金二十斤。太子刘奭赏赐黄金五十斤。朝野轰动："还有这种操作？"疏广爷俩儿离京时，前来送行的达官贵人挤满了长安城门，围观的百姓乌泱乌泱的，大家都由衷地赞叹："两位疏老师真是时代的楷模、道德的标兵。"

更牛的还在后面。疏广爷俩儿带着七十斤黄金回到山东老家，然后天天请亲朋好友吃喝玩乐。就这么过了一年多，疏广的老婆孩子们受不了了，这是要把家败光的节奏呀。疏广的子孙就请人劝疏广："你得给子孙留点家产呀，哪能天天瞎造？"

疏广说："第一，我就是为子孙好，才天天瞎造的。家里原来的积蓄足够他们全面奔小康了。如果留多了，才是害了他们。他们如果足够优秀，钱太多，只会没了上进心；他们如果不优秀，钱太多，只会败家毁业。而且，这个社会太仇富，我不能给他们挖坑。第二，这笔钱是领导赏我养老的，我得专款专用呀，怎么能挪作他用？"

　　叔侄俩就这么潇潇洒洒地玩到老，成为历史上著名的教育家、慈善家。

赵充国：我为啥要和领导唱反调

怎么看，赵充国都不像一个爱跟领导唱反调的人。

因为：一、他是个高干：后将军、少府（长安卫戍区司令兼皇家财税和内政部部长），管着宣帝的枪杆子和钱袋子，是领导身边的大红人。二、他是个大功臣，军功章没地儿挂那种。打匈奴、征大宛、平氐（dī）乱，战功赫赫；还因为拥立宣帝被封侯。三、他是位老者：七十多岁了，已经到了打打太极拳、逗逗大孙子、写写回忆录、讲讲当年勇的年纪，再混两年，熬个正国级退休，多好。四、他是个有钱人，长年管着皇家的钱袋子（他还担任过水衡都尉——皇家财政局局长），全中国最赚钱的行业都归他管：盐铁专卖、造币、税收、医药等等。五、领导很尊重他，有什么国家大事，经常点名要听听充国同志的意见。

就这么一位既得利益群体的杰出代表，偏偏要跟领导唱反调，惊天动地那种。

神爵元年（前61），居住在甘肃、青海一带的羌人部落（简称"西羌"）反了。宣帝按例派人顾问了一下充国同志："你觉得应该派谁去平叛呀？"全军高级将领都抬头挺胸，用炙热的眼神看着老大哥、老首长赵充国。赵充国说："我最合适。"

你？你不接送大孙子上学了？宣帝说："那，好吧，尽快交我一份平乱计划。"赵充国说："现在给不了。我得实地调研后才能告诉您。放心，小小的西羌折腾不出花来。"宣帝笑着说："好吧。"

赵充国出任平羌主帅，率数万大军西征。到了前线，赵充国除了派人四处侦察敌情外，天天大鱼大肉给战士们改善生活，连敌人的挑战都不理。而且，他还把当地政府之前扣押的西羌贵族给放了，让他给乡亲们带几句话："我这次来，只杀反贼；西羌人民永远是大汉朝的好朋友；千万别一条道走到黑；犯法者只要改过自新、捕杀同党，不仅无罪，还有奖金；你们被逮捕的妻子、儿女，以及收缴的财物都会全部归还。"老赵头真是个老狐狸。

广大西羌同胞是放心了，但是，广大汉军将士怒了："你老人家不战而屈人之兵了，我们不战，哪来的军功章？真以为跟你来自驾游呢？"以酒泉太守辛武贤为首的西北军政大员，直接向宣帝递交请战书："犯我强汉者，虽远必诛！干掉西羌，大汉万岁！"

宣帝把这封请战书快递给赵充国，想听听充国同志的意见。赵充国回复："不靠谱。"但是，很显然，"犯我强汉者，虽远必诛"的市场更大。朝廷内外、全国上下几乎都赞同：打！宣帝立刻致电赵充国："打，马上打，给我往死里打！国家出人又出钱，耗费巨大，不是让你去西北绣花的！"

赵充国不听，继续回怼："平定西羌叛乱是唯一目标，而打仗只是手段之一。要知道，不是所有的西羌同胞都是反贼。全面开战只会让西羌各部落联合起来，一致对外。如果那样，想平定西羌就不是两三年的事了，而是可能长达几十年。所以，我不支持马上打。我认为，应该先分化西羌各部，然后再消灭西羌反动派。"

宣帝看了赵充国的报告，考虑再三，批示：同意。于是，赵充国继续在西北绣花，搞统战。他率领大军向西羌慢慢推进，你跑我打落水狗，你降我热烈欢迎，并严令官兵不得烧杀抢掠、破坏耕地，然后，轻轻松松缴获马牛羊十多万头、车辆四千多辆，收编西羌部落若干。然后，赵充国准备撤回骑兵，让步兵在当地屯田，等着西羌反动派自取灭亡。

就在这个时候，宣帝的命令到了，让赵充国部尽快与辛武贤等部会合，然后发起总攻。表面原因是赵充国病了，一旦病重，就可以留在驻地，只派辛武贤等人出击，深层原因还是想速战速决。

赵充国的儿子、中郎将赵卬担心他爹犯二，就派人劝他爹："皇上想打，咱就打呗，又不是打不赢。至于打赢了有啥后遗症，您就别管了。万一把皇帝惹急了，以阵前抗命罪把您抓了，到时候，您泥菩萨过江自身都难保，还保护什么国家？"

赵充国直接爆粗口："放你娘的大狗屁！你说的是人话吗？苟利国家生死以，岂因祸福避趋之！如果羌乱不能尽快平定，乱的就不是西羌而是西域了，我们会吃大亏的。我就是死也要坚持立场，我不相信皇帝不明白我的苦心。"然后继续上书，坚持屯田、搞统战、打持久战。

宣帝无奈，只好问他："假如按照你的计划，估计多长时间能平定羌乱？"赵充国回复："一年左右吧。"他又列举了屯田搞统战的十二项好处。宣帝又问："那啥啥，又怎么办？"赵充国又回复："这样这样办。"双方你来我往，隔着十万八千里，搞起了现场办公会＋辩论大会。赵充国在结辩时动情地说："如果按照您的命令现在就打，肯定会打赢，但那又如何？只不过让我赵充国又多了一枚军功章，仅此而已，对您、对国家没有一点好处。"

赵充国的忠诚和大局观彻底打动了宣帝。当然，宣帝毕竟是宣帝，他即便同意了赵充国的意见，也不会寒了"犯我强汉者虽远必诛"派的拳拳报国心。宣帝下令："统战派赵充国的意见很好，速战派辛武贤等同志的建议也很好，我们两手都要抓，两手都要硬。我命令：赵充国，好好屯你的田统你的战；辛武贤，好好开你的战打你的仗。"

等辛武贤诸部打了几场胜仗、捞了一些军功后，宣帝下令："撤兵，赵充国部留下，全心全意建设开发大西北。"皆大欢喜。刘病已这个小混混才是最会搞统战的，在他面前，赵充国只能排第二。

第二年夏天，西羌建设兵团司令赵充国上奏："据不完全统计，西羌人口大约五万。截至目前，被打死七千六百人，投降三万一千二百人，逃跑时被淹死、饿死五六千人，上山打游击的顽固派仅剩四千人。改过自新的西羌同胞说：这四千人俺们就可以搞定。所以，我申请撤军。"宣帝批示："同意。"

在赵充国的带领下，一万多名汉朝步兵扔下锄头、扛起刀枪，得胜回朝。途中，他们遇到了前来迎接的钦差浩星赐。浩星赐是赵充国的好朋友，他对赵充国说："老兄，你这不战而屈人之兵，干得漂亮！但是，大汉朝的主流毕竟是'犯我强汉者，虽远必诛'。大家都认为，这次平定西羌，辛武贤他们功劳最大。所以，听兄弟一句劝，见了皇帝，你务必谦虚一点，多夸夸辛武贤他们，反正对你也没啥坏处。"赵充国说："兄弟的好意，哥心领了。但是，谁对谁错，我必须向皇帝说明！这是军国大事，在大是大非面前，我谦虚个啥！我决不能误导皇帝！"

最后，抗羌英雄辛武贤没得到晋升，而是官复原职，继续回酒泉郡当太守、保卫边疆去了。

同年秋，羌乱彻底结束。不久，赵充国申请退休，宣帝批准，并大加赏赐。此后，每逢有军国大事，宣帝继续点名，要听听充国同志的意见。甘露二年（前52），赵充国因病去世，享年八十六岁。后入选麒麟阁十一功臣，排名第四。

完美！这世上哪有什么完美？即便老资格、真爱国的赵充国不怕得罪领导，即便宣帝是个好领导，但历史已经证明并将反复证明：得罪谁，也不能得罪小人。

　　回酒泉吃土的辛武贤恨死了赵充国，便实名举报赵充国的儿子、中郎将赵印泄露国家机密。当年平西羌时，有一天，两人一起喝酒，赵印在酒桌上聊了一些长安官场的八卦，说当初张安世曾惹得宣帝不爽，宣帝要杀他，被自己父亲劝止。结果，赵印被抓，后在狱中自杀。

　　直到今天，大家对赵充国的评价都存在争议。有人说他是真正的名将，如果没有他的坚持，羌乱就会升级，就像北宋时期的党项族，最终割据一方（建立西夏），或者像北魏时反叛的六镇，而六镇导致了北魏灭亡（王夫之语）。有人说他不是名将，只不过凭借汉军的绝对优势，打了一场必胜的战争，而已。

杨恽：毒舌高官背锅记

杨恽（yùn），宣帝时期重臣，位高权重的光禄勋。但他被历史记住的，是另一个身份：毒舌。就没他不敢怼的人、不敢吐槽的事。

比如，左冯翊韩延寿落马，宣帝点名要一查到底、严肃追责。杨恽却公开上书为其喊冤。喊就喊吧，他还要来一句："这是什么世道，好人没好下场。"您这是喊冤呢，还是骂人呢？就连周末看个画展，他都要吐槽一下宣帝。他指着夏桀和商纣王的画像，和汉宣帝的舅舅王武说："咱家领导应该以他们为戒呀……"

连大领导都敢吐槽，杨恽这张嘴，会饶过谁？长安官场，各级官员、各种皇亲国戚，他几乎都得罪光了。

杨恽为啥这么毒舌？因为他太牛了。他出生于西汉乃至中国历史上著名的豪门望族：弘农杨氏。他的家人，说出来个个吓你一跳——他祖宗：开国大爷杨喜；他爹：丞相杨敞；他姥爷：司马迁；他后代：杨震、杨彪、杨修、杨坚、杨广、杨贵妃、杨国忠、杨万里……就算不拿祖宗、后代说事，杨家在当时也超级牛，家里有十个正部。

杨恽的起点，是很多人想努力到达的终点。何况，杨恽本人也很优秀。当时，被朝廷视为禁书的《史记》，全国只有两套，一套在宫里，一套在杨恽家。杨恽从小把《史记》原稿当课外读物。后来，也是在他的努力下，《史记》才开始在世间流传。

杨恽的仕途极为顺利，他先后担任过常侍骑（大内警卫局骑兵连连长）、左曹（宣帝办公室秘书处处长）、中郎将等职务，后因举报霍光家族谋反，被封侯。在大内警卫局工作期间，杨恽出重拳整顿吏治，把向来乌烟瘴气的大内警卫局治理得风清气正、凝心聚力、砥砺奋进。因为政绩突出，杨恽很快被提拔为光禄勋。

更难能可贵的是，杨恽不仅不贪，还爱做慈善。他继承了一千多万的家产（一部分来自他的父亲，另一部分来自他继母，继母没有儿子），但自己一毛钱没留，全分给了同宗族的人和继母的兄弟。史书对他的评价是：轻财好义。

出身于超级家庭，接受过超级教育，本人又超级能干，还立过大功，他能看得上谁？所以，他成了大汉官场出了名的毒舌，混不吝。然后，他栽了个大跟头。

导火索是太仆戴长乐被人举报。戴长乐，宣帝的发小。当年，两人在长安一起当小混混，关系老好了，四大铁那种。戴长乐虽然没文化、品行差，但宣帝继位后，人家当然飞黄腾达了。杨恽最看不上这种没素质的暴发户，没少怼他，所以两人矛盾很大。

戴长乐确实挺暴发户的。有一次，宣帝要出席一个重要庆典；事前，让戴长乐替自己彩排。然后，戴长乐就开始吹了："陛下亲自接见我，让我替他彩排；而且，彩排时，是金大侯爷亲自给我当的司机哟。"金大侯爷，西汉名臣金日磾的儿子金赏。金家是当时大汉官场上最德高望重的家族（霍家已翻车）。

戴长乐确实不招人待见。于是，有人举报他发表严重不当言论。于是，他被有关部门逮捕审查。于是，他怀疑是杨恽在整他。于是，他实名举报杨恽多次发表不当言论。

杨恽倒大霉了。因为杨恽的不当言论，不仅比戴长乐多，而且比戴长乐严重得多。比如，有一次，皇宫门口发生了交通事故。杨恽说："上次皇宫门口发生交通事故，没多久，昭帝就死了。现在，皇宫门口又发生交通事故了。唉，人的命，天注定呀！"比如，匈奴发生政变，单于被叛乱者杀了。杨恽说："君主差劲，就会自取灭亡，大臣再忠诚担当，都没用。古今中外，一个样。"再如，有一年，闹旱灾。杨恽说："这种天象，是有人要犯上作乱的征兆呀。咱们皇上必定不能到河东去祭祀后土了吧。"……

于是，杨恽被逮捕。经过有关部门调查，上述举报属实。没人追究，你这叫毒舌、吐槽。一旦追究，你这叫妄议、大逆不道。宣帝没深究，一来要给杨家面子，二来如果严惩杨恽，戴长乐也跑不了，所以，各打五十大板，都一撸到底，回家当老百姓去吧。

可惜，杨恽不领情。被免职后，杨部长变身杨董事长，开始做生意、赚大钱、盖豪宅、玩圈子，各种吃喝玩乐。好朋友、安定郡（今宁夏大部，甘肃、陕西部分地区）太守孙会宗写信劝他："你身为国家高级干部，既然被撸了，就该好好闭门思过，咋还这么嘚瑟呢？"

杨恽直接写信回怼，这封信就是著名的《报孙会宗书》："我有罪，组织撸得对，我也认了，这辈子就老老实实当个勤劳致富的老百姓了。这也有错？法律不外乎人情。就算皇帝老子或者我爹去世了，我再伤心，再难过，也总有个截止日期吧？我就算犯了天大的错，都被撸几年了，还不能爽一下吗？"他不是怼孙会宗，而是怼所有人。

他侄子、安平侯杨谭安慰他："叔，您立过大功，犯的又不是什么大错，迟早会官复原职的。"杨恽继续怼："立功有个屁用？这届皇上就不值得你卖命！"杨谭说："那倒是。盖司隶（宽饶）、韩冯翊（延寿）都是忠心尽职的官员，却都因为小事被皇上杀了。"

然后，杨恽被举报"被撸之后不收敛不收手，性质严重，影响恶劣"。宣帝让有关部门严查。结果显示，上述举报属实。宣帝很生气，尤其是看到杨恽写给孙会宗的那封信时，宣帝彻底怒了。再加上当时刚好发生日食，必须有个背锅的。最后，杨恽以大逆不道罪被判处腰斩；老婆孩子被流放到河西走廊；侄子杨谭被一撸到底；凡是和杨恽称兄道弟的高官，如孙会宗等，一律撤职。

有人说，杨恽是中国历史上因文字狱被杀的第一人。很多人批评宣帝做得不对。比如，司马光就直接说，这是宣帝的历史污点。就连太子刘奭也提醒宣帝："太残酷了，还是应该以德治国。"

宣帝说："治国当然要刚柔并济、王霸杂用了。有你这样的傻儿子，我这点家业早晚被败光。"

絮舜：听说领导要出事了

　　五凤四年（前54）十一月的一天，京兆尹府贼捕掾（长安市公安局局长，正处）——絮舜，刚上班就蒙了。因为整个京兆尹府都在传一个消息：张市长要出事了！

　　张市长，名叫张敞，出了名的能干，政绩突出，被誉为"建国百年来优秀京兆尹第二名"（第一名为赵广汉）。他出事，主要是被朋友连累。他的朋友就是前光禄勋杨恽，前几天刚因大逆不道罪被公开处死。

　　据说，上面非常生气。不仅把杨恽的家人免职、流放，还把多名高官一撸到底。比如：安定郡太守孙会宗、未央卫尉（宣帝警卫局局长，正部）韦玄成。因为他们都有一个共同的特征：杨恽的好朋友。

　　张敞也是杨恽的好朋友。据说，实名举报他违法乱纪的信件把宣帝的办公桌都堆满了。有人举报他怠政懈政，天天在家给老婆画眉毛，严重损害长安市政府和领导干部形象。张敞喜欢给老婆画眉，而且是美妆大师级水平，不低调不收敛，搞得满长安都知道张市长最擅长画眉。成何体统？有人举报他长期出入高档会所，与多名女性保持不正当关系，生活上极度腐化奢靡，道德败坏，肆无忌惮追求个人享乐。有人举报他和杨恽等人大搞团团伙伙、拉帮结派，政治上任人唯亲、排斥异己，经济上互为谋利、共同分赃，工作上自行其是、阳奉阴违，营私舞弊、对抗中央。总而言之一句话，不办张敞不足以平民愤、正国法。

所以，张敞落马，也就这几天的事。同事们一个个说得有鼻子有眼的，絮局长越听越后背发凉：张市长出了事，我怎么办？因为，絮局长是张市长的得力干将、大红人。

正心乱如麻呢，办公室门被推开了，张市长的秘书交给他一份文件："市长批示，这案子你要尽快办理。"尽快办理？尽快切割吧！絮局长想了想，直接出门，回家休息去了。

过了两天，张市长派秘书来询问案件进展。絮局长直接怼了回去："他都快卷铺盖回家了，还办什么办？（五日京兆耳，安能复案事！）"絮局长不仅要尽快撕掉身上"张市长爱将"的标签，还要尽快立起"张市长仇家"的人设。可惜，他打错了算盘，并为此丢了性命。

为啥？因为部级以上官员的事，他一个普通处级干部根本看不清，也看不懂。信息不对称＋能力不对称，怎么玩？比如，最关键的，宣帝对张敞非常信任和欣赏，根本没打算撤他的职。比如，张敞这人，绝对是个狠角色，虽然平时看起来平易近人、和蔼可亲。一个数据就说明问题了——张敞已经当了九年的长安市长，是西汉建国以来任职时间最长的长安市长。这可是汉朝最难当的地方官——自赵广汉被诛杀后，长安市的治安就没好过，市场上"偷盗尤多"，老百姓都没法安心做生意了，继任的几个市长束手无策，"皆不称职"；中央想起当初因胶东国盗贼横行而主动请战去胶东治贼大有成效的张敞，调其入京做京兆尹。果然，张敞治贼有一套，上任后一顿操作猛如虎，整个长安市瞬间安静祥和，报警的鼓声几乎再也没有响起过，市场上小偷小摸的现象都没有了。

你敢跟张市长玩落井下石？更要命的是，张市长还没落马呢。看着自己一手提拔的老部下忘恩负义、落井下石，张敞说："去死吧。"张敞命有关部门立即抓捕絮局长，然后连夜审讯，然后依法判决：死刑立即执行、公开执行（弃市）。

絮局长被处决前，张敞专门派人给他带了一句话："老子就算明天落马，今天也能要你的命。"落井下石的絮局长，被自己搬起的石头砸死了。

据说要落马的张市长，天天骑着马，继续上班开会、下班画眉。后来，絮局长的家人告御状，举报张敞草菅人命。宣帝确实很喜欢张敞，收到张敞草菅人命的举报信，他说："先把张敞和杨恽狼狈为奸的案子办了吧。"然后，亲自作批示："一撸到底，滚回老家当农民。"张敞接到处分后，心领神会，直接回家卷铺盖跑了。

过了几个月，宣帝突然派人召张敞回长安。使者上门时，张敞的家人吓得痛哭流涕，以为要追究张敞草菅人命的死罪。张敞笑着说："哭个屁，我现在就是个老百姓，如果治我的罪，本地公安局来人就行。现在是长安来的官员，肯定是皇帝要重新用我。"张敞回京见驾；然后，出任冀州刺史（中央特派冀州督察组组长）；然后，照样牛得不行（敞到部，盗贼屏迹）。

絮局长泉下有灵，不知道作何感想？

汉宣帝：匈奴来降，我的人生巅峰

甘露三年（前51）春天，宣帝走上人生巅峰：匈奴单于来降。

这是宣帝的一小步，是大汉帝国和中国历史的一大步。一百多年来，彪悍的匈奴让汉朝吃尽了苦头。正所谓：一部匈奴史，半部汉朝屈辱史。

开国皇帝刘邦惨遭围殴，被迫嫁姑娘换和平。刘邦死后，吕雉执政。匈奴冒顿单于公然调戏她："咱俩都单身，要不一起过吧？"女强人吕雉忍辱负重，回复说："我都人老珠黄了，配不上您。"然后，送了一个年轻姑娘给他。大汉举国上下视之为奇耻大辱（详见《汉书·匈奴传》）。文帝、景帝时，匈奴多次入侵，就连长安城外都被搞得狼烟四起；更可恶的是，匈奴人还与淮南王等造反派勾结，妄图插手汉朝内部事务。文帝、景帝忧心忡忡，夜不能寐。武帝雄才大略，继位后决然与匈奴开战，大漠黄沙，血战到底，虽然最终把匈奴揍了个半死，但代价也非常沉重：不仅败光了祖宗积攒近七十年的家底，更是把大汉朝搞得民不聊生、国无宁日。至此，汉匈两败俱伤，重伤。

没想到，三十年后，天翻地覆慨而慷，匈奴单于投降了？！这三十年都发生了啥？这三十年，汉朝（霍光＋汉宣帝）就干了一件事：不折腾。不折腾很牛吗？对。尤其和反面教材匈奴一比，你就知道了。因为这三十年，匈奴就干了一件事：折腾，使劲折腾，往死里折腾。

先是因为接班人问题，匈奴内部闹分裂，长期、反复地窝里斗。今天，匈奴四大天王中的左贤王、右谷蠡（lù lí）王公开与中央决裂，搞军阀割据。明天，匈奴单于死了，前任匈奴的阏氏竟然帮自己的情夫当上了新单于。新单于"小三上位"后，搞大清洗，把老单于的人杀的杀撤的撤，重要岗位全换成自己人。国家乱了，人心散了。后天，匈奴彻底乱成了一锅粥。一个国家，五个单于，互相厮杀，都想当老大。

大汉朝必须感谢霍光。不管他再嚣张跋扈，再废立皇帝，再纵容家人违法乱纪，就凭他让大汉帝国稳定发展了三十年（汉宣帝是他指定的继承者），绝对是社稷功臣。

再说回匈奴。这三十年，匈奴不仅窝里斗，对外也各种折腾。今天，侵扰汉朝边境，伤亡过半。明天，攻打河西走廊，全军覆没。后天，远征乌桓，无功而返。大后天，进军西域，损失十万人、近百万头牲畜。

领导不给力、军队不给力；更要命的是，老天爷也不给力。今天，爆发雪灾，几万人、几万头牲畜被冻死。明天，爆发大饥荒，人口减少三分之一，牲畜减少二分之一。后天，再次爆发大饥荒，人口、牲畜损失高达六七成。

其实，并不是老天爷偏爱汉朝。那些年，汉朝也经常爆发水灾、旱灾、大地震等。但是，因为领导英明、政府靠谱、政策给力，所以，天灾的杀伤力不大。

这三十年，匈奴这个马背上的民族，马和民族都快折腾没了。在此期间，他们无数次向汉朝委婉表示："亲，咱们和亲吧。"汉朝："呵呵。"也有汉朝大臣建议：趁他病、要他命，咱灭了匈奴吧。宣帝没出兵，理由是：老百姓连温饱都没解决，打什么仗？就算打了胜仗，也得不偿失，容易爆发系统性风险。

这三十年，汉朝除了对匈奴、西羌各有一次大规模用兵外，几乎不出窝。你来打我，我反击。你不打我，我不动。你打西域，我派个政委过去，一边搞统战，一边帮西域人民弄死你。神爵二年（前60），汉朝的统战工作大见成效：设西域都护府，将整个西域彻底纳入掌控。

三十年来，汉朝休养生息、国泰民安，粮食连年丰收，百姓安居乐业。三十年来，匈奴天灾人祸连绵不绝，别说老百姓了，就连老大都混不下去了。时任正牌单于（呼韩邪单于）眼瞅着就要被盗版单于（郅支单于）给灭掉了。怎么办？认怂吧。

匈奴大臣A建议："向汉朝称臣、求救，是唯一的生存之道。"匈奴大臣B—Z强烈反对："咱大匈奴丢不起这个人！"呼韩邪单于拍板："丢人总比丢命强。投降，我亲自去投降！"然后率部南下向汉朝边境靠拢，并派儿子提前出发，去长安当人质，以表诚意满满。数月后，呼韩邪抵达五原郡（今内蒙古包头）边境，并向宣帝递交报告："特申请明年正月到长安向您汇报工作，妥否，望批示。"

整个大汉沸腾了。别着急嗨，先商量正事：怎么接待呼韩邪单于？这可是破天荒的大事，史无前例（春秋战国时期，各诸侯国之间的胜败输赢都属于"内战"）。办好了，功在当代，利在千秋。办砸了，战乱再起，天下动荡。

全世界都盯着呢。比如，盗版单于（郅支单于）就等着看笑话呢。他认为，呼韩邪到了长安，会被宣帝扣押，当成战利品，供全世界参观、合影留念。到时候，自己振臂一呼，受到侮辱的匈奴人民在自己的领导下，团结一心，以报仇雪恨为名，再度崛起。比如，西域一些国家也等着浑水摸鱼呢。万一汉匈交恶，战火再起，自己是不是可以趁机捞点好处呢？

所以，呼韩邪进京述职，必须安排妥当、万无一失。当然，向来以天朝大国自居的大部分汉朝官员不这么认为。汉朝大臣 B—Z 表示："他一个野蛮人的酋长，在咱们这儿，撑死了算个正部。就算超规格接待，副国级标准足够了（其礼仪宜如诸侯王，位次在下）。"汉朝大臣 A 强烈反对："尊重对手才能广交朋友、和平崛起。匈奴不是弱鸡，必须得按正国级标准接待（位在诸侯王上）。"宣帝拍板："同意。咱不以大欺小。大汉就要有大汉的样子。"

宣帝确实牛，因为他这个决定，不仅力排众议，而且惊世骇俗。不仅在当时，包括在后世，这个做法都遭到很多儒家官员的鄙视：自降身价，与礼不合！你想想，就连一千多年后的道光、咸丰皇帝，都会要求洋鬼子觐见时要三跪九叩，否则不见。

会后，大汉钦差即刻奔赴边境迎接呼韩邪；沿途各郡出动两千骑兵护送呼韩邪过境，一为安保，二表尊重，类似现在的警车开道＋国宾护卫队。

甘露三年（前51）正月，呼韩邪单于抵达长安。宣帝先行祭拜天地和祖宗，一则报喜，二则表功；然后，在甘泉宫会见了来京述职的呼韩邪。听取了呼韩邪对匈奴当前形势和各部落工作情况的汇报后，宣帝说，即将过去的这几年，是匈奴局面最为严峻复杂的几年；面对各种困难和压力，你做了大量艰苦工作，显示出的勇气和担当，中央是充分肯定的。宣帝表示，我们将坚定支持你带领匈奴各部落团结一心，共同推动匈奴发展重回正轨。鉴于呼韩邪任职期间对大汉帝国的突出贡献，宣帝对他提出了隆重的表彰，并赏赐了大量财物。

第二天，呼韩邪进京述职欢迎大会在长安隆重举行。宣帝站在高台上，呼韩邪入场觐见。宣帝表示："呼韩邪同志辛苦了，免礼平身。"然后，宣帝登上渭桥。桥下，呼韩邪与受邀参会的匈奴随行官员、各国领导、大汉帝国部级以上官员等数万人，齐声高呼万岁万岁万万岁。晚上，宣帝在皇宫宴请呼韩邪，并一同参观大汉国宝展。

此后一个月，宣帝多次接见呼韩邪，围绕汉匈关系及重大国际和地区问题做了战略沟通，达成一系列重要共识。

一个月后，呼韩邪回国。按照双方约定，他率部居住在汉匈边境，一旦有变，可进入汉境自保。此外，汉朝特派一万六千名骑兵驻扎边境，给呼韩邪当保镖。谁敢不服，往死里揍。汉朝还划拨粮食三万四千斛（约一百万斤）给呼韩邪部，随便吃，管饱管够。

盗版单于（郅支单于）一看，慌了。不是应该把这孙子关在长安动物园，供人参观合影吗？怎么还傍上大粗腿了？盗版单于赶紧补课：也派儿子来长安当人质，逢年过节也派使臣到长安送礼问安。晚了。因为呼韩邪抢的是头炷香。宣帝始终对呼韩邪更有好感。

盗版单于无奈，只好往西发展，跑到中亚的康居国，谋求东山再起。他以为自己离汉朝十万八千里，可以随便折腾，你能奈我何？可惜，他遇到了个爱跑长途的狠人：陈汤。陈汤万里迢迢赶过去，把他干掉，然后说了句流传至今的金句："犯我强汉者，虽远必诛！"回头细讲。

再说回呼韩邪。盗版单于跑了，呼韩邪轻轻松松再次统一匈奴。这哥们确实很感激汉朝。若干年后，他第三次到长安述职时，自降身份，要给时任汉朝皇帝（元帝，宣帝的儿子）当女婿（汉匈此前一直是兄弟关系）。

元帝当然乐意，就随便挑了个他没见过面、以为颜值一般的宫女嫁给了他。这宫女叫王昭君。

汉元帝：乖孩子为啥没出息

宣帝这辈子最大的心病就是太子刘奭。因为刘奭是个典型的乖孩子：温和、善良、听话、爱学习、成绩好……

这性格，将来怎么接老子的班？有一次，宣帝气得大骂刘奭："老子的家业迟早被你败光！"宣帝甚至想废了刘奭的太子位，但又狠不下心。因为太子的生母许皇后和宣帝是贫贱夫妻，年轻时相濡以沫、感情很好，好不容易苦尽甘来、老公当皇帝了，许皇后没过几天好日子，就被霍家给毒死了。所以，刘奭的太子位才得以保全。但事实证明，宣帝的担心一点也不多余。刘奭这个乖孩子，确实是个败家子。先从一件小事说起吧。

甘露二年（前51），汉朝发生了两件影响国运的事。一件是震惊世界的大事：匈奴单于呼韩邪到长安称臣、认怂，大汉帝国成为全球唯一超级大国。另一件是太子的家务事：刘奭最宠爱的女人司马良娣因病去世。（刘奭当时未册封太子妃。）第二件事看着不大，但它对大汉帝国的影响比匈奴投降还深远，还致命。

最爱的女人去世了，刘奭很伤心，但更让他无法接受的是，司马良娣临死前向他哭诉："臣妾不是病死的，是被家里那帮狐狸精给害死的。"

敢欺负我的女人？！同样的剧情，刘奭的列祖列宗也遇到过。比如强大的刘邦。项羽当年把他爹和老婆抓了，威胁他投降。刘邦说："咱俩是兄弟，我爹就是你爹，我媳妇就是你嫂子，你看着办吧。"反而把项羽搞不好意思了。比如彪悍的武帝。当年皇后陈阿娇想干掉得宠的卫子夫，武帝不仅把陈皇后废了，还一口气杀了三百多人，把皇后一党连根拔起，公私兼顾。比如隐忍的宣帝。当年霍家把许皇后毒死了，宣帝很伤心，但他惹不起霍光，乖乖娶了霍光的女儿当皇后，一忍就是六年，直到霍光去世后才算总账：霍家灭族，霍皇后被废。君子报仇，十年不晚。

可惜，刘奭是个乖孩子，既不强大，也不彪悍，更不会忍，他只会：生闷气，闹情绪，委屈自己。有人说，乖孩子有个特点：遇到困难，不去解决，而是选择逃避——从此，刘奭悲愤成疾，不再亲近其他姬妾。这样一来，宣帝着急了。一来着急儿子的身体，二来着急抱孙子。因为刘奭都结婚七八年了，至今还没生娃。身体是革命的本钱、生娃是革命的未来。你既不爱惜身体，又不考虑未来，这怎么成？宣帝让皇后（太子的养母）特意挑几个才貌双全的宫女去照顾刘奭、哄他开心。皇后暗中叫长御（皇后身边的女官，为宫女之长）询问太子喜欢哪个宫女。

刘奭根本不感兴趣，但乖孩子向来听话，他也不敢拒绝，瞟了一眼姑娘们，随口应付了一句："那姑娘不错。"哪个姑娘？长御以为，太子相中的是距离他最近的那个宫女，颜值高、衣品好。于是，这名宫女被留了下来，当晚就和太子同房了；然后一发命中，怀上了；然后，生了个男娃。

宣帝非常高兴，给大孙子取名叫刘骜（áo），工作再忙，下了班也要逗孙子玩。这孙子就是后来的成帝。

这名宫女姓王，叫王政君。包括官方文件（《汉书》）在内，所有人都说王政君命好。但是，刘奭用自己的一生告诉大家：性格决定命运。

先说王政君，她不仅会生，还很能活。刘奭活了四十三岁，当了十六年皇帝。王政君活了八十四岁，当了六十一年的皇后、皇太后、太皇太后；后来，西汉都没了，她还活着。在王政君的照顾下，她的娘家人不仅成为最牛的外戚，还直接把大汉江山搬自己家了。因为，王政君有个超级牛的侄子，叫王莽。回头细讲。

再说刘奭。黄龙元年（前49），一代明君宣帝去世，太子刘奭继位，是为元帝。宣帝操劳一生，给儿子留下一个风清气正、国泰民安的大汉帝国。然后，元帝刘奭用了不到两年的时间，就把它折腾得乌烟瘴气、每况愈下，给汉朝的灭亡埋下了种子。

乖孩子汉元帝到底有多败家？就连一代宗师、德高望重的《资治通鉴》主编司马光，都被气得爆粗口，委婉地骂他是个弱智。

汉元帝：新领导是个老好人

乖孩子刘奭当皇帝了，汉元帝。一切看起来很好。

他一上台，就开始各种勤政爱民：带头勤俭节约；推出各项惠民政策；废除一系列酷刑苛政；大力提拔年轻干部、优秀人才。全国干部群众幸福地直冒鼻涕泡。但是，元帝的好，是老好人的好。这样的领导，很要命。

第一个被要了命的，是大汉帝国的顶梁柱：萧望之。萧望之，当代大儒、元帝最敬爱的老师、宣帝的三大托孤重臣之一、中央政府二号首长。当年匈奴单于呼韩邪投降时，力排众议，提出按照正国级规格接待、确保其顺利归降的，就是萧望之。这种身份和地位的人会被害死？开、开、开、开玩笑！对，在当领导这件事上，元帝确实是个玩笑。

咱从头讲起。宣帝临终前，给元帝任命了三个托孤重臣：宣帝的表叔史高（大司马、车骑将军、领尚书事）、元帝的老师萧望之（太子太傅、前将军、光禄勋、领尚书事）、元帝的老师周堪（太子少傅、光禄大夫、领尚书事）。一个是自家亲戚，另外两个是娃的老师，在宣帝看来，都不是外人，这样的领导班子肯定能同心协力，拧成一股绳，同唱一首歌。哥，你想多了。这三位爷根本尿不到一个壶里。因为，亲疏有别、良莠不齐。

首先，萧望之、周堪是恩师，史高是远亲。史高这个远亲有多远？来个小测验：史高是汉元帝爸爸的奶奶的弟弟的儿子。请问：

汉元帝应该怎么称呼史高？（答案：表叔祖。）

其次，两位老师都是一代名臣、大儒，治国理政那是相当地在行。而史高这个远亲，只擅长吃喝玩乐、为非作歹。所以，元帝对两位老师那是相当信任：您说怎么干，咱就怎么干。您说提拔谁，咱就提拔谁。

所以，成了摆设的史高很不爽。"我是一把手、班长，你俩是班子成员，归我领导！我是皇亲国戚，是大领导爸爸的奶奶的弟弟的儿子，你俩是外人，算个屁！"然后，史高找了个强大的帮手：石显。

石显，元帝最信任的一个死太监，时任中书仆射（元帝办公室副主任，副局）。乖孩子出身的元帝有个天真的想法：太监社会关系简单，所以不会拉帮结派，最值得信任。再加上元帝身体不太好，经常生病，所以，身边需要一个信得过又能干的人。石显非常能干，从宣帝时就在大内秘书局工作，心眼多、脑子活、业务精……所以，石显就成了元帝的代言人，权倾朝野。

史高和石显一拍即合，开始和萧望之对着干。萧望之对太监干政早就不满，便火力全开，想把石显等赶出权力中枢，一锅端了。他对元帝说："皇帝办公室这么重要的机构，怎么能让太监参与？这完全违背公序良俗，应该把他们全部解聘！"真是啪啪打脸呀，石显脸都绿了："萧老头，我不弄死你，我就不是个爷们。"

元帝很纠结。萧老师的建议很在理，但石显确实很好用，何况自己刚接班就搞改革，不妥吧？老好人的特点是谁也不想得罪，没主见，没原则。纠结了半天，元帝开始和稀泥："再研究研究吧。"然后，就研究没了。

躲过一劫的石显立刻开始反击。他整人的手段，一百个萧望之也比不上。他先找人实名举报萧望之等结党营私、图谋把一把手史高拉下马。元帝派人找萧望之了解情况，萧望之回复："这事有，但我这不是结党营私，而是为国除害。"等的就是你这句话。石显立刻向元帝建议："萧望之等结党营私、打击异己，大搞团团伙伙，建议廷尉约谈问话。"

元帝当然相信萧老师不会乱来，但既然涉及三大托孤重臣，让萧老师他们向廷尉解释清楚，也是应该的。便批示：同意。他不知道，石显给他和萧望之挖了个大坑。

首先，石显利用了元帝刚接班、不熟悉政务的特点，玩了个文字游戏。廷尉约谈？廷尉只在一个地方约谈：监狱。所以，萧望之和周堪等人都被抓了起来。

过了几天，元帝说："叫周堪他们过来开个会。"下属回复："他们被关在监狱，还怎么开会？"元帝大惊："咋关监狱啦？不是约谈吗？"下属回复："对呀，在监狱里约谈呀。"元帝这才知道萧望之他们被下大狱了，非常生气，把石显叫来，骂了半死。石显跪下一个劲儿地磕头认错："是我错了，没和您说清楚。"元帝说："马上把萧老师他们放出来，官复原职。"石显说："我马上去办。"

这事就这么算了？对。石显的狡猾和阴险就在这里，他非常了解元帝，只要你主动认错，他不会为难你的，更不会认为你在玩他。

元帝就这么算了，但石显不会就这么算了。开玩笑，让萧老头官复原职，放虎归山，收拾我吗？他早有后手。一方面，他压着元帝的批示不执行；一方面，立刻通知史高进宫。

史高拿出领导长辈的气派、忠君爱国的面孔，义正辞严地背了一段石显给他准备的台词："您刚走上领导岗位，在人民心中威望尚浅。这是您办的第一件大案要案，而且萧望之还是您的老师，全国人民都看着呢。臣以为，既然抓都抓了，至少应该给个撤职处分。这样，大家都会觉得您大公无私、英明神武。"元帝一听，也对，"反正日后官复原职也是我一句话的事"。便批示：萧望之等人革除一切职务，回家闭门思过。

石显确实是个老狐狸，就这么三言两语，中央政府的二把手（萧望之）、三把手（周堪）都被一撸到底，当老百姓去了。

当然，"老好人"汉元帝也没忘了萧老师。过了半年，元帝准备直接提拔萧老师为丞相。史高、石显当然不答应。他们就拿萧望之的儿子说事。

因为萧望之的儿子一直在给中央写信，要求给父亲平反冤案。在史高、石显的安排下，有关部门先递交报告："萧望之等结党营私，打击异己证据确凿，不存在冤假错案。萧望之教唆家人以翻案为名，公然诽谤中央、抹黑司法，犯大不敬罪，特申请逮捕。"然后，石显向元帝建议："您对萧望之这么尊重、爱护，他不仅不领情不收敛，反而心生怨恨，诽谤您。如果不略施薄惩，您以后还怎么带队伍？严管才是厚爱呀。臣建议，把萧望之关到监狱里，让他好好反省反省。"

元帝直接被石显带沟里了，也觉得很委屈，想让萧老师冷静冷静，明白自己的良苦用心。但是，他唯一的担心是：萧老师性情刚烈，万一接受不了怎么办？

萧望之的宁折不弯是出了名的。年轻时，他被推荐到中央做官。当时，大将军霍光是帝国一哥，所有新任命官员必须霍光面试通过。霍光的安保等级非常高，普通官员觐见，必须脱衣服安检。只要能当官，脱衣服算啥，脱光了都行，除了萧望之。

萧望之一看，转身就走："我不想面试了。"安保人员立刻将他拿下："你个小蚂蚁，拽什么拽？"霍光听说了，很好奇，专门召见他，问他原因。萧望之直接开怼："大将军想辅佐幼主、开创盛世，全国的读书人都想跟着您建功立业。但您这样不尊重读书人，恐怕会事与愿违吧？"霍光很不爽。所以，那一批被推荐的读书人，只有萧望之没录用。

三年后，萧望之才通过公务员考试，当了门候（看大门的芝麻官）。当年同一批被推荐的读书人中，有一个已经当了光禄大夫、给事中（副部），春风得意得很。有一次，这哥们坐车经过萧望之看门的地方时，故意让司机停车，前呼后拥地来到萧望之面前，笑着说："你当年那么牛，敢跟大将军对着干，现在怎么屈尊当保安队长了？"萧望之回他四个字：人各有志。

萧望之：我就是这么宁折不弯。石显：要的就是你宁折不弯！

所以，石显对元帝说："您别担心。蝼蚁尚且偷生。何况，萧望之犯的又不是大错，关几天就放了，他不会反应过激的。"元帝说："也对，准了。"

OK！石显立刻命有关部门大张旗鼓去抓捕萧望之。大批军警将萧望之家围了个水泄不通；然后，警车开道，钦差登门，宣读诏书。石显就是要告诉萧望之和全世界："我奉皇命来抓你了。你不是宁折不弯吗？你不是德高望重吗？我就要当着全国观众的面儿侮辱你。"

萧望之当然受不了这份侮辱。他仰天长叹："我当了半辈子的正国级，今年都六十多了，老了老了，还要被关到监狱里苟且偷生。丢不起这人！"服毒自杀。

元帝知道后，大惊失色，拍着大腿说："我就知道要出事，我就知道要出事，果然逼死了我的萧老师！"然后，不吃饭，痛哭流涕。熟悉的配方，熟悉的味道。

然后，元帝把石显等叫来，痛骂一顿："你们办事能不能用点心、靠点谱？！"然后，石显等下跪认错。然后，这事就算翻篇了。

元帝确实很伤心，因为他确实很尊重爱戴萧老师。终其一生，他一直很怀念萧老师，逢年过节都要派人去祭拜萧老师。有个屁用？

一千多年后，司马光编撰《资治通鉴》时，气得直接爆粗口："我也是真开眼了，汉元帝这个领导当得，被人卖了还替人数钱！石显他们这么明显地忽悠你，玩你，就算是个普通智商的人当皇帝，也能回过味来，把他们杀掉。你倒好，除了哭、绝食，还会干个啥？这种智商不在线的人当皇帝，汉朝不被奸臣搞完蛋才怪！"

从此以后，大汉帝国，石显一个人说了算。一个乖孩子＋老好人当领导，一个死太监＋老狐狸当代言人，这家不败才怪。

石显：我凭啥是领导身边第一红人

干掉帝国一哥萧望之后，石显成了元帝身边的第一红人。大汉帝国的大事小情，全部石显说了算；而且，他一红就是十四年，直到元帝去世。很多人不服：一个死太监，这么受领导待见，凭啥？

确实，和萧望之相比，石显怎么看怎么 low。但是，最终的胜利者是石显。主要原因如下：

首先，石显知道领导喜欢什么。元帝，乖孩子出身，老好人一个，身体又不好，所以，不想折腾，就喜欢岁月静好、吹拉弹唱。萧望之呢，使命感、责任意识和担当精神太强，天天给领导出难题，搞政治改革、高压反腐，啃的全是硬骨头，把元帝折腾得又累又为难。石显则不一样，天天给领导解决难题。"您身体不好，尽管安心静养，看看书、写写字、旅旅游、玩玩音乐。工作上那些烦心事，我来帮您盯着。"有这样懂事能干的下属，元帝当然开心、放心。

而且，石显并不是怠政懒政，而是专挑元帝喜欢的办，马上就办、大办特办。比如元帝崇尚节俭。石显就把厉行勤俭节约作为一号工程来抓。今天压缩财政预算，明天整顿楼堂馆所。比如，元帝喜欢儒学。石显就全面推进高校扩招工程，大力选拔儒家知识分子当官，当然，选的都是听话、懂事的（贡禹、郑朋、华龙等）。他主抓的，全是时间短、见效快、一抓就灵、常抓常灵、领导喜欢、自己轻松的事儿，俗称：政绩工程。把元帝乐得，做梦都能笑醒。

其次，石显从来对人不对事。在石显看来，同事只有两种：自己人、敌人。只要是自己人，干什么都行。只要是敌人，干什么都不行。

左将军（长安卫戍区司令）冯奉世，战功赫赫，女儿又是元帝的宠妃。这种军方大佬＋外戚的实力，当然是石显的重点交往对象。他直接送了冯奉世的三儿子冯逡（qūn）一个大好前程：侍中（给元帝当秘书）。没想到，冯家父子不领情，反而向元帝举报石显"嚣张跋扈、欺上瞒下"。

深受石显影响的元帝大怒。结果，不仅冯逡的大好前程没了，冯家也哪儿凉快哪儿待着去了。元帝准备任命冯奉世的二儿子、大鸿胪冯野王为御史大夫。石显说："冯部长确实非常优秀，也很适合御史大夫一职。但是，他毕竟是冯贵妃的哥哥。臣担心，广大干部群众和千秋后世误会您任人唯亲呀。"元帝说："对对对，你考虑得比我周全。"

从此，冯家父子再也无法进步了。冯野王郁闷地说："人家当外戚升得快，我家当外戚反而影响进步！"石显："呵呵。"

彩蛋：冯奉世是冯唐的孙子（对，就是那个著名的"冯唐易老，李广难封"的"冯唐"）。冯唐当年就是个直肠子，七十岁左右还是个正处级干部，曾经当众把文帝怼得下不来台。

第三，石显做事，要么不做，要么做绝。敢得罪我？必须让你永无翻身之日！哪怕你是正国级领导、元帝的恩师、德高望重的一代宗师萧望之。再加上石显超级办事员、自考法律本科（明习文法）的出身，所以，他很会整人。比如搞萧望之，目标明确、环环相扣、刀刀见血、依法合规，将法律、人性和领导（汉元帝）玩弄于股掌之上，你还挑不出毛病。

反观萧望之，身为学者型官员、正国级领导，考虑问题习惯从大局出发，对事不对人，责任感强、可操作性差。比如搞石显，他的出发点是废除太监干政的制度，而不仅仅是针对石显。所以，他对石显的反击没有太多的预期和准备，一直处于被动挨打的局面。汉元帝说再研究研究，他就老老实实地在家等结果。"我从来对事不对人"，只能是石显这类人美化自己的口头禅，但萧望之却把它当成了身体力行的座右铭。所以，萧望之，死。

而且，萧望之一派的儒家知识分子都擅长务虚，不擅长整人。萧望之死后，以周堪、张猛为首的儒家官员意识到问题的严重性，开始和石显作你死我活的斗争。但他们攻击石显，翻来覆去，都是"小人道长，君子道消，则政日乱"那一套对白，翻译成白话文就是"奸臣当道、祸国殃民"。

比如，最后一个向石显发起挑战的易学大师京房。他以《周易》为理论基础，将天象与政治联系起来（谶纬之术），准备把石显拉下马。这属于放大招了。因为古代帝王非常重视天象示警和祥瑞之兆，认为是上天对自己的暗示。京房直接对元帝撂狠话："您当皇帝以来，人类历史上有记载的灾难，全部发生过，无一遗漏。日食、月食、彗星撞地球、山崩、地震、洪灾、旱灾、蝗灾、冬雷、六月飞雪、大饥荒、瘟疫、盗贼四起、监狱满员……您认为，现在是盛世还是乱世？"

元帝确实是个老实孩子，回答说："当然是乱得不能再乱的乱世了，这可咋办呀？"京房说："这说明一件事，您用人有问题，有大问题！"元帝想了半天，问："我用的哪个人有问题？"京房说："领导英明，您怎么会不知道？"元帝说："我确实不知道呀。我如果知道，怎么会用他？"京房强忍着想死的心，说："就是您最信任的那个人。"元帝终于反应过来了："哦，知道了。"然后，就没然后了。

几个月后，石显以妄议朝政、诽谤天子、连累诸侯王之罪，将京房公开处死，其家人发配边疆。从此，没有人敢和石显公开作对。就连部级官员见了他，都要赶紧立正站好，连个屁都不敢放。

元帝确实蠢，也没有上帝视角，不知道谁是忠臣、谁是奸臣。而且，所谓的奸臣忠臣、好人坏人，也不是上帝视角，而是国产剧视角。何况，在元帝心中，石显并不是奸臣。因为——

第四，石显非常有危机意识。石显害死萧望之后，开始大权在握、权倾朝野。但是，他不仅没有飘，反而开始居安思危。他很担心人红是非多，怕别人在元帝跟前打小报告，自己因此失宠。所以，他经常花些小心思、搞些小动作，来巩固元帝对自己的信任。

比如，某一天他要出宫办事，他主动向元帝汇报："我今天出去办事，要跑好几个部门，怕万一回来晚了，宫门关了进不来，请您赐我一张临时出入证（诏书）。"元帝当然批准。然后，石显故意深夜回宫；然后，大张旗鼓、牛皮哄哄地让守卫开门，说皇帝特批的，而且拒绝出示临时出入证。第二天，果然有人告他假传圣旨、无法无天。元帝笑着把举报信拿给石显看。石显瞬间入戏，哭着对元帝说："因为您的信任，让微臣多挑些担子，很多人就羡慕嫉妒恨，千万百计想害微臣。微臣无能，不可能让所有人满意。请您将微臣一撸到底，哪怕在宫里当个保洁，只要能天天伺候您就行。"元帝很感动，拍着石显的肩膀说："放心，我不会让老实人吃亏的。"然后，对石显大加赏赐——结果，皇上赏赐的，加上百官赠送的，石显收到的钱财总额就高达：一个亿（訾一万万）。

此外，石显非常注重公众形象，群众基础很好。他害死文坛宗师萧望之后，担心天下的读书人集体黑他，就刻意和读书人交朋友，提拔了几个既听话懂事、又有才华和人气的学者型官员。比如贡禹，四年之内，从谏大夫（大内办公厅副局级顾问）升到御史大夫。

大家都纷纷表示：喔，原来我们都错怪了石主任（已升任中书令——元帝办公室主任，正局级）。

所以，石显成为汉元帝最信任的干部，一红就是十四年。大汉帝国被整得乌烟瘴气、民不聊生。官场上，忠诚担当的越来越少，投机逢迎的越来越多。

比如，著名优秀干部、长安令杨兴。有一次，元帝让他谈谈对周堪的印象。杨兴曾经多次公开称赞周堪，但这一次，他认为元帝开始不信任周堪了，便立即转向："其实，不仅中央各部门的同志对周堪同志有意见，就连周堪同志家乡的干部群众对他也意见很大，他确实做了很多违法乱纪的事情。当然，臣以前说过他的好话，但纯属出于公心，认为像他这样有能力、做出过成绩的干部，我们不能轻易放弃，应该给他一个改过自新的机会。"

像杨兴这样的干部，不是一个，而是一批，一大批。比如，城门校尉（长安城防司令，正部）诸葛丰，向来以刚正不阿闻名。以前把周堪夸成一朵花，现在把周堪骂成一坨屎，还直接向元帝实名举报周堪。诸葛丰的水平不如杨兴，弯儿转得太大太猛太明显了，把元帝气得破口大骂："我从未见过如此厚颜无耻之人！"诸葛丰直接被一撸到底，回山东老家当农民去了。大彩蛋：诸葛丰有个超级牛的后代——诸葛亮。

能干掉石显的，只有时间了。

陈汤：凭本事吃饭，为啥不香

西汉超级猛将陈汤很郁闷。因为他凭本事吃饭，却吃得一塌糊涂。

陈汤，你可能不熟。但陈汤的金句你绝对不陌生："明犯强汉者，虽远必诛！"陈汤的功劳可以用四个字来形容：空前绝后。因为，他把匈奴单于杀了。

宣帝时期，匈奴搞分裂，南匈奴的呼韩邪单于投降，北匈奴的郅支单于逃亡中亚。天高皇帝远，时间长了，郅支单于又满血复活了，在西域兴风作浪，直接威胁到汉朝的国防安全。郅支单于的主要优势是：远。他的地盘距离长安一万两千多里，距离汉朝的西域都护府五千五百多里。来打我呀，你来打我呀！

陈汤说：好。然后，领着三百汉军（西域都护府日常驻军）、四万多西域联军，跑了五千五百多里，把北匈奴灭了，把郅支单于杀了，还把单于的人头快递给了长安。陈汤在报捷信中建议："把郅支单于的头挂到长安使馆区，让全世界都知道，'明犯强汉者，虽远必诛！'"

中国历史上，把强大的外族领导人干掉的，陈汤可能是独一份儿。更难的是，一没向组织要人要钱，二没和组织谈条件要待遇，直接就把活儿干了。干得漂亮！

但陈汤万万没想到，迎接他的，不是鲜花掌声和高官厚禄，而是纪检部门。回国途中，有关部门以涉嫌贪污为名，抓捕了多名陈汤的下属，并严加审讯。陈汤急了："你们是要替匈奴单于报仇吗！"

当然不是。他们只是不爽："凭什么你孙子立功受奖、升官发财？"

大英雄、大功臣陈汤这么好欺负吗？对。因为"凭本事吃饭"的另一面是：上面没人。陈汤的上面，只有敌人，而且还是惹不起的大人物：帝国一哥石显，石显的同伙、丞相匡衡。

陈汤得罪石显他们，首先是站队问题。陈汤是西域副校尉（西域都护府二把手，副部），一把手是西域都护骑都尉（副部）甘延寿。甘延寿得罪过石显（石显曾想把姐姐嫁给甘延寿，甘延寿没答应）。陈汤却和甘延寿搭班子、同心协力把北匈奴给灭了。石显能让你俩好过吗？

其次，更要命的是，陈汤灭北匈奴属于先斩后奏。当时，时间紧任务急，陈汤建议直接开干。甘延寿不同意，要按程序报批。陈汤坚决反对：战机稍纵即逝，等程序走完，黄花菜都凉了。何况，长安那帮大爷懂个屁军事？他们才不愿意给自己添麻烦呢，肯定不同意开战。最后，陈汤拿刀逼着甘延寿，才发的兵、开的战。

"先斩后奏"的另一面是吃独食。竟然不给领导站 C 位吹嘘的机会？！敢情这天大的功劳和领导啥关系没有，就你俩牛，就你俩立功受奖、升官发财？你俩，还想有好果子吃？

第三，陈汤确实不招人稀罕，属于有才无德那类。陈汤从小就是个学霸，但家里穷，他到处坑蒙拐骗，家乡父老很鄙视他。后来，他托关系找门路，到长安当了个小官。为了升官，他竟然瞒报父亲去世的消息，不回家守丧，因此被撤职、判刑。刑满释放后，又托关系重新进入官场。

此外，陈汤很爱财。这次灭北匈奴，他和弟兄们确实捞了不少。在古代，这本不算大事。汉武帝的小舅子李广利平大宛，晋朝的王濬（jùn）灭东吴，清朝的曾国荃攻克天京（今江苏南京，太平天国的首都）……哪个不是把金山银山都搬回了家？哪个不是照样立功受奖、升官发财？同样爱财的唐朝大将侯君集说过一句话："只要能打胜仗，再贪也得重赏；只要打了败仗，再清廉也该死。"

陈汤很生气、很不爽。但他不知道，石显、匡衡更生气、更不爽。所以，虽然陈汤抱怨后，元帝亲自下令，让沿途各级政府积极准备酒食、热情接待陈汤等有功将士，但等待陈汤的，依然是一连串的打压。

回到长安，该论功行赏了。石显、匡衡第一个跳出来反对：论功？不杀他们已经是格外开恩了！假传圣旨、擅自开战，在境外惹是生非，给国家带来灾难，这样的干部如果还要奖励，班子还怎么管？队伍还怎么带？帝国大业还怎么推进？

元帝内心其实很认可甘延寿、陈汤的大功，但又很不想违背石显、匡衡两人的意愿，他很为难："这可咋办呀？"幸亏，石显、匡衡也有敌人。他俩反对的，敌人一定支持。

萧望之一派的骨干、原宗正刘向上书力挺陈汤："当年，李广利远征大宛，花费过亿、损兵五万、耗时四年，结果，就抢了三十匹宝马回来，然后被封侯，就连他的下属个个也飞黄腾达。如今，陈汤没和国家多要一个人一分钱，战果却比李广利大一百倍，如果这都不重赏，以后谁还努力工作？"

元帝："好好好，大家别担心。陈汤的假传圣旨和贪污罪不追究了，赶紧拿出奖励方案。"

刘向等人建议，按照斩杀敌国元首的军功，给予最高奖励。石显、匡衡坚决反对："郅支算个狗屁单于？一个跑到中亚打游击的山大王而已，决不能超规格奖励陈汤！"就这么争论了两个月，奖励方案公布：陈汤晋升射声校尉（正部），封侯，食邑三百户。功劳只是他百分之一的李广利呢？食邑八千户。

好吧，陈汤也认了："三百户就三百户吧，谁让咱上面没人呢？只能委曲求全了。"你想得美。上面没人，你连委曲求全的资格都没有。

陈汤封侯几个月后，元帝去世，太子刘骜继位，是为汉成帝。一朝天子一朝臣。石显虽然靠边站了，但匡衡牛起来了，因为他当过成帝的老师（太子少傅）。匡衡旧事重提，继续搞陈汤，往死里搞。他向成帝建议："陈汤是个贪污犯，虽然先帝免了他的罪，但这样的人绝不适合继续担任领导职务。"成帝："好的，匡老师。"陈汤被一撸到底。随后，又因欺君之罪被判处死刑。开玩笑，你委曲求全？老子要的是斩草除根。

关键时刻，太中大夫谷永上书，救了陈汤一命。谷永说："如果杀了陈汤这个大功臣，人心就散了，国将不国呀。"谷永为什么帮陈汤？因为陈汤帮他报了杀父之仇。谷永的父亲谷吉，曾奉命出使北匈奴，被郅支单于杀害。

陈汤逃过一劫，但依然被一撸到底，贬到基层连队，当了一个大头兵。就这么过了四年，陈汤再次走红。因为他终于找到了一个超级靠山：帝国一哥、汉成帝的舅舅、大将军王凤。

这一年，西域都护府八百里告急：乌孙国派兵围困西域都护府，请求立即支援！满朝文武乱作一团、束手无策。这就是曾经英雄辈出、天下无敌的大汉帝国。实在没招了，王凤突然灵机一动："咱虽然没有卫青、霍去病、赵充国，但还有个陈汤呀。"成帝立刻马上亲自召见大头兵陈汤，把西域都护府十万火急的求救信拿给他看。

陈汤看完信，回了两个字："没事。"成帝："都兵临城下、十万火急了，怎么会没事？"陈汤说："汉军装备精良，能以一敌三，甚至以一敌五；汉军守，乌孙攻，守易攻难；所以，汉军必胜。路太远，没必要派兵，也来不及。所以，您别急，安心在家等好消息吧。"成帝说："太好了，多久会有结果？"陈汤想了想，说："现在应该已经打赢了，按照路程和车速，五日内就会收到捷报。"

四天后，汉军大胜的特快专递送到。这就是陈汤。王凤惊为天人，立即任命他为从事中郎（大将军府中校参谋），从此，一切军政要务都交给他来办。

陈汤终于抱上大粗腿了，还是最粗那根。当然，陈汤确实是个贪官，尤其是经历了仕途的大起大落后，变本加厉了。他开始大搞权钱交易，利益输送。只要你出得起钱，没我办不成的事。他嚣张到什么程度？天字一号工程他都敢大捞特捞。他忽悠成帝异地重建皇陵，大搞移民拆迁，然后从中牟取巨额利益。数年间，数万民工辛苦劳作，无数家庭背井离乡，国家花钱如流水，百姓叫苦连天。唯一的受益者就是陈汤和他的好朋友、将作大匠（皇家建造局局长，正部）解万年。政绩也有了，收入也提高了。

建议叫停新皇陵工程的报告，堆满了成帝的办公桌。成帝了解情况后，叫停了这一工程。但陈汤依然不收敛不收手，对外宣称"只是暂时停工，马上就会恢复"，然后，继续暗中运作。

关键时刻，靠山倒了：大将军王凤去世了。新任帝国一哥、王凤的弟弟王商非常讨厌陈汤，直接以欺君之罪将其拿下，再次一撸到底，发配敦煌吃土。七八年后，陈汤被特赦回长安，不久死去。

从"凭本事吃饭"到"上面有人好做官"，从大功臣到大贪官，这就是陈汤的一生。这也是很多人的一生。比如那个天天骂陈汤是个贪污犯的，德高望重的儒学大师、新任帝师、当朝丞相匡衡。

匡衡：我为啥甩锅失败

竟宁元年（前33），大汉帝国换新领导了：元帝去世，成帝接班。一朝天子一朝臣，有人甩锅有人背。第一个跳出来甩锅的，是丞相匡衡。

匡衡的一生非常励志。小时候，他是感动中国的苦读少年。家里穷，蜡烛都买不起，晚上看书怎么办？匡衡在墙上挖洞，借着邻居家的灯光学习。史称：凿壁偷光。长大后，他是红遍全国的汉代版百家讲坛主讲人。比如他讲《诗经》，火爆到什么程度？粉丝说"百家讲谈，只爱匡衡"。（无说《诗》，匡鼎来；匡语《诗》，解人颐。鼎，相当于"正"、"方"。）更难得的是，在学术圈，他也拥有超高人气。同行们送他四个字：天下无双。他红到什么程度？别人当官，要给领导送礼；他当官，是给领导面子。

元帝时期的帝国一哥史高，因为德行差、水平低，一直被人鄙视。为了让全国人民都知道自己是个知人善任的好领导，史高经过深思熟虑，做了一件事：提拔匡衡。匡衡到中央当官后，仕途非常顺利，从科级到正国级，只用了十二年。成帝接班时，匡衡已经当了四年丞相，还是食邑六百户的乐安侯。

这样一位德高望重、位高权重的领导出来甩锅，这锅当然很大。被甩锅的，是匡衡的老战友、元帝时期真正意义上的帝国一哥石显。匡衡实名举报石显："担任中书令十四年来，犯下了无数条不可饶恕的罪状（此处省去一万字），欺君犯上、祸国殃民。这样的败类不处理，对不起全国人民！"

匡衡为什么要整老战友石显？

一、石显要落马。虽然石显也是坚定的太子党，当年为保护太子刘骜（成帝）也是抛头颅洒热血的。但是，再怎么忠诚，也无法改变一个事实：他是老领导（元帝）的人。新领导（成帝）上台，当然要用自己人。所以，石显的时代结束了。成帝继位后，石显被明升暗降，从正局级的中书令升为正部级的长信中太仆（负责皇太后的出行事务），靠边站了。而且，石显嚣张跋扈这么多年，得罪的人太多了。石显落马是板上钉钉的事。这样的落水狗，不打白不打，打了不白打。

二、匡衡想进步。石显不是新领导的人，但匡衡是，非常是。他是成帝的老师。成帝非常尊敬匡老师，继位后对他给予厚望，希望匡老师能再接再厉、再立新功。帝师+儒学大师+当朝丞相+打虎英雄。匡衡太有资格进步了。他不进步谁进步？

匡衡实名举报石显后，石显倒是应声落马了，被一撸到底，发配老家当农民，监视居住。郁闷的石显途中绝食而亡。石显的党羽抓的抓、贬的贬、撸的撸。但是，匡衡不但没进步，反而被人狠狠打了一闷棍。

针对匡衡的实名举报，司隶校尉（长安特区监察部部长）王尊直接开怼："你早干嘛去了？石显这么坏，你为什么和他称兄道弟、助纣为虐？你不仅不深刻反省、主动请罪，反而把自己择得干干净净。你是在暗示先帝用人失察吗？你就是个不忠不义的伪君子！"

这就叫诛心。被人当众啪啪打脸，偏偏大家还一致认为打得对、打得好。匡衡这老脸没地儿搁了，便以退为进，直接递交辞职报告。成帝当然干不出"毕业打老师"的事来，他安慰匡老师说："咱们师徒多年，我深知您的为人，这纯属王尊诽谤造谣，您安心工作。"然后，王尊以诽谤罪被降职，从正部贬为正处。

王尊为啥这么敢，这么猛？因为王尊的背后是新任帝国一哥王凤。王凤，成帝的大舅、皇太后王政君的亲大哥。成帝登基后做的第一件事，就是任命舅舅王凤为大司马、大将军、领尚书事。王尊是王凤的心腹，本职工作是军中司马（大将军府参谋长），司隶校尉只是兼职。

匡衡想进步，直接得罪的是王凤。石显当然要办，但轮得到你一个家庭教师来出风头、抢功劳吗？你想干嘛？想当一哥吗？所以，王凤往死里收拾匡衡。

匡衡当然不爽，开始反击。他拿王家封侯说事。王凤弟兄八个，成帝继位后，除了已故的老二王曼（王莽他爹），其他舅舅全部封侯。也是赶巧了，王家兄弟封侯不久，长安地区天降异象：黄雾四塞。谏大夫杨兴、博士驷胜等人上奏说："这是上天示警，说明我们的工作出现了重大失误。高祖当年明确规定，非有功之臣不得封侯。现在，王家兄弟无尺寸之功，竟然全部封侯，这绝对是大错特错。"

估计这是匡衡找的人。匡衡彻底完了。这次，就连他的学生成帝都保不住他了。因为他得罪的是皇太后王政君。过了一段时间，匡衡从伪君子直接成了贪污犯，被一撸到底，赶回山东老家当农民。

匡衡确实贪污，贪污的是国有土地。虽然他德高望重，天天骂陈汤贪污腐败，甚至以此为由把陈汤一撸到底。但他自己也不干净。他的封地因为历史勘界错误，实际上多占了四万亩土地。后来，地方政府重新丈量土地时发现了这一错误，并及时上报中央。中央政府名义上的一把手就是匡衡。匡衡接到报告后，示意下属将此事摆平，坚决不退回这四万亩地。

侵吞国有资产，没事。得罪皇太后，事大了。德高望重的匡衡，再次被啪啪打脸，而且，这次不仅仅是道德批判，还有国法伺候。当然，在皇帝学生的保护下，匡衡被从轻发落：免职，回家当老百姓。

和匡衡一起落荒而逃的，还有儒家知识分子的脸面、操守和担当。从此，再也没人能阻挡王家人走向权力巅峰了。

王凤：舅舅治国的时代

匡衡被免职后，大汉朝彻底进入了舅舅治国时代。成帝他舅、大将军王凤一个人说了算。

为啥舅舅说了算？成帝："那是我亲舅呀，我不信他信谁？"信叔伯兄弟？他们老惦记着分家产。比如吴、楚等诸侯国搞的七国之乱，淮南王刘安老想造反啥的。信大臣？他们不是惦记着抢班夺权，就是功高盖主。比如韩信、霍光啥的。信宦官？祸国殃民的大太监石显刚被处理掉。信老师？假公济私的匡老师刚被一撸到底。看来看去，还是舅舅王凤最值得信任。王凤也是这么想的，所以，一点也不拿自己当外人。

有一次，大臣们向成帝推荐了皇室后裔刘歆。刘歆确实有才，又是老刘家的人，成帝很喜欢，准备任命他为中常侍（成帝办公室顾问）。下属提醒汉成帝："这事应该知会一下大将军吧？"成帝："我就给自己配个顾问，还种小事，有必要和大将军说吗？"下属苦苦哀求："还是说一声吧。"成帝很无奈："好吧。"

没想到，王凤直接给否了："刘歆不合适担任中常侍一职。"然后，这事就黄了。舅舅就是这么拽。而且，舅舅一家都这么拽。

成帝时期，王家一共有十个人被封侯，先后有五人当过帝国一哥：大舅王凤、表舅王音、五舅王商、七舅王根、表弟王莽。王家的表哥表弟表侄表姐夫表妹夫，全在中央要害部门的重要岗位任职（分据势官，满朝廷）；王家的亲戚朋友学生校友老乡，全在地方政府担任领导职务（郡国守相、刺史皆出其门下）。这天下，表面姓刘，实际姓王。

王家人有多嚣张？你要是只鱼肉一下百姓、欺负一下官员，都不好意思说自己姓王。因为，他们连成帝都不放在眼里。自家外甥，有啥好客气的？比如，五舅王商怕热，他也不请示汇报，直接就凿穿长安城墙，给自家后院引来河水，搞了个超级大的人工湖。一到夏天，王五舅就在家里泛舟消暑。比如，七舅王根喜欢高大上，他也不请示汇报，直接就仿造外甥的皇宫，把家里重新设计装修了一下。有客人来了，王七舅就领着他到处参观卖弄："看看我这装修，和我外甥的皇宫差不多吧？"成帝到舅舅家走亲戚，发现舅舅们这么胡搞，气得肝颤。

舅舅们这么嚣张，就没人管吗？没人。因为，匡衡被免职后，能在威望和信任度上影响成帝、制衡王家的官员，没了。成帝当然不止匡衡一位老师。新任丞相张禹也是帝师，成帝对他也很信任、倚重。但是，张老师彻底被王凤给吓破胆了，别说和王凤对着干了，他都不敢和王凤平起平坐。

成帝让张禹和王凤共同领导大内办公厅（与王凤并领尚书），张禹吓得血压都高了，多次以健康为由申请提前退休。成帝不批准。张禹就低眉顺眼地当了几年摆件。成帝非常倚重他。他每次生病，成帝都亲自登门看望；每逢国家有大事，成帝都亲自登门请教。张禹呢？不讲担当，只谈利益。

有一次，张禹生病了，成帝去看望。当时，张禹的四个儿子中，只有小儿子大学刚毕业，还没参加工作。当着成帝的面，张禹故意不断地忧心忡忡地看他小儿子。汉成帝收到信息，当场任命张禹的小儿子为黄门郎、给事中（成帝办公室副处级干部）。

有一阵子，很多干部群众上书，举报王家结党营私、嚣张跋扈、祸国殃民。成帝有点犯嘀咕，但又不敢相信，就亲自去拜访张禹，想听听恩师的意见。张禹呢，觉得自己老了，孩子们又刚参加工作，根本不敢得罪王家人，就告诉成帝："这些举报信都是胡说八道，别理他们。"成帝从此对王家不再怀疑。

我们当然可以责备张禹贪生怕死没担当。但张禹如果真的和王家对着干，有用吗？历史已经证明并将反复证明：没用。因为，王家有个超级无敌保护伞：皇太后王政君。

从匡衡到王商（成帝的第二任丞相，和成帝的七舅王商同名），再到最忠诚、有才、德高望重的宗室大臣刘向，所有与王家对着干的，都没有好下场。匡衡，被一撸到底，回老家当农民；王商，被一撸到底，气得吐血而亡；刘向，当了四十二年的正部，多次被一撸到底。就连全国优秀部级官员冯野王，只因为成帝动了一下念头，想让他取代王凤，也被一撸到底，郁郁而终。

就连成帝偶尔想稍微警告一下嚣张跋扈的舅舅们，他老娘王政君都不同意：一哭二闹三上吊。别说成帝了，就连英明神武的武帝，在舅舅（丞相田蚡）瞎搞这件事上，也没招。

更重要的是，这把超级保护伞活得还特别长。王政君活了八十四岁，先后担任皇后、皇太后、太皇太后长达六十一年。王莽都篡汉了，她老人家还继续活了五年才去世。

此外，成帝也不爱上班。据正史记载，成帝性格宽厚、风度翩翩、特别有涵养；唯一的缺点就是好色，当太子时就爱和帅哥美女玩。当皇帝后，更是彻底放飞自己。他属于男女通吃，最宠爱的女人是大名鼎鼎的赵飞燕姐妹；最宠爱的男人是大名鼎鼎的张汤、张安世的后代：富平侯张放。

成帝平时要么在宫里和赵飞燕、张放等人一起玩到天亮，要么和张放微服出宫，到长安周边吃喝玩乐。妈妈和舅舅实在看不下去了，随便找了个罪名，把张放贬到外地做官。成帝和张放天天写信，相思成灾。张放偶尔回京探亲，临走时，成帝哭着为他送行。两人的感情确实很好。后来，成帝去世，张放伤心而亡。扯远了。对成帝来说，皇帝是兼职，吃喝玩乐才是主业。所以，王家这么折腾，也是他纵容的结果。

当然，王家再牛，把大汉帝国折腾得乌烟瘴气、天怒人怨的，也无法可持续发展。关键时刻，王家出现了一位超级吸粉的男神：影帝王莽。

王莽，王家的一朵奇葩。皇太后王政君有八个亲兄弟。成帝接班后，七个舅舅全部封侯，唯一没封侯的就是已故的二舅、王莽的父亲王曼。王莽本来还有个哥哥，不过也很早就去世了。所以，当其他堂兄弟一个个成为小侯爷，开始作威作福、花天酒地时，十四岁的王莽一边勤奋读书、尊师重道，一边伺候老母寡嫂小侄子，不骄不躁、不卑不亢。

二十二岁那年，帝国一哥、大伯王凤病重，王莽没日没夜、不眠不休地守在病床前伺候。王凤感动得一塌糊涂：这侄子比亲儿子还孝顺，还用心。王凤去世前，亲自把王莽托付给了妹妹王政君和外甥汉成帝："王莽是个好孩子，一定要好好照顾他。"于是，王莽被任命为黄门郎，正式进入官场；不久，被提拔为射声校尉（长安卫戍区神射军军长，副部）。

王莽还是一如既往地德才兼备。没有人不喜欢王莽。他的五叔、成都侯王商主动提出，让出自己的部分封地给王莽。陈汤等大汉明星官员纷纷上书，称赞王莽是帝国不可多得的优秀干部。皇太后王政君也多次表示：王莽是个好孩子。结果，众望所归的王莽被封侯（新都侯），升任骑都尉、光禄大夫、侍中（大内禁卫军军长，副部），正式成为汉成帝的近臣、重臣。

地位更高了，王莽更谦虚谨慎、团结友爱了。他散尽家财，结交天下名士；他事无巨细，关心同事下属。比如，后将军朱博无子，王莽亲自买来一名容易生儿子的奴婢送给他。全国干部群众都由衷赞叹：王莽是个好同志。王莽的声望越来越高，甚至超过了他的叔叔们。这一年，王莽三十岁。

王莽的绝佳表现，让横冲直撞的王家开始行稳致远。如果说，王家的一枝独大导致了政权的失衡，那么，汉成帝没儿子这件事，更是雪上加霜，直接带来更为严重的后果：皇权的失序。

失衡＋失序，大汉帝国这艘巨轮无可挽回地驶向致命的深渊。

汉成帝：为国生娃，不容易

终于大学毕业、参加工作了，你的首要任务是什么？好好工作，出人头地，勇攀人生巅峰？错！你的家人和七大姑八大姨会告诉你：赶紧结婚生子。哪怕你是皇帝。

竟宁元年（前33），元帝去世。十九岁的太子刘骜，终于顺利毕业，走上了皇帝的工作岗位。所有人都告诉他：赶紧生娃，为国生娃。因为，他有一个强势的妈妈（皇太后王政君），一群热心的舅舅（王凤、王音、王商、王根……），一大群"为他好"的下属，工作上的事，根本不需要他操心。

成帝是个好孩子，成绩优秀、品行良好，唯一的缺点就是好色。刚开始，大家都很担心，担心他天天瞎玩，搞坏身体。有大臣还专门上书，建议他遵循古制，只娶九个老婆。这样的话，数量和质量都有保证，大家都满意。后来，大家发现，自己想多了。因为，汉成帝这孩子，虽然好色，但很专一。

从十九岁到三十二岁，成帝当了十几年皇帝，但只喜欢两个女人：许皇后和班婕妤。专一，当然是美德。但是，不利于生娃，概率低、风险大。果然，成帝的两个老婆先后生了两子一女，但都夭折了。

天子无子！这绝对是成帝最大的工作失误！大臣们又开始上书。有人建议成帝广撒网，勤播种，别挑食。"只要是能生儿子、会生儿子的女人，您就不要管她颜值高低、年龄大小、有无婚史啦，一个也别放过。”

汉成帝很感谢这位大臣的赤胆忠心。但是，江山易改，本性难移。他就是改不了专一的优点，照样只和许皇后、班婕好玩。

皇太后、舅舅们、大臣们全怒了。成帝成了大汉帝国最苦逼的被催生的年轻人。但凡国家有点天灾人祸，比如地震、日食、洪灾、造反啥的，所有人就把锅甩给成帝。"您看看，您看看，您太宠着许皇后和班婕好了，不仅天怒人怨，还影响您生娃，国将不国呀。"

成帝超级不爽，再加上天天瞎折腾，三天两头生病，就不愿在家待着了，烦，出去散散心吧。他开始天天往外跑，还找了个小跟班：表弟张放。张放，大名鼎鼎的张汤、张安世的后代，妈妈是成帝的姑姑敬武公主。小伙子不仅年轻漂亮，还特别善解人意。玩着玩着，两人就玩出感情来了。张放成了成帝的男宠，情深深雨濛濛的。

这一年，汉成帝三十二岁。然后，在外面玩的时候，认识了一个超级大美女：赵飞燕。"环肥燕瘦"的"燕"，说的就是这位。成帝很喜欢，当场拿下。没想到，赵飞燕的妹妹赵合德也是个大美女。拿下，一块儿带回家。还记得成帝的优点吗？专一。所以，许皇后和班婕好失宠，赵家姐妹得宠。

赵家姐妹是标准的狐狸精：漂亮＋淫乱＋狠毒。首先，三下五除二就把原配给干掉了，自己上位。许皇后被废；班婕好被打入冷宫；赵飞燕被封为皇后；赵合德被封为昭仪（常务副皇后）。其次，私生活极乱。赵飞燕公开和大内侍卫、服务人员乱搞……没人举报吗？有。但赵家姐妹不仅颜值高，还很有手段。赵合德哭着给成帝打预防针："我姐姐是出了名的性格刚烈，如果有人造她的谣、侮辱她的清白，她绝对受不了，会以死证明自己的清白。"成帝当然要保护自己的女人。所以，但凡有人举报赵飞燕淫乱宫廷，下场只有一个：被杀。所以，没人再敢找死了。第三，狠毒。赵家姐妹虽然受宠多年，但肚子不争气，没给成帝生下一儿半女。所以，如果有人敢怀龙种，只有死路一条。宫里的许美人和曹姓女官都曾生下龙子，但都被赵家姐妹害死了。

自从赵家姐妹进了宫，成帝的生活彻底堕落。你看见他时，他在吃喝玩乐。你看不见他时，他在吃喝玩乐的路上。

A大臣说："好几年了，我们都不知道陛下每天在哪儿，在干嘛。"B大臣说："许皇后、班婕妤受宠，已经超级过分了。没想到，赵家姐妹受宠，比前任还过分十倍！"儿大不由娘。强势的皇太后王政君也只能哭着念叨："皇帝的身体一天不如一天啊。"

四十四岁那年，对生娃彻底失望的成帝，做了两项重要人事安排：册封十八岁的侄子、定陶王刘欣为太子；任命三十八岁的表弟王莽为帝国一哥。几个月后的一天，成帝在赵合德处忙活了一夜，早上醒来，正准备穿衣起床，突然犯病，几个小时后去世，享年四十五岁。

十九岁的刘欣继位，史称汉哀帝。看他的谥号，就知道他有多悲摧了。因为，这位爷，比成帝玩得还猛。

王莽表示：留给刘家的时间不多了。

汉哀帝：我有两个强势的女领导

十九岁的刘欣当了皇帝以后，日子很难过，因为他有两个强势的女上司——法律上的奶奶：太皇太后王政君；事实上的奶奶：傅太后。

王政君，元帝的皇后（大老婆），儿子是成帝刘骜。傅太后，元帝的昭仪（二老婆），儿子是定陶王刘康（刘欣他爸）。两位老太太本来是上下级关系，一个是君（大汉帝国的太后），一个是臣（定陶王国的太后）。但是，王政君的儿子不争气，没儿子。傅太后牢牢抓住这个机会，各种跑关系走门路，通过贿赂赵飞燕姐妹和时任帝国一哥王根（王政君的弟弟），让孙子刘欣当了太子。成帝去世后，刘欣接班，成为哀帝。

从法律上来讲，哀帝成了成帝的儿子、王政君的孙子，傅太后还是定陶国太后，级别待遇不变，而且，和哀帝不再有任何关系。

成帝生前，就严令傅太后和丁妃（刘欣的生母）在定陶国（今山东菏泽定陶区）老老实实待着，不许来长安看望刘欣。"刘欣已经是我的儿子了，将来要继承我的家业，跟你们有毛关系？"王政君也是这么想的。哀帝继位后，王政君摆出一副上级关心下级的姿态，秉承"原则性要强、人情味要浓"的执政理念，对傅太后说："你放心，法律不外乎人情，组织不会亏待你的，我特批你可以定期入宫拜见皇帝。"

说实话，王政君已经很给傅太后面子了。但是，傅太后不是个省油的灯。她非常强势，而且有野心，有权谋。自己的孙子已经当皇帝了，自己还装什么孙子？"我才是皇帝的亲奶奶，一把屎一把尿把他养大，你王政君算老几？"

哀帝当然支持亲奶奶。傅太后直接住进了皇宫。两位老太太的战争直接爆发。傅太后要求孙子：给自己皇太后的名分和待遇；提拔重用自己的娘家人。哀帝刚继位，不太好意思瞎整，再加上大臣们的反对，就没同意。傅太后暴怒："孙子，这事你必须给我办了。"哀帝没办法，只能硬着头皮给办了：先追封自己的爸爸、已故定陶王刘康为恭皇；然后，晋封奶奶傅太后为恭皇太后、妈妈丁妃为恭皇后；然后，奶奶的娘家人、妈妈的娘家人一律封侯。

王政君怒了，但她毕竟不是霍光，没那水平，也没那实力和魄力，便以退为进，让侄子、帝国一哥王莽递交辞职报告。哀帝也不想把事闹大，赶紧挽留："您要是辞职了，我也不干了。"既然给了台阶，那就下吧。王政君指示王莽："回去上班吧。"

两位老太太的战争，才刚刚开始。没过几天，哀帝在皇宫举办宴会。宴会前一天，王莽检查筹备工作时发现，会务组在安排座位时，竟然让傅太后和王政君平起平坐，便当场发飙："傅老太婆，一个跟着儿孙在封国养老的先帝妾室而已，有什么资格和太皇太后平起平坐？把她的座位撤了，换到陪酒的位置去！"这脸打得，啪啪地。

傅太后听说后，暴怒＋1，拒绝参会，并问候了王莽全家。王莽毫不退让，再次提交辞职报告。这次，哀帝批准了。"王家欺人太甚，不给朕的奶奶面子，就是不给朕面子！朕早就看王家不顺眼！我们刘家的天下，凭什么你们姓王的说了算？"于是，包括王莽在内，王氏集团的高管一律被提前退休。当然，面子还是要给的，一律提高政治待遇、给与各种赏赐。然后，新一代外戚傅家、丁家，开始鸡犬升天了。

傅太后还不满足，想和王政君彻底平起平坐。因为她的职务是"定陶恭皇太后"，一个享受正国级待遇的地方女领导。"孙子，把'定陶'两个字给我拿掉！"这就很难了。毕竟，皇太后的先决条件是，儿子是皇帝。傅太后的儿子刘康不是皇帝，只是死后享受了皇帝的待遇。而且，让刘康死后享受皇帝待遇，对于中央政府来说，已经是破格提拔了。

所以，不仅以王政君为代表的王家人反对，以丞相孔光、大司空（成帝时，"御史大夫"改称"大司空"）师丹为代表的中央官员反对，就连新任帝国一哥、傅太后的娘家人傅喜都反对。"这样做，太过分了吧！"

傅太后暴怒＋2："顺我者昌，逆我者亡。管你是谁，敢和我对着干，一律撤职。"然后，提拔了懂事听话的帝国一、二、三哥。这三个哥们乖乖递报告，而且一步到位，建议直接晋封傅太后为太皇太后、恭皇后为皇太后。结果，长安皇宫里史无前例地出现了四个太后，平起平坐。

傅太后成了大汉帝国的实控人，开始为所欲为，无法无天。她嚣张到什么程度？和正牌的太皇太后王政君聊天时，直接称呼对方为"老太婆"（妪）。一代女强人王政君、一代影帝王莽，以及他们身后庞大的王氏集团，只能选择忍气吞声。谁让皇帝是人家亲孙子？

这也就算了，毕竟是皇家内部矛盾。但是，傅太后还牛到直接、公开干预司法。她当年给元帝当嫔妃时，和另一个嫔妃冯昭仪关系不好。现在，自己当家做主了，当然要整死她。傅太后派心腹太监直接对冯太后（现在也是藩国太后了）立案侦查，然后：冯太后被逼自杀；冯太后一家被杀、自杀的，多达数十人。

如此明目张胆地草菅人命，引起了广大干部群众的强烈不满。有关部门申请司法介入，复查此案。傅太后暴怒＋3："我孙子设立司法部门，是让你们来调查我的吗？"哀帝无奈，只好把有关部门负责人抓起来，关进了监狱。

整个大汉朝，谁敢和傅太后对着干？没有。哪怕是哀帝，哪怕稍微不如傅太后的意，或者表达一下不同意见，都会被傅太后视为挑战自己的权威。

有一次，哀帝想封傅太后的一个侄子为侯。有个大臣说："当年孝成皇帝封自己的五个舅舅为侯，搞得天怒人怨。如今太后家已经有两位封侯了，且都有说得过去的理由——一个是皇后父亲，一个本已位列三公。可这位不够资格呀，无缘无故就给封侯，有点不太合适吧？对国家、对您、对太后，都不好吧？"哀帝："也对。我再考虑考虑。"傅太后暴怒＋4，直接像训孙子一样批评孙子："你做的决定，竟然被下属否了！你这皇帝当的，我都替你丢脸！"哀帝："我错了，马上封，马上封。"

还有一次，傅太后的另外一个侄子就在哀帝身边，为人不端，胡作非为，哀帝实在受不了了，把他给撸了。傅太后暴怒＋5，直接质问哀帝："你想干嘛？翅膀硬了，眼里没我这个奶奶了？"哀帝："我错了，我错了，马上给他官复原职。"组织部门："上午刚发布了撤职信息，下午就恢复他的职务，怎么给全国干部群众交代？朝令夕改，伤害的是中央的权威呀。"哀帝："我有啥办法？执行吧。"

有这样一个超级强势、不讲原则的奶奶，哀帝真成了孙子。而且，在傅太后的影响下，这孙子折腾起来，那也是相当给力。他开创了中国历史上一种全新的上下级关系：恩爱。

董贤：有一种上下级关系，叫恩爱

有奖竞猜：中国历史上关系最好的上下级是谁？

A 亲如兄弟的刘关张？

B 亲如兄弟+连襟的孙策和周瑜？

C 相亲相爱一家人的汉武帝和霍去病？

D 亲如父子的诸葛亮和刘禅？

以上全错！正确答案是：汉哀帝和董贤。因为这二位开创了一种全新的上下级关系：恩爱。

典型事迹一：爱你，就不怕断袖。董贤是哀帝的男宠，官方职务是黄门郎。有一次，两人一起睡午觉。哀帝醒了，想起床上班。董贤睡得正香，而且身体压在哀帝的衣袖上。哀帝不忍心弄醒董贤，就剪断衣袖、起床。就连严肃刻板的史官都忍不住点赞：真知道疼人！从此，人们用断袖之癖形容像哀帝和董贤一样的人。

典型事迹二：爱你，就爱你全家。董贤得宠，董贤全家都跟着沾光。哀帝特批，让董贤的老婆搬到皇宫来住。董贤的妹妹也进宫，成为哀帝的女人，被封为昭仪。然后，四个人白天黑夜一起玩耍。董贤的父亲，当了半辈子御史（处级干部），短短几个月，被火箭提拔：霸陵令（正局）、光禄大夫（副部）、少府（正部），封关内侯。董贤的弟弟，出任执金吾（长安特区安保局局长，正部）。董贤家的亲戚，全部安排在哀帝身边工作。尤其是哀帝的奶奶傅太后去世后，董家比傅家、丁家还得宠，还风光。

董贤的妈妈病了，御膳房做病号餐，还在长安大街上免费派发食物，为董妈妈祈福，祝她早日康复。董贤家请客办酒席，百官都得去随份子。酒席圆满结束后，哀帝给服务人员发大红包，每人十万。董家每次出门逛街，全长安的商人和市场监管部门都吓得直哆嗦。为啥？因为哀帝会派特使全程陪同，看谁敢欺骗董郎和他的家人？

典型事迹三：爱你，就为你花钱。为了讨董贤欢心，哀帝花钱如流水。两人刚好上时，才几个月的时间，哀帝给董贤的零花钱就高达一个"小目标"（一个亿）。就连董贤的妹妹和老婆，哀帝也分别给了几千万的零花钱。看傻了吧？贫穷限制了咱的想象力。据官方统计，哀帝和董贤在一起的三年内，董贤积累的财产，总额高达四十三亿。什么概念？西汉一年的国防开支才二十多亿。你以为哀帝是个只会花钱泡妞的超级土豪？错！他还非常用心。

典型事迹四：爱你，就爱你一万年。在董家亲戚的任命中，最有意思的是董贤的岳父。他的官职是将作大匠，哀帝给他的任务只有一个：给董贤盖房子。让岳父当监工，给女婿盖房子，那质量能差吗？哀帝要求：首先，在皇宫的隔壁，按照皇宫的规格给董贤盖所大宅子；吃的、喝的、玩的、用的，必须是皇家用品里最顶尖的。第二，在哀帝的陵墓（皇帝活着的时候就要给自己盖陵墓）旁边，给董贤盖一座超豪华坟墓，占地面积数千亩。规格，和匡扶汉室的霍光一样。哀帝对董贤，简直是三生三世、十里桃花，爱你一万年。

典型事迹五：为了你，我可以得罪全世界。哀帝这么宠爱董贤，直接把全世界都看傻了。用丞相王嘉的话说："你对你祖宗、你自己、你妈和你大老婆都没这么好！"哀帝："直男限制了你的想象力。朕不仅要让董贤成为世界上最幸福的人，还要让董贤成为世界上最牛的人。"董贤得宠半年后，被封为高安侯；一年后，晋升大司马、卫将军，成为帝国一哥！这一年，董贤二十二岁，史上最年轻的帝国一哥。

满朝文武都疯了：见过喜欢男宠的，没见过玩这么大的！纷纷上书，强烈反对。哀帝："谁反对，我收拾谁。"

尚书仆射（大内秘书局副局长）郑崇，强烈反对哀帝毫无底线、毫无原则地宠爱董贤。哀帝批评他："每天找你走后门的，乌泱乌泱的。就许你以权谋私，不许我为爱痴狂？"郑崇直接回怼："臣门如市，臣心如水。您尽管查，我不怕！"哀帝被怼得哑口无言，大怒，直接将郑崇逮捕。随后，郑崇在狱中饱受折磨而死。

丞相王嘉多次强烈表达不满："如果这么宠幸董贤，国将不国！"哀帝暴怒，直接派钦差抓捕王嘉。王嘉的下属哭着劝王嘉服毒自杀，以免遭受狱吏的折磨、羞辱。王嘉把毒酒直接摔到地下，说："老子是丞相，如果做了错事、对不起国家和人民，可以走司法程序、公开宣判处决，哪能这么不明不白地自杀！"然后，昂首挺胸，走向监狱。面对狱吏的严刑拷打，王嘉绝不低头认错，绝食二十多天后，吐血而亡。

就连哀帝的舅舅、帝国一哥丁明，只是表达了对王嘉的同情，也被哀帝一撸到底。"刚好，您提前退休，把位置让给董贤吧。"

为了董贤，为了爱情，哀帝不惜得罪全世界。疯了吧？还有更疯的。

典型事迹六：爱你，我的一切都可以给你。哀帝在册封董贤为帝国一哥的诏书中，有这么一句话："允执其中。"表面意思是夸奖董贤做事不偏不倚、恰到好处。看着没毛病，但是，毛病大了去了。因为这句话的出处。据说当年尧把天下禅让给舜时，禅让公文中，就是这么夸奖舜的："允执其中。"这是要把天下禅让给董贤的节奏？很多人开始怀疑、担心、恐惧。哀帝："别乱猜了，我就把话挑明吧。"

有一天，哀帝在皇宫摆酒席，和董家父子、董家的亲戚朋友一起吃喝玩乐。酒过三巡，哀帝认真地看着董贤说："我想向尧舜学习，把皇位禅让给你，怎么样？"董贤还没搭腔，一旁作陪的中常侍王闳跪下抢答："这天下是高皇帝一刀一枪打下来的，不是您个人的。就算接班，也是刘氏子孙的事。您不能满嘴跑火车！"扫兴，真扫兴！哀帝气得半天不吭声，然后直接把王闳赶出了皇宫。别在我身边碍眼了。

俗话说，天作孽，犹可恕；自作孽，不可活。半年后，向来身体不好的汉哀帝突然病逝，时年二十五岁，无儿无女。

憋屈了七年的王家，再次翻盘。哀帝死后，太皇太后王政君第一时间把传国玉玺和所有公章抢到手。然后，召老戏骨王莽进宫，授予他一切军政大权。然后，小鲜肉董贤被罢免一切职务，自杀。然后，王莽被百官推荐，再度出任帝国一哥（大司马、领尚书事）。然后，傅太后（哀帝的奶奶，已故）和丁太后（哀帝的妈妈，已故）被剥夺太皇太后和皇太后的职务，贬为定陶恭王母和丁姬。成帝的皇后（赵飞燕，拥立哀帝）、哀帝的皇后傅氏（傅太后的娘家人）被贬为老百姓，自杀。董贤的家人全部被一撸到底，发配到地方，监视居住。董家的亲戚朋友全部被一撸到底，彻查。

吃尽了哀帝苦头的王家，这次学聪明了，直接立了个娃娃当皇帝。九岁的中山王刘箕（jī）子继位，史称汉平帝。从此，太皇太后王政君垂帘听政、帝国一哥王莽统领百官。

这天下，眼瞅着就要姓王了。

王莽：造神，我只示范一遍

当皇帝前，王莽干了两件事：自律、造神。他的自律，是变态级的；他的造神，是史诗级的。

先看下王莽的简历——十四岁，最不被看好的边缘外戚；三十八岁，众望所归的帝国一哥；三十九岁，退居二线的过气外戚；四十一岁，被提前退休的闲散侯爷；四十五岁，咸鱼翻身的帝国一哥；五十四岁，代汉自立的新朝皇帝；六十八岁，国灭身死。

四十五岁之前的王莽，是大汉官场的一股清流，凭着超级自律赢得了超级名声。更牛的是，他地位越高，自律越严，甚至达到了变态级。比如，王莽家勤俭节约到了寒酸的地步。有一次，他老婆竟被客人误认为是端茶递水的老妈子，因为浑身上下全是地摊货。比如，王莽对家人的管教非常严格。他的二儿子王获杀了家奴，竟然被他逼着自杀谢罪。零瑕疵的王莽，伟大正确得可怕。他为了什么？想干什么？天知道。

元寿二年（前1），哀帝去世，王莽再次成为帝国一哥。这一年，王莽四十五岁，年富力强、位高权重，还深受广大干部群众拥护、爱戴。更重要的是，他和刘氏皇权的关系发生了根本性的变化：成帝（王莽的表哥，无子）去世后，王莽和刘氏皇权再无亲情；哀帝去世后，刘氏皇权对王莽再无约束。唯一能监督王莽的，是他七十岁的姑姑、太皇太后王政君。权力越大，责任越大，野心越大。王莽的造神运动正式拉开帷幕。

王莽造神第一步：争取大领导的绝对信任。对王莽来说，这很简单：把王政君当亲妈伺候。

老太太念旧。王莽就把王政君的姐妹（也是他的姑姑）全部授予封君称号，享受国家特殊津贴（食邑）。类似的事，王政君当年让亲儿子成帝去办，被拒了，因为不合规。这大侄子，比亲儿子还贴心。

第二，老太太喜欢清闲。王莽主动挑担子："您老辛苦了一辈子，也该好好享清福了。工作上的事，我来操心，您把关定向就行。"老太太很高兴："我大侄子真懂事，姑没白疼你。"从此，部级以上官员的考核、新官员的任命（州牧、二千石及茂材吏初除奏事者），王莽一个人说了算。听话的，给糖吃；不听话的，滚蛋。

第三，老太太在家待不住。从十八岁开始，王政君在皇宫里生活了将近六十年，感觉和坐牢没啥区别，就想出门遛遛弯散散心。王莽很孝顺，一年四季，都要挑个好日子，请老太太外出视察，把长安郊县挨个转一遍，还特意安排了"送温暖、献爱心、给政策"系列活动，让老太太与民同乐，接受万民敬仰。把老太太乐得，身子骨都变硬朗了。

第四，老太太好面子。王莽就暗示匈奴单于，让王昭君的长女须卜居次云扮演"脑残粉"，主动申请来华伺候王政君。高，实在是高。首先，这是太皇太后治国成就和领导魅力的生动体现，开创了万邦来朝工作的新局面。以前，大汉朝都是拿刀动枪逼人家送儿子到长安当人质；现在，太皇太后凭个人魅力吸引人家主动上门提供服务。这就是境界，这就是差距。其次，王昭君的女儿来伺候老太太，非常合适。一，级别够高（匈奴公主）；二，交流没障碍（汉匈混血；而且，妈妈当过汉朝宫女），会用筷子，爱吃饺子，还懂规矩。把老太太乐得，直接拨给匈奴一大笔钱。

第五，老太太讨厌的人，全部干掉。比如：傅太后，哀帝的奶奶，忘恩负义，欺负王家人；丁太后，哀帝的妈妈，忘恩负义，欺负王家人；傅皇后，哀帝的皇后，傅太后的娘家人，也不是什么好东西；赵飞燕，成帝的皇后，不仅害得成帝无子，还帮助白眼狼哀帝当太子、霸占家产。

对于老太太的敌人，王莽的原则是：活着的，往死里整；死了的，挖出来整。先剥夺她们的一切政治待遇；然后，活着的，逼她们自杀；死了的，刨坟开棺，按照降级后的规格，重新埋葬。王政君都有点不好意思了："都过去了，算了吧？"王莽大义凛然："违背原则的事，不管过去多久，必须依法追究！而且，这不是我个人的意见，而是全世界忠义之士的共识。"王政君："好。"于是，在王莽的运作下，包括长安高官及其家属、儒家知识分子和外国友人在内的十几万名志愿者，出钱又出力，一起完成了这场轰轰烈烈的刨人祖坟运动。

第六，老太太身边的人，全部巴结。只要是老太太身边的工作人员，上到官员，下到临时工，王莽一律当亲人待，前前后后送了几千万的财物。就连陪老太太聊天解闷的小童病了，王莽都亲自登门看望。所以，提起王莽，老太太身边，没一句坏话，全是夸，天天夸月月夸年年夸，往死里夸。所以，王政君对王莽完全信任、彻底放权：好好干，放手干！

没了王政君这道紧箍咒，放眼天下，王莽再无敌手。

王莽造神第二步：打造一把德高望重的刀。这把刀叫孔光：孔子十四世孙，四朝元老、三朝丞相，儒学大师，德高望重胆子小。

王莽爱死了孔丞相的德高望重胆子小，所以，上台后第一个刻意拉拢的就是他。先提拔孔光的女婿甄邯为奉车都尉。然后，想搞谁，就让甄邯转告老丈人："太后想让你如何如何。"然后，孔光乖乖地按照"太后的意思"写奏折，提建议。然后，太后爽快地批准。这一招万试万灵，因为太后和全国人民都尊敬、信任孔光。

王莽自己呢，专门负责当影帝，永远那么地讲原则、顾大局，大公无私：凡是有利于自己的，宁死不从；凡是有利于国家和人民的，誓死捍卫。上到王政君，下到平民百姓，都由衷赞叹："大汉有王莽，真是上天对我们的眷顾呀。"有了孔光这把刀，王莽不仅杀人不见血，而且越杀越正义。

王莽造神第三步：树立绝对权威。要做到拥有绝对权威，必须消灭一切反动派和潜在威胁。先是自己家的。红阳侯王立，王政君的六弟、王莽的六叔，虽没担任实职，但毕竟是王家长辈，是王莽之外、唯一能影响王政君的人。万一他看王莽不顺眼，向王政君打小报告，怎么办？又是孔光出面，上奏折，揪住王立的黑历史不放，逼着王政君将他赶出长安，回封地养老。和王立一起被赶出长安的，还有王莽的堂弟王仁。这哥们出了名的认死理儿，爱唱反调。留着他，只会给王莽添堵。然后是小皇帝家的。平帝虽然只有九岁，但也有外戚。为了杜绝哀帝外戚抢班夺权的历史重演，王莽和王政君商量后，直接实施强监管：小皇帝的妈妈、舅舅、妹妹等亲属一律不得来长安。剩下的就好办了，顺我者昌，逆我者亡。哪怕是王莽的亲儿子。

王莽强力打压平帝的外戚卫家，他的长子王宇却有自己的小算盘："将来平帝亲政了，一定会秋后算账，我肯定受牵连呀。"王宇便和自己的老师、名儒吴章，大舅哥吕宽一起，暗中谋划废除针对卫家的强监管政策。王莽发现后，暴怒，亲自下令，逮捕王宇一家。王宇被迫服毒自杀；王宇的老婆有孕在身，没关系，生完孩子再杀。"敢跟我作对，亲儿子都没得商量！"然后，王莽大开杀戒：卫家，除平帝的生母卫太后外，全部处死；吴章，被腰斩于长安大街；吴章的一千多名弟子，终生不得为官；吕宽，被灭族。然后，借题发挥，将那些向来不听话的全部处死：元帝的妹妹、平帝的姑奶奶——敬武长公主，被逼自杀；王莽的叔叔王立、王莽的堂弟王仁，被逼自杀；前将军何武等数百名高官、名流，被杀。

天下震动。

王莽为什么敢这么干？不怕人设崩塌吗？当然不怕。因为他有双保险：孔光这把德高望重的利刃；"大义灭亲"的旗帜（王莽先杀了长子王宇一家）。所以，王莽这次大清洗具有很高的迷惑性。王政君就非常感动，称赞王莽不因私害公，朕心甚慰。这就是王莽，心狠手辣段位高。谁会不服？谁敢不服？

好了，上上下下都是自己人了。王莽的造神运动进入关键阶段。一颗空前绝后、光芒万丈的"大汉救星"，冉冉升起。

王莽造神第四步：大家好才是真的好。

先是大搞金钱外交，我出钱你办事，让周边国家今天献祥瑞、明天求归顺，一派大国气象。王莽很会玩，比如，他掏钱让匈奴单于改名字。王莽是个复古派，他掌权后出台了一个新规定：中国人的名字必须是单字。因为单字符合《周礼》，古人的名字几乎都是单字，如：姬发、姜尚、孔丘。当然，随着人心不古、"世风日下"，也有人是两个字的，如：蔺相如、吕不韦、董仲舒。但在王莽这样的复古派看来，这简直是很不礼貌。为了让全国人民都拥护单字政策，王莽暗示匈奴单于："你主动改名并向大汉朝中央政府报备，我绝不会亏待你的。"匈奴单于当然同意。你只要敢出钱，他能让全部匈奴人都改名。时任匈奴单于栾提（姓）囊知牙斯（名）上书汉朝："臣万分仰慕天朝文化，尤其拥护单字政策，即日起，臣改名叫栾提知。"

大汉帝国的民族自豪感、王莽同志的领导魅力，蹭蹭往上涨呀。百官上奏："王莽治国有大功，致使万邦来朝、祥瑞再现，建议晋封其为安汉公，并上调工资。"公爵，是汉朝大臣能获得的最高爵位。因为刘邦晚年出台规定：异姓不得封王。王以下的爵位，公侯伯子男，公排第一。

王莽确实很会玩，坚决推辞："成绩是大家的，荣誉是集体的，不能奖励我个人！要奖，先奖励孔光、王舜、甄邯等同志。"然后，连续推辞四次，还请病假不上班，以表决心。然后，百官向王政君请示："还是按王莽同志的建议执行吧。"然后，王政君下诏，重奖孔光等有功人员。然后，王莽继续请病假。然后，百官向王政君请示："王莽作为第一责任人，必须要重奖呀，否则全国干部群众会失望的。"然后，王政君下诏：重奖王莽并晋封为安汉公，益封二万八千户。然后，王莽"诚惶诚恐、愧不敢当"地销假上班了。

你以为这事就翻篇了？早着呢。王莽接受了安汉公的爵位，但同时提出："二万八千户食邑的奖励，我受之有愧，因为老百姓还没有脱贫致富。"百官开始捧哏："我们不同意，人民也不答应，您必须接受。"唯一的现场观众王政君烦了："好好好，听你的，等全国人民都富裕了，再奖励你！"王莽继续加戏："我还有最后一个请求，这大好局面是全国干部群众一起努力拼搏的结果，必须让他们都能分享到大汉腾飞的红利。"王政君："好好好，都听你的。"于是，全国干部群众领红包：一百多名皇家子弟、高级干部，封侯；全国部级（含）以上退休官员，发放退休工资；一百多名汉朝开国元勋的后代，被重新封侯；N项惠民政策出台（注意：只是出台，并无施行）。

王莽："大家好，才是真的好。"万一有不好的事发生，怎么办？按正能量办。王莽是个高手，他常常以身作则，转移舆论焦点，大搞正面宣传。

每次有灾害发生，比如地震、旱灾啥的，王莽带头吃素并捐款捐物，赈济安置灾民。然后，各级干部在他的感召下纷纷效仿。然后，全国上下感动得稀里哗啦的，为大汉朝有这样一位爱民如子的好领导而激动、自豪。王政君甚至亲自下令，让王莽吃肉："每次发生灾情，你都吃素，这怎么行？你的身体是国家强盛、人民幸福的坚强保障，赶紧吃肉！你要为了国家爱惜自己的身体！"

这个国家已经离不开王莽了。

王莽造神第五步：全面吹风，层层加码，逐级造势。

元始四年（4），王莽先放了个试探性的热气球。以王莽的堂弟、太保（帝师，正国级）王舜为首的八千多名干部群众上书，请求加封王莽为宰衡，级别在其他正国级领导之上；王莽的妈妈、儿子一律封爵。

当年，秦始皇为了体现自己的牛，把三皇五帝的称号兼并重组，搞了一个新称号：皇帝。现在，王莽为了体现自己的牛，把史上最牛的辅政大臣伊尹、周公的称号"阿衡""太宰"兼并重组，搞了个新称号：宰衡。

老规矩，面对这一荣誉和奖励，王莽坚决推辞。老规矩，正国级捧哏孔光再次登场。孔光说："这么点赏赐本来就配不上您的大功，而且，您过分谦虚的老毛病又犯了。这一次，我们绝对不能听您的。因为奖优罚劣的用人制度不容破坏！"王莽："得嘞，听您的。"

没多久，造神运动继续加码。这一次出场的，是另一位正国级捧哏：王舜。他向中央上书："全国人民听说了安汉公的事迹，都特别感动、特别受教育。各地涌现出无数学习安汉公的先进典型。就算是周文王那样的圣贤，也没有安汉公做得好！臣建议，在全国掀起新一轮宣讲、学习安汉公光辉事迹的高潮！"中央批示："速办。"

没多久，造神运动继续加码。百官上书："当年周公辅政，七年才见成效。如今安汉公辅政，四年就大功告成。应该晋升安汉公的级别在诸侯王之上。"中央批示："速办。"

没多久，造神运动继续加码。包括诸侯王在内的四十八万七千多人上书，建议进一步褒奖王莽。西汉时期全国人口六千万左右，按照当时的教育普及程度和识字率，估计受过教育的都来了。王莽继续谦虚："绝对不行！只要能把国家治理好，我就申请退休，把岗位和机会让给年轻人。"中央表示："您就不要推辞了，国家离不开您！人民离不开您！"然后，赐予王莽九锡。

九锡，古代天子赐予诸侯、大臣的最高级别待遇。被授予九锡的都是哪些人？王莽、曹操、司马昭……

王莽造神第六步：新时期需要新领导。

元始五年（5），王莽造神运动进入收官阶段。先是，八个以部级官员任团长的全国建设发展成就考察团胜利返京，并提交了长达三万字的报告：全国形势一片大好！百姓们纷纷自发创作歌谣，歌颂安汉公的功德无量。

当然，总有几个不识时务、不知死活的。比如，有两个正部级地方大员，一个拒绝献祥瑞、唱赞歌，一个如实上报灾情；结果，被中央定性为"破坏富强大局，严重违法违纪"，一个被判处死刑，一个被降为科级（上面有人）。谁还敢唱反调？

然后，王莽亲自作报告，一锤定音：大汉朝百业兴旺、百姓富裕、社会秩序良好，即日起，正式进入盛世。

新时期，当然需要新领导。问题来了：老领导怎么办？按"突发疾病、医治无效"办。进入新时期几个月后，王莽向十五岁的平帝进献毒酒，几天后，平帝去世。七十七岁的大汉好媳妇王政君，还在傻乎乎地思考：该立谁为新皇帝呢？有地方官员奏报：一块石头跳了出来并宣布，王莽当皇帝（有丹书著石，文曰：告安汉公莽为皇帝）。

王政君再老糊涂，也回过味来了，大怒："这纯属扯淡，绝对不行。"她再喜欢王莽，再照顾娘家人，但骨子里还是刘家的媳妇，绝不允许婆家变娘家。

晚了。正国级捧哏、王政君的堂侄王舜劝她："事已至此，有啥办法？您又管不了王莽。而且，王莽不是想当皇帝，只是因为责任太大，才需要更大的权力。他的出发点，还是为了国家和人民呀。"

王政君知道，这孙子也在扯淡，但没办法，只好默许。她下诏，任命王莽为"假皇帝"，尊称"摄皇帝"，暂时代理皇帝一职，待选出新皇帝后，再好好辅佐。王莽："没问题。"然后，选了个两岁的孩子、宣帝的玄孙刘婴为皇太子。"小娃娃，我一定好好辅佐你。"

王莽和刘家那把龙椅的距离，一步之遥。

王莽：好政策，害你没商量

初始元年（8）十一月，王莽篡汉称帝，改国号为"新"。作为新朝皇帝，王莽的开局简直完美。

完美的个人形象：道德完人、爱民如子、英明神武；完美的群众基础：100%的支持率；完美的改朝换代：禅让，中国大一统王朝独一份；完美的干部队伍：全是自己人，没有敌人；完美的国内外局势：万邦来朝、国泰民安。

上下五千年，放眼全地球，还有比王莽起点更高的开国皇帝吗？没有。所以，王莽雄心勃勃地制定战略规划，出台了一系列好政策：

土地国有化：土地一律收归国有，不得买卖。田地均等化：没田地的，给你分；田地超标的，分给别人。禁止奴隶买卖。大力发展国有经济：酒类、盐铁专卖；山川河流收归国有；对民生物资实行价格管制＋阶段性统购统销，杜绝"谷贱伤农""蒜你狠"等现象。打击高利贷，政府发放低息惠民贷款。改革币制，发行大面额货币，增强中央财政实力。实行固定工资＋绩效考核，激发官员干事创业的热情……总而言之一句话：缩小贫富差距，调和阶级矛盾，达到国富民强（齐众庶，抑并兼）。

但是，这些好政策带来的，只有坏结果：民不聊生；官不聊生；王莽身死国灭。这是为什么呢？王莽到死也没搞明白。其实，从某个角度来说，原因也简单：王莽改制，没有受益人。

王莽改制的初衷是打击豪强、抑制兼并（土地、劳动力向少数人集中）。豪强是谁？大地主、大奴隶主。大地主、大奴隶主又是谁？官员（现任的、退休的、落马的）。比如，哀帝曾一次性赏赐男宠董贤（正国级官员）二十万亩土地。当然，你可以说，董贤是奸臣，属于个别腐败官员，不具代表性。好，那就找两个好官。

成帝的两位老师：匡衡、张禹。他俩的共同特征：德高望重的帝师、丞相、大儒和大地主。张禹退休后，做生意赚了大钱，把关中平原近十分之一的良田买回家，总面积达四万亩。此外，他还有封地，食邑一千户。匡衡就更牛了。他的封地有三十一万亩田地，其中还包括国家错误划拨、本人拒绝退回的四万亩。

武帝时期的正部级落马官员宁成有句名言："当官到不了正部，做生意赚不了几千万，你丢人不？"宁成落马后回到老家，借钱买了十万多亩田地，租给几千户穷人，当上了大地主，几年时间，几千万到手。然后，成为当地一霸，横行乡里，每次出门，几十名保镖骑马护卫，比当地领导还威风……

所以，大汉朝，不管好官坏官、大官小官，好像都是豪强。问题来了：你王莽想用豪强打击豪强，怎么可能成功？所以，王莽出台的好政策，要么迟迟不能落实，要么各级官员阳奉阴违，常常是老政策废了，新政策悬着，百姓无所适从，官吏浑水摸鱼，政府的权威性和公信力严重受损。

当然，王莽是皇帝，具有绝对的权威，可以强势推行改制，可以用新豪强打击老豪强（退休官员、失势权贵）、小豪强（基层官员、商人），完成社会财富的再分配。王莽在一定程度上也实现了这一目标。他改制期间，甚至出现了个别诸侯没钱吃饭、要外出打工赚钱的现象。但这样的结果只会更糟糕。因为：

第一，再分配的财富几乎全进了王莽的腰包。新地皇四年

（23），王莽政权灭亡时，皇宫里有六十个装满一万斤黄金的大柜子；黄门、钩盾、臧府、中尚方这几个机构各藏有好几个这样装满黄金的大柜子。另外，长乐御府、中御府、都内和平准各库所藏的钱、帛、珠玉等财物，则不计其数。也就是说，王莽改制这么多年，最大的赢家是他自己。而西汉时期，每年的国防日常开支约二十万斤黄金。当时，起义军都快打到长安了，王莽命令驻守京师的精锐部队做最后的抵抗。但他舍不得花钱，只给官兵们每人发了四千钱（折合四两黄金）的红包。搞得大家很不爽，全无斗志。这叫国家富裕吗？这叫统治者富裕。第二，王莽富裕了，老豪强、小豪强就穷了吗？基本不会。因为他们把损失转嫁给了老百姓（吏用苛暴立威，旁缘莽禁，侵刻小民）。

所以，王莽一系列好政策出台后的最终结果是：老百姓更穷了，活不下去了，只能造反（富者不自保，贫者无以自存，于是并起为盗贼）。所以，王莽当了十几年皇帝，搞了十几年改制，推出了无数的好政策，得到的只有坏结果。

新地皇四年（23），王莽守着他改制的唯一成果——巨额黄金和财物，被攻入皇宫的起义军杀掉，身死国灭。王莽改制的唯一受益人王莽，最终也成了改制的受害者。

有学者提出，中国的封建王朝一直无法走出"贫富悬殊"的怪圈。不消除"贫富悬殊"吧，国家穷、权贵富、老百姓穷，有可能亡国，比如东汉、唐朝。消除"贫富悬殊"吧，国家富、权贵富、老百姓更穷，也可能亡国，比如新莽、明朝。李自成打到北京时，崇祯皇帝的皇宫里，储藏的白银高达七千万两。而当时明朝一年的财政收入，才不到四百万两白银。为什么会这样？因为这种富，并不是来自经济行为，而是来自权力。

王莽：只有反贼，没有饥民

压死王莽的最后一根稻草，是报喜不报忧。

王莽当皇帝后，兢兢业业瞎折腾，扎扎实实乱改制，终于搞得天下大乱。山东、河南、河北、湖北、安徽、江苏，甚至长安地区，到处都是扛着锄头、铁锹，组团抢劫的老百姓。一群一群的，少则几千人，多则上万人，四处流窜、烧杀抢掠，看起来很吓人。但是，他们还不是起义军，最多算个"梁山好汉"。因为，他们的目标不是推翻腐朽的王莽政权，而是今天能吃顿饱饭。至于明天，如果有口剩饭，就不出门了。

他们具有如下特征：不敢攻打城市；不敢杀朝廷官员；都是按日计酬的临时工；老惦记着回家收庄稼。如果一不小心打败了官军、俘虏了长官，他们就乖乖地把长官护送回城。有位被俘的长官就趁机刺探敌情："为啥要干这种事呀？"他们回答："因为吃不饱饭呀。"

该长官安全返回后，立刻向最高长官王莽做汇报。王莽大怒："简直胡说八道，你当我傻呀！"然后，将该官员关进监狱；然后，发表讲话，对各级官员严厉批评，并提出严格要求："如果是因为贫困饥寒而走上违法犯罪的道路，不过大者一伙人去打劫，小者只是一人去偷窃。现在是成千上万的老百姓非法聚集、烧杀抢掠，这就是造反！跟吃不饱饭有个狗屁关系？！尽快平定叛乱，是当前各级政府的首要任务！谁再敢胡说八道、推诿懈怠，一律法办！"

有懂事听话的，第一时间表态："领导说得对，这些刁民竟然敢造反，必须全部镇压。一群不知死活的泥腿子，绝对蹦跶不了几天。"王莽很高兴："这样有见识有担当的好干部，必须重用。"

这也行？于是，各级政府开始糊弄事儿。因为，温饱问题不解决，"梁山好汉"只会越来越多。但是，存在温饱问题就属于政治不正确，你敢提解决问题，轻则丢官，重则丢命。但是，工作还得干，政绩还得有呀！于是，县骗郡，郡骗中央，数字平乱，逐级糊弄。上面来检查怎么办？好吃好喝好招待，心意到了、诚意够了，自然你好我好大家好。

局面越来越糟，终于捂不住了。有的地方，十天左右就新增了十多万烧杀抢掠的饥民。怎么捂？于是，朝廷派大军赴各地平乱。十几万官兵的后勤保障，又把本不富裕的地方政府给掏空了。然后，被掏空的地方政府把奄奄一息的老百姓再压榨一遍。

于是，闹事的饥民更多了。而且，他们的目标不再是吃饱饭，而是干掉这个吃人的政权。于是，各地的"梁山好汉"正式升级为起义军。实力较大的有两支：以王匡、王凤为首，活跃于荆州地区的绿林军；以樊崇为首，活跃于山东地区的赤眉军。

民心思变，这更要命。最明显的标志是"人心思汉"。比如，河南的天文星象大师郅恽认为，大汉必将复兴。比如，河北的占卜大师王况写了一份十几万字的研究报告，报告显示："大汉必将复兴，姓李的是开国功臣。"更牛的，是南阳郡的占卜大师蔡少公，他的预测更明确、更具体："刘秀要当皇帝了。"

蔡大师宣布这一最新研究成果时，正在和亲戚朋友喝酒聊天。大家很吃惊："国师（辅政大臣，正国级）刘秀要当皇帝了？"当时，王莽的心腹重臣叫刘秀，原名刘歆，是西汉宗室子弟。巧的是，现场也有一个叫刘秀的小伙子。他也是西汉宗室子弟，还是南阳地区著名的种田能手。种田能手刘秀随口开了句玩笑："你们怎么知道不是我当皇帝？"众人哈哈大笑："你小子除了种地，还会干啥？"

　　这个刘秀，还真的会当皇帝。从这一刻起，王莽败亡的丧钟真正敲响。

刘秀：**创业，活着最重要**

新朝末年，造反成为最大的风口。草根创业并成功的，比比皆是。

荆州农民王匡、王凤，因为野菜分得公平，成为饥民的带头大哥；三年后，成为拥兵五万的绿林军首领。山东好汉樊崇，因为勇猛善战，成为饥民的带头大哥；三年后，成为拥兵几十万的赤眉军首领。只要努力，女同胞也能成为女强人。青岛的吕老太太（吕母）、德州的迟昭平女士，也都领导数千人，称霸一方。

社会精英创业的，更是成就非凡。天水豪强隗（wěi）嚣，竖起"拥汉反莽"的大旗，半年之内，成为拥兵十万、独霸甘肃的西北王。蜀郡（今四川成都、德阳、阿坝州一带）太守公孙述，自封"辅汉将军"后，轻轻松松搞定巴蜀，成为割据一方的四川王。就连王莽的心腹重臣——国师刘秀和王莽的堂弟、卫将军王涉都经不起诱惑，想劫持王莽、弃暗投明，开创一番新事业。

这么说吧，全中国但凡有点上进心的，都想拥抱创业大潮，干一番事业。除了南阳郡种田能手刘秀。

刘秀当然优秀：学霸（太学毕业生），相貌不凡（隆准日角），家里有矿（亲戚朋友全是豪强），人脉很广（他大哥是南阳郡著名大哥）。更重要的，他姓刘，刘邦的刘（高祖九世之孙）。全国人民都热烈期盼老刘家王者归来。所以，南阳郡的乡亲们一致认为：刘秀是个干大事的人。但是，刘秀只想当个勤劳致富的农民企业家。创业有风险，活着最重要。

当然，刘秀最终还是走上了造反这条不归路。被他大哥逼的。他大哥叫刘縯（yǎn，字伯升），南阳郡著名大哥，黑白通吃，手下一大票兄弟，天天就忙活一件事：烧钱，招人，准备造反。刘秀担心被大哥连累，就从老家舂（chōng）陵（今湖北枣阳境内），躲到新野的姐夫家去了（光武避吏新野）。他大哥呢，继续在老家：烧钱、招人、准备造反。南阳的亲戚朋友呢，也三天两头劝刘秀："一起干票大的吧。"刘秀彻底无语了。偌大一个南阳，竟然容不下一个勤劳致富的种田大户！他思来想去，自己好像只剩下一条活路：造反。否则，早晚会被大哥牵连，死路一条。那就反了吧！

新地皇三年（22），二十八岁的种田大户刘秀，正式决定创业。刘秀的加入，对大哥帮助很大。家乡父老一看，浓眉大眼的刘秀都反了，咱还怕个屁？跟着刘家兄弟创业去！于是，刘家兄弟很顺利地募集了七八千人，并和绿林军结成联盟，开始造反。

以刘家兄弟为首的南阳豪强的加入，让流寇性质的绿林军立马脱胎换骨，直接进入正规起义军的新阶段：有组织、有制度、有文化、有追求。（先是，青、徐贼众虽数十万人，讫无文书、号令、旌旗、部曲。及汉兵起，皆称将军，攻城略地，移书称说。莽闻之，始惧。）所以，刘绿联军发展迅猛，三个月就扩张到十几万人，连续打了几场胜仗，然后，兵围宛城。

南阳郡，经济实力雄厚、地理位置重要，眼瞅着就要姓刘了。关键时刻，刘家兄弟遭遇创业以来的第一次重大危机。公司发展太快，都集团化了，得设立董事会、选个董事长吧？当然，这个董事长必须姓刘。刘縯笑了："那不就是我嘛。"绿林军："你想得美。我们一致提议刘玄当董事长。"

刘玄，刘秀的族兄。绿林军认为，刘玄有两个优点：姓刘、窝囊。"老子把脑袋别在裤腰带上造反，为了啥？当然是为了钱、粮食和女人。让刘縯当大哥，天天管着我们吗？"

绿林军人多势众，刘家兄弟只能认怂，但提出一个要求：刘玄不能称帝，否则会成为天下公敌。提议没通过。地皇四年（23）二月，窝囊废刘玄当皇帝（史称"更始帝"），大英雄刘縯当下属（大司徒），刘秀也当了个副将（偏将军）。从此，刘绿联军成了更始汉军。刘玄确实窝囊，登基大典上，紧张得汗流浃背，连个就职演讲都背不全。

刘玄称帝，引发两个严重后果：一、南阳豪强和绿林好汉出现裂痕；二、被王莽列为一号严打对象。

当时，王莽的主要兵力都在鲁豫皖一带镇压规模最大的赤眉军。刘玄称帝后，王莽立刻调转枪口，全力以赴，要干掉更始汉军。这年五月，两名正国级领导王邑、王寻统兵四十二万，号称百万，从洛阳南下，直逼南阳。这是一支超级豪华的集团军：全部是精锐部队，将领都是正部级；从六十多个单位征调了精通兵法者作为作战参谋；配备了猛兽兵团；武器精良、弹药充沛、供给充足；任命身高两米三、膀大腰圆的大力士巨毋霸为警卫旅旅长。这是巨无霸在中国的首次亮相。

这阵容，两百多年来头一份（自秦汉出师之盛，未尝有也）。更始汉军直接吓傻了：撤吧，各回各家，各找各妈，保命要紧。

生死存亡之际，刘秀站了出来，力挽狂澜。这就是中国历史上著名的以少胜多（不足一万人 VS 四十二万大军）的经典战役：昆阳之战。这也是刘秀的封神之战。向来"胆小、谨慎"的刘秀，为啥这么猛？

原因很简单：他要活着。

刘秀：种田大户，成了战场上的男神

昆阳之战，刘秀创业史上的第一个高光时刻，是被逼出来的。

先看看当时的敌我态势：王莽的四十二万精锐部队南下，直逼南阳郡北大门、小城昆阳（今河南叶县境内）。更始汉军的主力部队，正在刘秀的大哥刘縯指挥下，围攻南阳郡首府、固若金汤的宛城。昆阳城中，只有刘秀、王凤等率领的八九千人。

八九千杂牌军 VS 四十二万王牌军。傻子都知道结局。所以，王凤等人选择了放弃。赶紧撤！及时止损，还能当个财富自由的土豪。只有刘秀不认输："拼一下，大概应该或许可能会赢；认怂，确定一定以及肯定死翘翘。"王凤等："别扯淡了，八九千对四十二万，赢个屁！"一拍两瞪眼，谁也不服谁。关键时刻，王莽大军一锤定音："我到了。"昆阳城外，王莽大军漫山遍野，一眼望不到边。想跑？晚了。

王凤等人傻了，只好向刘秀请教："听您的，现在怎么办？"刘秀："你们守城，我去搬救兵。"王凤等："好吧，您早去早回，您可一定要回来呀。"当晚，刘秀带着十二名勇士拼死突围，去搬救兵。昆阳之战正式拉开帷幕。

昆阳之战主题曲一：爱拼才会赢。不过歌词要改一下：七分天注定，三分靠打拼。因为刘秀的成功，离不开一位猪对手：大将军王邑。

王邑，王莽的堂弟、大司空（正国级）、昆阳城外王莽大军的一号首长。以少胜多，难；以多输少，也难。四十二万王牌军＋一个猛兽军团，完美地败给毫无斗志的小一万杂牌军，不容易。王邑就有这种超级才艺。

首先，昆阳之战本可不打。王邑大军抵达昆阳后，下属建议：不打昆阳，直接南下救援宛城。只要灭了叛军主力，昆阳不攻自破，南阳郡轻松搞定。这招确实牛。但是，王邑更牛："我百万大军，浩浩荡荡南下平叛。领导重视、舆论关注。这第一战非常重要，必须打出威风、打出志气！怎么能遇见敌人绕着走？我命令：攻下昆阳，杀光叛军，然后，风风光光南下。"

好吧。于是，王邑大军把昆阳围了几十重，然后，万箭齐发、万马奔腾、万众一心，开始攻城。然后，王邑又犯了第二个错误。

大军一攻城，城里的更始汉军吓尿了："投降！我们投降！"王邑："不准投降。"下属再次建议："留个缺口，放一点叛军逃命。一来避免他们拼死抵抗，二来让他们逃去宛城动摇敌人的军心。"王邑："不准放水。"王凤等人："有这么欺负人的吗？给老子打，大不了同归于尽。"然后，昆阳城守住了。然后，宛城被刘縯攻了下来（当然，昆阳这边还不知道）。

因为王邑的连续失误，更始汉军绝处逢生。当然，他的失误才刚刚开始。昆阳之战主题曲二：猪之歌。

与此同时，刘秀在昆阳附近四处找救兵。谁敢来送死？都敢来。因为刘秀会忽悠。他充分利用了绿林军出身的更始汉军将领们的两大特点：爱财如命、赌徒心理。刘秀："哥们，敢不敢干票大的？赢了，当亿万富翁；输了，十八年后又是一条好汉。"众将领："干！"

六月一日，刘秀带着几千名援军来到昆阳城外。昆阳城还在，王凤等人还在。为了活下去，刘秀也是拼了。他带着一千名敢死队员，直接与王邑大军开战。

王邑："还真有不怕死的，我成全你。去，把他们给我灭了。"他忘了一句老话：横的怕不要命的。用李云龙的话说：狭路相逢，勇者胜。被逼上绝路的刘秀直接开挂，一马当先，冲在最前面，连杀几十名敌军。更始汉军士气大振："细皮嫩肉的刘秀都成杀神了，咱也不能当怂包，兄弟们，冲，揍死这帮孙子。"

几千打了鸡血的更始汉军，在刘秀的带领下，所向披靡，直冲王邑的中军。因为刘秀心里清楚，自己这几千兄弟，就算都变身超人，也打不过四十二万大军。擒贼先擒王，是唯一可能的活路。

王邑脸都绿了："就凭你们几个瘪三，还想灭了我？简直是对我赤果果的侮辱。"然后，这位爷又犯了一个致命错误："谁也不准动，我要亲自灭了丫挺的。"他亲自带着一万多人，和刘秀单挑。好吧，您是领导您说了算。然后，王邑的一万多人被刘秀的几千人揍得鼻青脸肿脑袋开花。王邑的几十万大军乖乖在旁边吃瓜。

昆阳城里的更始汉军一看，嚯，竟然还有翻盘的机会，一拥而出，围殴王邑。王邑的一万多人彻底被打蒙了。一号首长王邑生死未知，二号首长王寻当场被杀。王邑的四十多万大军彻底乱了。跑吧，领导都没了，杵在这儿等死呀。因为人员密集、恐慌、拥挤，发生了踩踏事件，死伤无数。

胜利的天平，终于开始向刘秀倾斜。但说实话，王邑大军毕竟有四十二万之多，全是精锐，还有猛兽军团加持。刘秀即便能赢，也一口吃不下去。但是，王邑持之以恒的作死，连老天爷也看不下去了，直接送了刘秀一份超级大礼。昆阳之战主题曲三：天意。

就在王邑大军开始崩溃、踩踏之时，天气突变：大雨、雷暴、狂风、洪水，瞬间全来了。王邑的四十二万大军，包括猛兽军团，成建制地被灭。最终逃回洛阳的，只有王邑和几千残兵败将。

刘秀一战封神，战神＋财神＋男神。昆阳之战的结果：王莽的主力部队，几乎全灭；王莽大军的粮草装备，全部被缴获。刘秀他们发了大财，搬了几个月，都没搬完。最后，暴发户们烦了：不要了，不要了，剩下的全烧掉吧。

天下震动。天下失控。

昆阳之战后一个月内，各地豪强纷纷起义，杀掉地方官，宣布归顺更始汉军。三个月后，起义军和长安百姓攻入皇宫，将王莽碎尸万段。王莽的首级被送到更始汉军的大本营宛城，悬挂于闹市。老百姓们拿着臭鸡蛋烂白菜小石子，各种砸。有人甚至把王莽的舌头切下来吃了。

一代影帝＋枭雄王莽，身死国灭，被万众唾弃。他的是非功过，自有历史评说。但在东汉统治者看来，王莽这是自取灭亡，因为他是谋朝篡位的乱臣贼子。所以，王莽的头被作为警示教育的生动案例，保存在皇宫内，和刘邦的斩蛇剑、孔子的木屐等，一起成为皇家的传家宝，代代相传。直到二百七十多年后的西晋，皇家仓库发生火灾，这几件传家宝才一起被毁。

好了，王莽已经翻篇了。现在，最重要的是，刘家兄弟的大功怎么处理？昆阳之战，刘秀逆天改命，几乎全歼王莽的主力军；宛城之战，刘縯攻坚克难，为更始汉军巩固大后方。谁也没想到，等待他俩的，是死亡。

活着，依然是亿万富豪刘秀的头号目标。